U0653281

折射集
prisma

照亮存在之遮蔽

L'Île déserte et autres textes:

textes et entretiens 1953-1974

Gilles Deleuze

édition préparée par **David Lapoujade**

当代激进思想家译丛

● 丛书主编 张一兵

《荒岛》及其他文本

文本与访谈（1953—1974）

[法] 吉尔·德勒兹 著　[法] 大卫·拉普雅德 编

董树宝 胡新宇 曹伟嘉 译

南京大学出版社

激进思想天空中不屈的天堂鸟

——写在"当代激进思想家译丛"出版之际

张一兵

传说中的天堂鸟有很多版本。辞书上能查到的天堂鸟是鸟也是一种花。据统计,全世界共有 40 余种天堂鸟花,在巴布亚新几内亚就有 30 多种。天堂鸟花是一种生有尖尖的利剑的美丽的花。但我更喜欢的传说,还是作为极乐鸟的天堂鸟,天堂鸟在阿拉伯古代传说中是不死之鸟,相传每隔五六百年就会自焚成灰,由灰中获得重生。在自己的内心里,我们在南京大学出版社新近推出的"当代激进思想家译丛"所引介的一批西方激进思想家,正是这种在布尔乔亚世界大获全胜的复杂情势下,仍然坚守在反抗话语生生灭灭不断重生中的学术天堂鸟。

2007 年,在我的邀请下,齐泽克第一次成功访问中国。应该说,这也是当代后马克思思潮中的重量级学者第一次在这块东方土地上登场。在南京大学访问的那些天里,除去他的四场学术报告,更多的时间就成了我们相互了解和沟通的过程。一天他突然很正经地对我说:"张教授,在欧洲的最重要的左翼学者中,你还应该关注阿甘本、巴迪欧和朗西埃,他们都是我很好的朋友。"说实话,那也是我第一次听到这些陌生的名字。虽然在 2000 年,我已经提出"后马克思思潮"这一概念，但还是局限于对国内来说已经比较热的鲍德里亚、德勒兹和后期德里达，当时，齐泽克也就是我最新指认的拉康式的后马克思批判理论的代表。正是由于齐泽克的推荐，促成了2007年南京大学出版社开始购买阿甘本、朗西埃和巴迪欧等人学术论著的版权，这也开辟了我们这一全新的"当代激进思想家译丛"。之所以没有使用"后马克思思潮"这一概念，而是转启"激进思想家"的学术指称，因之我后来开始关注的一些重要批判理论家并非与马克思的学说有过直接或间接的关联，甚至干脆就是否定马克思的，前者如法国的维里利奥、斯蒂格勒，后者如德国的斯洛特戴克等人。激进话语，可涵盖的内容和外延都更有弹性一些。这一新的研究领域已经开始成为国内西方左翼学术思潮研究新的构式前沿。为此，还真应该谢谢齐泽克。

那么，什么是今天的激进思潮呢？用阿甘本自己的指认，激进话语的本质是要做一个"同时代的人"。有趣的是，这个"同时代的人"与我们国内一些人刻意标举的"马克思是我们的同时代的人"的构境意向却正好相反。"同时代就是不合时宜"（巴特语）。不合时宜，即绝不与当下的现实存在同流合污，这种同时代也就是与时代决裂。这表达了一切**激进话语**的本质。为此，阿甘本还专门援引尼采①在1874年出版的《不合时宜的沉思》一书。在这部作品中，尼采自指自己"这沉思本身就是不合时宜的"，他在此书"第二沉思"的开头解释说，"因为它试图将这个时代引以为傲的东西，即这个时代的历史文化，理解为一种疾病、一种无能和一种缺陷，因为我相信，我们都被历史的热病消耗殆尽，我们至少应该意识

---

① 尼采（Friedrich Wilhelm Nietzsche，1844—1900）：德国著名哲学家。代表作为《悲剧的诞生》（1872）、《查拉图斯特拉如是说》（1885）、《论道德的谱系》（1886）、《偶像的黄昏》（1889）等。

到这一点。"①将一个时代当下引以为傲的东西视为一种病和缺陷,这需要何等有力的非凡透视感啊!依我之见,这可能也是当代所有激进思想的构序基因。顺着尼采的构境意向,阿甘本主张,一个真正激进的思想家必然会将自己置入一种与当下时代的"断裂和脱节之中"。正是通过这种与常识意识形态的断裂和时代错位,他们才会比其他人更能够感知乡愁和把握他们自己时代的本质。②我基本上同意阿甘本的观点。

阿甘本是我所指认的欧洲后马克思思潮中重要的一员大将。在我看来,阿甘本应该算得上近年来欧洲左翼知识群体中哲学功底比较深厚、观念独特的原创性思想家之一。与巴迪欧基于数学、齐泽克受到拉康哲学的影响不同,阿甘本曾直接受业于海德格尔,因此铸就了良好的哲学存在论构境功底,加之他后来对本雅明、尼采和福柯等思想大家的深入研读,所以他的激进思想往往是以极为深刻的原创性哲学方法论构序思考为基础的。并且,与朗西埃等人1968年之后简单粗暴的"去马克思化"(杰姆逊语)不同,阿甘本并没有简单地否定马克思,反倒力图将马克思的批判精神与当下的时代精神结合起来,以生成对当代资本主义社会存在更为深刻的批判性透视。他关于"9·11"事件之后的美国"紧急状态"(国土安全法)和收容所现象的一些有分量的政治断言,是令西方资本主义国家政要为之恐慌的天机泄露。这也是我最喜欢他的地方。

朗西埃曾经是阿尔都塞的得意门生。1965年,当身为

---

① Friedrich Nietzsche, "On the Uses and Abuses of History to Life", in *Untimely Meditations*, trans. R. J. Hollingdale, Cambridge: Cambridge University Press, 1997, p. 60.

② [意]阿甘本:《裸体》,黄晓武译,河南大学出版社2015年版,第7页。

法国巴黎高师哲学教授的阿尔都塞领着整个西方马克思主义科学思潮向着法国科学认识论和语言结构主义迈进的时候，那个著名的《资本论》研究小组中，朗西埃就是其中的重要成员。这一点，也与巴迪欧入世时的学徒身份相近。他们和巴里巴尔、马舍雷等人一样，都是阿尔都塞的名著《读〈资本论〉》(*Lire le Capital*，1965)一书的共同撰写者。应该说，朗西埃和巴迪欧二人是阿尔都塞后来最有"出息"的学生之一。然而，他们的显赫成功倒并非承袭了老师的道统衣钵，反倒是因他们在1968年"五月风暴"中的反戈一击式的叛逆。其中，朗西埃是在现实革命运动中通过接触劳动者，以完全相反的感性现实回归远离了阿尔都塞。

法国的斯蒂格勒、维里利奥和德国的斯洛特戴克三人都算不上是后马克思思潮的人物，他们天生与马克思主义不亲，甚至在一定的意义上还会抱有敌意(比如斯洛特戴克作为当今德国思想界的右翼知识分子，就是反对马克思主义的)。可是，在他们留下的学术论著中，我们不难看到阿甘本所说的那种绝不与自己的时代同流合污的姿态，对于布尔乔亚世界来说，都是"不合时宜的"激进话语。斯蒂格勒继承了自己老师德里达的血统，在技术哲学的实证维度上增加了极强的批判性透视；维里利奥对光速远程在场性的思考几乎就是对现代科学意识形态的宣战；而斯洛特戴克的最近的球体学和对资本内爆的论述，也直接成为当代资产阶级全球化的批判者。

应当说，在当下这个物欲横流、尊严倒地，良知与责任在冷酷的功利谋算中碾落成泥的历史时际，我们向国内学界推介的这些激进思想家是一群真正值得我们尊敬的、严肃而有公共良知的知识分子。在当前这个物质已经极度富足丰裕的资本主义现实里，身处资本主义体制之中的他们依然坚执地秉持知识分子的高尚使命,努力透视眼前繁华世界中理直气壮的形式平等背后所深藏的无处控诉的不公和血泪,依然理想化地高举着抗拒全球化资本统治逻辑的大旗,发出阵阵出自肺腑、激奋人心的激情呐喊。无法否认,相对于对手的庞大势力而言,他们显得实在弱小,然而正如传说中美丽的天堂鸟一般,时时处处,他们总是那么不屈不挠。人类社会发展的历史已经明证,内心的理想是这个世界上最无法征服也是力量最大的东西,这种不屈不挠的思考和抗争,常常就是燎原之前照亮人心的点点星火。因此,有他们和我们共在,就有人类更美好的解放希望在!

目 录

编者导言

　　这是吉尔·德勒兹(Gilles Deleuze)的第一本文集,辑录了他从 1953 年至 1974 年在国内外发表的几乎全部文本:从他的第一部专著《经验主义与主体性》(*Empirisme et subjectivité*)的出版,一直到他与菲利克斯·加塔利(Félix Guattari)合著的《反俄狄浦斯》(*L'Anti-Œdipe*)问世后所引发的各种争论。总的来说,这本文集主要包括德勒兹已经发表的文章、报告、序言、谈话、会议论文,但是这些文本从未被收入德勒兹已经出版的任何一本著作之中。

　　为了避免把任意一种偏见强加给文本的意义或定位,我们严格地按照文本发表的时间顺序来进行编排。主题式的编排方式也许有利于纳入德勒兹的文集《会谈》(*Pourparlers*)的谱系,并纳入德勒兹大约 1989 年所草拟的著作目录计划①,但是这种编排方式可能有更大的不利因素——会让人认为这本文集是重新编排了"德勒兹的"或德勒兹计划撰写的任意一本著作。

　　德勒兹确定的唯一条件如下:不包括 1953 年以前的文

---

　　① 1989 年,德勒兹按照一系列普遍的主题对他的全部研究工作进行了梳理与分类,其中包括他的著作:"Ⅰ.从休谟到柏格森;Ⅱ.古典研究;Ⅲ.尼采研究;Ⅳ.批评与临床;Ⅴ.美学;Ⅵ.电影研究;Ⅶ.当代研究;Ⅷ.意义的逻辑;Ⅸ.反俄狄浦斯;Ⅹ.差异与重复;Ⅺ.千高原。"

章,也不包含去世后留下来的或未发表过的文章。我们当然遵从了这一条件。尽管我们将在这本文集中收录一些第一次发表的文本,但是这些文本都曾在德勒兹 1989 年所草拟的目录提纲中被提及过。

由此这本文集旨在使我们便于阅读那些经常难以获得的德勒兹的文本,它们散落于杂志、报纸与集体著作等。缘于各种显著原因,我们从这一文本整体中删掉了某些文本,因此这卷文集目前不包含以下文本类型:

——1953 年以前发表的作品;

——无论是何种形式的课程内容(无论是根据录音材料或影像材料整理的誊写稿而发表的课程内容,还是根据德勒兹亲自概括的誊写材料而发表的课程内容,例如德勒兹为索邦大学文献中心[le Centre de Documentation Universitaire de la Sorbonne]撰写的 1959—1960 年卢梭课程讲稿);

——德勒兹修改过的,收入自己其他著作中的文章(例如附录在《意义的逻辑》[Logique du sens]中的文章《颠覆柏拉图主义》[Renverser le platonisme])。德勒兹所做的这些改动并未重要到足以为文章以最初的形式再版说明理由;

——为专业期刊撰写的、常常仅限于几行的著作说明(除了那些比较长的、证明德勒兹确切旨趣的文本);

——文本的摘要(书信的段落、发言的誊写稿、感谢词等);

——集体文本(请愿书、调查表、公告等)。

为了方便起见,时间的顺序会根据文本发表的日期而非编辑的(熟知的或推测的)日期。

每次我们都会复制原本,同时提供合乎习惯的校订。尽管如此,在德勒兹订正了全部谈话的范围内,我们还保留了一些德勒兹文风所独有的特征（标点符号的用法、大写字母的用法等）①。

我们本不想赘述注释文本，当某些传记性的详细情况有助于阐明文本或合作的情境时，我们仅仅在每个文本前面提供这样一些详细情况。由于缺少一些足够准确的指示说明，所以我们有时会给那些没有题目的文章加个题目，每次都会附以说明。一些引文没有注明参考文献时，我们也会明确指出这些引文的出处。编者的注释会以字母加以注明。

这本文集还附有一份全书的人名索引，以及德勒兹1953年至1974年间发表的全部文章的完整目录。

第二本文集辑录德勒兹1975年至1995年间发表的全部文本，拟取名为《疯癫的两种政体及其他文本》（*Deux régimes de fous et autres textes*）。有时一些注释在这第一本文集中会将其简写为DRF，附在文本题目之后。

我要表达我的感谢之情，首先深深感谢法妮·德勒兹（Fanny Deleuze）在这项编辑工作中给予我的信任与友谊。可以说，如若没有她的帮助和指示，这本文集就不会面世。当然我也要感谢艾米丽·德勒兹（Emilie Deleuze）和朱利安·德勒兹（Julien Deleuze）给予我的一贯支持。

我还要感谢同让-保尔·芒加纳罗（Jean-Paul Manganaro）和乔吉奥·巴斯罗纳（Giorgio Passerone）友好而珍贵的合作；感谢丹尼尔·德菲尔（Daniel Defert）的建议；感谢福柯中心（Centre Michel Foucault）主任菲利普·阿蒂埃（Philippe Artières）的帮助。

9

---

① 只有第31个文本和第37个文本的讨论才是口头访谈的誊写稿，发表在意大利的杂志上，因此德勒兹没有进行订正。因为缺少法语录音原稿，我们只能提供意大利文的译文。

最后，这本文集应该非常感谢 Timothy S. Murphy 所进行的必不可少的德勒兹文章目录的整理工作，我感谢他给予我的重要帮助。

大卫·拉普雅德

（董树宝　译）

1. 荒岛存在的因由 *

地理学家说，世界上存在着两种岛屿。对于想象力
(imagination)而言，这是弥足珍贵的信息，因为想象力从中
寻到了一种对它从另一方面所知晓的内容的证实。这不是
科学使神话更加具体、神话使科学更具活力的唯一实例。大
陆性岛屿(les îles continentales)是偶发性岛屿、漂移性岛屿：
它们脱离了大陆，诞生于脱节、冲蚀、断裂，幸存于那抓住它
们不放的东西的吞噬之中。海洋性岛屿(les îles océaniques)
是始源性岛屿、本质性岛屿：它们有些由珊瑚构成，向我们呈
现出一个真正的有机体，它们有些产生于海底的火山喷发，
使海洋浅处的运动呈现于光天化日之下；一些岛屿缓慢地露
出水面，一些岛屿亦是时隐时现，而我们都来不及侵占这些岛
屿。这两种岛屿——始源性岛屿或大陆性岛屿，表现出一种
海洋与陆地之间的深层对立。大陆性岛屿提醒我们海洋处于
陆地之上，得益于最高级结构的最微小的沉陷；海洋性岛屿提
醒我们陆地依然在那里，处于海洋之下，蓄积力量以便冲出水
面。我们必须认识到各种要素一般会相互厌恶，彼此之间充
满反感。在所有这一切之中，没有什么东西是令人安心的。

---

* 这篇手稿写于 1950 年代，起初是为《新女性》(*Nouveau Fémina*)荒岛专题的
特刊而撰写。这篇手稿从未刊发。它列入了德勒兹 1989 年拟定的著作目录，属于
"差异与重复"专题(参见编者导言)。

况且，一座岛屿是荒无人烟的，我们认为这一点在哲学上应该是正常的。只有人类假设土与水之间的激烈斗争结束了（至少是被控制的），人类才能安然舒适地生活。这两种要素，人类愿意将之称为父亲与母亲，因为人类会根据梦想赋之以性别角色。人类一半应该相信这种斗争并不存在，一半应该使得这种斗争不再存在。岛屿的存在是以这样或那样的方式否定了这种视点、这种努力与这种信念。人们总会惊讶的是，英格兰人口密集，人类只有遗忘岛屿所再现的东西时才能生活在岛屿上。岛屿或先于人类而存在，或后于人类而存在。

然而，地理学家向我们说了关乎两种岛屿的一切情况，想象力已经为了自己并以其他方式来知晓这一切。人类的冲动将人类引向了岛屿，这股冲动重启了那产生岛屿本身的双重运动。向往岛屿——焦虑或快乐与否并不重要，就是向往人类分离、被分离、远离大陆，就是向往人类孑然一身、漫无目标——或者就是向往人类从头开始、重新创造、重新开始。存在一些漂移性岛屿，但是岛屿，就是人们向之漂移的地方；还有一些始源性岛屿，但是岛屿，这也是起源，根本而绝对的起源。毫无疑问，分离与重新创造没有互相排斥，人类只有被分离时才确实该关怀自身，人们想重新创造时最好是分离的。总之，在这两种趋向中，总有一种趋向占据了优势。关于岛屿的想象运动由此重启岛屿的产生运动，但是它们没有相同的目标。这是相同的运动，但不是相同的动机。这不再是岛屿与大陆分离，而是人类在岛屿上时才觉得自己与世界分离了。这不再是岛屿穿过了水域而形成于大地的深处，而是人类从岛屿开始并在水域之上重新创造世界。因此，人类为了自己而重启岛屿的双重运动，且能够在一座恰好缺乏这种运动的岛屿上肩负这一重任：人类可以漂向一座不过是始源性的岛屿，而且在一座仅仅是漂移性的岛屿上进

行创造。仔细想来,我们在这一点上将会为理论上是且一直
是荒芜的任何岛屿找到一种全新的理由。

　　为了让一座岛屿不再是荒芜的,确实光有人居住在岛上
是远远不够的。如若趋向岛屿的、岛屿之上的人类的运动真
的重启那先于人类的岛屿的运动,那么一些人能够占据岛
屿,尽管岛屿仍是荒芜的,而且是更加荒芜的,只要这些人是
稍微充分的,即绝对分离的,是足够的,即绝对创造的。毫无
疑问,这实际上从未如此,尽管遇难者接近这种条件。但是,
为了达到这种条件,我们只有在想象力中推进这种将人类引
向岛屿的运动。这种运动仅仅在表面上要终止岛屿的荒芜,
它的确重启并延长那股产生荒岛的冲动;远非牵累这股冲
动,它将这股冲动推向极致,达到顶点。在一些使人类附属
于事物之相同运动的条件下,人类没有终止荒芜,反而使荒
芜神圣化。来到岛屿上的人类真正地占领岛屿,而且群居在
岛屿上;然而,事实上,如若他们是充分分离的、充分创造的,
那么他们只会赋予岛屿以一种来自它自身的动态的影像、一
种产生岛屿的运动的意识,以致岛屿通过人类最终意识到自
身是荒芜的、没有人类居住的。因而,岛屿只是人类的梦想,
人类则是岛屿的纯粹意识。对于所有这一切来说,再一次具
有唯一的条件:人类必须回返将其引向岛屿的运动,这种运
动延续并重启了那股产生岛屿的冲动。那么地理学与想象
只不过是一回事。因而,向古代探险家提出的宝贵疑问——
"哪些生物生活在荒岛上?"唯一的回答就是,人类已经生活
在那里,不过,是一种鲜有共性的人,一种绝对分离的、绝对
创造的人,总之,这是一种人的**理念**①,一个原型,一个可能

---

　　① 德勒兹在原文中特意首字大写的名词,全书译文皆以黑体字标出,以强调
其作为抽象概念的功能,有别于一般名词。——中译注。

近乎神一样的男人，一个可能是女神一样的女人，一位伟大的**遗忘症患者**，一位纯粹的**艺术家**，一种关于**陆地**与**海洋**的意识，一阵巨大的飓风，一个美丽的女巫，一尊复活岛（l'Ile de Pâques）的雕像。这是一类先于自身而存在的人。荒岛上的这类创造物大概是荒岛本身，因为它在荒岛的初始运动中进行想象与反思。关于陆地与海洋的意识就是荒岛，它准备着重新开启世界。然而，因为人类即便意志坚决，也与那将其安置在岛屿上的运动是不一致的，所以他们不会连接那种产生岛屿的冲动，他们总是从外部遭遇岛屿，他们的出现其实妨碍了荒芜。因此，荒岛与居住者的统一不是实在的，而是想象的，犹如人不在帷幕之后却想看到帷幕后面的期望。况且，令人怀疑的是个体想象力自身能否达到这种令人赞叹的同一性，我们将会看到，这需要处于其具有更深层之物之中的、处于仪式和神话之中的集体想象力。

14

在这些事实本身之中，如若我们思考一座荒岛实际上（也就是地理学上）是什么的问题，那么我们就会寻到对所有这一切至少是否定的证实。岛屿从地理学的视角来看是一些极端贫乏的或毫无说服力的观念，荒岛更是如此；这些观念仅仅具有一种毫无说服力的科学内容。这一点是值得赞扬的。岛屿在整体上不具有对象的任何统一性，甚至荒岛更不具有这种统一性。毫无疑问，荒岛可以具有一种极为贫瘠的地表。尽管是荒芜的，荒岛仍可能是一座荒漠，但这不是必然的。之所以真正的荒漠是无人居住的，乃因为它没有呈现出那些使生命（无论是植物、动物还是人）得以可能的充分条件。相反，荒岛无人居住，这一纯粹事实取决于环境，也就是取决于周围环境。岛屿就是大海环绕的地方，就是我们环行的地方，它就像一个蛋一样。海之蛋，它是圆的。这一切似乎表明岛屿已将荒芜置于它的周围，置于它的外围。荒芜的就是它周围的海洋。缘于岛屿所依赖的原则之外的其他原因，航船正是根据周围环境才驶向远方，才不会靠岸停泊。与其说岛屿是荒漠，倒不如说岛屿是荒芜的。因此，岛屿本身能够容纳最活跃的水源、最敏捷的动物群、最斑斓的植物群、最令人惊奇的食物、最具活力的野蛮人以及如其最珍贵的成果一样的遇难者，最后它暂时还容纳了来寻找遇难者的船只，无论如何，它仍然是荒岛。为了改变这一状况，我们应该对大陆、海况、航线进行一次全面的再分配。

这再次说明了荒岛的本质是想象的，而非实在的，是神话的，而非地理的。与此同时，它的命运屈从于那些使神话成为可能的人类条件。神话并不是诞生于一种简单的意志，人们很快就表露出他们不再理解他们的神话。恰好就在这一刻，文学开始了。文学试图极为巧妙地阐释我们不再理解的神话，此时我们之所以不再理解神话，乃因为我们既不再知道如何梦见神话也不再知道如何再生产神话。文学就是意识自然地而且必然地在无意识的诸主题上所产生的诸多误解的竞赛；像任何竞赛一样，文学也设有竞赛的奖品。在两部关于荒岛的经典小说《鲁滨孙漂流记》和《苏珊娜与太平洋》(*Suzanne et le Pacifique*)中，我们应该在此种意义上说明神话是如何破产与消亡的。《苏珊娜与太平洋》[a] 突出了岛屿的分离方面，突出了一个在岛上找到自我的年轻女孩的割裂；而《鲁滨孙漂流记》则突出了另一个方面，也就是创造的方面、重新开始的方面。的确，神话破产的方式在这两种情形下是截然不同的。就吉罗杜(Giraudoux)描写的苏珊娜来说，神话遭受了最凄美的、最优雅的死亡；而对于鲁滨孙来

15

---

a. J.Giraudoux, *Suzanne et le Pacifique*, Paris, Grasset, 1922, rééd. in Œuvres *Romanesque complètes*, vol. Ⅰ, Paris, Gallimard. coll. « Bibliothèque de la Pléiade », 1990.

说,这种死亡是极为惨重的。人们简直无法想象一部比《鲁滨孙漂流记》更令人乏味的小说,看到孩子们如今还读这本小说就不免令人感到悲哀。鲁滨孙的世界观惟独就在于所有权,我们从没见过还有这样说教的所有者。世界始之于荒岛的、神话般的重新创造让位于资产阶级日常生活始之于资本的重新构造。一切都从船上获得,没有创造任何东西,一切都被艰难地应用于岛屿。时间只是资本所必要的时间,从而在劳动结束时产生利润。上帝的天佑功能就是保证收益。上帝可以辨别他的子民是否是虔诚之人,因为有的子民家产丰饶,作恶多端;有的子民家产贫乏,不善持家。鲁滨孙的伴侣不再是夏娃(Eve),而是星期五(Vendredi),他勤勉工作,乐于做奴隶,很快厌恶了食人习性。所有身心健全的读者都期望他最终吃掉鲁滨孙。这部小说是肯定资本主义与新教(le protestantisme)关系这一主题的最佳写照,它阐明了神话在清教主义(le puritanisme)中的破产与消亡。而就苏珊娜而言,一切都改变了,荒岛对她来说是一个贮藏所,贮藏着现成的、奢华的物品。岛屿直接具有了文明花了几个世纪所生产的、所改善的并日臻成熟的东西。但对苏珊娜而言,神话还是消亡了,确实是以一种巴黎人特有的方式消亡了。苏珊娜没有重新创造任何东西,荒岛给她提供了城市所有物品的复制品、所有商店橱窗陈列物的复制品。这是不连贯的、与实在相分离的复制品,因为它没有接受物品在买与卖、交换与礼物的深层的人际关系之中日常呈现出的坚实性。她是一个缺乏情趣的女孩,她的伴侣们不是亚当(Adam),而是一堆年轻的尸体,她重新见到活人时,她将以一种千篇一律的牧师方式爱他们,仿佛爱是其知觉的最低门槛。

　　重要的是重新发现荒岛的神话生活。然而,就在神话破产的过程中,鲁滨孙给我们提供了一种迹象:他首先需要资本。对苏珊娜而言,她首先是分离的。而且两者都不是伴侣的构成要素。这三种迹象,应该重新使其恢复神话的纯粹性,并返回到使荒岛成为集体灵魂之模型、原型的想象活动。首先,确实从荒岛开始,不是创造本身而是"重新—创造"(la re-création)产生了,不是开始而是"重新—开始"(le re-commencement)产生了。荒岛是起源,不过是第二起源。从荒岛开始,一切重新开始了。岛屿是这种重新开始所必要的最低限度,是幸存于第一起源的材料,是足以"重新—生产"(re-produire)一切的、辐射的种或蛋。所有这一切显然假设世界的形成发生在两个时期、两个阶段——出生与再生,其中第二阶段与第一阶段一样是必要的、基本的,因此第一阶段必然达成妥协让步,为重新开始而生,而且已经在灾难中遭到了否认。存在着第二次新生,而且不是因为发生了灾难,而恰恰相反,起源之后发生了灾难,因为从起源开始,必须有第二次新生。我们可以在我们的心中找到这一主题的源头:为了评判这一源头,我们期盼的不是生命的生产,而是生命的再生产。其再生产方式不为我们所知的动物尚未在生物中间找到位置。一切开始了,这是远远不够的,一旦完成了可能性结合的循环,一切必须重复发生。第二个时刻不 17
是紧接着第一个时刻而来,而是第一个时刻在其他时刻的循环完成时重复出现。因此,第二起源比第一起源更基本,因为它给予我们以系列的法则、重复的法则,而第一起源给予我们的只是时刻。但是,这一主题表现在一切神话之中,甚至要比我们梦想之中所表现的还要多。众所周知的是洪水神话,诺亚方舟停靠在一个陆地上独一无二的、未被淹没的地方,一个圆形的、神圣的地方,世界由此而重新开始。它是一座岛,或者是一座山,或者两者兼之:岛是海中山,山是干枯依旧的岛。这是在一种重新创造之中得以把握的原初性创造,而这种重新创造聚集于一片海洋中间的神圣土地上。世界的第二起源要比第一起源更重要,它是一座神圣之岛:许多神话向我们讲述了我们在那里寻到了一个蛋、一个宇宙之蛋。因为岛屿形成了第二起源,所以它被交给了人,而不是被交给了神。它是分离的,被广阔的洪水分开了。海洋与水确实体现了一种分离原则,以至于神圣之岛上形成了基尔克(Circé)和卡吕普索(Calypso)等专门女性化的共同体。*总之,开始起始于上帝、伴侣,而不是始于蛋的重新开始:神话中出现的孕育经常是单性生殖。第二起源的观念将其全部意义赋予了荒岛,神圣之岛在一个延迟重新开始的世界中继续存在。在重新开始的理想中,有某种东西先于开始本身,这种东西重启了开始本身,从而在时间中深化它、延迟它。荒岛就是这一无法追忆之物或这种更深邃之物的质料。

(董树宝 译)

---

* 卡吕普索、基尔克系《奥德赛》中出现的神话形象,分别参见该书第五卷、第十卷。——中译注。

2. 论让·伊波利特的《逻辑与实存》[*]

伊波利特的《〈精神现象学〉的起源与结构》(*Genèse et structure de la Phénoménologie de l'Esprit*)保存了黑格尔哲学的整体性,是一部黑格尔哲学的评论性著作。而这部新著《逻辑与实存》(*Logique et existence*)的意图则与《〈精神现象学〉的起源与结构》截然不同,伊波利特从一种清晰的观念出发并在一个确切的要点上质问了黑格尔的**逻辑学**、**现象学**与**哲学全书**。哲学必须是本体论,不能是其他东西;不过没有本质的本体论,只有意义的本体论。这看来是此部重要著作的主题,而其风格本身又如此气势恢宏。哲学是一种本体论,这首先意味着哲学不是人类学。

人类学希望是一种关于人的话语,它就照此假设了人的经验性话语,在这种话语中,言说者与言说内容是分离的。

---

* *Revue philosophique de la France et de l'étranger*, vol. CXLIV, nº7—9, juillet-septembre 1954, pp. 457—460。《逻辑与实存》(*Logique et existence*)于 1953 年由 PUF 出版社出版。让·伊波利特(1907—1968),哲学家、黑格尔研究专家,是德勒兹在大路易中学(lycée Louis-le-Grand)读文科预备班时的老师。在成为索邦大学教授后,他与乔治·康吉莱姆(Georges Canguilhem)一起指导德勒兹论休谟的高等专业学习文凭(Diplôme d'Etudes Supérieures),这篇论文于 1953 年以《经验主义与主体性》(*Empirisme et subjectivité*)为题由 PUF 出版社出版,收入伊波利特主编的 *Epiméthée* 丛书。德勒兹曾在谈话中多次提及他对老师伊波利特的崇敬之情,此外,《经验主义与主体性》就是献给伊波利特的。除了这一崇敬之情外,重要的是该书是德勒兹明确提出"纯粹差异的本体论"(ontologie de la pure différence)之假设的第一个文本,众所周知,"纯粹差异的本体论"是《差异与重复》(*Différence el répétition*)重要主题之一。

反思是一方面，而存在是另一方面。由此理解的知识（connaissance）是一种实非事物之运动的运动，它仍停留在对象的外围。因此，知识是一种抽象能力，而反思是一种外在的、形式的反思。经验主义就这样诉诸形式主义，犹如形式主义诉诸经验主义一样。"经验意识是一种走向先在的存在（être préexistant）的、将反思贬谪到主体性之中的意识。"因此，主体性将被视之为一种事实，而人类学将被建构为关于这一事实的科学。经由康德，主体性变成了一种权利，这基本上没有改变任何东西。"批判意识是一种反思认识自我的意识，但这种意识将存在贬谪到自在之物（la chose en soi）之中。"康德的确达到了主体与对象的综合的同一性，不过仅仅达到了对象相对于主体的综合的同一性：这种同一性本身是想象力的综合，而不是在存在之中被假设的。康德超越了心理领域与经验领域，但仍停留在人类学范围之中。只要规定性仅仅是主观的，那么我们就不会走出人类学。我们必须走出人类学吗？我们又如何走出人类学呢？这两个疑问实际上只是一回事：走出的方式也是走出的必要性。思维自诩是预设的，康德令人赞赏地看到了这一点：思维之所以是被设定的，乃因为思维思考自身、反思自身，思维之所以自诩是预设的，乃因为诸对象的整体将思维假设为认识得以可能的条件。由此，在康德的哲学中，思维与事物是同一的，不过与思维同一的东西只是一种相对的事物，而不是作为存在的事物、物自身。因此，对黑格尔来说，重要的是达到设定（position）与预设的真正同一，也就是达到**绝对**。黑格尔在他的**现象学**中向我们阐明了存在与反思、自在（en-soi）与自为（pour-soi）、真理性与确定性之间的一般性差异在辩证法的具体时刻中展开，而辩证法的运动本身就是要消除这种差异，或者只将其保存为必要的现象（apparence）。在这种意义上，**现象学**从人类反思开始来阐明这种人类反思及其结果导致了它们所预设的绝对知识。正如伊波利特所言，问题关键在于"简化"人类学内容，为其来源是陌生的知识"清除障碍"。然而，这不仅仅处于绝对知识所在(est)的终端或始端。知识在任何时刻中都是绝对的：意识的形态在另一种意义上就是一种概念的时刻；反思与存在的外在差异在另一种意义上就是存在本身的内部差异，换言之，就是与差异、沉思(médiation)同一的**存在**。"既然意识之差异返回自身，那么这些时刻表现为被规定的概念，表现为它们立基于自身的有机运动。"

有人会说，人"傲慢地"把自己当作上帝，并授予自己以绝对知识。但是，我们应该理解存在相对于"与料"(donné)而言是什么。根据伊波利特的观点，**存在**不是本质，而是意义。说这个世界是充足的，这不仅仅意味着这个世界满足我们的需要，而且还意味着这个世界自给自足，并意味着这个世界把存在不再视为超越现象(apparence)的本质，不再视为那可能是**可知世界**(l'Intelligible)的第二世界，而是将存在视为这个世界的意义。毫无疑问我们已经在柏拉图的哲学中寻到了意义对本质的这一取代，柏拉图向我们指出第二世界本身是辩证法的主题，而这一辩证法使其成为这一世界的、而不再是其他世界的意义。然而，这一替代的伟大代理人仍是康德，因为他的批判哲学以先验的可能性替代了形式的可能性，以存在的可能性替代了可能的存在，以认知的综合同一性替代了逻辑的同一性，以存在的逻辑性替代了逻辑的存在，简言之，批判哲学以意义替代了本质。按照伊波利特的观点，黑格尔的**逻辑学**的伟大命题就是不存在第二世界，因为这一命题同时是把形而上学改造为逻辑学与意义之逻辑的原因。不存在彼岸，这意味着不存在世界的彼岸（因为**存**

20

在只是意义），意味着世界上不存在思想的彼岸（因为在思维中，恰恰是存在思考自身），最终意味着思维本身不存在语言的彼岸。伊波利特的著作就是对绝对话语的条件的反思；在这一点上，论述不可言说之物（l'ineffable）与诗歌的那些章节是至关重要的。正是同一批人喋喋不休地谈论不可言说之物，并相信不可言说之物；因为**存在**就是意义，真正的知识不是他者（Autre）的知识，也不是其他事物的知识。在某种意义上，绝对知识是最邻近的、最简单的，它就在那儿。"帷幕之后，一无可见"，或如伊波利特所言，"秘密，就是没有秘密"。

那么我们会看到作者极力强调的困难是什么：如若本体论是一种意义的本体论而非本质的本体论，如若不存在第二世界，那么绝对知识如何还能区别于经验知识呢？难道我们没有重新陷入我们曾批判的、简单的人类学吗？绝对知识必须同时包含一切经验知识而不包含其他知识，因为没有其他知识可供它包含，不过包含着它与经验知识的根本差异。伊波利特的观点如下所述：不管现象如何，本质主义都不是一种使我们防止经验主义、容许我们超越经验主义的理论。从本质的角度看，反思与其在经验主义或纯粹批判中一样都是外在的。经验主义假设规定性是纯粹主观的；通过使诸规定性之间相互对立、诸规定性与**绝对**之间的对立，本质主义只会到达这一限制的最深处。本质主义像经验主义一样处于同一侧。相反，意义本体论就是总体的**思维**，而这种思维只有在它实为形式之时刻的诸规定性中才能认识自身。在经验与绝对中，这就是相同的存在、相同的思维；但是思维与存在的、经验性的外部差异让位于那与**存在**同一的差异，让位于思维自身的存在的内部差异。由此，绝对知识实际上不同于经验知识，然而也只有当其否认无差别的本质的知识时才

21

区别于经验知识。因此,在逻辑上,如同在经验中一样,一方面不再有我的所言,另一方面也不再有我的所言的意义——此种相互的承继实为**现象学**的辩证法。相反,当我说我的所言的意义时,由此当**存在**言说自身时,我的话语在逻辑上是哲学的,或者是哲学特有的。这种话语是哲学的特殊风格,它只能循环的。关于这一点,我们将会注意到伊波利特在哲学上论述开始问题的篇章,这一问题不仅是逻辑的,而且是合乎教学法的。

因此,伊波利特进而反对黑格尔的人类学的或人道主义的任何解释。绝对知识不是一种关于人的反思,而是**绝对**在人之中进行的反思。**绝对**不是第二世界,可是绝对知识的确有别于经验知识,正如哲学有别于一切人类学一样。不过在这一点上,如若我们必须将伊波利特所做的**逻辑学**与**现象学**之间的区分视之为决定性的,那么历史哲学与**逻辑学**不就具有一种更加模糊的关系吗?伊波利特曾说过这一点:作为意义,**绝对**就是一种生成;这当然不是一种历史生成,但是,如若历史在这种情况下指的绝不仅仅是一个事实的简单特征,那么**逻辑**的生成与历史之间的关系又是什么呢?本体论与经验人的关系已经完全被规定,但本体论与历史人的关系还没有完全被规定。而且,如若伊波利特提出有限性本身应该引入**绝对**之中,那么这难道不是以一种新形式冒险返回人本主义(anthropologisme)吗?伊波利特的结论仍然是开放性的,它为本体论开辟了道路。但是,我们想指出的是困难的根源可能已在**逻辑学**本身之中。如若哲学具有一种意指的话,那么哲学只能是一种本体论,而且只能是一种意义的本体论,我们通过伊波利特的论述来认识这一点。在经验与绝对之中,这是相同的存在,并且这是相同的思维;但是,凭着与差异同一的、并像这样在人之中思考自身和反思自身的**存**

22

在的设定,思维与存在之间的差异在绝对之中被超越了。存在与差异之间的这种绝对同一性被称之为意义。但在这一切中存在着一个要点,在这一要点上伊波利特表现出了他的黑格尔主义偏向:只在差异达到绝对,也就是达到矛盾的范围内,**存在**与差异才能是同一的。思辨的差异是自相矛盾的**存在**。事物之所以自相矛盾,乃因为事物在与其所不是的一切区分开来时从这种差异本身之中找到它的存在;事物只有当它在他者之中反思自身时才反思自身,因为他者是它的他者。这就是伊波利特在分析**逻辑学**的三个时刻(存在、本质与概念)的过程中所阐述的主题。黑格尔指责柏拉图与莱布尼茨没有直达矛盾,柏拉图仍停滞在简单的相异性(altérité)之中,莱布尼茨仍停滞在纯粹的差异之中。这至少假设了**现象学**的时刻与**逻辑学**的时刻不仅不是同一意义的时刻,而且假设了存在着两种自相矛盾的方式——现象学的与逻辑学的。在伊波利特这本意义丰富的著作之后,人们会思忖:因为矛盾少于且不多于差异,那么人们难道不能创造了一种不必直达矛盾的差异的本体论?矛盾难道不仅仅是差异的现象方面与人类学方面吗?伊波利特说纯粹差异的本体论让我们重建一种纯粹外在的、形式的反思,最终显现为一种本质的本体论。然而,同一个问题会以另外的方式提出来:可以说**存在**自我表达与存在自相矛盾是同一回事吗?如若伊波利特著作的第二、第三部分的确在**存在**之中建立了一种矛盾论,其中矛盾本身就是差异之绝对,那么反而在伊波利特著作的第一部分(语言论)与整部著作(提及了遗忘、回忆、丧失的意义)中,伊波利特难道不是建立一种表达理论——差异就是表达本身、矛盾只是它的现象方面?

(董树宝　译)

23

3. 本能与建制 *

　　所谓本能、所谓建制，基本上是指满足的过程（procédés）。一方面，每当有机体本性上对外部刺激产生反应时，它就会从外部世界获取满足其习性与需要的诸要素；这些要素会针对不同的动物形成特殊的世界。另一方面，每当主体在其习性与外部环境之间建立一个原初的世界时，主体就会设计各种人为的满足方法，这些方法尽管使有机体屈从于其他事物，但仍将有机体从自然中解放出来，并通过将习性引入新环境而改变了习性本身；的确只要人有钱，金钱就会让人摆脱饥饿之苦，婚姻尽管使人屈从于其他任务，但婚姻节省了人类寻找伴侣的时间。这也就是说，个体的任何经验就好像先天的知识（un a priori）一样假设了一种经验被引导的环境的预先存在——一种特殊的环境或一种建制的环境。本能与建制是一种可能性满足的两种有机形式。

　　毫无疑问，习性在建制中获得满足：性欲在婚姻中获得满足，贪欲在所有制中获得满足。有人会提出国家等建制作

---

　　* «Introduction» in G. Deleuze, *Instincts et institutions*, Paris, Hachette, 1955, pp. vili‑xi. 这篇文章以导论的形式发表在乔治·康吉莱姆主编的"哲学文本与论丛"丛书的一本文选上。当时德勒兹是奥尔良中学的教师。乔治·康吉莱姆（1904—1995），哲学家、医生，他与让·伊波利特于 1947 年指导了德勒兹的高等专业学习文凭的写作。这篇文章接近《经验主义与主体性》的一贯主题，另外可置于德勒兹所草拟的著作目录"从休谟到柏格森"的栏目之下（参见本书编者导言）。

为反例，因为没有任何习性与这类建制相符合。然而，显而易见的是，这类建制是次要的，它们已经假设了各种建制化的行为，它们诉诸一种社会特有的派生性功利（utilité），后者最终会找到其从社会与习性的关系中得出的原则。建制通常表现为一个由方法组成的有机系统。况且，恰好在这一点上，我们找到了建制与法律之间的差异：法律是一种对诸行动的限制，而建制是一种有关行动的肯定性模型。与那些置肯定于社会之外（自然权利）的、置社会于否定之中（契约性限制）的法学理论相反，建制理论置否定于社会之外（需要），以便使社会呈现为基本上肯定的、创新的面貌（满足的独特方法）。这种理论最终将给我们提供下列政治标准：专制是一种存有诸多法律、少有建制的政体；而民主是一种存有诸多建制、鲜有法律的政体。每当法律直接针对人而不是针对保护人的、预先的建制施加影响，压迫也就出现了。

然而，如若习性的确在建制中获得满足，那么建制不会通过习性来加以解释。相同的性需要从未解释婚姻多样的、可能的形式。既非否定解释肯定，也非一般解释特殊。"打开胃口的欲望"不会解释开胃酒，因为还有千余种打开胃口的方法。残暴丝毫解释不了战争；然而它会在战争中找到最好的方法。这就是社会的悖论：我们谈论着建制，其时我们面对着满足的不同过程，而正在满足的习性既不引发也不确定这些过程——同样物种的特征也解释不了这些过程。习性被那些不会取决于它的方法所满足。因此，如若习性没有同时受限制或遭戏弄，并被改造、升华，那么习性从不会如此。因而神经症是可能发生的。再者，如若需要在建制中只获得了一种完全间接的、"拐弯抹角的"满足，那么，仅仅说"建制是有益的"是不够的，我们还应该追问：建制对谁是有益的？对所有那些需要它的人是有益的？或者对某些人（特权阶级)是有益的？或者只对那些操纵建制（官僚制度）的人是有益的？因此，最深层的社会学问题就在于找到习性满足的社会形式所直接依赖的这另一诉求。文明仪式？生产资料？不管怎样，人的功利除了是一种功利外，通常是别的东西。建制让我们返回到一种作为模型之构成要素的、我们所意识不到的社会活动，这种活动也不会经由习性或功利来加以解释，因为人的功利反而假设了习性。在这种意义上，负责仪式的祭司总是体现了仪式使用者的无意识。

与本能有何不同？在这一点上，除了美，没有什么会超越功利。习性间接地通过建制获得满足，而它直接地通过本能获得满足。不存在本能性的禁止、本能性的强制，只有本能性的抵触。这次恰恰是习性本身以一种内部的生理因素的形式引发了一种可以胜任的行为。毫无疑问，内部因素将无法解释的是，即便它是与自我同一的，它也会引发不同物种的不同行为。但是，这就是说本能处于双重因果关系的交叉点上——个体的生理因素的因果关系与物种本身的因果关系（激素与特异性）。因此，我们只会自问，本能在何种程度上才能仅归结为个体的简单兴趣：究竟在何种情况下，我们才不得已不再说本能，而是说反射、向性（tropisme）、习惯与理智。或者本能只能在物种的功利、物种的益处、生物学第一目的论的范围中才能被理解吗？在此我们又遇到了"对谁是有益的？"这个问题，但是它的意义已经发生了改变。从双重视角来看，本能表现为一种习性，后者被投向具有特殊反应的有机体。

本能与建制的共同问题通常是这样的：习性与令习性得以满足的对象之间的综合如何产生？实际上，我喝的水并不相似于我的机体所缺乏的水合物。本能在其所属的领域越完美，它就越适宜于物种，它似乎就越形成一种独特的、不可化约的综合力量。但是，本能越完善，由此而不完美，它就越屈从于变异、优柔寡断，它就越任凭自己化约为内部的个体因素与外在环境之间的唯一的运作——它就越让步于理智。不过，在万不得已的情况下，这种给予习性以一个合适于它的对象的综合最后怎样才能是理智的，而这种即将实现的综合意味着一段个体无法经历的时间与个体不能遵循的诸多尝试吗？

我们不得不重新寻到下述观点：理智与其说是个体的东西，倒不如说是社会的东西，理智在社会中找到了中间媒介，也就是使理智得以可能的第三种媒介。相对于各种习性来说，社会的意义是什么？这意味着把环境整合到一个期待系统之中，把内部因素整合到一个控制它们的出现由此替代物种的系统之中。这的确就是建制的情形。到晚上了，因为我们该睡觉了；我们该吃饭了，因为到中午了。不存在社会习性，只存在满足习性的社会方法，这些方法之所以是独特的，乃因为它们是社会的。任何建制甚至在其非自愿的结构之中将一系列模型强加于我们的身体，给我们的理智提供了一种知识，一种像计划一样的预测的可能性。因此，我们重新寻到了下述结论：人没有本能，人需要建制。人是一种正在去除其物种属性的动物。因此，本能说明了动物的迫切需要，而建制说明了人的要求：饥饿的需要在人身上变成了拥有面包的要求。最终，本能与建制的问题不是最敏锐地在动物的"社会"中被把握，而是在动物与人的关系中被把握，每当人的要求通过把动物整合到建制（图腾崇拜与驯养）之中而对其施加影响，每当动物的需要遭遇了人，或为了逃离人，或为了攻击人，或为了等待食物与寻求保护。

（董树宝　译）

4. 柏格森（1859—1941）*

　　伟大哲学家都是创造新概念的哲学家：这些概念既超越了常规思维的二元性，又赋予事物一种全新的真实性、一种全新的分布方式、一种异乎寻常的切分方式（découpage）。柏格森的名字与绵延（*durée*）、记忆（*mémoire*）、生命冲动（*élan vital*）、直观（*intuition*）等概念密不可分。根据这些概念在哲学界中被接受、被使用、介入与存续的方式，柏格森的影响与才华获得了应有的评价。从《论意识的直接与料》（*Données immédiates*）** 开始，"绵延"的独特概念形成了；"记忆"的概念形成于《物质与记忆》（*Matière et mémoire*）；"生命冲动"的概念形成于《创造进化论》（*L'Evolution créatrice*）。这三个邻近的概念之间的关系应该向我们指出柏格森哲学的发展与历程。那么这是一种什么样的关系呢？

　　不过，首先我们打算仅仅研究直观这一概念，不是因为它是一个基本概念，而是因为它可以告诉我们有关柏格森问

---

　　* 载 M. Merleau-Ponty 主编，*Les philosophes célèbres*，Paris，Editions d'Art Lucien Mazenod，1956，pp. 292—299。次年，德勒兹为 PUF 出版社编辑了一本题为《记忆与人生》（*Mémoire et vie*）的柏格森选集（某些参考注释已经详细说明了这一版本。页码参阅现行版柏格森著作集，PUF 出版社以 Quadrige 文集形式出版）。

　　** 中译本参见［法］柏格森著，吴士栋译，《时间与自由意志》，商务印书馆，1958年。中译本据英译本翻译，译名也据英译本翻译，按法文原著，该书应译为《论意识的直接与料》。——中译注。

题的本质(nature)。谈及直观时,柏格森向我们指出了一种提出问题、构建问题的活动在精神生活中的重要性①,这绝非是偶然的:假问题比假答案要多,比对真问题的假答案多。

29 不过,如若某种直观总是处于一位哲学家学说的中心,那么柏格森哲学的原创性之一就是他在其特有的学说中将直观本身组织成一种真正的方法,一种消除假问题、真实地提出问题的方法,一种由此根据绵延提出问题的方法。"与主体和对象以及这两者之间的区分与结合相关的种种疑问,应该根据时间而非根据空间提出来。"②毫无疑问,正是绵延评判了直观,正如柏格森多次提醒的那样。但是,不管怎样也唯有直观在其意识到自己作为一种方法时才能在事物之中找寻绵延,诉诸绵延,祈求于绵延,只因为直观将其所是的一切都归功于绵延。因此,如若直观不是一种单纯的快感(jouissance),也不是一种预感,也不仅仅是一种情感性的方法,那么我们首先应规定直观的真正的方法特点是什么。

直观的第一个特点是,某种事物在直观中且经由直观呈现出来,它是本身给予的,而非从其他事物中推论、总结出来的。在这一点上,值得讨论的问题已然是哲学的一般定位问题;因为光说哲学是各门科学的源泉、哲学是它们的母亲,是远远不够的;相反,如今各种科学已臻于成熟,我们必须要问为什么还要有哲学,科学在什么方面是不足的。不过,哲学只不过以两种方式回答了这种疑问,无疑是因为只有两种可能的回答:一为科学给予我们一种关于事物的知识(connaissance),因此处于某种与事物的关系之中,哲学就能放弃与科学的竞赛,哲学可以把事物丢给科学,并且仅以一

---

① *La pensée et le mouvant* Ⅱ.(此书以下简写为 PM——中译注)

② *Matière et mémoire* Ⅰ, p. 74.(此书以下简写为 MM——中译注)

种批判方式呈现为一种对这种我们已有知识的反思。或与此相反，哲学想与事物建立，或者更确切地说是恢复一种别样的关系，因此建立或恢复一种别样的知识，科学恰恰向我们隐藏了这种知识与关系，科学剥夺了我们的这种知识与关系；因为科学只允许我们进行总结、推理，从未向我们呈现、给予我们物自身（la chose en elle-même）。柏格森通过抛弃批判哲学而走向了这第二条道路，他向我们指出，形形色色的形式与关系把我们与事物及其内部性（intériorité）分离开来，这些形式与关系就在科学之中，还在技术活动、理智（intelligence）、日常语言、社会生活与实际需要之中，最后尤为重要的是在空间之中。

不过，直观具有第二个特点：以此种方式来理解，它将自身呈现为一种回归（retour）。因为哲学关系置我们于诸事物之中，而非置我们于诸事物之外，哲学恢复而非建立、重现发现而非发明这种哲学关系。我们与诸事物分离开来，因此直接给予的并非直接"与料"（donnée）；但是我们不能被一个简单的偶然事件、一种源自我们且仅与我们相关的中介分离开来；改变诸事物之本性的运动必须在诸事物自身之中被建立起来，事物必须以失去自身为开端，以便我们以失去这些事物为结束，遗忘必须在存在之中被建立起来。物质只有在存在之中才是配制与伴随空间、理智与科学的东西。恰恰以这种方式，柏格森才创造了截然不同于心理学的事物，因为与其说单纯的理智是一种物质本身与空间的心理学原则，倒不如说物质是一种理智的本体论原则。[1] 也恰恰以此种方式，柏格森没有拒绝科学知识的任何权利，因为他告诉我们科学知识不仅仅使我们与诸事物及其真正的本性相分离，而且科

---

[1]　*L'Evolution créatrice* Ⅲ.（此书以下简写为 EC——中译注）

学至少抓住了存在之两半的一半、绝对之两面的一面、本性之两种运动的一种运动,本性在其中膨胀了,并置身其外。①柏格森甚至走得更远,因为在某些条件之中,科学可以与哲学联合起来,也就是说可以与哲学一起达到一种全面的理解。② 不管怎样,我们已经能够说柏格森的哲学完全不存在两个世界——可感世界与可知世界——之间的区分,但是仅仅存在两种运动,或者更确切地说仅仅存在同一种运动的两个方向:一个方向是运动往往凝固在其产物之中,凝固在中断运动的结果之中;另一个方向则是运动折返,在产物中重新发现其由此所产生的运动。况且这两个方向是自然而然的,每个方向按自己的方式运行:前一个方向依本性而生,但是它在每次休止、每次间歇之时都有可能在这一方向上失去自身;另一个方向逆本性而生,但本性会在这一方向上重新发现自身,重新开始于张力之中。另一个方向只能在前一个方向之下才被寻到,恰恰以此种方式,另一个方向总是被重新寻到。我们重新寻到"直接"(l'immédiat),因为我们必须调转方向去找到"直接"。在哲学上,第一次已然是第二次了,这就是基础的观念。毫无疑问,正是产物才在某种意义上存在,而运动不存在、也不再存在。但是,不是在这些项之中,存在的问题才应该被提出来。运动在每一瞬间都不再存在,然而恰恰因为运动不是由瞬间构成的,因为这些瞬间只是实在的或潜在的停顿而已,只是其产物及其产物的阴影而已。存在不是由现在构成的。因此,从另一个角度看,恰恰产物并不存在,而运动已然存在。在阿基琉斯之踵的例子中,瞬间与点并没被切分开来。柏格森在最晦涩难懂的著作

31

---

① *PM* II.
② *PM* VI.

中向我们指出了这一点：并非现在存在，过去不再存在，而是现在是有用的，存在就是过去，存在曾在。① 我们将会认识到，这种主题远非消除不可预见性与偶然性，而是创立了它们。对于两个世界的区分，柏格森由此代之以两种运动的、同一运动的两个方向（精神与物质）的、同一绵延的两种时间（过去与现在）的区分，他知道如何将这种区分构想为共存的，恰恰因为它们处于同一绵延之中，一个在另一个之下，而非一个在另一个之后。重要的是我们既要将此种必要的区别理解为时间的差异，也要将不同的时间（现在与过去）理解为彼此同时代的，并由此形成同一个世界。我们接下来将思考我们以什么方式来理解这些问题。

为什么我们重新寻获的东西被称为"直接"？什么是"直接"？如若科学是一种关于事物的实在知识、一种关于实在性的知识，那么科学所失去的或者仅仅有可能失去的东西恰恰不是事物。除非科学被哲学所渗透，否则科学可能失去的东西与其说是事物本身，倒不如说是事物的差异，而这种差异使事物获得存在，使它是这一个而非那一个，就是这一个而非另一个事物。柏格森有力地谴责了那些在他看来是假的问题：为什么存在某种事物，而不是什么也不存在？为什么是有序而不是无序？② 如若这类问题是假的、是被不适当地提出来的，那么这缘于两个原因。首先因为这些问题使存在变成一种一般性，某种不变的、无差异的东西，唯有在其所置身的、不动的整体中才能与虚无、非存在（non-être）区分开来。其次，即使人们试图给予运动一种如此假设的、不变的存在，那么这种运动也只是一种矛盾运动：有序与无序、存在

_____

① *MM* Ⅲ.（此处引文应为 *MM* Ⅳ——中译注）
② *EC* Ⅲ.

与虚无、一与多。但实际上这种运动不会由空间的点或瞬间组成，同样存在也不会由两种矛盾的视角组成：网眼大概太疏松了。① 只要存在用来把所是的一切与虚无对立起来，或者把事物本身与它所不是的一切对立起来，存在就是一个蹩脚的概念：在这两种情况下，存在离开、抛弃了事物，它只不过是一个抽象而已。因此，柏格森的疑问肯定不是"为什么存在某种事物，而不是什么也不存在？"，而是"为什么是这一个而不是另一个事物？""为什么是这种绵延的张力？"②"为什么是这种速度而不是另一种速度？"③"为什么是这种比例？"④"为什么知觉（perception）将唤起这种回忆，或者获得某些频率，是这一些频率而不是另一些频率？"⑤换言之，存在就是差异，不是不变的或无差异的，也不是只作为错误运动的矛盾。存在就是事物的差异本身，柏格森经常将其称之为"微妙差异"（nuance）。"名副其实的经验主义……为对象削剪了一个适合唯一对象的概念，一个我们难以说仍是概念的概念，因为它只应用于这唯一的事物。"⑥而且在一篇奇特的文章中，柏格森说拉维松-莫连（Ravaisson）*有意把智性直观与一般观念对立起来，就如把白光与色彩的简单观念对立起来一样："哲学家不应将思想稀释到一般之中，他应该将思想聚焦于个体……形而上学的目标就是在种种个体的实存之中重新捕获那特殊的光线，并追踪那光线的源头，那光

① *PM* Ⅵ.
② *PM* Ⅷ.
③ *EC* Ⅳ.
④ *EC* Ⅱ.
⑤ *MM* Ⅲ.
⑥ *PM* Ⅵ, pp. 196 - 197.
* 拉维松-莫连（Félix Ravaisson-Mollien，1813—1900），法国哲学家、考古学家，系柏格森的授业恩师，著有《论亚里士多德的形而上学》、《哲学全书》等。柏格森曾撰写《拉维松生平与作品》，后收入《思想与运动》。——中译注。

线由于赋予每一个体的实存以特有的'微妙差异',由此将那光线的起源与普照之光联系起来。"①所谓"直接"就是事物与它的差异的同一,就像哲学重新发现或"重新捕获"这种同一的那样。在科学与形而上学之中,柏格森揭露了一种共同的危险——任凭差异逃脱,因为科学将事物构想为一种产物、一种结果,因为形而上学将存在构想为可以充当本原的、不变的某种东西。科学与形而上学试图触及存在,或者从相似与日益扩大的对立开始来重构存在,但是相似与对立几乎总是实践的范畴,而不是本体论的范畴。因此,柏格森坚决指出,为了相似,我们可能将极端差异的事物、本性上差异的事物置于同一个词语之下。② 存在实际上站在差异一边,既不是"一"也不是"多"。然而,什么是微妙差异、事物的差异?什么是糖块的差异? 这不单单是它与另一事物的差异:在这一点上,我们只有一种纯粹外在的、使我们最终诉诸空间的关系。这也不再是它与它所不是的一切事物之间的差异:我们将不得不诉诸矛盾辩证法。柏拉图早已不希望人们搞混相异性(altérité)与矛盾;但是对柏格森而言,相异性仍不足以使存在与诸事物相连接,使存在确实是诸事物的存在。柏格森以亚里士多德的变动(altération)概念取代了柏拉图的相异性概念,以便使其成为实体本身。存在就是变动,变动就是实体。③ 这正是柏格森所谓的绵延,因为他从《论意识的直接与料》开始用于界定绵延的所有特点又回到了这一点上:绵延就是差的东西或者改变本性、质性、异质性的东西,就是与自身相异的东西。糖块的存在将被某种绵延(durée)、绵延(durer)的某种方式、绵延的某种膨胀或张力所

34

---

① *PM* IX, pp. 259 - 260.

② *PM* II.

③ *PM* V, *MM* IV.

界定。

绵延如何具有此种能力呢？疑问可以以其他方式提出来：如若存在就是事物的差异，那么对事物本身而言，这会有什么结果？因此我们遭遇了直观的第三个特点，这比前面的两个特点更加深刻。作为方法的直观是一种寻找差异的方法。直观呈现为它寻找并找到本性差异（les différences de nature）、"实在的关节"（articulations du réel）。存在被关联起来，一个假问题就是没有尊重这些差异，柏格森喜欢引用柏拉图的这样一篇文本*，该文本将哲学家比作出色的厨师，他根据自然形成的关节来切分对象；他不断地谴责科学与形而上学，因为它们已经失去了本性差异的这些意义，只保留了程度差异（但事实上，这里存在着完全不同的事物），由此成为那被不适当分析的"混合物"（mixte）的一部分。柏格森最著名的章节之一向我们指出强度（intensité）实际上遮蔽了直观可以重新发现的本性差异。① 但是我们知道科学、甚至形而上学没有发明它们自己的错误或者它们的错觉：某种事物在存在之中创立它们。实际上，只要我们面对种种产物，只要我们打交道的事物仍然是种种结果，我们就不能抓住本性差异，原因很简单——这些本性差异是不存在的：在两种事物、两种产物之间，只有且只能有程度差异、比例差异。本性上差异的东西，从不是事物，而是习性。本性差异从不处于两种产物、两种事物之间，而是存在于同一事物之中（此一事物处于贯穿它的两种习性之间），存在于同一产物之中（此一产物处于在产物之中相互遭遇的两种习性之

---

* 参见柏拉图著，《斐德罗篇》256E，柏格森曾在《创造进化论》第二章、《道德与宗教的两种起源》第二章引用过这个例子。——中译注。

① *Essai sur les Données immédiates de la conscience* Ⅰ.（此书以下简写为 DI——中译注）

间）。① 因此，纯粹的东西从不是事物，事物总是一种应该被分离的混合物，只有习性是纯粹的：这就是说真实的事物或者实体就是习性本身。直观看起来就像一种真正的划分方法：它将混合物划分为两种本性上差异的习性。我们由此辨识了柏格森所珍视的二元论的意义：不仅他的很多著作的题目，而且每章的题目和每页前面的标题，都表明了这种二元论。数量与质量、理智与本能、几何秩序与生命秩序、科学与形而上学、封闭与开放是这种二元论最为人熟知的形态。我们知道它们最终归结为总是被重新发现的物质与绵延之间的区分。而且物质与绵延从未被区分为两种事物，而是被区分为像膨胀与收缩一样的两种运动、两种习性。但是我们必须进一步加以思考：之所以纯粹（pureté）的主题和观念在柏格森的哲学中具有非常重要的意义，是因为每种情形中的两种习性不都是纯粹的，或不是同样纯粹的。只有一种习性是纯粹的，或单纯的（simple），而另一个习性则发挥了不纯粹的作用，损害或扰乱前一种习性。② 在混合物的划分中，总是存在着正当的一半，正是这正当的一半使我们返回到绵延。不止切分事物的两种习性之间确实存在着本性差异，而且事物的差异本身也是其中的一种习性。而且如若我们达到了物质与绵延的二元性，那么我们会清楚地看到绵延向我们呈现了差异的真正本性、自身之间的差异，而物质只是无差异的，是被重复的东西，或者是单纯的程度，是不再能改变本性的东西。难道我们同时没看到二元论是一个在柏格森的哲学中已被超越的时刻吗？因为如若在混合物的划分中存在着享有特权的一半，那么这一半必须含纳另一半的秘密

---

① *EC* Ⅱ.

② *MM* Ⅰ.

于己身。如若所有差异处于一边，那么这一边必须蕴含着与另一边的差异，并在某种程度上蕴含着另一边本身或者它的可能性。绵延相异于物质，不过这因为绵延首先是本己差异的、与自身相异的东西，由此与绵延相异的物质仍属于绵延。只要我们停留在二元论，事物就处于两种运动的相会点上：单独没有程度之分的绵延遭遇了作为相反运动、某种障碍、某种不纯粹的物质，而这种不纯粹扰乱绵延，中断绵延的冲动，给予绵延这样或那样的不同程度。[①] 但是，更为深刻的是绵延正是在自身之中才可以具有不同程度，因为它是与自身相异的东西，以致每种事物都完整地在绵延中被定义，包括物质本身。从一种仍是二元论的视角来看，绵延与物质相互对立为本性上差异的东西与只有程度之分的东西；但是，更为深刻的是存在着差异本身的不同程度，物质只是最低级的，以至于差异只不过是一种程度差异而已。[②] 如若理智根据其所针对的对象确实站在物质一边，那么我们仍只能在指出理智所绵延的、所控制对象的方式时才能在自身中界定理智。如若问题就在于最终界定物质本身，那么将物质呈现为障碍、不纯粹不再是足够的，我们总该指出物质在其振动占据好几个瞬间时如何绵延。由此，一切事物完全可以从正当的一面由某种绵延、绵延本身的某种程度加以界定。

混合物分解为两种习性，一种习性是单纯的、不可分的绵延，但是，与此同时绵延分化为两种方向；另一种习性是物质。空间被分解为物质与绵延，但是绵延分化为收缩与膨胀，而膨胀是物质的原则。因此，如若二元论朝着一元论的方向而被超越，那么一元论会给我们一种全新的二元论，这

---

① *EC* Ⅲ.
② *MM* Ⅳ, *PM* Ⅵ.

次是可控制的、可操纵的。因为混合物分解的方式与单纯物分化的方式是不一样的。因此,直观的方法具有第四个,也就是最后一个特点:直观不满足于为了切分事物而遵循自然形成的关节,它还追溯了"事实线"(lignes de faits)、分化线(lignes de différenciation),从而重新发现单纯物是种种可能性的收敛(convergence),直观不仅进行切分,而且还进行再切分。① 分化是不可分的单纯之物、绵延之物的能力。正是在这一点上,我们才会判断绵延本身在哪一方面是一种生命冲动。柏格森在生物学中尤其是在物种进化中发现了生命所必需的某种过程的标示,这恰恰是作为实在差异之生产的分化过程,他正是要从这一过程中去探寻概念及其种种哲学结果。他在《创造进化论》与《道德与宗教的两种起源》中撰写了不少令人赞叹不已的篇章,这些篇章向我们指出了这样一种生命的活动:它通向了植物与动物,或者通向了本能与理智,或者通向了同一本能的杂多形式。在柏格森看来,分化是被实现的、被现实化的或被创造的东西的样式。被实现的潜在性同时是被分化的东西,也就是产生发散系列、进化路线、种的东西。"一种习性的本质就是以集束的形式展开,并通过其增长的唯一事实创造了不同的发散方向。"②因此,生命冲动在它被现实化、被分化的情况下可能就是绵延本身。生命冲动在其转为行为的情况下就是差异。因此,分化并非仅仅源于物质的阻力,而更深刻地源于绵延自身携带的力量:二分法是生命的法则。而且柏格森对生物学的机械论与目的论所批判的,正如他对哲学辩证法所批判的一样,通常是从不同的角度来把运动构造为一种不同现实项之间的

37

---

① *Les Deux sources de la morale et de la religion* Ⅲ; *L'Energie spirituelle* Ⅰ. (此书以下简写为 ES——中译注)

② *EC* Ⅱ, p. 100.

关系,而不是从中看到潜在的实现。但是,如若分化由此是原初的、不可化约的样式,潜在性经由此方式而得以实现,并且如若生命冲动是分化的绵延,那么绵延本身就是潜在性。《创造进化论》给《论意识的直接与料》带来了必不可少的深化以及延伸。因为从《论意识的直接与料》开始,绵延就呈现为潜在或主观,因为绵延与其说是不可划分的东西,倒不如说是通过被划分而改变本性的东西。① 我们必须理解潜在不是一种现实,但仍然是一种存在的样式,而且在某种意义上就是存在本身:绵延、生命、运动都不是现实,而是任何现实性、任何实在性在其中得以被区分、包含并扎根的东西。实现总是整体(tout)的行为,这一整体在同一时间、同一地点或同一事物之中不会生成实在的、完满的整体,以致它产生了本性上相异的种,它本身就是其所产生的种之间的这种本性差异。柏格森曾不断地说绵延就是本性、质性的变化。"在光明与晦暗之间,在种种色彩之间,在种种色差之间,差异是绝对的。由此及彼的过渡也是一种绝对实在的现象。"②

因此,我们把绵延与生命冲动、潜在与它的实现看作两端,还应该说绵延已经是生命冲动,因为潜在的本质就在于被实现;从而我们需要第三个方面向我们说明这一点,它在某种意义上是前两个方面的中间状态。恰恰依据这第三方面,绵延被称为记忆。纵观绵延所具有的一切特点,绵延的确是一种记忆,因为它延长过去于现在之中,"或者现在清晰地隐藏了过去的日益增长的影像(image),或者更确切地说现在经由其连续的质变证明了人们随着年龄的增长而承受的日益沉重的负担"。③ 让我们回想一下,记忆总是被柏格

---

① *DI* II.
② *MM* IV, p.219.
③ *PM* VI, p.201.

森以两种方式进行阐述：回忆—记忆（mémoire-souvenir）与收缩—记忆（mémoire-contraction），而且第二种记忆是本质的记忆。[①] 为什么是这两种形态将赋予记忆以一种全新的哲学地位？第一种记忆使我们回到一种过去的持存。但是在柏格森所有的主题中间，这也许是最深刻的、最不好理解的，根据这一主题，过去持存于自身之中，[②]因为这种持存本身就是绵延，绵延就其本身而言就是记忆。柏格森向我们指出回忆不是所曾是的某种事物的再现（représentation）；过去就是我们从一开始就置身其中的东西，以便我们进行回忆。[③] 过去不必在心理和生理上持存于我们的大脑中，因为它不断地存在，它仅仅不再是有用的，它存在，它持存于自身之中。并且这种过去的本已存在只是问题恰当设定的直接结果而已：因为如若过去不得不期待着不再存在，如若过去没有立即且从此刻开始就是过去、"一般意义上的过去"，那么它从不可能成其所是，它从不可能是这一过去。过去因此就是自在（l'en-soi），就是无意识，或诚如柏格森所言，是潜在。[④] 但是它在何种意义上是潜在的？正是在这一点上，我们不得不遭遇记忆的第二种形态。过去不是在其曾是现在之后被构建的，它作为现在与自身共存。如若我们反思过去，那么我们会清楚地看到过去在其观念本身之中所遭遇的哲学困难源于这一事实——它在某种意义上被卡在了两种现在之间：它曾是的现在和当下的现在，相对后者它此刻就是过去。心理学不恰当地提出了问题，它的错误就在于抓住了第二种现在，因此从某个当下的事物出发去找寻过去，最

---

① *MM* Ⅰ.
② *MM* Ⅲ.
③ *ES* Ⅴ.
④ *MM* Ⅲ.

终或多或少地将过去置于大脑之中。但实际上"记忆完全不是由现在向过去的倒退组成的"。① 柏格森向我们阐明的是，如若过去在它是现在的同时不是过去，那么不仅过去永远不会被构建起来，而且它不能通过以后的现在被重构。因此，这就是过去作为现在与自身共存的意义：绵延只是这种共存本身而已，是这种自身与自身的共存而已。过去与现在由此应被视之为两种在绵延之中共存的极端程度，一种程度是由其膨胀的状态加以区分，另一种程度是由其收缩的状态加以区分。一个著名的比喻向我们说明，在锥体的每个层面上，存在着我们的全部过去，但其程度不同：现在只是过去最收缩的程度而已。"在记忆更替的层级上，相同的精神生活因此可能被重复无数次，而且相同的精神活动可以在不同的高度上进行"；"这一切似乎表明我们的回忆在我们过去生活的无数次可能的化约之中被重复了无数次"；②一切都是能量、张力的变化，别无其他。在每种程度上，存在着一个整体，但是整体与整体共存，也就是说与其他程度共存。由此我们最终明白了什么是潜在的：这就是如其所是、与自身共存的程度本身。③ 我们有理由将绵延界定为一种更替（succession），不过如此坚持就错了，绵延之所以的确是实在的更替，只因为它是潜在的共存。至于直观，柏格森写道："只有我们所谈论的方法才允许我们超越观念论与实在论，允许我们确认那低于和高于我们的对象的实存，即便是这些对象在某种意义上是内在于我们的，但仍允许我们毫无困难地使它们共存在一起。"④实际上，如若我们探寻从《物质与

40

————

① *MM* Ⅳ，p. 269.
② *MM* Ⅱ，p. 115 et Ⅲ，p. 188.
③ *MM* Ⅲ.
④ *PM* Ⅵ，pp. 206 - 207.

记忆》到《创造进化论》的过渡，那么我们会看到共存的程度既使绵延成为某种潜在的东西，又是使绵延在每个瞬间现实化的东西，因为这些程度勾画出足够多的平面与层级，而这些平面与层级规定了所有可能的分化线。总之，实在的发散系列在绵延之中产生了潜在共存的程度。理智与本能之间存在着本性差异，因为它们处于两种发散的系列的末端；但是这种本性差异如若没有表达两种共存于绵延之中的程度——膨胀或收缩的两种不同程度，那么它最终又表达了什么呢？因此，每种事物、每种存在就是整体，不过，这是以不同程度实现的整体。在柏格森的前期著作中，绵延似乎本该是一种极为特别的心理实在性，不过心理的东西只是我们的绵延，也就是某种被规定好的程度。"如若不打算分析绵延（其实也就是用概念对绵延加以综合），那么人们首先经由一种直观的努力就可以栖居于绵延之中，人们会感觉到某种规定好的张力，而这种张力的规定性本身表现为一种在无限多的、可能发生的绵延之间进行的选择。从此，人们如其所愿地察觉到了数量众多的、彼此之间千差万别的绵延……"①因此，柏格森主义的秘密无疑就存在于《物质与记忆》之中，柏格森还向我们说明他的著作在于反思这一点——被给予的并非整体。被给予的并非整体，这就是时间的实在性。但是这种实在性意味着什么？与料预设了一种发明它或创造它的运动，同时这种运动不应通过与料的影像被构想出来。②柏格森在可能的观念中所批判的就是这种观念向我们呈现了一种产物的单纯摹本，随后投射到，或更确切地说是被架设到生产运动、创造之上。③然而，潜在与可能不是

41

---

① *PM* Ⅵ, p. 208.

② *EC* Ⅳ.

③ *PM* Ⅲ.

一回事：时间的实在性，最终是确认一种被实现的潜在性，对于被实现的东西来说，这就是发明。因为即使被给予的并非整体，潜在仍是整体。让我们回想一下生命冲动是有限的：整体就是在诸种之中被实现的东西，这些种不是整体的影像，同样它们也不是彼此的影像；每个种既相应于整体的某种程度，又在本性上相互差异，以至于整体本身既在实在性之中呈现为本性差异，又在精神之中呈现为诸程度的共存。

如若过去作为现在与自身共存，如若现在是共存的过去的最收缩的程度，那么这同一个现在——因为正是在这一确定点上，过去投向未来——被界定为改变本性的事物、永远新生的事物、生命的永恒性。[1] 我们知道，一种抒情性的主题贯穿了柏格森的全部著作：一曲向新生之物、不可预见的东西、发明、自由致敬的赞歌。这不是一种哲学的遁隐，而是一种深刻的、原初的尝试，以便发现哲学的特有领域，以便在可能的、因果的秩序之外触及事物本身。目的性、因果性、可能性总是关系到已经完成的事物，总是假定被给予的并非"整体"。当柏格森批评这些观念并向我们谈论不定性（indétermination）时，他没有劝说我们抛弃理性，而是劝说我们重新连接正在形成的事物的真正理性，这种哲学理性不是规定性，而是差异。我们发现柏格森思想的全部运动以三重的形式集中于《物质与记忆》之中——本性差异、差异的共存程度与分化。柏格森首先向我们指出在过去与现在、回忆与知觉、绵延与物质之间存在着本性差异：心理学家和哲学家的错误就在于他们在任何情况下都从被不适当分析的混合物出发。他接着向我们指出，谈论一种介于物质与绵延、现在与过去之间的本性差异仍是不够的，因为全部疑问恰恰是

————————

① *PM* Ⅵ.

理解本性差异是什么：他指出绵延本身就是这种差异，绵延就是差异的本性，以致绵延将物质包含为最低的程度、最膨胀的程度，包含为一种无限膨胀的过去，并且绵延通过将自己收缩为一种极端束紧的、绷紧的现在而包含自身。最终，他向我们证明，如若程度共存于绵延之中，那么绵延在每个瞬间就是被分化的东西，它被分化为过去与现在，或者如若愿意的话，现在二分为两个方向，一个朝向了过去，一个朝向了未来。这三种时间在柏格森的全部著作中对应的概念是绵延、记忆与生命冲动。我们在柏格森著作中找到的方案，也就是通过与批判哲学决裂而重新连接事物的方案，它绝对不是新颖的，甚至在法国亦是如此，因为这一方案界定了一种哲学的一般观念，并在多个层面上吸收了英国经验主义。但是，柏格森的方法是极为新颖的，而赋予这种方法以意义的三个基本概念也是极为新颖的。

（董树宝　译）

5. 柏格森的差异观念[*]

差异的观念一定可以阐明柏格森的哲学,反之,柏格森主义也一定会对差异哲学做出最大贡献。这种哲学通常依靠方法论与本体论两个平面。一方面,问题在于规定诸事物之间的本性差异(les différences de nature):只有如此,我们才能"回到"诸事物本身,对之加以分析而不会将它们化约为除它们之外的另外事物,并在它们的存在之中掌握它们。另一方面,如若诸事物的存在在某种意义上就在它们的本性差异之中,那么我们可以期望差异本身就是某种事物,它具有一种本性,最终它将存在交付给我们。这两个问题(方法论问题与本体论问题)永远相互指涉:一个是本性差异的问题,另一个是差异本性(la nature de la différence)的问题。在柏格森的著作中,我们将在两者的联系中碰到这两个问题,会突然发现由此及彼的过渡。

柏格森主要指责他之前的哲学家没有理解真正的本性差异。这样一种批评经常出现,同时向我们指出这一主题在柏格森著作中的重要性。在有本性差异的地方,人们只保留了程度差异。毫无疑问,偶尔会出现相反的批评;在只有程

---

* *Les Etudes bergsoniennes*,vol. Ⅳ,1956,pp. 77 - 112。(参考注释已被更改、完善。页码参阅现行版柏格森著作集,PUF 出版社以 Quadrige 文集出版。)

度差异的地方,人们却提出本性差异,例如,人们将本性差异置于大脑的所谓知觉官能与骨髓的反射功能之间,置于对物质的知觉与物质本身之间。[①] 但是,同一批评的第二个方面既没有第一个方面频繁,也没有第一个方面重要。为了判断哪个方面是更重要的,我们应该拷问哲学的目标。如若哲学与诸事物具有一种肯定的、直接的关系,那么这只有在哲学断言从事物之所是出发,在它与它所不是的事物的差异中,亦即在其内部差异中把握到事物本身的情况下才有可能。有人将反对说,内部差异没有意义,这种观念是愚蠢的;不过,要是这样说的话,我们也必须同时否认同属的诸事物之间存在着本性差异。如若同属的诸个体之间存在着本性差异,那么我们确实应该承认,差异本身不只是时空差异,它既不是属差也不是种差,总之,它不会外在于事物,也不会超越事物。这就是为什么依据柏格森的观点来证明以下观点是重要的:至少绝大多数时候,一般观念只是以纯粹实用的组合向我们呈现了截然不同的与料:"假设我们观察在快乐的名义下被组合的各种状态,那么我们发现这些状态毫无共同之处,否则它们就是被探寻的各种状态:人类将这些截然不同的事物归于同一属之下,因为人类会从这些事物中发现相同的实际利益,并以相同的方式应对它们。"[②]正是在这种意义上,本性差异已成为全部的关键:我们应该从这些本性差异出发,我们首先应该重新发现这些本性差异。无须把差异本性预断为内部差异,我们已经知道内部差异是存在的,假定同属的事物之间存在着本性差异的话。因此,哲学要么为自己假定了这种方法与这种目标(为了达到内部差异而假定

---

① *MM*, p. 19, pp. 62-63.

② *PM*, pp. 52-53.

了本性差异),要么,哲学与诸事物只有一种否定的或属的关系,哲学可能变成批判或一般性的要素,无论如何它将达到一种仅仅是外在的反思状态。因为柏格森置身于第一种观点,所以他提出了哲学的理想:为"对象"裁剪"一个只适合这唯一对象的概念,人们很难说这个概念还是个概念,因为它只应用于这唯一的事物"。[1] 事物与概念的这种统一就是内部差异,我们是通过本性差异达到这种内部差异的。

　　直观就是差异的享乐(jouissance)。然而它不只是方法的结果所产生的享乐,它本身就是方法。就其本身而言,直观不是一种独特的行为,它向我们提出了诸行为的多数性、诸努力与诸方向的多数性。[2] 直观的第一种努力是规定本性差异。并且,既然这些差异存在于诸事物之间,那么问题就在于一种真正的分配、一个真正关于分配的问题。实在必须根据实在的关节加以划分[3],柏格森有意引用柏拉图论述切分与出色的厨师的著名文本对之加以说明。不过,两种事物之间的本性差异还不是事物本身的内部差异。我们必须区分事实线[4]与实在的关节,事实线界定了直观的另一种努力。而且,如若柏格森哲学就实在的关节而言表现为一种真正的"经验主义",那么柏格森哲学就事实线而言宁可表现为一种"实证主义",甚至一种或然论。实在的关节根据本性差异来分配诸事物,它们形成了一种分化/微分(différenciation)。事实线是我们应加以遵循直到其终点的诸方向,是向同一个事物收敛的诸方向,它们规定了一种整合/积分(intégration),每一条线都构成一条或然线。在《精

---

① *PM*,p. 197.
② *PM*,p. 207.
③ *PM*,p. 23.
④ *ES*,p. 4.

神能量》(*L'Energie spirituelle*)一书中,柏格森在三种事实线收敛的点上向我们指出了意识的本性。① 在《道德与宗教的两个来源》中,灵魂的不朽朝着两种事实线的收敛方向发展。② 在这种意义上,直观与假设不是对立的,而是将其作为假设包含起来。总之,实在的关节对应于切分,而事实线对应于"再切分"(recoupement)。③ 实在同时是被切分的、被再切分的东西。当然在这两种情况中,路径是相同的,但是重要的是人们引领它们前进的方向,走向发散(divergence)或收敛(convergence)。我们总是能预感到差异的两个层面:实在的关节给予我们诸事物之间的本性差异;事实线则向我们指出事物本身与其差异是同一的,内部差异与某种事物是同一的。

46

　为了诸属的利益而忽略本性差异,这倒是向哲学撒谎。这些本性差异——我们已经失去了。我们面对一种科学,它以简单的程度差异(différences de degré)取代本性差异,我们也面对一种形而上学,它更特别地以简单的强度差异(différences d'intensité)取代本性差异。第一个问题关系到科学:我们怎么做才会只看见程度差异呢?"我们使质性的差异消解在构成其基础的空间的同质性之中。"④众所周知,柏格森诉求于需要、社会生活与语言、理智与空间的联合运作,不过空间是理智由适合自己的物质所构成的东西。总之,我们用纯粹实用的组合方式取代实在的关节。不过,这不是最重要的,实用性不能确立使之成为可能的基础。因此,有两点必须加以强调。首先,诸程度具有一种有效的实

---

① *ES*, premier chapitre.
② *MR*, p. 263.
③ *MR*, p. 292.
④ *EC*, p. 217.

在性,在一种异于空间的形式下,它们已经以某种方式被包含到本性差异之中:"在我们对质进行区分的背后",经常存在着各种数。① 我们会看到,柏格森最奇特的观念之一就是差异本身具有一个数、一个潜在的数、一个计数着的数。因此,实用性只会解放、展开包含于差异之中的诸程度,直到差异不过是一种程度差异而已。其次,如若诸程度可以如此被解放,以便凭自己的力量形成差异,那么我们必须在经验的状态之中找到这一变化的原因。空间向知性所呈现的,知性于空间之中所发现的,只是诸事物、诸产物、诸结果,别无其他。不过,在诸事物中间(在诸结果的意义上),从来只有且只能有比例差异。② 本性上差异的既不是诸事物,也不是诸事物的种种状态,更不是诸特性,而是诸习性。种差(la différence spécifique)的观念之所以令人不满意,其原因就在于:我们不应该使它依附现存的诸特性,而应该使它依附发展着的习性。"群体将不再根据某些特性的占有加以界定,而是根据突出它们的习性加以界定。"③因此,柏格森在全部著作中将指出习性不仅优先于它的产物,而且优先于这一产物在时间之中的诸原因,因为后者总是基于产物本身逆向获得的:自在而本真的事物在成为原因的结果之前是习性的表现。总而言之,简单的程度差异将是与习性分离、并在初级原因中被把握的诸事物的适当条件。原因实际上属于数量的范围。依据产物或习性的不同视角来考虑,例如,人类大脑与动物大脑相比就表现出一种简单的程度差异或一种完全的本性差异。④ 因此,柏格森告诉我们说,从某种角度看,

---

① *PM*,p. 61.

② *EC*,p.107.

③ *EC*,p. 107.

④ *EC*,pp. 184,264 - 265.

本性差异消失了，更确切地说这些差异不可能出现了。关于静态宗教与动态宗教，他写道："从这一角度看，我们察觉到一系列过渡，看起来像程度差异，其实则是一种彻底的本性差异。"①诸事物、诸产物、诸结果总是种种混合物。空间所呈现的，理智所发现的，始终只是种种混合物——封闭与开放的混合物、几何秩序与生命秩序的混合物、知觉与情感（affection）的混合物、知觉与记忆的混合物……必须理解的是，这种混合物无疑是本性上差异的诸习性的混合，不过它就其自身而言是诸事物的状态，任何本性差异不可能在这种状态中被规定。混合物就是人们从没有任何事物在本性上是差异的视角所看见的东西。从定义上说，同质的东西就是混合物，因为单纯物通常是本性上差异的某种事物：只有诸习性是单纯的、纯粹的。因此，我们只能通过重新发现超越产物的习性才能寻到真正差异的东西。因为我们无法支配其他事物，所以我们必须利用混合物所呈现给我们的东西，即程度差异或比例差异，但是我们只能把它们用作习性的测量，从而达到比例的习性以及充足理由。"只要这种比例差异存在，它就足以界定它所相遇的群体，如若可以证实比例差异不是偶然的，如若群体随其不断进化而越来越强调这些特殊的性质。"②

48

就其本身而言，形而上学几乎只保留了强度差异。柏格森向我们指出强度的这一看法贯穿希腊的形而上学：因为希腊的形而上学将空间与时间界定为一种单纯的膨胀、一种存在的减少，所以它在诸存在本身中间只找到了强度差异，并将它们定位于完善与虚无这两种极限之间。③我们必须研

---

① *MR*，p. 225.
② *EC*，p. 107.
③ *EC*，p. 316 sq.

究这种错觉如何产生，以及什么将这种错觉立基于本性差异本身。我们已经指出这种错觉与其说取决于混合的种种观念，倒不如说取决于无序、虚无等虚假观念。但是这些虚假观念仍然是混合的种种观念的一种而已，[①]而且强度的错觉归根到底取决于空间的错觉。最终说来只存在着一类错误问题，这些问题并没在它们的陈述中重视本性差异。直观的作用之一就是揭露这些问题的任意性。

为了达到真正的差异，我们必须重返混合物得以区分的视角。正是诸习性两两相对，本性上才有所差异。恰恰习性是主体；存在不是主体，而是习性的表达，进而言之，存在只有在习性被其他习性阻碍的情况下才是习性的表达。因此，直观呈现为一种差异或区分的方法：将混合物区分为两种习性。这种方法只是对空间的分析，它比经验的描述要多，而（看起来）又达不到先验的分析。它完全达到了与料的条件，但是这些条件是不同的习性—主体，这些习性—主体本身是以某种方式给予的，并且是实际经历的（vécu）。进一步说，它们同时是纯粹的东西与实际经历的东西、鲜活的东西与实际经历的东西、绝对的东西与实际经历的东西。基础就是基础，但是它仍然是可察验的，这一点至关重要，而且我们都知道柏格森在多大程度上坚持生命冲动的经验性质。因此，我们不必达到所有可能经验的诸条件，而应达到实在经验的诸条件：谢林已经提出了这个目标，并将他的哲学界定为一种高级的经验主义。这种表达形式也十分适合柏格森主义。之所以这些条件能够并且必须通过直观来加以掌握，只因为它们是实在经验的诸条件，它们不会比被条件限定的东西更广泛，因为它们所形成的概念与其对象是同一的。因此，人

---

① *EC*, pp. 232, 235.

们不必惊讶会在柏格森著作中发现一种充足理由原则以及种种不可分辨的东西。他所拒绝的是这样一种分配,即分配置理性于属或范畴之中,将个体抛进了偶然性之中,也就是抛进了空间之中。理性必须直达个体,真正的概念必须直达事物,理解必须直达"这一个"。为什么是这一个,而非那一个? 柏格森总会提出差异的这种质疑。为什么知觉会唤起这种回忆而非其他回忆?[①] 为什么知觉"采集"了某些频率? 为什么是这些而非其他频率?[②] 为什么绵延会显示出此种张力?[③] 实际上,理性应该是柏格森所谓的*微妙差异*的理性。在精神生活中,偶然因素是不存在的[④]:微妙差异就是本质。只要我们没有发现此种仅仅适合于对象本身的概念,"唯一的概念",那么我们就会乐于通过多个概念、通过"对象被认为具有的"一般观念来解释对象:[⑤]那么所捕捉不到的,就是对象是同属的这一对象而非另一对象,而且在这一属中,对象具有这些比例而非其他比例。只有习性才是概念与对象的统一,以至于对象不再是偶然的,概念也不再是一般的。然而,关于方法的所有这些细节似乎避免不了这种方法看起来正通向的困境。因为混合物必须被区分为两种习性:混合物自身的比例差异没向我们透露如何找到这些习性,也没向我们透露区分的规则是什么。不仅如此,在这两种习性中,哪一种才是正确的? 两者的价值是不相等的,它们在价值上是差异的,总有一种习性占据主导地位。只有这种占据主导地位的习性才界定了混合物的真正本性,只有它才是唯一的概念,是纯粹的,因为它是相应事物的纯粹性:另一种习

50

① *MM*,p. 182.
② *PM*,p. 61.
③ *PM*,p. 208.
④ *PM*,p. 179.
⑤ *PM*,p. 199.

性是一种要牵累、阻挠它的不纯粹性。因而,种种动物行为向我们展现了作为主导习性的本能,而种种人类行为则向我们展现了作为主导习性的理智。在知觉与情感的混合中,情感扮演着不纯粹的角色,并和纯粹的知觉混合在一起。① 换言之,在区分中存在着左右各一半。我们以什么规则来规定它们? 在这种形式下,我们重新发现了柏拉图曾遭遇的困难。当亚里士多德评论说柏拉图的差异方法只是一种毫无说服力的三段论时,因中项缺失而未能断定将被探寻的**理念**置于被区分的属的那一半时,我们该如何回应呢? 在这一点上,柏拉图似乎比柏格森处境更好,因为超验的**善**的**理念**能够有效地引导正确一半的选择。但是,柏格森通常拒绝目的论的佑护,仿佛他希望差异的方法可以自给自足。

51　　这种困难可能是错觉的。我们知道实在的关节没有界定方法的本质与目标。毫无疑问,两种习性之间的本性差异就是诸事物之间程度差异上的演进、诸存在之间强度差异的演进:尽管如此,它仍然是一种外在差异,一种仍是外部的差异。在这一点上,柏格森的直观并没有为了完整而缺失一个可以充当规则的外在项,反而它还呈现出太多的外在性。举一个例子来说,柏格森指出抽象时间是空间与绵延的混合物,他更深刻地指出空间本身是物质与绵延的混合物、物质与记忆的混合物。因此,混合物被区分为两种习性:物质确实是一种习性,因为它被定义为一种膨胀;绵延是一种习性,因为它是一种收缩。然而,如若我们全面思考柏格森在其著作中对绵延的定义、描述及其特征,我们会意识到本性差异最终并不处于这两种习性之间。最终,本性差异本身是这两种习性之一而已,并与另一种习性相对立。那么,绵延究竟

————————

① *MM*,p. 59.

是什么？柏格森所说的一切总是回到这一点：绵延，就是与自身相异的东西。相反，物质就是与自身没有差异的东西，就是自身重复的东西。在《论意识的直接与料》中，柏格森不仅指出强度是一种被区分为两种习性（纯粹的质与广延的量）的混合物，还特别指出强度不是感觉（sensation）的特性，感觉是纯粹的质，并且纯粹的质或感觉本性上与自身相异。感觉就是本性上而非大小上发生的变化。[①] 因此，精神生活就是本性差异自身：在精神生活中，总是存在着他者，而并不一定存在着数或几个（plusieurs）。[②] 柏格森区分了三种运动：质的运动、进化的运动与广延的运动，[③]不过所有这些运动的本质，甚至就像阿基琉斯竞赛一样的纯粹转变的本质，就是变动。运动就是质变，质变就是运动。[④] 总之，绵延就是差异的东西，不再是与其他事物相异的东西，而是与自身相异的东西。差异的东西本身变成了一种事物、一种实体。柏格森的主题可以表述为：实在的时间就是变动，而变动就是实体。因此，本性差异不再处于两种事物之间或两种习性之间，本性差异本身就是一种事物，是与另一种习性相对立的一种习性。混合物的分解不单单给予我们本性上差异的两种习性，它也给予我们作为两种习性之一的本性差异。而且，正如差异由此变成实体一样，运动不再是某种事物的特征，不过它本身获得了一种实体性的特征，它不再预设其他任何东西、任何动力。[⑤] 绵延、习性，就是自身与自身的差异；与自身相异的东西直接就是实体与主体的统一。

52

我们既知道如何区分混合物，又知道如何选择正确的趋

---

① *DI*, premier chapitre.
② *DI*, p. 90.
③ *EC*, pp. 302 – 303.
④ *MM*, p. 219.
⑤ *PM*, pp. 163, 167.

向,因为异于自身的事物,也就是绵延,总是处于右边。在每种情况下,绵延都是在某一侧面之下,作为"微妙差异"之一向我们显露出来。不过,我们还是要指出,从混合物的角度来看,相同的一项时而在左,时而在右。动物行为的区分置理智于左侧,因为绵延,也就是生命冲动,通过这些动物行为而表现为本能,而理智在人类行为的分析中被置于右侧。然而,在后一状况中,只有当理智呈现为绵延的表达时,它才能改变左右侧:假如理智具有物质的形式,那么它就具有绵延的意义,因为它是统治物质的器官,是人类所特有的感官。[①]无须惊讶绵延由此具有多个作为"微妙差异"的不同层面,因为它是与自身相异的事物;而且应该更进一步,直至刨根问底,最终把物质视之为绵延的最后一种"微妙差异"。然而,为了理解这最后的最重要的一点,我们首先应该回想一下差异变成了什么。差异不再处于两种习性之间,它本身是两种习性之一,总是处于右侧。外部差异变成了内部差异。本性差异本身变成了一种本性。不仅如此,它从一开始就是这样的。正是在这种意义上,实在的关节与事实线相互指涉:实在的关节还描绘了事实线,这些事实线至少向我们指出了内部差异是收敛的界限,反之事实线也向我们提供了实在的关节,例如三种不同的线的收敛在《物质与记忆》之中将我们引向属于主体的东西、属于对象的东西的真正分配。[②] 本性差异只在表面上是外的。但即使在这一表面上,本性差异也已经与程度差异、强度差异、种差等区分开来。然而,在内部差异的状态下,现在我们还要做其他区别。实际上,之所以绵延可以被呈现为实体本身,乃因为绵延是单纯的、不可分

53

---

① *EC*, pp. 267,270.

② *PM*, p. 81.

的。因此，变动必须维持自身，获得地位，而不容许自己被化约为多数性，甚至被化约为矛盾、相异性。内部差异必须与矛盾、相异性、否定区分开来。正是在这一点上，柏格森的差异的方法和理论与另一种差异的方法和理论即所谓的辩证法对立起来，无论是柏拉图的相异性辩证法还是黑格尔的矛盾辩证法，两者都意味着否定的在场与否定的力量。柏格森观念的原创性就在于指出内部差异不会也不应直达矛盾、相异性、否定，因为这三个概念实际上没有内部差异深刻，或者它们仅是从外部对内部差异进行观察的视角。就其本身来思考内部差异，将其视作纯粹的内部差异，达到差异的纯粹概念，把差异提升到绝对，这就是柏格森努力的方向。

绵延只是两种习性之一、两半之一，然而，如若绵延确实在整个存在中相异于自身，那么它难道不会包含另一半的秘密吗？绵延怎么还可能将与自身相异的事物（ce dont），亦即另一种习性留置于自身的外部呢？如若绵延与自身相异，那么与它相异的事物仍以某种方式属于绵延。问题不在于像我们区分混合物一样区分绵延：绵延是单纯的、不可分的、纯粹的。问题在于单纯物不能被区分，它进行分化。分化就是单纯物的同一本质或差异的运动。因此，混合物被分解为两种习性，一种是不可分的，而不可分的习性又分化为两种习性，其中的另一种是可分的本原。空间被分解为物质与绵延，而绵延分化为收缩与膨胀，膨胀是物质的本原。有机的形式被分解为物质与生命冲动，而生命冲动分化为本能与理智，理智是物质转化为空间的原则。显然，混合物被分解与单纯物分化的方式不同：差异的方法就是把这两种运动结合起来。但是现在应该质询这种分化的能力。正是这种能力引导我们走向了内部差异的纯粹概念。规定这一概念，最终也就是指出与绵延相异的事物，也就是另一半，以何种方式仍属于绵延。

　　依据注意力的本性,在《绵延与同时性》(*Durée et simultanéité*)中,柏格森赋予绵延一种奇特的包含自身的能力,它既可以划分为种种流(flux),又可以集中于唯一的流(courant)。① 在《论意识的直接与料》中,潜在性的基本观念出现了,随后又出现在《物质与记忆》之中,并得到了充分的论述:绵延,即不可分的东西,完全不是不被区分的东西,而是在自身被区分的过程中本性发生变化的东西,而本性由此发生变化的东西则界定了潜在或主体。然而,我们在《创造进化论》中才找到了必要的信息。生物学向我们指出进行中的分化过程。在差异不可被化约为程度或强度、也不可被化约为相异性或矛盾的范围内,我们找寻差异的概念:这种差异是生机论的,哪怕它的概念本身不是生物学的。生命就是差异的过程。在这一点上,柏格森与其说考虑胚胎的分化,倒不如说考虑物种的分化,也就是进化。从达尔文而来,差异的问题与生命的问题在进化的观念中是同一的,尽管达尔文本人就生命的差异形成了一种错误观念。与某种机械论相反,柏格森指出生命差异是一种内部的差异,而且他还指出这种内部差异不能被视作一种单纯的规定性:此种规定性可能是偶然的,无论如何它只能从原因、目的或偶然中获得它的存在,因此它意味着一种持存的外在性;此外,几种规定性之间的关系只不过是一种联想关系或增补关系。② 生命的差异不是一种规定性,而是规定性的反面:如果可以选择的话,它可能是不定性本身。柏格森总是强调生命形式的特征是不可预见的:"不被规定的,我想说的是不可预见的。"③

----

① *DS*, p. 67.

② *EC*, chap. I.

③ *EC*, p. 127.

在柏格森的著作中,尽管不定性是不可预见的东西,但却不是偶然的东西,反而是本质的东西,是对偶然性的否定。通过把差异变成一种单纯的规定性,我们要么将它交付给随机性,要么依据某种事物使它成为必然的,不过这只有在它相对生命而言仍是偶然的条件下才能实现。然而,相对生命,变化的习性不是偶然的,而且变化本身也不是偶然的,[1]因为生命冲动"是变异的深层原因"。[2] 这就是说差异不是一种规定性,反而在与生命的这种本质关系中,它是一种分化。毫无疑问,分化源自生命所遭遇的、来自物质方面的阻力,但是分化首要地源自生命本身携带的内部爆炸力。"生命习性的本质就是以集束的形式发展,并在其增长的唯一行为中创造了那些生命冲动所兼顾的分散方向":[3]潜在性如此存在,以致它通过分解自身而实现自身,它为了实现自身而被迫分解自身。分化就是潜在性得以现实化的运动。生命相异于自身,以致我们面对的是各种发散的进化路线,而在每条线上我们面对的都是独特的进化方式;不过,生命与之相异的,仍然只是自身,以至于在每条线上,我们都会发现某些特定器官,某些通过不同方法所获得的相同的器官结构。[4] 诸系列的发散,某些器官的同一性,这就是作为整体的生命的双重运动。分化的概念同时假定了潜在的单纯性、它实现于其中的诸系列的发散与它在这些系列之中所产生的某些基本结果的相似性。柏格森解释了属于生物学范畴的相似性是何等重要:[5]它是与自身相异的东西的同一性,它证明了相同的潜在性在诸系列的发散中实现自身,它指出持存于变化

56

---

① *EC*, p. 86.

② *EC*, p. 88.

③ *MR*, p. 313.

④ *EC*, p. 53 sq.

⑤ *PM*, p. 58.

之中的本质,正如发散指出依据本质起作用的变化本身一样。"借助于叠加在一起的两个截然不同的偶然事件序列,两种截然不同的进化会取得相似的结果,这有多大的可能性?"①

在《道德与宗教的两个来源》中,柏格森重新回到分化的这一过程:二分法是生命的法则。② 但是某种新事物出现了:在生物分化的旁边,出现了一种历史特有的分化。生物分化无疑根据生命本身找到它的原则,但是它仍然束缚于物质,以致它的产物仍然是分开的、彼此不相关的。"它们(这些物种)具有的物质性阻碍它们相互结合,从而使它们不能把原初的习性以更强大、更复杂、更充分进化的状态重新带回来。"③反之,在历史的平面上,正是在相同的个体、相同的社会之中,通过分解而构建的种种习性才得以进化。从此,这些习性连续进化,但是发生在相同的存在之中:人类尽可能朝一个方向进化,随之转向另一个方向。这本著作之所以更为重要,是因为它是柏格森承认历史之于生命的独特性的稀有文本之一。这意味着什么?这意味着,对于人,而且只有对于人,差异才变成有意识的,才达到了对自身的意识。如若差异本身是生物的,那么对差异的意识就是历史的。的确,我们不该夸大对差异的这种历史意识的功能。根据柏格森的观点,与其说这种意识产生了新事物,倒不如说它解放了旧事物。意识已然存在,与其本身的差异一起存在,并在其本身的差异之中存在。自行的绵延就是意识,自行的生命就是意识,但是它在法理上(en droit)就是如此。ᵃ 如若历史

① *EC*, p. 54.
② *MR*, p. 316.
③ *ES*, p. 13.
a. *MR*, p. 314.

就是激活意识的场域,或者就是意识在事实上(en fait)被激活与被设定的处所,那么这只因为这种与生命同一的意识一直处于沉睡之中,在物质之中变得麻木了,这是被废除的意识,但不是无效的意识。[1] 意识在柏格森的著作中绝不是历史的,一旦历史横贯了物质,历史就只是意识重新出现的唯一位置。因此,差异本身与对差异的意识之间从法理上(de droit)存在着一种同一性:历史只不过在事实上存在而已。这种从法理上处于差异与对差异的意识之间的同一性就是记忆:它最终应该给予我们关于纯粹概念的本性。

不过,在得出结论之前,我们还应该研究分化的过程怎么才足以将柏格森的方法与辩证法区别开来。柏拉图与柏格森之间的主要相似之处就是他们两人都创造了一种差异的哲学,在这种差异的哲学中,差异被作为差异来思考,不会化约为矛盾,不至于达到矛盾的境地。[2] 他们之间的分歧点,不是唯一的,但却是最重要的,似乎在于柏拉图必定需要某种合目的性原则:只有**善**才能分析事物的差异,使我们理解物本身,如同苏格拉底入狱的著名例子所隐喻的含义一样。因此,在柏拉图的二分法中,他需要**善**作为选择的原则。直观在柏拉图的哲学中是不存在的,不过存在着**善**所激发的灵感。在这种意义上,柏格森至少有一部著作具有浓厚的柏拉图哲学色彩:在《道德与宗教的两种来源》中,他指出人们应该质询种种功能以便重新发现真正的实在的关节。官能

58

---

① *ES*,p. 11.
② 然而,我们认为,柏格森在这一点上没有受到柏拉图主义的影响。与柏格森的哲学更接近的是加布里埃尔·塔尔德(Gabriel de Tarde),塔尔德曾将他自己的哲学描述为一种差异的哲学,并将这种差异的哲学与对立的哲学(philosophies de l'opposition)区分开来。不过,柏格森对差异的本质与过程所形成的观念完全不同于塔尔德的观念。

(faculté)具有什么功能？例如，虚构的功能是什么？① 在这一点上，事物的差异来自于它的用途、目的、目标，也就是来自于善。但是我们知道实在的切分或实在的关节只是方法的初步表达。主导事物的切分实际上是它们的功能、它们的目的，以至于它们在这一层面上似乎从外部接受了它们的差异本身。然而，正因为如此，柏格森既批评目的论，又不局限于实在的关节：事物本身及其相应的目的事实上是一回事，一方面被视之为它在空间中形成的混合物，另一方面被视之为其纯粹绵延的差异与单纯性。② 现在再讨论目的已经没有依据了：当差异变成了事物本身时，我们就不可能说事物从目的中接受了差异。因此，柏格森对本性差异所形成的观念允许他不必诉诸目的论，这与柏拉图完全相反。我们同样可以从柏格森的某些著作来推测他对黑格尔辩证法所持的反对意见，相比柏拉图的辩证法，柏格森与黑格尔的辩证法离得更远。在柏格森的哲学中，多亏了潜在的观念，事物才首要地、直接地相异于自身。根据黑格尔的观点，事物相异于自身，因为它首先相异于不是它的一切东西，以致差异到了矛盾的程度。在这一点上，对立与矛盾之间的区别对我们来说是无关紧要的，因为矛盾像对立物一样只是整体的呈现。无论如何，差异在这两种情况下都被规定性的运作取代了。"几乎不存在那不能让人对其同时采取两种对立视角的具体实在性，以致此种实在性能够被归入两个对立的概念。"③ 运用这两种视角，人们打算接下来重构事物，例如绵延据说是单一性与多样性的综合。然而，如若柏格森对柏拉图主义所持的反对意见在于后者停留在一种仍是外部的差

---

① *MR*，p. 111.
② *EC*，p. 88 sq.
③ *PM*，p. 19.

异的观念上,那么他对矛盾辩证法所持的反对意见就在于后者仍停留在一种纯粹抽象的差异的观念上。"(两个矛盾概念的)这种组合既不能呈现杂乱纷繁的程度,也不能呈现变化多端的形式:它是,或者它不是。"①抽象既不包含程度又不包含微妙差异。因此,矛盾辩证法缺乏差异本身,此种差异就是微妙差异的原因。而且矛盾最终只是柏格森所谴责的众多回溯性错觉之一。分化为两种发散的习性的东西就是潜在性,就其本身而言是实现自身的、绝对单纯的某种事物。我们将其视为一种经由两种习性的特殊要素所构成的实在,然而这些特殊要素只有通过实在的发展本身才被创造出来。我们认为,绵延相异于自身,因为它首先是两种相反的规定性的产物,我们忘了它可以进行分化,因为它首先是与自身相异的东西。一切都回到柏格森对否定(négatif)所做的批判:他致力于无否定的差异(une différence sans négation)的观念,这一观念不包含否定(négatif),为此柏格森付出了最大的努力。在对无序以及虚无或矛盾的批评中,他也尝试着指出实在项通过其对立面的否定只是同时包含这两项的潜在性的肯定性实现。"在这里,斗争只是进步的表面现象。"②因此,正因为对潜在的无知,我们才相信矛盾,相信否定。两项的对立只是包含这两项的潜在性的实现:这相当于说差异比否定、比矛盾更深刻。

60

不管分化有多么重要,它都不是最深刻的。即便它是,那也没有任何理由来谈论差异的概念:分化就是一种行动,就是一种实现过程。那进行分化的东西首先是与自身相异的东西,也就是潜在。分化不是概念,而是诸对象的生产,而

---

① *PM*, p. 207.

② *MR*, p. 317.

这些对象从概念中找到了因由。不过，如若与自身相异的东西确实应该是这样一种概念，那么潜在必定需要坚实性（consistance），也就是使潜在能够进行分化、能够生产这种对象的客观坚实性（consistance objective）。在那些献给拉维松的重要篇章中，柏格森解释说，存在着两种规定颜色具有共同特点的方式。[①] 或者我们从颜色中得出抽象的、一般的观念，得出这种观念就要"从红色中抹除使之成为红色的东西，从蓝色中抹除使之成为蓝色的东西，从绿色中抹除使之成为绿色的东西"：那么我们面对的是一个实为属的概念，是同一个概念所指称的多个对象。概念与对象是两回事，对象与概念的关系是一种归摄（subsumption）的关系。因此，我们停留在种种空间区别上，停留在外在于事物的差异状态中。或者我们使各种颜色穿过一种能将它们聚到同一点上的聚光镜片：在这种情况下，我们所得到的是"纯白光"，这种光"突出了色调渐变的种种差异"。因此，不同的颜色不再是那些归摄在概念之下的诸对象，而是概念本身的微妙差异或不同程度，是差异本身的不同程度，而非程度差异。这种关系不再是归摄关系，而是一种分有（participation）关系。白光仍是一种普遍，但却是一种具体的普遍，这种普遍使我们理解特殊，因为它本身处于特殊的末端。正如诸事物变成了概念的微妙差异或诸程度一样，概念本身也变成了事物。这可以说是一种普遍的事物，因为对象在它那里被描绘为众多的程度，但却是一种具体（concret），不是一个属或一种一般性。确切地讲，同一概念不再包含多个对象，而是概念与事物本身相同一，它是那些与其有关系的对象之间的差异，而非对象之间的相似。概念变成了差异的概念，这就是内部差异。

61

---

① *PM*，pp. 259 - 260.

为了实现这一卓越的哲学目标,应该做什么? 我们应该放弃空间的思维方式:空间的区别实际上"不包含不同的程度"。① 时间的差异必须取代空间的差异。时间的差异的特性就是使概念成为一种具体的事物,因为诸事物是许多在时间中呈现于概念内部的微妙差异或不同程度。正是在这种意义上,柏格森主义才将差异以及与其相关的概念置于时间之中。"如若精神最谦卑的作用就是把诸事物绵延的更替时刻联系起来,如若精神正是在这种运行中才与物质建立联系,如若精神也通过物质才被首先区分开来,那么我们可以构想无限多的、介于物质与充分发展的精神之间的程度。"② 主体与对象之间的区别、身体与精神之间的区别是时间的区别,在这种意义上,这种区别是个程度问题,③但不是单纯的程度差异。因此,我们看到潜在如何变成差异的纯粹概念,看到这样一种概念可能是什么:这种概念是各种程度或各种微妙差异可能发生的共存。如若我们不管这种表面上的矛盾而像柏格森所做的那样称这种可能发生的共存为记忆,那么我们必须说生命冲动不如记忆深刻,记忆不如绵延深刻。绵延、记忆、生命冲动是形成概念的三个可以准确地加以区分的层面。绵延是与自身相异的差异;记忆是差异的不同程度的共存;生命冲动是差异的分化。这三个层级界定了一种柏格森哲学的图式论。记忆的意义是赋予绵延本身的潜在性以一种客观坚实性,后者使潜在性成为一种具体的普遍,使之能够实现自身。当潜在性实现自身时,也就是当潜在性进行自身分化时,那么这一切是通过生命,并以生命的形式实现的;在这种意义上,差异的确是生机论的。然而,潜在性

---

① *MM*，p. 247.
② *MM*，p. 249.
③ *MM*，p. 74.

只有从共存于它之中的诸程度出发才能进行自身分化。这种分化只是绵延之中共存之物的分离。生命冲动的分化在更深刻的意义上是差异本身的诸程度。而且分化的诸产物是与概念绝对一致的诸对象，至少在它们的纯粹性中是这样的，因为它们实际上只是概念本身的不同程度的补充性设定而已。通常在这种意义上，分化的理论才没有有关微妙差异或程度的理论深刻。

潜在现在界定了一种绝对肯定的实存样式。绵延就是潜在；就其分化而言，绵延的这样一种程度是实在的。例如，绵延本身不是心理的，但是心理现象再现了某种绵延的程度，这种程度在其他程度之间或中间被实现。[①] 毫无疑问，潜在本身就是不起作用的事物的样式，因为潜在只有进行分化、不再自在存在的时候才会起作用，即使它仍保持着起源的某种事物。然而，就是在这一点上，潜在才是所是（ce qui est）的样式。柏格森的这一主题尤为著名：潜在就是纯粹的回忆，而纯粹的回忆就是差异。纯粹的回忆是潜在的，因为寻找过去在现实的、已然实现的某种事物中的标示是荒唐的；[②]回忆不是某种事物的再现，它不会再现任何东西，它存在，如若我们仍坚持谈论再现，那么"回忆没有向我们再现曾是的某种事物，而只是再现所是的某种事物……这就是一种现在的回忆。"[③]其实，回忆不必发生，不必形成，不必期待知觉的消失，它不在知觉之后。过去与其曾是的现在共存是柏格森主义的一个基本主题。然而，从这些特征出发，当我们说由此被界定的回忆就是差异本身时，我们是同时谈论两件事。一方面，纯粹的回忆就是差异，因为回忆不会彼此相似，

---

① *PM*，p. 210.

② *MM*，p. 150.

③ *ES*，p. 137.

因为每种回忆是直接完美的，因为它一旦如此就会永远如
此：差异就是回忆的对象，正如相似性是知觉的对象一样。①
要接近事物之间毫无相似性的这个世界，只要做梦就够了；
一个纯粹的做梦者从未摆脱特殊，他只能捕捉各种差异。不
过，回忆在另一种意义上仍然是差异，它携来差异；因为如若
现在的种种要求真的在我们的回忆之间引入某种相似性，那
么反过来回忆也将差异引入现在，在这种意义上讲，回忆将
后续的每个时刻构建为某种新事物。只因过去被保存下来，
所以"除先前时刻之外，后续的时刻通常包含着这个先前时
刻所遗留给它的回忆"②；"内在的绵延就是一种记忆的连续
生命，这种记忆将过去延续到现在，要么现在直接包含过去
不断增大的影像，要么现在通过连续的质变证实了一个人随
着年龄增长而承受的、日益沉重的负担"③。柏格森以一种
完全不同于弗洛伊德但与弗洛伊德同样深刻的方式察觉到
记忆是未来的一种功能，记忆与意志只是一种相同的功能，
只有一种具有记忆能力的存在才能忘掉过去，才能摆脱过
去，不再重复过去，才能创造新事物。因此，"差异"一词既指
所是的特殊，又指所形成的新生之物（le nouveau）。回忆既
可以相对于与其同时发生的知觉被界定，又可以相对于与其
所延长的后续时刻被界定。当我们连接这两种意义时，我们
就会产生一种奇怪的印象：同时作用与被作用的印象。④但
是，既然我的知觉已经是后续时刻，那么如何避免连接这两
种意义呢？

　　我们先来讨论第二种意义。我们知道这种有关新生性

---

　　①　*MM*，pp. 172 - 173.
　　②　*PM*，pp. 183 - 184.
　　③　*PM*，pp. 200 - 201.
　　④　*ES*，p. 140.

(nouveauté)的观念在柏格森关于未来与自由的理论中是何等重要。不过,我们必须在一个最确切的层面上来研究这一观念。在我看来,这种观念形成于《论意识的直接与料》的第二章。谈及过去被保存在自身之中,并被延长到现在,这相当于说后续时刻在先前时刻没有消失时就出现了。这假设了一种收缩,而正是这种收缩界定了绵延。[①] 与收缩相对立的是纯粹的重复或物质:重复是现在的样式,这一现在只有当另一现在消失时才会出现,也就是瞬间本身或外在性、振动、膨胀。反之,收缩意味着差异,因为差异本质上使重复不可能发生,因为差异破坏了所有可能的重复的条件本身。在这种意义上,差异就是新生之物,就是新生性本身。然而,我们该如何界定一般意义上某个新事物的出现呢?我们发现柏格森在《论意识的直接与料》的第二章中重新提出了这一与休谟息息相关的问题。就因果关系问题,休谟提出以下追问:一种纯粹的重复,也就是相似情况的重复,尽管它没有在对象中生产任何新事物,但怎么才能在静观它的精神中产生某种新事物。这"某种新事物",也就是无数次的期待,这就是差异。休谟的回答是,如若重复在观察它的精神中生产了差异,那么这是凭借了人性原则,尤其是习惯原则。当柏格森分析时钟滴答声或锤击声的例子时,他以相同的方式提出了问题,并以相似的方式解决了问题:任何被生产的新事物不是在诸对象中生产的任何事物,而是在静观对象的精神中生产的新事物:它是一种"融合"、一种"互相渗透"、一种"构造",一种对另一个事物出现时而尚未消失的前一个事物的保存,总之,是一种在精神之中产生的收缩。休谟与柏格森之间甚至存在着更加深刻的相似性:在休谟那里,各种相似

64

[①] *ES*, p. 201.

情况在想象中融合,但它们同时在知性中仍然是有区别的,同样,在柏格森那里,各种状态在绵延中融合,但它们同时保存了它们所来源的某种外在性;多亏了这最后一点,柏格森才详尽分析了空间的构造。因此,收缩开始在某种意义上产生于精神之中,它就像精神的起源一样,它产生了差异。此后,且只是此后,精神据差异为己用,精神收缩,且被收缩,正如我们在柏格森的自由理论中所看到的那样。[①] 但是对我们来说,只要从它的起源上把握观念就够了。

65

绵延与物质不仅在本性上存在着差异,而且这样差异的东西就是差异本身与重复。因此,我们重新发现了一个古老的难题:本性差异一方面处于两种习性之间;另一方面,更深刻地讲,它是两种习性之一。况且,不只有差异的这两种状态,还有差异的其他两种状态:特定的习性,这种居于右侧的习性一分为二,而且更深刻的是,它之所以能够进行分化,是因为在差异中存在着各种程度。现在我们应该把这四种状态重新组合起来:本性差异、内部的差异、分化与差异程度。我们的指导原理是(内部的)差异(本性上)相异于重复。然而,我们清楚地认识到这种表述并不均衡:差异既可以说是内部的,又可以说是相异于外部的。不过,如若我们仍能辨别出解决方法初见端倪,这只因为柏格森致力于向我们阐明差异还是一种重复,这种重复已经是一种差异。实际上,重复或物质的确是一种差异;种种振动的确彼此区别,因为"一个消失了,另一个才会出现"。[②] 柏格森没有否认科学试图触及差异本身,并可能会取得成功,他从微积分中看到了这种努力:一种真正的差异科学。不仅如此,当柏格森向我们

———————

① *DI*,3e chapitre.

② *PM*,p. 214.

指出做梦者如此醉心于特殊直至仅仅抓住纯粹的差异时，他告诉我们这一精神领域与物质再次相接，①而且做梦就是置身事外，就是无差异的。因此，人们错误地混淆重复与一般性，一般性反而假设了精神的收缩。重复没有在对象中创造任何东西，它使对象继续存在，甚至它使对象继续维持在它的特殊性之中。重复的确形成各种对象性的属，不过这些属本身不是一般观念，因为它们没有包含许多相似的对象，而是仅仅向我们呈现对象的特殊性，而此对象重复自身，并与自身保持一致。② 因此，重复是一种差异，只不过这始终是一种外在于自身的差异，一种与自身无差异的差异。相反，差异反过来是一种重复。我们实际上认识到差异就其起源本身及其这种起源的行为而言是一种收缩。然而，这种收缩的效果是什么？它将另一方面自身重复的事物提升到共存之中。精神在起源上只是相同要素的收缩，正因为如此，精神才是记忆。当柏格森对我们谈论记忆时，他总是阐述记忆的两个方面，而且第二个方面比第一个方面更深刻：回忆—记忆与收缩—记忆。③ 通过收缩自身，重复的要素与自身并存，可说成自身增值，也可以说成保存自身。因此，收缩的不同程度被确定了，每一种程度在它的层面上向我们呈现与要素本身的自我共存，也就是整体。因此，记忆被界定为共存本身，的确毫无悖论。因为共存的所有可能程度反过来自身共存，并形成记忆。物质重复的种种相同要素在收缩中融合，这种收缩既向我们呈现某种新事物（差异），又向我们呈现不同的程度，也就是这一差异本身的不同程度。正是在这种意义上，差异仍是一种重复，柏格森不断地返回到这一主

---

① *EC*，p. 203 sq.

② *PM*，p. 59.

③ *MM*，p. 83 sq.

题:"在记忆陆续出现的层级上,相同的精神生活因此可能被重复无数次,而且相同的精神活动可以在不同的高度上进行",①圆锥切面是"我们整个过去生活的许多次重复";②"因此,这一切就好像我们的回忆在对我们过去生活成千上万次的可能化约中被重复了无数次"。③ 人们认识到一种有待在这种精神重复与物质重复之间做出的区别:正是在这相同的时刻,我们整个过去生活被无限地重复着,重复是潜在的。不仅如此,潜在性没有别的坚实性,只有它从这种原始重复中接受的坚实性。"这些平面不是给予的……作为相互迭合的现成物。因为它们具有精神物所特有的这种实存,不如说,它们以潜在的方式存在。"④在这一点上,我们几乎可以说,在柏格森的哲学中,物质就是更替,而绵延就是共存:"因此,一种足够有力、足以摆脱任何实际利益的对生命的关注在未被区分的现在之中包含了意识者的全部过去。"⑤然而,绵延是一种完全不同属的共存:一种实在的共存、一种同时性。因此,界定绵延的潜在性共存同时是一种实在的更替,而物质最终与其说给予我们一种更替,倒不如说给予我们一种同时的、实在共存的、并置排列的单纯物质。总之,精神的不同程度是收缩的许多潜在平面或张力层面。柏格森哲学在一种宇宙论中臻于完善,其中一切只是张力与能量的变化,别无其他。⑥ 被交付给直观的绵延能够承受千余种可能的张力,它能够容纳无限多样的膨胀与收缩。柏格森指责对立概念的结合只能向我们展示一种庞然统一的、既无程度差

67

---

① *MM*, p. 115.
② *MM*, p. 188.
③ *MM*, p. 188.
④ *MM*, p. 272.
⑤ *PM*, pp. 169 - 170.
⑥ *MM*, p. 226.

异又无微妙差异的事物。直观反而给予我们"一种处于无限多种可能的绵延之间的选择",①"一种或者朝上或者朝下、但我们必须尽力遵循的不同绵延的连续性"。②

作为特殊性的差异——这种差异就"是"着(qui est),与作为个性、不定性和新生性的差异——是自我创造的,这两种意义再次被联系在一起吗?这两种意义只有通过且在收缩的不同共存程度中才能联系起来。特殊性实际上表现为最大的膨胀,也就是一种展开、一种扩张;在圆锥的不同切面上,正是底面承载着个体形式的种种回忆。"记忆越收缩,回忆就采取更加平常的形式;记忆越膨胀,回忆就采取更加个人的形式。"③收缩越膨胀,种种回忆就越是个体的,它们彼此区别,相互定位。④ 特殊处于膨胀或扩张的极限,而且它的运动将被其所预备的物质本身延长了。物质与绵延是膨胀与收缩的两个极端层面,正如纯粹的过去和纯粹的现在、回忆与知觉是绵延本身之中的两个极端层面一样。因此,我们认识到,在其与特殊性的对立中,现在将被定义为相似性甚至普遍性。活跃于纯粹的现在之中的存在在普遍中演化,"因为习惯对于行动来说就是一般性对于思想来说所是的东西"。⑤ 不过,这相对的两项由此只是共存的两种极端程度。对立向来只是两种极端程度的潜在性共存:回忆与其回忆的内容共存,与其相应的知觉共存;现在只是记忆最具收缩性的程度,就是即刻的过去。⑥ 在这两端之间,我们因此找到了全部中间的程度,这些程度是一般性的程度,或者更确切

---

① *PM*, p. 208.
② *PM*, p. 210.
③ *MM*, p. 188.
④ *MM*, p. 190.
⑤ *MM*, p. 173.
⑥ *MM*, p. 168.

地说它们本身构成一般观念。我们看到在何等程度上物质不是一般性：真正的一般性假设了一种对相似性的知觉、一种收缩。一般观念是一个运动的整体、一种振动；"一般观念的本质就是行动领域与纯粹记忆领域之间不断地往返运动"，"它包含了往返的双向流动"①。不过我们知道两端之间的中间程度能够恢复这些作为分化的真正产物的极端。我们知道程度理论是分化理论的基础：只要两种程度能够在记忆中相互对立，它们同时就足以成为中间状态向两种本性上有差别的习性或运动的分化。因为现在与过去是两种逆反的程度，所以它们本性上相互区分，它们是整体的分化、二分（dédoublement）。绵延在每个瞬间分成两股对称流，"其中一股流回返过去，而另一股流冲向未来"②。说现在是过去最具收缩性的程度，就相当于说现在本性上与过去相对立，现在是即将逼近的未来。我们进入差异的第二种意义：某种新事物。不过，这个新事物究竟是什么？一般观念就是这个分化为特殊影像与身体姿态的整体，不过这种分化仍是不同程度的整体，这些程度从一个极端走向另一个极端，彼此相嵌③。一般观念置回忆于行动之中，通过行为组织回忆，将回忆转化为知觉，更确切地说是使那些产生于过去本身的影像"越来越能够融入动力图式之中"④。将特殊置于普遍之中，这就是一般观念的功能。新生性，也就是某种新事物，恰恰是：特殊在普遍之中。新事物显然不是纯粹的现在：纯粹的现在与特殊的回忆一样趋向于物质的状态，不是根据它的展开，而是根据它的瞬间性。然而，当特殊下降到

69

---

① *MM*，p. 180.
② *ES*，p. 132.
③ *MM*，p. 180.
④ *MM*，p. 135.

普遍之中或者回忆下降到运动之中，自动行为就让位于意志的、自由的行动。这种新性是存在的特性，这一存在同时往来于普遍与特殊之间，使它们相互对立，并置特殊于普遍之中。这一存在同时思考、欲求与回忆。总之，连接与重新连接差异的两种意义的就是一般性的全部程度。

柏格森有时会给许多读者留下一种含糊不清的、前后不一致的印象。含糊不清，是因为他最终教给我们的是差异，是不可预见的东西，是不定性本身。前后不一致，是因为他似乎为了自己的目的重新利用了他曾批评过的每种观念。他的批评针对不同的程度，而它们返回到在绵延本身中最重要的位置，以致柏格森主义是一种关于程度的哲学："经由那些沿着时间被安置的记忆的难以觉察的不同程度，我们达到了那些在空间中勾划出新生的或可能的行动的运动"，[①]"回忆由此逐渐转化为知觉"；[②]同样存在着自由的不同程度。[③]柏格森的批评尤其针对强度，然而在这里膨胀与收缩同样被援引为基本的解释原则；"天然的物质与最具反思意识的精神之间存在着全部可能的记忆强度，换个说法就是自由的全部程度"。[④] 最终，柏格森批评了否定与对立，然而它们又被以逆反的形式重新引进：几何学的秩序具有否定的特征，它诞生于"真正实证性的颠倒"，诞生于"中断"；[⑤]如若我们比较科学与哲学，那么我们会认识到科学不是相对的，而是"针对一种逆反的秩序的实在性"。[⑥]

然而，我们认为这种前后不一致的印象是没有依据的。

---

①　*MM*，p. 83.
②　*MM*，p. 139.
③　*DI*，p. 180.
④　*MM*，p. 250.
⑤　*EC*，p. 220.
⑥　*EC*，p. 220.

首先,柏格森的确回到不同的程度,但没有回到程度差异。下述是他的全部观念:存在之中没有程度差异,但有差异本身的不同程度。程度差异所发展的理论恰恰混淆了一切,因为这些理论没有认识到本性差异,它们迷失于空间与其呈现于我们的混合物之中。总之,本性上差异的东西最终还是本性上与自身相异的东西,以致与它相异的东西只是它最低级的程度;这就是绵延,被界定为本性差异的化身。当两种事物之间的本性差异变成两种事物之一时,另一事物只是前一事物的最终的程度。因此,当本性差异现身时,它就是两种极端的程度的潜在性共存。既然它们是两种极端,那么它们相互之间的双向流动就形成了不同的中间的程度。这些中间程度构建了混合物的原理,使我们相信程度差异,但这只有我们忘了它们连接起的两种极端是本性相异的两种事物并将它们视为自身时才有可能,两种极端实际上是差异本身的不同程度。因此,差异的东西就是作为差异的不同程度、不同强度的膨胀与收缩、物质与绵延。并且,如若一般来说柏格森没有因此陷入程度差异的简单视角,那么他就更不会特别地回到强度差异的视角。只因为它们相互对立,只有它们相互对立,膨胀与收缩才是差异本身的不同程度。作为两个极端,它们是逆反的。柏格森对形而上学所做的批评是,因为形而上学没有认识到膨胀与收缩是逆反的,所以它认为膨胀与收缩只是静止、稳定、永恒的同一个存在的变质(dégradation)中或多或少强烈的两种程度而已。① 实际上,正如不同程度是由差异解释的,而非相反,不同强度也是由逆反(inversion)解释的,并以逆反为前提条件。不存在作为本原的、静止的、稳定的存在;出发点是收缩本身,是绵延,而

71

① *EC*, pp. 319 - 326.

绵延的逆反正是膨胀。我们在柏格森的著作中总会遭遇这种对寻找真正的开端、真正的起点的关注:因此对于知觉和情感而言,"我们不应从情感出发,我们对情感什么也不能说,因为没有理由说它就是其所是而不是其他什么,我们应从行动出发"。[①] 为什么膨胀是收缩的逆反,而收缩不是膨胀的逆反? 因为研究哲学,就是以差异为起点,并且因为本性差异就是绵延,而物质只是绵延的最低程度而已。差异是真正的开端,正是在这一点上,柏格森在最大程度上与谢林的哲学分道扬镳了,至少表面上如此;以其他事物为开端,以静止的、稳定的存在为开端,人们将无差异的事物(un indifférent)视为本原,把少错当多,由此陷入强度的简单视角。然而,当柏格森把强度建立在逆反的基础之上,他似乎逃避了这一视角,只是为了回到否定与对立。不过,这种指责同样是不正确的。归根到底,本性上差异的两项的对立只是包含了这两项的潜在性的肯定实现。不同的中间程度的功能正在于这种实现:它们相互嵌入,置回忆于运动之中。因此,我们并不认为柏格森的哲学前后不一致,恰恰相反,他的哲学极为深刻地拓展了差异的概念。最终来说,我们也不认为不定性是一个含糊不清的概念。不定性、不可预见性、偶然性、自由总是意味着一种相对于不同原因的独立性:正是在这种意义上,柏格森赋予生命冲动以许多偶然性。[②] 他想说的是事物在某种意义上先于它的原因,我们的确应该以事物本身为起点,既然原因随后才到来。但是,不定性向来只意味着事物或行动也可能是别样的。"行为可能是别样的吗?"这是一个毫无意义的疑问。柏格森对自己提出的要求

----

① *MM*,p. 65.(中译本 46)
② *EC*,p. 255.

在于使我们理解为什么事物是这一个事物而非另一个事物。正是差异解释了事物本身,而不是它的原因。"自由必须在行动本身的某种微妙差异或质性中寻找,而不是在这种行为与它所不是或可能是的关系中寻求。"①柏格森主义是一种差异哲学、一种差异实现的哲学:差异本身是存在的,并且差异现实化为新生性。

(董树宝　译)

---

① *DI*, p. 137.

6. 让-雅克·卢梭：卡夫卡、塞利纳和蓬热的先驱*

我们可能以两种方式误解一位伟大的作家。一种是无视其著作深刻的逻辑和自成体系的特点。（于是，我们会说起他们著作"不一致"的地方，就好像这些不一致性会给我们带来高级乐趣。）另一种是忽视他喜剧性的能力和天赋，而一般来说，他的著作正是从这种喜剧性的能力和天赋中获得最强烈的反习俗效力。（我们会倾向于谈到作家的焦虑和他悲剧性的方面。）事实上，如果我们读卡夫卡的作品不时常发笑的话，我们就不会欣赏卡夫卡。这两种规则尤其体现在卢梭身上。

在一篇他最著名的论文中，卢梭曾阐明自然状态的人是善良的，至少，他们并不恶毒。这既不是发自内心的主张也不是乐观主义的证明；这是极其严格的逻辑性宣言。卢梭的意思是：如我们所假设的自然状态中的人不可能恶毒，因为在自然状态中不存在让人性的恶毒及其行为得以可能的客观条件。自然状态是人和事物而不是和其他人（除了以一种短暂的方式）发生关系的状态。"人在与同类相遇时会互相攻击，不过幸而他们很少相遇。战争状态笼罩着一切，不过

* Arts，n°872，6-12 juin，1962，p. 3.（为纪念卢梭250周年诞辰而作）。1959年到1960年在索邦大学任助教时，德勒兹用一学年来讨论卢梭的政治哲学，该课程留下一份由索邦大学档案中心编辑的课程概要的打字文稿。

就整个地球来说，那个时代还是和平的。"[a] 自然状态不仅是独立状态，而且是疏离状态。卢梭著作中经常出现的一个主题就是：需要不是关系接近的因素。需要并没有把人联合起来，相反，它让每个人都和其他人隔绝开来。一旦受到限制，我们对自然状态的需要就和我们的能力进入某种必要的平衡中，并获得某种自足。即便是性征，在其自然状态中也仅仅产生某种转瞬即逝的亲密关系，并让我们处在孤独之中。（关于这一点，卢梭有很多想法要谈，而且也谈了很多，如同某种深刻理论幽默的背面。）

既然条件并不存在，那么人怎么可能是恶毒的呢？使恶意得以可能的条件和任何被规定了的社会状态是一回事。不存在没有利害关系的恶意，不管恶人自己和某些傻瓜有时候怎么谈论这一点。所有的恶意都是利益或补偿。所有人类的恶意都刻画在压迫关系中，并与复杂的社会利益相吻合。卢梭是知道如何对压迫关系及其预设的社会结构展开分析的少数几位作家之一。在卢梭之后，直到恩格斯才重提、更新了这种极端逻辑的原则：暴力或压迫并不是首要的事实，相反，它们必须以文明状态、社会状况和经济规定为基础。鲁滨孙之所以能让礼拜五成为自己的奴隶，并不是出于自然爱好，也不是由于他的拳头；理由在于鲁滨孙从海水中抢救的一点点资本以及生产资料，并且，这是为了制服礼拜五，使他完成某些遭遇海难的罗宾逊并没有忘记的社会任务。

社会总是让我们身处某些情境，在这些情境中我们有必要变得恶毒。出于虚荣，我们愿意相信自己天生就是恶毒

---

a. *Essai sur l'origine des langues*, IX, in *Oeuvres complètes*, vol. V, Paris, Gallimard, coll. « Bibliothèque de la Pléiade », 1995, p. 396.

的。不过事实上，情况要更为糟糕：我们在不知不觉中变得恶毒，甚至都没有意识到这一点。做某人的继承人却没有偶尔不自觉地希望他早点去世，这太难了。"一个人处于这样情况的时候，不设法避免，那就不管他的心地多么善良和公正，迟早会不知不觉地衰颓下去，事实上会变成邪恶的和不公正的。"[b] 不过，依据某种奇特的命运，美丽的灵魂似乎总是冲向那些模棱两可的情境，并且要费很大的劲儿才能从中脱身。我们将会看到美丽的灵魂闪动着它的温柔和羞怯，以便从最险恶的情境中挖掘那些能使她保留自己美德的要素。"人们将会看到，从这种事与愿违的不断的矛盾之中，变生出了一些巨大的过失，一些闻所未闻的不幸以及一切能给逆境带来荣誉的品德，只是没有使我产生坚强的性格。"[c] 美丽灵魂的命运就是发现自己身处这些不可能的情境。情境不同寻常的喜剧性，卢梭所有的激情都来自于此。《忏悔录》作为一部悲剧性的和虚幻的作品结尾，不过，在一开始，它是最欢快的文学作品之一。即便是卢梭的恶习也使他避免陷于恶毒，这些恶习本有可能在这一恶毒之中造就他；而卢梭则非常善于对这些模棱两可的、有益的机制展开分析。

美丽的灵魂并不满足于自然状态，凭借其温柔，她期待人与人之间的关系。不过，这些关系总是处在特别微妙的情境中。我们知道卢梭的爱情梦想是重新找回失去了的三位一体的各个形象：或者，他所爱的女人爱着另外一个像父亲或哥哥一样的人；或者，有两个所爱的女人，其中一个如同严厉的、施以惩罚的母亲，另一个就像特别温柔的、使他得以再

---

b. *Les Confessions*，Ⅱ，in *Oeuvres complètes*，vol. Ⅰ，Paris, Gallimard, coll. « Bibliothèque de la Pléiade »，1959，p. 56.（中译文参考《忏悔录》第一部，黎星译，商务印书馆，1986 年，第 65 页。——中译注）

c. *Les confessions*，Ⅷ，*Ibid.*，p. 277.（中译文参考同上，第 343 页。——中译注）

生的母亲。（在童年的一次恋爱中，卢梭就已经开始这种对两个母亲或者说双重再生的爱情追求。）不过，梦想扎根其中的现实处境总是模棱两可。情境总是急转直下：或者我们表现得很糟糕，或者我们变得多余，有时候两者兼而有之。卢梭没有在特瑞莎和她的母亲身上认出自己温柔的美梦，后者与其说是严厉的母亲，不如说只是一个贪婪的、令人讨厌的女人。他也没有在华伦夫人身上认出这一美梦，后者反倒让卢梭自己扮演哥哥的角色，以作为她的新宠。

卢梭经常愉快地解释说自己的观念总是来得很慢，而感情的爆发则很迅速。不过，缓慢形成的观念总是突然出现在生命之中，为其指出新的方向，激发他奇特的发明。在诗人和哲学家的作品中，我们总是格外喜爱那些表现观念与感情融合的怪癖和怪行为。托马斯·德·昆西创造了一种独特的写作方法，可以让我们爱上那些伟大的作家。在一篇关于康德的文章中（《伊曼努埃尔·康德最后的日子》[Les derniers jours d'Emmanuel Kant]，施沃布[Schwob]译），[d]德昆西描述了康德发明的一套极为复杂的装置，以作为"提袜器"（porte-chaussettes）使用。这同样适用于描述卢梭的亚美尼亚人服饰，那时他居住在莫蒂耶（Motiers），他一边跟女人交谈一边坐在门口编"带子"——我们在这里看到的是真正的生活方式："思想家"的轶事。

如何避免那些我们一旦变得恶毒就会有利可图的情境？毋庸置疑，一个强大的灵魂能通过意志行为对情境本身产生影响，并对之做出改变。因此，人们放弃继承权，以便不处于希望亲人死亡的情境之中。同样，在《新爱洛漪丝》中，于丽

76

---

d. Texte réédité en volume. T. de Quincey, *Les derniers jours d'Emmanuel Kant*，Toulouse，Ombres，1985.

荒岛》及其他文本：文本与访谈(1953—1974)
075

做出不与圣-普栾结婚的承诺，即使她的丈夫意外死亡；因此，"她要将私下希望他完蛋这个隐秘的利益改变为希望保全他这样一种利益。"[e] 不过卢梭自己也承认，他没有一个强大的灵魂。与其说他道德高尚，不如说他热爱美德。在继承权问题之外，他的想象力过于丰富以至于无法事先通过意志行为做出拒绝的选择。由此，他需要其他微妙的机制以避免或摆脱那些诱人的情境。他利用一切，甚至利用他糟糕的健康状况，来保存自己的德行热望。他自己解释了他的膀胱炎症如何成为其伟大的道德革新的一个必不可少的因素：因为害怕自己在国王面前举止粗俗，他宁可放弃年金。作为幽默的来源，疾病激发了他的灵感（卢梭讲述自己耳疾的热情和后来的塞利纳［Céline］相像）。不过，幽默是道德的反面：他宁可做一名乐谱抄写员，也不愿做一名国王的年金领取者。

在《新爱洛漪丝》中，卢梭设计了一种深奥的方法，它能够避免不同情境的危险。情境不是单靠自身来引诱我们的，相反，情境包含着过去的全部重量。最猛烈刺激我们的情感并引诱我们的是在现实情境中对过去的追寻，是过去的重复。我们永远是在已逝的过往中爱一个人，而种种激情首先是记忆特有的种种疾病。为了治好圣-普栾，为了让他恢复美德，德·伏尔玛尔先生运用一种可以消除过去的种种魅力的方法。他强迫于丽和圣-普乐在见证他们初次相爱的同一片小树林里相互拥抱："于丽，您别再怕这地方，它已丧失了它的魔力。"[f] 他想让美德成为圣-普栾的当前利益："他所爱

---

e. *La Nouvelle Héloïse*, troisième partie, lettre XX, in *Oeuvres complètes*, vol. II, Paris, Gallimard, coll. « Bibliothèque de la Pléiade », 1961, p. 1558 n.（中译文参考《新爱洛漪丝》第三、四卷，伊信译，商务印书馆，1996 年，第 77 页。——中译注）

f. *La Nouvelle Héloïse*, quatrième partie, lettre XII, *ibid.*, p. 496.（中译文参考同上，第 217 页。——中译注）

的不是于丽·德·伏尔玛尔，而是于丽·岱当惹；他不恨我是他所爱的人的占有者，而是他曾爱的人的掠夺者。……他在过去的时候爱她，这便是真正的谜；请您除掉他的回忆，他便不会再有爱情了。"[g] 正是在与诸对象、诸地方（比如说一片小树林）的关系中，我们才领会到时间的流逝，并且不再为过去动情，而是学会对未来充满希冀。这就是卢梭所谓的"智者的唯物主义"，或者，用现在遮蔽过去。[h]

卢梭哲学著作的两个极端是《爱弥儿》和《社会契约论》。现代社会的罪恶在于，我们既不再是个人（hommeprivé）也不再是公民：人变成了被金钱驱动的"经济人"（homo oeconomicus），也就是"资产者"。恶毒会让我们得到利益的情境总是包含压迫的各种关系，其中人与人的关系不是服从就是支配，不是主人就是奴隶。《爱弥儿》是对个人的重构，而《社会契约论》则是对公民的重构。卢梭的首要教育法则是：正是通过恢复与事物的自然关系，我们才会成功地把我们自己造就为个人，由此使我们预防那些太过人性的虚假关系，后者从幼儿时期开始就向我们灌输一种危险的支配倾向（并且，正是同一种倾向让我们成为奴隶和暴君）。"孩子们在得到服从自己的权利时，几乎生下来就离开了自然状态。"[i] 真正的教育矫正在于使人与人的关系服从人与事物的关系。对事物的爱好是卢梭著作的基调（弗朗西斯·蓬热［Francis Ponge］的习作带有某种卢梭气息）。《爱弥儿》中的那个著名法则正是来自这里，这个法则需要的只是肌肉：永

78

---

g. *La Nouvelle Héloïse*, quatrième partie, lettre XIV, *ibid.*, p. 509.（中译文参考同上，第231页。——中译注）

h. *Les Confessions*, IX, *Ibid.*, p. 409.（中译文参考《忏悔录》，同上，第506页。——中译注）

i. *La Nouvelle Héloïse*, cinquième partie, lettre III, *ibid.*, p. 571.（中译文参考《新爱洛漪丝》第五、六卷，伊信译，商务印书馆，1996年，第54页。——中译注）

《荒岛》及其他文本：文本与访谈（1953—1974）
077

远不要把外物拿给孩子,相反,让孩子接近外物。

凭借和事物的关系,个人已经可以避免那些使恶毒有利可图的幼稚情境。不过公民则是与其他人发生关系以使德性变得有利可图的人。在卢梭看来,建立一种利益和正义能够相互协调的客观的现实情境,这正是政治特有的任务。美德在此重返其最深刻的意义,后者诉诸公民的公共规定性。《社会契约论》毫无疑问是最伟大的政治哲学著作之一。卢梭的周年纪念日只能是一个阅读或重读《社会契约论》的契机。通过这本著作,公民能够得知权力分立的骗局以及共和国如何被唯一一种权力亦即立法权所界定。正如在卢梭著作中所出现的那样,对法律概念的分析将在很长一段时间内主导哲学反思,并继续主导它。

(胡新宇 译)

7. 康德美学中的发生观念[*]

康德美学的种种困难,在《判断力批判》第一部分中,是与其视点的歧异相关。有时康德向我们提出一种观赏者的美学,比如在其鉴赏判断的理论中;有时他提出一种创作者的美学,或者毋宁说是一种创作者的元美学,比如在其有关天才的理论中。有时他提出一种关于自然美的美学,有时他提出一种关于艺术美的美学。有时他提出一种形式的美学,古典韵味十足;有时他提出一种质料的与**理念**的元美学,近乎浪漫主义。只有理解这些歧异的视点,理解它们彼此间的必然过渡,才能确定整个《判断力批判》的体系统一性。这种理解应当解释整个计划表面上的诸困难,即一方面是关于崇高的**分析**的位置(在关于美的**分析**与鉴赏判断的演绎之间),另一方面是关于艺术与天才的理论之位置(在鉴赏判断演绎的结尾)。

鉴赏判断"这是美的"表达了观赏者的想象力和知性这两种官能的一种协调、一种和谐。实际上,如果说鉴赏判断有别于偏好判断,这正是因为前者声称了某种必然性、某种先天的普遍性。所以鉴赏判断从知性那里借得了它的合法

---

* *Revue d'esthétique*, vol. XVI, n° 2, avril-juin, Paris, PUF, 1963, pp. 113 - 136. 同年,德勒兹的《康德的批判哲学》由法国大学出版社出版。

性。不过这种合法性在这里并不出现于被规定的诸概念之中。鉴赏判断当中的普遍性乃是快感的普遍性；美的事物是独一的、无概念的。知性介入，只作为一般概念的官能，并不涉及任何被规定的概念。想象力这边，既然它不再服膺这个那个概念，那么它可以自由地运行。所以，想象力在鉴赏判断中与知性相协调，这指的是：自由的想象力与未受规定的知性相协调。鉴赏判断的本义，在于表达一种想象力与知性之间自由的和未受规定的协调。因而，审美快感远不是先于判断的，反而要依赖于它：就这种无概念而自我形成的协调只能被感觉到而言，快感乃是诸官能本身的协调。可以说，鉴赏判断只能伴随着快感而开始，但它不是由后者而出。

应当对这第一点作进一步反思：多种官能之间的协调的主题。关于这样一种协调的观点是康德式批判的常项。我们的诸官能本性上不同，却以彼此和谐的方式运行着。在《纯粹理性批判》中，知性、想象力与理性进入一种和谐的关系，这是基于思辨的兴趣。同样，在《实践理性批判》中，理性与知性进入一种和谐的关系（我们姑且不去检视想象力在这种实践兴趣中的可能角色）。然而我们看到，在这些情形中，其中一种官能总是扮演着一个主导的角色。"主导的"在此有三层意思：相对于一种兴趣是被规定的；相对于一些对象是规定的；相对于其他诸官能是规定的。因此，在《纯粹理性批判》中，知性具有在思辨兴趣当中得到完美规定的诸先天概念；知性将它的诸概念运用到诸对象（诸现象）之上，而后者对其（知性）必然服从；在这样一种认识的兴趣中，并与这样一些认识的对象相关，知性引导其他诸官能（想象力和理性）来执行这样那样的功能。在《实践理性批判》中：理性的诸理念——当中首先是自由之理念——为道德律所规定；借

由这一律法的中介，理性规定着一些必然服从于它的超感官

对象;最终理性引导知性进入某种运作,根据的则是实践兴趣。于是,在前两大批判中,我们已然发现诸官能间和谐的这一原则。但这样一种和谐总是合乎比例的、受限的、被规定的:总有一个规定性的官能来立法,要么是思辨兴趣中的知性,要么是实践兴趣中的理性。

让我们回到《纯粹理性批判》的例子上。众所周知,图式论是想象力的一个行为,原初而不可化约:唯有想象力能够并懂得图式化。可毕竟想象力并非凭自身自由地,而是仅在知性的规定下、亦即在其引导下才从事图式化。想象力仅在思辨兴趣中,根据知性的被规定的诸概念,在知性本身具有立法者角色时,才从事图式化。也因此,如果我们穷究图式论的奥妙,以为这里面道尽了想象力的本质及其自由的自发性,我们就错了。图式论诚然是一个秘密,却不是想象力最深的秘密。就其本身而言,想象力做的实在是迥异于图式化的事。说到理性,也是如此:在知性规定它去这样做的意义上,亦即在知性引导理性寻找一个中项以便将知性的一个概念归属到这个概念所归并的诸对象时,推理是理性的原初行为,但理性只在思辨兴趣内才推理。而就其自身而言,理性做的实在是迥异于推理的事;在《实践理性批判》中我们很好地看到这一点。

在实践兴趣中,理性变成立法者。于是轮到理性来规定知性去从事一种基于新的兴趣的新的活动。这样知性就从感性自然法则中为一种超感性自然提取出一种"类型":唯有知性可以完成此任务,但如果没有在实践兴趣中被理性所规定,知性又完成不了这项任务。因此,诸官能,在这样那样的兴趣中,跟随某一立法的官能,进入某种和谐的关系或比例。所以我们在诸官能的关系中考虑不同的比例,抑或某些置换。知性在思辨兴趣中立法;理性在实践兴趣中立法。在这 82

里的每种情形中，一种协调出现在诸官能间，但这种协调是为那个立法的官能所规定的。然而，这样一种置换理论会将康德带向一个最后的问题。如果诸官能不能首先自在自发地涉及一种未受规定的协调，一种自由的和谐，一种没有固定比例的和谐①，它们也就不可能进入一种为它们其中之一所规定或固定的协调。这里援引实践兴趣对于思辨兴趣的优先性是徒劳的；问题由此非但不能解决，还被驳回甚至恶化。一种在随便哪个兴趣中作为立法者的官能，如何能够引导其他诸官能去完成各自互补而不可或缺的任务，如果所有官能不能一起首先具有一种没有立法、没有利益、没有主导，自发自由的协调？

这就表明，《判断力批判》在其美学的那一部分，并不仅仅是用来补充另外两个批判的；事实上，它是来为前两个批判奠基的。判断力批判发现了诸官能间一种自由的协调，作为另外两个批判所不能回避的基础。所有被规定的协调都归诸这一未受规定的自由协调，而后者使前者成为可能。但为什么恰恰是审美判断揭示了这一隐藏在前两个批判中的基础呢？在审美判断中，想象力既从理性的也从知性的统治下获得了解放。实际上，审美快感本身是一种无利害的快感：它不仅仅独立于经验层面的兴趣，同样也独立于思辨兴趣和实践兴趣。由此，审美判断不立法，不蕴含任何对对象进行立法的官能。再说还会有其他的选择吗，既然对象无非两种，现象和物自身，一种归诸在思辨兴趣中的知性立法，另一种归诸在实践兴趣中的理性立法？所以康德完全有理由说，与另外两个批判不同，《判断力批判》并没有它自身的"领

---

① Critique du jugement, introduction, § 2, 3, 4, 5.(该文的全部附注参考 la Critique du jugement, trad. Gibelin, Paris, Vrin, 1960.)

域";而判断既不是立法的也不是自律的,而只是再归自律
(heautonomie,它只就自身立法)①。前两个批判发展了如下
主题:这样一种观念/观点,某种类型的对象对某一统治性的
或规定性的官能的必然服从。但没有什么对象是必然要服
从于审美判断或者服从于审美判断当中的某一官能的。大
自然中美的事物仅仅处于与判断,亦即与在如其所是的审美
判断中共同运作的诸官能的偶然协调中。至此我们便明白,
为何将《判断力批判》构想为对另两个批判之补足是不正确
的。因为在审美判断中,想象力完全没有进入思辨判断中的
知性或者实践判断中的理性所曾具有的那种角色。想象力
同时摆脱了知性和理性的监护。但它却并没有让自己又成
为立法者;更为深刻地,它为一种诸官能的运作发出信号,每
一官能都应当变得可以作为其自身而自由地游戏。在两个
方面,《判断力批判》将我们引入一种新的要素,基础性要素:
取代对诸官能之一的必然服从的,是感性对象与我们所有官
能(ensemble)的偶然协调;而诸官能之间未受规定的自由和
谐,取代了在诸官能之一的领导下的一种被规定的和谐。

于是康德可以说,在判断中,想象力"无概念地从事图式
化"。② 这一表述与其说准确,不如说是绝妙(brillant)的。
图式论是想象力的原初(original)行为,但却与知性的一个被
规定的概念相关。脱离了知性的概念,想象力做的便是图式
化之外的事情。实际上,想象力反思。这才是想象力在审美
判断中的真正角色:它反思对象的形式。这里的形式不尽然
是(感性)直观的形式。因为直观的诸形式仍要与实存的诸

————————

① §35.(原注疑有误,实际出处请参见《判断力批判》导言第5节结尾。——中译注)

② 关于这一有关比例的理论,参见§21。(原注疑有误,实际出处请参见《判断力批判》正文第35节。——中译注)

对象相关,后者构成了直观形式的感性质料;而直观形式本身则成为有关这些对象的知识的一部分。审美形式则相反,它在想象力中与对对象的反思混淆不清。它对反思对象的实存不感兴趣;这也是为什么审美快感是无利害的。审美形式对对象的感性质料同样不感兴趣;康德甚至说,一个颜色或者一个声音无法凭自身而成为美的,它们过于物质,太内陷于我们的感官,以至于无法在想象力中进行自由的反射。只有轮廓算数,只有作曲算数。这些是审美形式的构成要素,而颜色和声音则仅仅是添加剂①。从各方面看,我们都有必要区分感性的直观形式和想象力的反思形式。

诸官能间的协调界定了一种共识。康德反对经验论的地方,只是在于后者把共识设想成了一个特殊的经验性官能,但共识实则表示了所有官能的一种先天协调。况且《纯粹理性批判》就援用了一种"逻辑的共识(sensus communis logicus)",没有这种逻辑共识认识无法传达。同样,《实践理性批判》频繁援用一种道德的共识,后者表达了在理性立法之下诸官能的协调。但自由和谐促使康德认识到第三种共识:"审美共识(sensus communis aestheticus)",这样一种共识合法地提出了情感(sentiment)的可传达性或者审美快感的普遍性,②"这种共识无法建基于经验上,因为它声称准许了一些本身包含义务的判断;这种共识不是说每个人都会赞成我们的判断,而是说每个人都应当赞成我们的判断。"③我

---

① 14 节与 51 节。在这两个文本中,康德的论证如下:颜色与声音不会真的作为审美要素,除非想象力可以反思/反射(réfléchir)组成了这些颜色与声音的震动;但这是可疑的,因为这些震动的速度产生了细微到我们无法把握的时间分割(des divisions du temps)。不过 51 节为某些个人保留了这种反思/反射(réflexion)的可能性。

② *Ibid*.

③ §22.

们并非要抱怨那些说"我不喜欢柠檬水"、"我不喜欢奶酪"的人。但我们严厉地评判那些说"我不喜欢巴赫"、"我喜欢马斯奈胜过莫扎特"的人。审美判断因而声称一种普遍性和正当意义上(de droit)的必然性,这种普遍性和必然性都在一种共识中得到体现。《判断力批判》的真正困难也就从这里开始。因为:这样一种审美共识的本性究竟是怎样的呢?

85

我们不能从范畴上绝对地断言这种共识。这样一种断言就意味着一些被规定了的知性概念,而后者只能介入逻辑共识。我们更不能设定(postuler)这种共识:设定实则意味着一些本身还是让自己在实际上被规定了的知识。这样,似乎一种纯然审美的共识只能被预设/假定(présumé,supposé)。① 然而不难看出这种解决方案是不充分的。诸官能之间未受规定的自由协调是基础,是所有其他协调的条件;审美共识是基础,是所有其他共识的条件。既然如此,既然这种共识乃是用作我们诸官能之间各种被规定/确定之关系的基础的,仅仅将其预设出来,仅仅给它一种假设性的实存,又怎么够呢? 如何避免这个问题:官能间自由的未受规定的协调从何而来? 我们本性上各不相同的诸官能,会自发地进入一种和谐关系,如何说明这一点? 我们不能满足于预设这样一种协调。应该在灵魂中造成它。唯一的出路:制作审美共识的发生学,指出官能间的自由协调如何必然地产生。

如若这样一种解释是正确的,整个关于美的分析就有了一个非常明确的对象:通过分析观赏者的审美判断,康德发现了想象力与知性的自由协调来作为灵魂的基础,而这种协调是前两个批判所以为前提的(présupposer)。这一灵魂的

---

① §20-22.

基础出现在有关一种比所有其他共识都更为深刻的共识之观念中。但对于这一基底，仅仅有所预设，仅仅"假定"它就够了吗？作为展示的美的分析只能走这么远。它只能止于让我们感觉到美感发生的必要性：是否有一个原则，来为我们所具有的审美共识之产生给出规则呢？"鉴赏力是一种源始的自然的官能吗，抑或仅仅是有关我们必须习得的一种官能的观念？"[①]美感的发生不属于作为展示部的"分析篇"（Analytique）（"目前而言，我们只要将鉴赏官能的诸要素解析出来，然后将它们重整在一种共识的观念中，就足够了"）。发生只能是一个演绎的对象，审美判断的演绎。《纯粹理性批判》中的演绎意在指出对象是如何必然地服从于思辨兴趣以及支配这一兴趣之实现的知性的。但在鉴赏判断中，像这样一种必然服从的问题不复存在。相反，问题关乎为了官能间协调的发生所作的演绎。只要认为诸官能已经被截获在某一关系中，而这种关系又是为当中某一官能的立法所规定的，这一（全新的）问题就不会出现。

后康德哲学家，尤其是迈蒙和费希特，对康德提出一个基础性的异议：康德忽视了一种发生学方法的紧迫要求。这一反对意见具有客观的和主观的两重含义：康德依凭的是事实，他要寻求的也只是事实的条件；但他也援用了既成的一些官能，并规定了这些官能间这般的关系或比例，并业已预设/假设了诸官能是可以具有某种无论如何的和谐的。如果我们考虑到迈蒙的《先验哲学》于1790年出版，那么必须承认康德本人至少部分地预见到了其"门徒"的反对意见。前两个批判援用事实，探寻这些事实的条件，并在已然形成的

①　§22.

一些官能中找到了这些条件。由此,前两个批判也就必须将自己归诸一种它们并不能为自身担保的发生学。但在审美的《判断力批判》中,康德提出了诸官能如何处于首要的自由协调中这样的发生问题。他也就发现了终极基础(fondement),而后者在另外两个批判中都还是缺失的。从而康德一般意义上的批判哲学不再止于单纯的"找条件"(conditionnement),而是要成为一种先验的形成、先验的文化、先验的发生。

美的分析留下的问题是:官能间未受规定的自由协调从何而来?这种协调之中的诸官能其发生何在?具体而言,美的分析之所以中断是因为它没有办法回答这样的问题;我们同时发现,"这是美的"这一判断只是涉及知性和想象力(没有理性的份)。崇高的分析接替了美的分析;而它诉诸理性。然而要解决与美感本身相关的发生问题,康德会从崇高的分析中期待什么呢?

"这是崇高的"这一判断表达的不再是想象力和知性的而是理性和想象力的一种协调。然而这种和谐实在是悖论式的。除非出于一种张力、冲突、痛苦的分裂,否则理性和想象力不会相互协调。虽有协调,却是不协调的协调,痛苦中的和谐。而唯有痛苦使一种快感得以可能。康德坚持如下这点:想象力承受了一种暴力,它看上去甚至失去了自由。崇高的情感在自然广大深厚的无定形或畸形面前被体验之时,想象力不再能反思对象的形式。但在这种情况下想象力却远没有为自己发现另一种活动领域,而是进入自身特有的激情之中。实际上,想象力有两个本质维度,相继的感知与同时的包容。如果说感知轻松地趋向无限,包容(作为独立于一切数概念的审美包容)则总是有其最大值。而崇高使得想象力面对了这种最大值,迫使它达到自己的极限,与自己的边界相对峙。想象力被一直推向了自身能力的极限。①
但那推动和强制想象力的又是什么呢？崇高与可感自然相
关，这只是表面上的，或者说只是一种投射。事实上，唯有理
性迫使我们将可感世界的无限性统一在一个整全中；除此之
外，也没有什么要强迫想象力去面对自身的极限。因而想象
力发现了理性的不成比例，想象力被迫供认，与一个理性理
念相比，它的全部力量都微不足道。②

　　然而，正是从这种不协调当中，一种协调产生了。康德
从来没有如此接近关于官能的一种辩证构想。理性将想象
力置于后者在可感世界中的极限面前；而反过来，想象力唤
醒了理性，后者可以为可感世界之无限性思考一种超感官基
质。承受着一种暴力，想象力似乎失去了自由；但它也同样
因此升至一种超验操作，将其自身的极限当作了对象。从否
定的意义上说，当它为自身表象了理性理念的不可入性并把
这种不可入性变成可感自然之中的某种东西，被处处超越
的想象力也就超越了自身的边界。"想象力，在可感世界之
外找不到任何其他可以自持之地，却因为自身边界的消失感
受到自身之无限；这种抽象呈现了无限性，而这种无限性出
于上述理由只能是否定性的，但却毕竟拓展了灵魂。"③就在
想象力以为失去自由之时，在理性的暴力之下，它却进入与
理性的协调，发现了知性对它掩盖的东西，亦即它的超感官
用途，同时也是它的先验源头。在自身的激情中，想象力发
现了其所有活动的源头和用途。崇高的分析，其教导在于：
哪怕想象力也有一种超可感的用途。④ 想象力与理性的协

---

①　§26.
② 　*Ibid*.
③ 　Remarque générale.
④ 　*Ibid*.

调实际上产生自不协调。快感产生自痛苦。而且,这两种官能仿佛相互授精,二者以各自方式找回了自己的发生原则,一个在其极限的近旁,一个越过了可感物。二者都在一个"汇聚点"上,这个"汇聚点"界定了作为所有官能之超感官统一的灵魂最深处。

崇高的分析给出一个美的分析所无法设想的成果:在崇高的情形中,官能间的协调是一种真正发生(学)之对象。这就是为什么康德认识到,与美感相反,崇高感与文化不可分离:"面对那些自然力的见证,在自然的灾难中……粗野的人只觉察到苦痛、危险、不幸。"①粗野的人仍停留在"不协调"。不是说崇高是一种经验性、习俗性与文化的事情;而是说崇高所卷入的诸官能归诸一种它们之间来自直接的不协调的协调关系的发生学。这里涉及一种先验发生学,而不是一种经验性培养。自此,崇高的分析有了两层意思。首先就其自身,从理性和想象力的观点来看,有一种含义。但同时崇高的分析还有一种模范价值:如何将这一针对崇高的发现延伸和调适到美感那里去? 就是说,界定了美感的想象力与知性的协调,难道不也应该成为一种发生学的对象吗,既然崇高的分析已经为我们展示了一个范例?

关于一个先验演绎的问题一直是客观的。比如在《纯粹理性批判》中,在指出范畴是知性的先天表象之后,康德问,为什么以及如何,对象必然地服从于范畴,即是说服从于立法的知性或者思辨兴趣。但如果我们考量的是崇高判断,我们发现这里不涉及任何演绎的客观问题。崇高与对象相关,仅仅通过我们灵魂状态的投射;而这种投射是直接可能的,

89

---

① §29.

因为这是有关对象中无定形或畸形的东西所作出的投射①。

然而，乍看上去，这在鉴赏或美的判断那里似乎是同一种情况：我们的快感是无兴趣的，对于对象的实存乃至对象的质料，我们是不作考虑的。没有哪个官能是立法的；没有哪个对象必然地服从鉴赏判断。这就是为什么康德暗示，鉴赏判断的问题仅仅是主观的。②

不过，崇高与美之间的巨大差异在于，美的快感来自对象的形式：康德说这一特征足以奠定一个关于鉴赏判断之"演绎"的必要性。③ 就算我们对于对象的实存不感兴趣，它仍与我们所经历的理解与想象的自由和谐有关。换言之，自然易于生产一些在想象力中被有条理地反映出的对象：与发生在崇高中的情形相反，自然在这里显示出一种积极的属性，"它为我们提供了机会，让我们通过对某些自然产品作出判断，把握到我们精神官能之间关系的内在和目的性"。④于是，我们官能间的内在协调蕴含了自然和这些官能之间的外在协调。这第二个协调非常特别。不该把它与自然对象的必然服从相混淆；更不应该把它视作终极的或者目的论的协调。如若这里存在必然服从，鉴赏判断就是自律和立法的了；如若这里存在客观的实在的合目的性，鉴赏判断就不再是再归自律的了（"[因为在这种情况下]我们就不得不从自然那里学习什么是我们应该觉得美的，以致鉴赏判断将服从于一些经验性原则"）。⑤ 所以协调是没有目的的：自然只服从于它自己的机械法则，而我们的诸官能则服从于它们特定

---

① §30.
② 38节："使得这一演绎变得简单的，是这一事实：它不必为一个概念的客观实在性作出辩护……"
③ §30.
④ §58.
⑤ *Ibid.*

的法则。"协调无目的地自行呈现,仿佛是偶然地适合于判断的需要,相关于自然及其诸形式。"①如康德所言,不是自然对我们有所优待,而是我们以这般的方式被有机地组织起来,以至于我们满怀欣喜地接纳自然。

回到之前的问题。美感,作为共识,由审美快感被预设的普遍性所界定。审美快感本身来自想象力与知性的自由协调,这种自由协调只能被感受到。但仅仅预设协调的普遍性与必然性是不够的。协调必须以如此这种方式被先天地造成,以便它的抱负能够被奠基。真正的演绎问题由此开始:须要说明"为何我们把鉴赏判断中的情感归于所有人,仿佛把它作为一种义务"。② 然而鉴赏判断本来似乎是与一种客观规定性相连的。需要搞清楚的是,在规定性这里,我们是否就不会为判断本身的官能协调之发生学找到原则。这样一个视点有利于对诸观念的秩序作出考量:第一,美的分析发现了知性与想象力的自由协调,但只能将这种协调以预设的方式提出;第二,崇高的分析发现了想象力与理性的自由协调,但是在内在条件当中同时描绘其发生学;第三,鉴赏判断的演绎发现了一个外在原则,从这一原则出发,知性—想象力的协调得以先天地产生;这一演绎因而通过全新的方式运用了崇高所提供的范例,而崇高就其自身来说并不需要演绎。

美感的这一发生学是如何成立的呢? 是自然和我们的诸官能之间无目的协调的观念,界定了理性的一个兴趣,这一理性兴趣与美相连。很明显这一兴趣并非对如其所是之美的兴趣,并且它全然不同于审美判断。如果不是这样,整

---

① *Ibid.*
② §10.正是这一段落重新发动了演绎的问题。

个《判断力批判》将是自相矛盾的:实际上美的快感是完全无兴趣的,审美判断表达了并无理性干预的想象力与知性的协调。这里涉及一种与判断综合地相关的一种兴趣。这种兴趣不是针对如其所是的美,而是针对自然生产美的事物的资质。这一兴趣关注的是自然,因为自然呈现出与我们官能的一种无目的的协调。但准确地说,由于这一协调外在于官能间的协调,它所界定的无非是我们的诸官能相互协调的场合,这样与美相连的兴趣便不构成审美判断的部分。由此,这种兴趣为了这判断中诸官能的先天协调可以无矛盾地运用发生原则。换言之,审美快感固然是无兴趣的,但我们却体验到对于特定协调——即自然的产品与我们无兴趣快感之间的协调——的一种理性兴趣。"由于使得诸理念具有一种客观实在性,这本身涉及理性的利益……即是说自然至少通过一种踪迹或者符号指出,它隐藏了一个原则,这一原则允许在自然产品和我们独立于任何兴趣的满足之间的一种合法协调……理性必定对这同一种协调的自然显示感兴趣。"①所以也就不必惊讶与美相连的兴趣建立在美感并不感兴趣的一些规定性之上。在无兴趣的美感那里,想象力反思形式。而那些难以被反思的,诸如颜色、声音、质料,避开了想象力的这种反思。相反,与美相连的兴趣建立在声音和颜色之上,花的颜色与鸟的歌声。②即使在这里,我们也看不到任何矛盾。兴趣关乎质料,因为自然凭借质料,依据自然的机械法则,才生产了一些本身易于被形式地反思的对象。康德甚至界定了那种介入美的自然生产之中的首要质料:流动的质料,其中一部分分离或者蒸发,其余的则突然凝

---

① §42.
② §42.

固（晶体的形成）。①

　　我们把这种与美或者与美的判断相连的兴趣称为元审美的。理性的这一兴趣如何担保了美的判断本身当中知性——想象力协调的发生学呢？在声音、颜色和自由的质料中，理性发现了其理念如此多的呈现。比如，我们不满足于将颜色归在一个知性概念之下，而是将其与一个完全不同的概念（理性的理念）相连，而理性理念并没有直观对象，而是通过与直观对象（对应的是前一种概念）的类比来规定它自身的对象。因此我们把"对直观对象的反思"转移到"一个全然不同的概念那里，而后者可能从来没有一个直观直接与其相应"。② 白百合不再简单地与颜色和花的概念相关，而是唤起了纯真的理念，其从未被给予的对象乃是一个在百合花中白的反思类比。③ 然而如此一来理性的元审美兴趣便有两个后果：一方面诸知性概念以无限制的方式被扩大到无限；另一方面，想象力被从知性被规定的诸概念的束缚中解放出来，即便在图式论中，想象力也仍受着这种束缚。美的分析作为展示只允许我们这样说：在审美判断中，想象力在知性变得未规定之时也变得自由。可它是如何解放出来的？知性又是如何成为未规定的？这要归于理性，是理性确保了判断中两个官能之间未受规定的自由协调之发生（学）。审美判断的演绎说明了美的分析所不能说明的：它在理性中发现了一种先验发生的原则。但必须先经过崇高的发生学模型才行。

　　康德那里，可感自然中诸理念的呈现这一主题是基础性

93

---

① §58.
② §39.
③ §42.

的。呈现的方式有很多种。崇高是第一种：通过投射直接呈现，不过这种方式是消极的，依靠的是理念的不可进入性。第二种方式为与美相连的理性兴趣所界定：这里涉及一种间接呈现，但却是积极的，这种呈现是通过象征而产生。第三种方式出现在天才论中，亦是积极呈现，但仍是第二位的，通过对另一个自然的创造而产生。最后，是第四种方式，目的论的：积极呈现，原生的，直接的，在终极与最终协调这些概念之下产生。我们不需要分析这最后一种方式，相反，天才的方式，从占据我们的视角上，提出了一个康德美学的关键问题。

理性兴趣为我们提供了鉴赏判断中诸官能先天协调之一种发生学的钥匙。只要满足一个条件，哪个条件？只要我们将"自然产生了这种美"这样一种"思想"①连接到关于美的个别经验之上。就在这个层面上，一种分离（disjonction）也就出现了：出现在自然美与艺术美之间。美的分析作为展示本身没有任何东西可以授权这样一种区分：这种区分只是由演绎引入的，即由与美相连的兴趣这样一个元审美视点。这一兴趣仅仅与自然美相关；于是发生（学）关乎想象力与知性的协调，但仅仅是由于这种协调是在自然观赏者的灵魂中产生的。面对艺术作品，官能间的协调尚还没有原则或基础。

康德美学的最后一个任务也就是为艺术找到能与自然美之原则相类比的一个原则。这一原则便是天才的原则。正如理性兴趣是作为自然为判断给出一个规则所经由的部门（instance），天才则是自然借以为艺术给出诸规则的主观

---

① *Ibid.*

性状（disposition）（在这个意义上天才是"自然的馈赠"）。①
正如理性兴趣关乎自然借以生产美的事物的那些质料，天才
为它所启发的主体带来质料，使他可以生产出美的作品："天
才从根本上为美术供应了丰富的质料。"②天才在与理性兴
趣相当的名义上是一种元审美原则。实际上，它被界定为理
念呈现的一个方式。康德在这里固然说的是审美理念，并将
之与理性理念区分开来；后者是无直观的概念，而前者则是
无概念的直观。不过，这一区分只是一种表象（apparence），95
并非真的有两种理念。如果审美理念超出了整个概念，这是
因为它生产了一种与被给予我们的那种直观本性上不同的
另一种直观：审美理念创造了一种自然，其中现象立即就是
心灵事件，而心灵事件立即就是自然现象。因此，诸不可见
之存在，幸福王国，地狱，都具有了形体；而爱与死则具有了
使得它们在其精神意义上完备的一个维度。③ 这样一来，我
们会想，天才的直观恰恰是理性理念所不具有的直观。无概
念之直观是无直观之概念所缺乏的。以至于，在这第一个表
述里，是知性概念被超出，被取缔了资格；而在第二个表述
里，则是感性直观面临同样的遭遇。但在天才中，创造性直
观作为本性不同的一种直观，与作为理性理念的理性概念，
是充分统一的。④ 理性理念包含了某种无法表达的东西；但
通过另一自然的创造，审美理念表达了那无法表达者。审美
理念的确也是理念之呈现的一种方式，与象征主义相近，尽
管来源迥异。它有一个类似的效应：它"引起思想"，无限制
地扩大知性概念，并解放想象力于知性的束缚。天才"激

---

① §46.
② §47.
③ §49.
④ *Remarque*：*de la Dialectique*.

励""使富有生气"。元审美原则使得想象力与知性的审美协调得以可能,它引起了这种协调。它造成了这种协调中的每个官能,自由的想象力,不受限的知性。从元审美的视点看,天才理论填补了自然美与艺术美之间本来的鸿沟。天才在艺术作品的领域为诸官能给出了一个发生学原则。这就是为什么在《判断力批判》的第42节将两个美的种类拆开之后,第58、59节在一个诸官能所共有之发生的观念下,得以恢复了二者的统一性。

　　然而,不能把与自然美相连的兴趣和与艺术美相关的天才之间的平行关系推进得太远。因为,借助天才,我们进入了一种远为复杂的发生。这里,为了造成想象力与知性的协调,我们必须离开观赏者的视点。天才是艺术创造者的天赋。而且正是首先在艺术家那里,想象力解放出来,知性扩大了。困难在于:发生如何能有一种普遍适用性呢,既然它是以天才的特异性作为规则。似乎在天才中我们找到的不是一种普遍主观性,而最多是一种例外的主体间性。实际上,天才是对其他天才之诞生所发出的一个召唤。可在天才回应天才之前,该要穿过怎样的荒漠啊。"天才乃是模范的原创性,这来自主体在对其诸认识官能作自由运用时的自然天赋。因而天才之作品也是一个范例,它不是为了被模仿的,而是为了促使其后另一个天才的诞生,通过唤起后者对其自身原创性的情感,并激励他全然不顾规则去从事其艺术……天才是自然的宠儿,极少出现。"[①]无论如何,如果我们考虑天才艺术家是有两种活动的,这最后一个困难就解决了。一方面,他创造。即是说,他生产自己作品的质料(*matière*),通过发明对理念完备的另一种自然,他将自己的

---

① 　§49.

想象力带往一种创造性的自由功能。但另一方面,艺术家构型/形成(*forme*):他按照自己未被规定的知性来调整其解放了的想象力,以至于他自己为其作品提供了一个鉴赏对象的形式("为了将这一形式赋予艺术作品,鉴赏就足够了")。① 准确地说,在天才中那不可模仿的,乃是第一个方面:理念之庞然,惊人的质料,天才的畸形。但借助第二个方面,天才的作品可以成为所有人的一个范例:它启发模仿者,它刺激观赏者,它处处造成想象力与知性的未被规定的自由协调,而这种协调构成了鉴赏。在还没有另一个天才来回应这位天才之际,我们毕竟不至于在一片荒漠中:有品位的人、弟子和赞赏者,他们填充了两个天才的间隔,以容许等待(另一位天才)。② 如此一来,由天才而来的这种发生便的确具有了一种普遍价值(创造者的天才造成了观赏者本人那里的官能协调):"鉴赏,如同一般意义上的判断,是对天才的规训……它为一堆思想的烂摊子带来明晰与秩序,给予理念以认识,也使得这些思想和理念可获致一种既长久又普遍的成功,因而适于作为另外一些思想和理念的范例,并与一种一直处于进展中的文化相适应。"③

97

于是,康德的美学让我们面对三种平行的发生:从崇高出发的理性—想象力协调的发生;从与美相连的兴趣出发,想象力—知性协调依据自然美的发生;从天才出发,想象力—知性协调依据艺术美的发生。而且,在每一种情形中,都是所考虑的诸官能在它们原初的自由状态中,在它们相互的协调中被产生出来。因此,《判断力批判》向我们揭示了一

---

① §48.
② §19.
③ §50.

个与之前两个批判全然不同的领域。前两个批判是从业已形成的官能出发，诸官能进入被规定的关系，承担被组织起来的任务，处于它们其中之一的领导之下：知性在思辨的理性兴趣中立法，理性在其自身的实践兴趣中立法。当康德力求界定《判断力批判》之新颖性时，他是这么说的：判断力批判同时确保了从思辨兴趣到实践兴趣的通道，以及前者对后者的隶属关系。① 比如，崇高已经指明，我们诸官能的超感官用途只能作为一个道德存在的命定之物才能得到说明；与自然美相连的兴趣见证了一种以道德为命定的灵魂；最后天才本身则允许将艺术美整合到道德世界之中，并就这一点来看能够克服两种美的分离（美最终被叫作"道德的象征"②，艺术美在这一点上与自然美同样有效）。

但如果《判断力批判》为我们打开了一个通道，这首先是因为，它揭示出一个基底（fond），这一基底在前两个批判中都还是被遮蔽了的。就通道这个观念的严格意思而言，我们还是把《判断力批判》仅仅当作了补充、修订：事实上，它构成了另两个批判所由来的原初的（originaire）基底。《判断力批判》当然指明了思辨兴趣是如何隶属于实践兴趣的，自然是如何与自由相协调的，我们的用途如何就是一种道德的命定物。但它只有在主体之内也在主体之外将判断"与某种既非自然亦非自由的东西"③相关联，才能真正指明上述道理。而与美相连的兴趣来说既不是道德的也不是思辨的。如果我们命定是道德的存在，这是因为这一命运发展和说明了我们所有官能的一种超—感官用途；而这一用途也同样作为我们之存在的真正内核，作为比整个形式性的命运都更加深刻

---

① *Introduction*，§3 et 9.
② §59.
③ *Ibid*.

的一个原则而被包裹起来。实际上,这乃是《判断力批判》的意义所在:在诸官能的被规定与被制约的诸关系下,它发现了未被规定、未被制约的自由协调。然而官能间一个被规定的、被其中之一的官能所制约的关系,从来就是不可能的,如果那个未被制约的自由协调没有首先让这一关系成为可能的话。加之《判断力批判》并没有遵循之前出现在另两个批判中的条件化之视点:而是把我们引入发生。《判断力批判》的三个发生不仅仅是平行的,它们也汇聚到同一个原则:那个被康德称为灵魂之物的发现,亦即我们所有官能的超感官统一性,"凝聚点",这是一个能带来活力的原则,由之出发,每个官能都被"激活"了,都被在其自由运作中如同在其与其他官能的自由协调中那般被产生出来①。一种原初的自由的想象力,不满足于在知性的限制下图式化;一种原初的不受限的知性,还未屈从于其被规定之概念的思辨重负,也没有臣服于实践理性的诸目的;一种原初的理性,尚不具有发号施令的品味,而是通过解放其他官能也解放了自身。这些便是《判断力批判》的极端发现,每一官能都在向一个焦点会聚时重新找到了自己的发生原则,这一焦点正是"超—感官中的凝聚点",从这一点上,我们的所有官能同时获取了力量和生命。

99

我们的问题本是双重的。如何说明美的判断之展示和演绎的连接是被崇高的分析所打断的,而崇高却并无相应的演绎?如何说明美的判断之演绎在关于兴趣、艺术和天才的一些理论中得以延伸,而这些理论似乎回应的是十分不同的担忧?我们认为《判断力批判》的体系,它的第一部分,可以

---

① §49 et 57.

被以如下方式重构：

　　1° 作为展示/呈示的美的分析：从观赏者视点出发的一般美的形式美学。这一分析的不同契机指明，知性与想象力进入了一种自由协调，而这一自由协调对于鉴赏判断来说是构成性的。这样一个观赏者关于一般美的审美视点也就得到界定。这一视点是形式的，因为观赏者反思对象的形式。但该分析的最后一个契机，也就是模态的契机，提出了一个关键问题。未被规定的自由协调应当是先天的。而且，这种协调乃是灵魂的最深处；诸官能的整个被规定的比例相称预设（supposer）了它们之间自由自发之和谐的可能性。在此意义上，《判断力批判》应当作为另外两个批判的真正基础。所以很明显，我们不能满足于只是假定（présumer）鉴赏判断中知性和想象力的先天协调。这一协调应当成为一个先验发生论的对象。但这样一种发生，美的分析无法确保：美的分析指出了这一发生的必然性，但本身不能超出一种简单的"假定"（présomption）。

　　2° 崇高的分析，同时作为展示和演绎，从观赏者视点出发的崇高的无定形美学。鉴赏没有涉及理性。相反，崇高正是为理性和想象力的自由协调所说明。但这一新的"自发"协调却是发生在十分特殊的条件当中：在痛苦、对立、限制、失调当中。这里，自由或者说自发性让自己遭遇了极限地带，面对着无定形与畸形。但正因此，崇高的分析为它所引入的官能协调给出了一个发生学原则。由此，它也就走得比美的分析更远。

　　3° 作为演绎的美的分析：从观赏者视点出发的自然美的质料元美学。如果鉴赏判断要求一种特殊的演绎，这是因为鉴赏判断毕竟与对象的形式相关：另一方面，它也会需要一个发生学原则，为了它所表现的知性与想象力这两种官能之协调。崇高为我们提供了一种发生学模型；须要借助其它方式来为美找到一种对等物。我们找寻一个规则，在这一规则下我们有权预设审美快感的普遍性。只要我们满足于把想象力与知性之协调作为一种预设的协调加以援用，演绎就很简单。困难在于为这一先天协调给出一个发生论。不过，恰恰因为理性并不介入鉴赏判断，它正可以给我们一个原则，由这原则出发鉴赏判断的官能间协调也就可以产生。存在一种与美相连的理性兴趣：这一元审美兴趣关心的是自然化育美物的禀赋，自然用以"形成"美物的质料。因由这一既非实践亦非思辨的兴趣，理性自行诞生，并扩大了知性，以及解放了想象力。理性确保了想象力与知性之间未被规定的自由协调的发生。演绎的两个方面结合起来：一方面是对可以生产美的事物的自然的客观指向，一方面是对可以造成官能间协调的原则的主观指向。

4° 演绎在天才理论中的接续：从创造性艺术家视点出 101
发的艺术美的理念元美学。与美相连的兴趣只有在排除掉艺术美的情况时才能确保发生。所以，天才是作为专属于在艺术中运作之诸官能的元审美原则而介入的。天才具有与兴趣相类似的一些特性：它带来一种质料，它体现理念，它使理性自行诞生，它解放想象力并扩大知性。但它对所有这些特性的运用都首先是从一件艺术作品的创造的视点出发。天才，在毫不丧失自己那些例外与独异的特征的情况下，须要给予它所造成的协调一种普遍价值，并向观赏者的诸官能传达些许它自己的生命和活力；这样，康德的美学就形成了一个体系性的整体，其中三种发生相互统一。

（曹伟嘉 译）

8. 雷蒙·鲁塞尔或对空洞的恐惧 *

博维(Pauvert)出版社再版了雷蒙·鲁塞尔的著作,后者由两类作品组成:首先是诗歌一书,它是对微小物品(比如对依云矿泉水瓶的标签所做的详尽的展示)或替代物(objets doublures)(演员、机械设备或狂欢节面具)巨细靡遗的描述。其次是所谓的"公式化"(à procédé)作品:或明确或隐含,我们从一句引导性的话语开始(比如,"陈旧的台球台橡皮边上的白色字母"[les lettres du blanc sur les bandes du vieux billard]),最终发现我们再次回到几近相同的一句话("关于抢劫团伙的白色字母"[les lettres du blanc sur les bandes du vieux pillard]),不过在这个间隙中展开的完全是一个由描写和列举构成的世界,其中同一个词在两种意义上被把握,拥有两种不同生命,或者,词被拆解,以形成其他的词("我有好

---

* Arts,23 – 29 octobre 1963,p. 4.(此文是对 M.福柯《雷蒙·鲁塞尔》[巴黎,伽里马出版社,1963 年]一书的评论)。1962 年,在克莱蒙-费朗(Clermont-Ferrand),德勒兹和福柯在哲学家、认识论专家于勒·维耶尔曼(Jules Vuillemin)家中相逢(早几年前,两人通过一个共同的朋友让-皮埃尔·邦贝热[Jean-Pierre Bamberger]在里尔已经相遇)。福柯曾建议德勒兹和他一起任职克莱蒙-费朗大学,不过最终在部长的支持下被任命的是罗歇·加洛蒂(Roger Garaudy)(德勒兹之后任职于里昂大学)。这段插曲是一段互相仰慕的友谊关系的开始,这段友谊一直持续到 1970 年代末期。参考《疯癫的两种政体》(Deax Régimes de fous,Textes et entretiens 1975—1995;DRF)中《欲望与快感》(《Désir et plaisir》)一文。

烟"［j'ai du bon tabac］＝"我 游 浩 言"［jade tube onde aubade］）。①

鲁塞尔对超现实主义者以及如今的罗伯-格里耶都产生了深远影响，不过他仍然不为人知。米歇尔·福柯出版了一部令人震撼、具有伟大诗性和哲学力量的评论作品，而解读鲁塞尔作品的钥匙，福柯是在与超现实主义者曾指出的路径迥然不同的方向上找到的。将对福柯著作的解读和对鲁塞尔本人作品的解读结合起来，似乎是不可避免的。我们该如何理解上文所谓的"公式"？据福柯所说，在语言中存在着一种固有的距离，一种移位、断层或裂缝。词总是比事物的数量要少，每个词都有多种含义。荒诞派文学认为含义是缺失的，但事实上我们缺少的是符号。

由此，在词的内部总是存在着一种空洞：词的重复开启了意义的差异。这是重复之不可能性的证明吗？当然不是，而鲁塞尔的尝试正是从这里开始：重要的是使空洞最大化，使之能够被确定、被测量，并用一整套机械装置、用幻景来填满它，后者使差异和重复联系起来，并将差异整合到重复之中。

举例来说，"被人追求的年轻女性（demoiselle à prétendant）"被演绎为"镶嵌马赛克所用的撞锤（demoiselle ［hie］à reitre en dents）"。由此，如同一个方程式，问题变成用撞锤完成一幅马赛克。我们应该让重复变成一种矛盾的、诗意的、含义广泛的重复。重复应该包括差异于自身，而不是将差异还原。重要的是使语言的贫乏成为它的丰富性所在。福柯说道："我们反复强调的不是事物在侧向上的重复，

---

① 已经由博维出版的作品包括《我是如何写出自己的某些作品的》（*Comment j'ai écrit certains de mes livres*）、《替代品》（*La Doublure*）和《非洲印象》（*Impressions d'Afrique*）。

而是更根本的重复，它在非—语言的上方划过，并将诗意归于它所超越的空洞。"[a]

应该用什么来填充、超越空洞呢？用不同寻常的机器，借助奇特的工匠—演员。在这里，事物和存在追随语言。在机械装置和人物的各种举止中，只有模仿、复制和复述。不过，这是对某种独一无二事物的复述，是对令人难以置信的事件的复述，两者处于绝对差异之中。这就好像鲁塞尔的机器已将公式化技巧融于自身：比如，"黎明的工艺"（métier à aubes），它本身也指迫使我们早起的职业。或者，通过将水滴投在每一根琴弦之上来演奏齐特拉琴的昆虫幼虫（诗歌）。鲁塞尔设计了各种各样解放性的重复系列：囚徒通过重复和复述，在相应的机器发明中拯救了自己的生命。

104　　确切地说，这些解放性的重复充满诗意，因为它们并没有取消差异，相反，通过使独一无二的事物内化于自身，它们检验并证实差异。我们可以用类似的方式来解释那些没有公式化的著作，那些诗歌—作品。在这些作品中，事物自身借助一种微缩化，或者说借助一种替代、一种面具而被展现。此外，在这些作品中是语言超越了空洞，并让世界出现在面具和替代品的间隙中。由此，不包含公式的作品就如同公式本身的反面。在这两种情况中，问题都是在言说的同时让事物变得可见。

上面的论述还无法完全呈现福柯著作的丰富性和深度。差异和重复的交织涉及的还有生命、死亡和疯狂。因为事物和词语内部的真空正是死亡的符号，而填满真空的则是疯狂的在场。

当然，这不是说雷蒙·鲁塞尔个人的疯狂与他的诗意作

---

a.　*RR*，p. 63.

品之间有什么确定无疑的共同元素。相反，我们应该谈论的是那种使作品和疯狂互相排斥的要素。只有在这种意义上它才是共同的，而这种要素正是语言。因为个人的疯狂和诗意作品、谵妄和诗歌代表了在互斥的不同层面上对语言的两种心力投注（investissements）。

从这种观点出发，福柯在其著作的最后一章对作品与疯狂的关系作出初步的阐释，阐释的方法同样也适用于其他诗人。或许，福柯已经在这样做了（阿尔托?）。福柯的著作是决定性的，不仅对鲁塞尔来说是如此；这部著作标志了作者个人的研究中一个重要的阶段，它首先关注的是语言、注视、死亡和疯狂之间的关系。[1]

（胡新宇　译）

---

① 参考米歇尔·福柯，《精神疾病与心理学》（PUF，1954 年），《古典时代疯狂史》（Plon，1961 年）以及最近出版的《临床医学的诞生》（PUF，1963 年）。在《临床医学的诞生》中，作者写道："这是一部关于空间、语言和死亡的著作。它论述的是注视。"

9. 凭借他创造的荒诞玄学,雅里为现象学开辟了道路 *

在当代最重要的作家那里,我们经常会遇到一种具有笔录(constat)和预言双重面向的思想:形而上学被并且必须被超越。就其命运被构想为形而上学而言,哲学让位于并且必须让位于另外的思想,让位于另外的思想方式。

这种现代观念在不同的语境中出现,后者使它变得戏剧化起来:

1)上帝已死(*Dieu est mort*)(如果把各种版本的上帝之死以及对上帝之死的不同排演收集在一起,会是很有趣的一件事。比如,雅里的自行车比赛。[a] 仅在尼采那里,我们就能找到十几种不同的版本,而最早的并不是《快乐的知识》中的那个版本,而是出现在《漫游者和他的影子》那篇关于监狱看守之死的令人赞叹的文章中。[b] 不过,不管怎么说,上帝之死对哲学来说总是意味着两个世界间的宇宙学区分、本质与表象间的形而上学区分以及真与假之间的逻辑区分等各种区分的取消。由此,上帝之死呼唤着一种新的思想,一种价值的转换)。

---

   * *Arts*, 27 mai-2 juin 1964, p. 5.

   a. A. Jarry, *La Chandelle verte*, "La Passion considère comme course de côte" in *Œuvres complètes*, Ⅰ, Paris, Gallimard, coll. "Bibliothèque de la Pléiade", 1987, p. 420 –422.

   b. *Gai Savoir*, Ⅲ, § 125; *Humain*, *trop humain*, Ⅱ, 2e partie, § 84.

2）人也已死（*L'homme aussi meurt*）（不再相信用人来替换神，用人—神来替换神—人，因为在位置的互换中，什么也没有改变，旧的价值仍保留下来。虚无主义必须走到底，贯穿那将要灭亡的人、最后的人，亦即尼采所宣告的原子时代的人）。

3）这另外的某物被构想为一种力量，它已经活跃在人类主体之中，不过它仍然隐藏着并已经在摧毁这一主体。（参考兰波的"人们在思考我"[« on me penser »]）力量的作用遵循两条路线，现实历史与技术发展的路线和诗歌与想象中幻想机器的诗性创作路线。这种构想呼唤新的思想者（新的思想主体，"我思之死"），新的概念（新的思考对象）和新的思想方式（将旧有的无意识诗学和当前的机械能量结合起来，将赫拉克利特和控制论结合起来）。在某种意义上，超越形而上学的尝试已经存在。在不同程度上，我们在尼采、马克思和海德格尔的著作中都能找到这种尝试。雅里所创造的"荒诞玄学"（*pataphysique*）是唯一一适合描述这种超越的术语。荒诞玄学必须被如此定义："附加现象（épiphénomène）是附加在现象之上的现象。荒诞玄学……是附加在形而上学之上的事物的科学，它或者独立自存，或者外于自身，它扩展并超越于形而上学的距离和形而上学扩展并超越于物理学的距离是相同的。举例来说：因为附加现象通常是某种意外和偶然，所以荒诞玄学首先是特殊性的科学，尽管一般认为科学只处理普遍现象。"[c] 用专家的话来说就是：存在是所有存在物（*étants*）的附加现象，它呼唤新的思想者，而后者本身就是人的附加现象。

---

c. *Gestes et opinions du docteur Faustroll*，*pataphysicien*，livre II，viii，in *Œuvres complètes*，I，Paris，Gallimard，coll. "Bibliothèque de la Pléiade"，1972，p. 668.

科斯塔斯·埃克塞罗斯(Kostas Axelos)最新出版了《通向行星思想》(*Vers la pensée planétaire*)(午夜出版社)。[d] 这本书混合了黑色幽默与严肃的空白,两者难于区分,却为新的思想所必需。此前他已经出版了两部著作:《马克思:技术思想家》(*Marx penseur de la technique*)和《赫拉克利特与哲学》(*Héraclite et la philosophie*)。致力于出版新小说的出版社同时见证了新哲学的产生,这似乎再合情合理不过。作为"论证"丛书的主编,科斯塔斯·埃克塞罗斯同时受到马克思和海德格尔的影响。此外,他还拥有某种希腊人的力量和灵感,既微妙又深奥。他指责他的老师们与形而上学的断裂还不够彻底,对技术既现实又充满想象力的潜能认识不足,并且仍然是他们自己所批判的观点的囚徒。他在"行星"这个观念中找到了新思想的主题和条件、主体和对象、积极性和消极性。在这条道路上,他写出了一本令人震惊的著作——在我们看来,这部著作也代表了荒诞玄学的大功告成。

埃克塞罗斯的方法建立在对意义/方向(sens)的列数之上。列数(énumération)不是并置,因为每种意义/方向都和其他的意义/方向交织在一起。[*] 它遵循的不是规则(*Règles*),因为规则仍然指向古老的形而上学,相反,它依照

---

d.　科斯塔斯·埃克塞罗斯,希腊哲学家,午夜出版社"论证"丛书的主编。德勒兹将在这一丛书中出版他的《萨克·莫索克的表象》(*Présentation de Sacher Mosoch*,1967 年)和《斯宾诺莎与表现问题》(*Spinoza et le problème de l'expression*,1968 年)两部著作。尽管保持着朋友关系,当埃克塞罗斯在《世界报》(1972 年 4 月 28 日,第 19 版)发表了一篇关于《反俄狄浦斯》的文章后,德勒兹不再与埃克塞罗斯相见。在那篇简短的文章中,埃克塞罗斯特别写道:"令人尊敬的法国教授,好丈夫,两个可爱孩子的优秀父亲,忠诚的朋友……您想让你的学生和孩子在他们的'实际生活'中追随您的道路吗?还是学习阿尔托的榜样?很多蹩脚的作家已经这么做了。"

＊　"sens"在法语中同时有"方向"、"意义"等含义,德勒兹在这里应是同时兼用数义,参考他的《意义的逻辑》。——中译注。

的是某种集所有可能规则于一身的游戏（*Jeu*），而游戏只有一个内在规则：肯定所有"能"被肯定的（这包括偶然性和无意义），否定所有"能"被否定的（这包括神和人）。"行星"一词的基本意义列表正是由此而来：全球性的、巡回的、漂移的、平面规划、平面性、齿轮结构。"因此，思想和行星时代的游戏是全球性的、漂移的、巡回的、组织性的、规划的以及平面性的，它被掌握在齿轮结构中"（第46页）。

行星主义赋予其每一意义和方向一种极度的流动性，它如此呈现：找到每一物体所代表的断片（*fragment*），以便思想能建立所有如其所是持存着的断片的永远开放的总和（和减法）。埃克塞罗斯在断片和整体之间建立起一种不可消解的对话。整体是狄奥尼索斯的整体，不过却是被肢解的狄奥尼索斯。在这种崭新的多元主义中，"一"只能且必须通过"多"来思考；存在、必要性和整体只能通过生成和时间、偶然性和断片来思考。这正是雅里所谓"附加现象"被激发起来的潜能——不过埃克塞罗斯在这里使用的完全是另外一个术语，提出的是另外一种观念："被截断的、断片性整体之生成中的存在。"

我们要特别注意（埃克塞罗斯思想中的）两个主要概念：游戏，我们必须用它来取代在相对和绝对之间存在的形而上学关系；漂移（*l'Errance*），它超越了真与假、错误和真理之间的形而上学对立。埃克塞罗斯关于漂移的论述引人注目，同样，他关于帕斯卡尔和兰波、关于弗洛伊德的评论也非常深刻（论述兰波的文章是最出色的文章之一）。不过，这部杰出而奇特的著作还只是一种引论。埃克塞罗斯还必须进一步发明属于自己的新颖的表达方式，创作属于他的上帝之死的新版本，创造那些真实的幻想机器。直到完成优美的综合，其中真正的"荒诞玄学"的两个方面将结合在一起：愚比王和

108

福斯托尔(Faustrol)博士。如埃克塞罗斯在一个文雅的奇特表达法中所说的那样："带着和缺乏欢乐与悲伤。"（«avec et sans joie et tristesse»）不过，却从来不会漠然。行星主义或荒诞玄学。

（胡新宇　译）

10. "他曾是我的导师"*

没有"导师"(maîtres)的世代是悲哀的。我们的导师不只是公共教授(professeurs publics),即使我们仍然很需要公共教授。一旦成年,我们的导师是那些能以一种彻底的革新让我们震惊的人,是知道如何发明一种艺术或文学技艺,并能以相应的方式对我们的现代性(modernité)——即我们遇到的难题和我们分散的热情——加以思考的人。我们知道,对艺术、甚至对真理来说只存在一种价值:"一手"内容,人们的言谈中货真价实的创新及其如同"前所未闻的音乐"一样的表述风格。对我们(亦即 20 年代和法国解放之间的一代人)来说,萨特就是这样一位导师。在那个时代,除萨特之外,又有谁曾为我们带来什么新东西? 又有谁能让我们领会思考事物的新方法? 梅洛-庞蒂的著作确实出色、深刻,不过那仍是某种教授著作,并在很多方面依赖于萨特的贡献。(萨特通常将人的存在类比于世界中"洞"的非—存在:如他所说,虚无的小湖。梅洛-庞蒂则将存在视为褶皱、简单褶皱和褶皱作用。由此,一种坚实的、具有穿透性的存在主义和一种更柔弱、更带有保留的存在主义对立起来。)加缪,唉!不是膨胀的道德主义,就是二手的荒谬哲学。加缪自诩为被

---

* *Arts*,28 novembre 1964,pp. 8 - 9. 此前一个月,萨特拒绝了诺贝尔文学奖。

《荒岛》及其他文本:文本与访谈(1953—1974)
111

诅咒的思想家，但他的哲学只会把我们带回到拉朗德（Lalande）和迈耶森（Meyerson），而对这些名字，法国的中学毕业会考通过者早已耳熟能详。新的主题，一种新的风格，一种充满争议性、激进的新的提问方式，所有这些都来自于萨特。在解放时期的混乱和希望中，我们发现、再次发现了所有那些事物：卡夫卡，美国小说，胡塞尔和海德格尔，永远处于话题中心的马克思主义，朝向新小说的冲力……所有这些都经由萨特而来，而这不仅是因为，作为哲学家萨特拥有一种综合天赋，更是因为萨特知道如何发明新的事物。《苍蝇》的最初几次演出，《存在与虚无》的出版，《存在主义是一种人道主义》研讨会，所有这些都是崭新的事件：漫漫长夜之后，我们终于在这些事件中再次看到思想和自由的统一。

"私人思想家"（penseurs privés）以某种方式和"公共教授"相对立。即便是索邦也需要一个反—索邦，而只有当他们也有其他的导师时，学生才会真正去聆听教授的教导。在他所处的那个时代，尼采曾辞去教授的职位，并成为一位私人思想家：萨特同样如此，即使身处不同的语境，并带来不同的后果。私人思想家有两个特点：首先，是某种在任何情况下都属于他们自己的孤独；其次，（存在着）某种动荡，世界的某种混乱，而面对这种动荡和混乱，他们会挺身而出、慷慨陈词。他们总是以自己的名义说话，从不"代表"任何人或任何事物；此外，他们让那些原始的存在、赤裸裸的力量在这个世界中涌现，而这些存在和力量更难被"代表"。在《什么是文学?》中，萨特已经对理想的作家做了描述："作家照原样重新把握这个世界，保留它未经加工的样子，让它流着汗，散发恶臭，呈现它的日常面貌，就这样，作家以一个自由为依据，把世界介绍给另一些自由。……单是给予作家说出一切的自由还不够：作家必须为一个享有改变一切的自由的读者群而写作,这就意味着,除了取消任何独裁,还要永远更新干部,更要在秩序一有凝固倾向时就推翻秩序。总之,文学就其本质而言是一个处于不断革命中的社会的主体性。"a 从一开始,萨特就将作家设想为和其他人一样的个人,并仅从自己的自由这一角度呼唤他人。萨特的全部哲学都处于一种思辨运动中,后者对表象(*représentation*)乃至表象秩序(*l'ordre*)提出了挑战:哲学改变了场域,脱离了判断领域,并建立在更丰富多彩的"前判断"(« préjudicatif »)、"次—表象"(« sub-représentatif »)世界中。近来,萨特拒绝了诺贝尔奖。这是同一种态度在实践上的延伸,是对实际上代表任何事物这一观念的恐惧,无论是精神价值,还是如他所说,机构化了的存在。

私人思想家需要世界有一点点混乱,即便只是某种革命的希望,不断革命的种子。在萨特那里,似乎存在着某种对解放时期、对当时被欺骗的幻想的固恋。直到阿尔及利亚战争,萨特才找回某种真正的政治斗争或解放冲动。不过,当时的情况更为复杂,因为严格说来我们已经不再是被压迫者了,我们开始反过来反对自身。哦,青春!剩下的只有古巴以及委内瑞拉的游击队。不过,比私人思想家的孤独更深刻的,是那些寻找导师的人的孤独。他们期待导师,但只能在一个动荡不定的世界中与他相遇。道德秩序、"表象"秩序再次闭锁于我们的心中。即使是原子弹战争的恐惧也已带上资产阶级恐慌的面具。如今,德日进(Teilhard de Chardin)

***

a.   *Qu'est-ce que la littérature*?, Paris, Gallimard, coll. Folio Essais, pp. 162‑163.(中译文参考《萨特文集·文论卷》,沈志明,艾珉主编,施康强选译,人民文学出版社,2000 年,第 210 页。——中译注)

《荒岛》及其他文本:文本与访谈(1953—1974)

成为人们为年轻人推荐的导师。* 你只能得到你应得的。
在萨特之后，不仅有西蒙娜·薇依（Simon Weil），还有西蒙娜·薇依的模仿者。当然，这并不是说在当代文学中缺乏极为深刻的新事物。随便举几个例子：新小说，贡布罗维奇的著作，克洛索夫斯基的故事，列维-施特劳斯的社会学，热内和加蒂（Gatti）的戏剧，福柯阐释的"疯狂"哲学……今天缺少的，对之前的一代人来说在萨特身上结合起来并体现出来的，是某种总体化（*totalisation*）的条件：通过这种综合，政治、想象、性、无意识和意指在人性整体的权利中结合起来。今天我们只是维持生存，肢体四分五裂。在谈到卡夫卡时，萨特曾说道，卡夫卡的小说是"对中欧犹太—基督教世界的一种自由的、单一的反应；他的小说是对他作为犹太人、捷克人、不甘就范的未婚夫、肺病患者等等状况的综合性超越"。[b]萨特同样如此：他的著作是对被共产主义质疑的资产阶级世界的反应。萨特的著作表现了对他自己作为资产阶级知识分子、巴黎高师学生、自由的未婚夫、丑陋的男人（萨特经常如此自称）等等状况的超越：所有这些都反映在并通过他的著作所包含的运动得以传播。

112

我们谈起萨特就如同他属于已经过去的一个时代。唉！在当前循规蹈矩的道德秩序中，不如说是我们已经过时。至少，萨特能让我们对未来的某些时刻、对复兴产生模糊的期望，在这种复兴中，思想将作为某种既是集体的又是私人的力量自我革新、再次找回它的整体性。正是因此，萨特仍是

---

   * 德日进（1881—1955），本名皮埃尔·泰亚尔·德·夏尔丹（Pierre Teilhard de Chardin SJ），中文名"德日进"，法国哲学家，神学家，古生物学家，耶稣会教士。他曾在中国工作多年，是中国旧石器时代考古学的开拓者和奠基人之一，曾参与周口店"北京人"的考古发掘工作。——中译注。

   b. *Qu'est-ce que la littérature?*, *ibid*., p. 293.（中译文参考同上，第308页。——中译注）

我们的导师。萨特最近的一部著作《辩证理性批判》是近年来出版的最出色、最重要的著作之一。就集体的情势需要补充了对个体主体性的研究而言,它和《存在与虚无》形成必要的互补。而再次想到《存在与虚无》,这是为了再次找到萨特在哲学上的创新带给我们的震惊。今天我们对萨特和海德格尔的关系有了更深入的了解,不过,萨特哲学相对海德格尔哲学的依赖性却是一个建立在误解上的伪问题。《存在与虚无》中让我们震惊的事物完全是萨特式的,这也是他对哲学的新贡献:自欺(*la mauvaise foi*)理论,根据这种理论,意识在其内部展开它非其所是和是其所非的双重力量的游戏;他者(*Autrui*)理论,在这种理论中他者的凝视(*regard*)足以让世界震荡,并将世界从我这里"偷走";自由(*liberté*)理论,其中自由通过构建处境(*situations*)而限制自身;存在主义的精神分析(*psychanalyse existentielle*),根据这种分析人们可以在实际生活的深处再次找到个人的基本选择(*choix*)。在每种理论中,本质和例证都维持着一种复杂的关系,并赋予哲学一种新的风格。咖啡店的伙计,热恋中的女孩,丑陋的男人,尤其是永远—不在—那儿的—我的朋友—皮埃尔,所有这些都构成名副其实的哲学著作中的小说,并让本质依据它们存在主义例证的节奏运动。一种由断裂和延伸构成的强有力的句法闪耀在萨特的著作中,并不断地让我们想到萨特的两种顽念:虚无的湖泊和物质的粘滞。

拒领诺贝尔奖是个好消息。终于有人不再费心向我们解释,对一位作家、一位私人思想家来说,接受荣誉和公众身份是怎样一种美妙的悖谬。当然,那些机灵的人已经让萨特陷入悖谬之中:有人说他拒绝是因为蔑视——奖项来得太迟了;有人反对他说,归根到底,他还是代表着什么;有人提醒我们,萨特的成功自始至终都是资产阶级的成功;有人向我

113

们暗示，他的拒绝幼稚而没有理性；有人向他指出此前曾有过的口头上拒绝、实际上接受（acceptèrent-en-refusant）的案例，并建议他把钱用于那些美好的事业。我们实在没必要对这件事投入过多。萨特是一位让人生畏的论战者……天才总是会对自己进行滑稽的讽刺模仿（parodie de soi-même）。不过，什么是最好的模仿？变成随时顺世的老人，入时入世的精神权威？或者一个来自解放时期的遗老？以学者自居或梦想成为委内瑞拉的游击队员？每个人都能看到这两种选择、这两种模仿之间在品性上、天分上的根本不同。萨特忠于什么？他永远忠于永远—不在—那儿的—我的朋友—皮埃尔。这就是萨特的命运：当他说话时，他传递给我们一种纯净的气息，即便这种纯净的气息，这种缺席的气息令人难于呼吸。

（胡新宇　译）

11.《祸不单行》丛书的哲学 *

《祸不单行》丛书（La Série Noire）正在庆祝它的第 1000
号作品出版，这是一项意义重大的活动。这一丛书的出版理
念及其一致性都要归功于它的编者。文学如同意识，它总是
后知后觉。当然，关于警察、罪犯以及他们的关系，每个人都
略知一二，即使那知识仅来自报纸阅读，或是某些特殊案例
的报告。但这些事物还没有在当代文学中得到表现，没有形
成文学惯例。正是马塞尔·杜哈梅尔（Marcel Duhamel）恰
逢其时地填补了这一空缺。a 在小说《圣殿》的译本前言中，
马尔罗曾表达了这样的洞见："福克纳很清楚侦探并不存在；
警察的力量既不是来自心理学，也不是出于什么洞察力，而
是依赖于检举和举报；能将潜逃的杀人犯抓捕归案的不是司
法警察总署里那些谦恭的思考者——留着小胡子、行为总是
静悄悄的长官**——而是警察队伍中那些普普通通的小
兵……"《祸不单行》首先是《圣殿》在大众文化消费市场中的改
编本（比如，沙斯［Chase］的《兰花凋零》［Pas d'orchidées］)，
同时，它也是对马尔罗的洞见的普及。

---

* 《艺术与休闲》（*Arts et Loisirs*），第 18 期，1966 年 1 月 26 日—2 月 1 日，第
12—13 页。

　　a.　1945 年，小说家马塞尔·杜哈梅尔在伽里马出版社开创了《祸不单行》丛
书；这是专为侦探小说开辟的一个出版系列，直到 1977 年由杜哈梅尔本人主编。

　　** 原文为 Moustachu 和 Tapinois，这里是意译。——中译注。

在侦探小说的旧有观念中，我们会看到一个将其全部心智力量都投入到对真相（la vérité）的探索与发现中的天才侦探。* 这里的真相完全是哲学式的，也就是说，它是精神的运用及其努力的结果。由此，刑事侦查以哲学探索为模型，反过来，它也赋予哲学一个不寻常的对象：需要破解的罪案。

不过，在哲学中却存在着两个真理学派：法国学派（笛卡尔），依据这一学派，真理是某种自下而上的智性直观探索的问题，剩下的一切都应该依据严格的法则演绎出来；英国学派（霍布斯），在该学派看来，真理总是由另外的事物归纳而来，并通过感性符号得到解释。简言之，归纳和演绎。依据一种独特的运动，侦探小说复制了这一二元性，并在每一领域都产生出杰出的作品。英国学派：柯南道尔为我们带来了夏洛克·福尔摩斯——不可思议的符号阐释者，归纳推理的天才。法国学派：加博里约（Gaboriau）为我们带来了塔巴莱（Tabaret）与勒考克（Lecoq），接着是加斯东·勒鲁（Gaston Leroux）的鲁勒塔比耶（Rouletabille）（鲁勒塔比耶总是在祈求"理性的正确引导"、"额头两块隆起之间形成的圆圈"**，以便将其关于确实性的理论明确对立于英国传统中的归纳法和符号论）。

案件中罪犯那一边的情况也很有趣。按照形而上学中的对应法则，警察并不比罪犯高明多少。罪犯同样自恃于正义和真理，并依靠演绎和归纳的力量行事。由此，就有可能存在两个小说系列，一个以侦探为主角，另一个则是罪犯。勒鲁在这一双重系列上取得了成功，其代表性人物就是鲁勒

---

* 法文中 vérité 兼有"真理""真相"的含义，德勒兹在文中并未对两者加以区分，在下文的翻译中我们会分别按不同情况（哲学探索、罪案调查）以"真理""真相"译之。——中译注。

** 似类似于我们的民间文学中对"包青天"面容的塑造。——中译注。

塔比耶和谢利-比利（Cheri-Bili）。但双方却不能相遇，因为他们激活的是不同的系列（如果他们相遇了，那么其中的一方会显得荒谬无比，比如勒布朗将阿塞纳·吕潘［Arsène Lupin］与夏洛克·福尔摩斯结合起来的尝试）。[b] 鲁勒塔比耶与谢利-比利：每一个都是另一个的复本，他们拥有同样的命运，同样的痛苦，以及对真相同样孜孜不倦的追求。这是俄狄浦斯的命运与探求（鲁勒塔比耶注定要去杀他的父亲，而谢利-比利则协助《俄狄浦斯》的演出，并大喊道："这就是我啊！"）。在哲学之后，是希腊悲剧。

　　不过既然俄狄浦斯总是被引证来标示这样的巧合，而《俄狄浦斯》是唯一一部已经具有侦探结构的希腊悲剧，我们也不必太惊讶于侦探小说如此忠诚地复现了希腊悲剧。我们应该叹赏索福克勒斯塑造的俄狄浦斯已经是一位侦探，而不必对侦探小说仍是俄狄浦斯式的大惊小怪。我们应该向勒鲁致以敬意，法国文学中的非凡小说家、惯用语的天才："不是手，不是手""最丑陋的男人""命定的人（Fatalitas）""有人开门，有人收网""两块隆起之间的圆圈"等等。

　　不过，《祸不单行》的诞生也是传统侦探小说的灭亡。诚然，这一庞大丛书中的绝大多数仅满足于改变侦探本身的行为方式（他会喝酒，他会恋爱，他会疲惫不堪），却保留了旧有的结构：在结尾处所有的人物汇聚在一起，指出那个令人意外的罪犯并提供最后的解释。新颖之处不在这里。

　　作为对素材的文学运用与挖掘，《祸不单行》的新颖之处首先在于使我们认识到侦探活动与对真理的形而上学或科学探索毫无关系。警方的实验室与科学不再相似，同样，线

---

b.　莫里斯·勒布朗（Maurice Leblanc），《阿塞纳·吕潘对抗夏洛克·福尔摩斯》(Arsène Lupin contre Herlock Sholmès)，1908 年，由袖珍本丛书再版。

人打来的电话、警察间的关系或是暴力折磨的程式与形而上学话语也毫不相关。一般来说，我们可以区分两种情况：1）职业谋杀案，在这种案件中警察立刻就能知道谁是凶手；2）性谋杀案，这种案件中凶手可能是任何一个人。但无论是哪种情况，问题都不再处于真理所构建的框架中。毋宁说，问题在于对差错的令人震惊的补偿。或者，犯罪嫌疑人为警察所知却从未被指控，直到他在其犯罪活动之外的领域被逮捕（这就是美国模式，逍遥法外的黑帮因为偷税漏税而被逮捕并驱逐出境）；或者，等待罪犯现形或再次作案，通过下圈套激怒、迫使他露出真面目。

《祸不单行》让我们熟悉了一种新的警察类型：他勇猛直进，不管发生什么，哪怕不断犯错误，却始终坚信一些线索会浮现出来。而在另一端，作者让我们协助罪犯对其行动做细致而周密的准备，并眼看着某个小小的偏差越滚越大，终于在最后时刻变得不可收拾（正是在从这种视角出发，《祸不单行》对电影创作产生了影响）。无辜的读者为在结尾处双方犯下的如此多错误感到震惊。即便警察自己在谋划某一肮脏的策略时，他们也犯下了那么多错误，他们辜负了我们的信任。

这是因为真相从来不是刑讯侦查的元素；无法想象，对错误的补偿以发现真相为最终目的。相反，补偿拥有自己的维度，它独立自足，它拥有一种平衡或是平衡的重建，以及一种恢复过程，后者允许社会在其犬儒主义的极限处隐藏它想要隐藏的，揭示它想要揭示的，否认所有证据，并捍卫那不可能。潜逃的凶手可能会因为自己的差错而被杀死，警方也可能因为其它的什么过失而牺牲自己队伍中的一员。所以，这些补偿只有一个目标，那就是使一种平衡状态永久化，这种平衡状态在社会之造假的力量（puissance du faux）的最高点上将其整体表现出来。

117

恢复、平衡及补偿过程同样出现在希腊悲剧中（不过，这一次是在埃斯库罗斯的作品中）。这一类型小说中最伟大的、并且无论在哪方面都是令人赞赏的作品，并没有出现在《祸不单行》丛书中，这就是罗伯-格里耶的《橡皮》。这部小说展现了一种令人难以置信的对错误的补偿，而它的影响来源正是埃斯库罗斯式的平衡与俄狄浦斯式的探寻。

从文学角度看，《祸不单行》丛书使造假的力量成为首要的侦探元素。这也引发了另一种后果：显然，警察与罪犯之间的关系不再是形而上学式的对应关系。互相渗透是真实的，而共谋则是那么深入，并且互为补偿。有来才有往，利益交换，一方和另一方不断的背叛。我们总是被引回到造假的力量之三位一体：举报—腐败—虐刑。当然，毋庸置疑，警方并不是自己开始这一令人不安的共谋的。旧有侦探小说中的形而上学对应法则让位于对他者的映射。确实，社会在它的警务力量与罪行中被反映出来，同时，它通过两者之间深入的共谋保护了自己。

我们知道，比起空头支票，资本主义社会更愿意容忍强奸、谋杀或是虐待儿童等犯罪行为。空头支票是资本主义社会唯一的神性犯罪，是违背其基本精神的犯罪。同样，我们也知道重要的交易总是隐藏着很多丑闻和真实的犯罪，反过来，犯罪行为是以一种商业方式组织起来的，其结构与企业中的董事会或管理层别无二致。《祸不单行》丛书使我们熟悉了这一政治与犯罪的结合体，尽管在久远的过去和现在这种结合在历史中始终存在，但它一直没有在当代文学得到表现。

凯弗尔（Kefauer）报告[c]，尤其是蒂尔库（Turkus）的著作《为了谋杀的无名社会》，是《祸不单行》丛书中很多小说的灵

118

---

c. 1952 年，民主党参议员凯弗尔发表了关于美国境内有组织犯罪的报告。

感来源。许多作者除了抄袭两者之外，什么也没做；或者不如说，他们把两者改编为通俗小说。特鲁希略（Trujillo）政体、巴蒂斯塔（Battista）政体，或希特勒政体、佛朗哥政体——当每个人都在谈论本·巴尔卡（Ben Barka）的时候，谁知道下一个又会是谁——使得《祸不单行》式的混乱成为可能。阿斯图里亚斯曾就此写出一部天才性的小说：《总统先生》。[d] 我们所有人都试图找到这一怪诞与恐怖、恐怖与丑陋的统一体的秘密，后者将政治力量、经济力量以及侦探和犯罪活动结合在一起。当然，所有这一切在苏埃多尼乌斯（Suétone）、莎士比亚、雅里和阿斯图里亚斯的著作中早就存在了，《祸不单行》丛书再次利用了这些资源。在理解这一怪诞与恐怖的混合体上我们有什么进步吗？在适当的条件下，这个混合体将决定我们所有人的命运。

《祸不单行》丛书改变了我们对警察的想象与评价。这正是时候。不过，在"当下阅读"中我们会参与当前事务，后者会因此丧失其现实性并剥夺我们义愤的力量，这是好还是坏呢？义愤只能因现实而起，或是杰出的艺术作品。看上去，《祸不单行》丛书对每一位伟大的小说家都做了模仿：福克纳、斯坦贝克、考德维尔、阿斯图里亚斯。同时，它随潮流而动：首先是美国风格，接着又重新发现了法国的犯罪问题。

确实，《祸不单行》丛书中有很多俗套：对性的幼稚表现，尤其是对凶手眼睛的描写（只有沙斯能让他的凶手过着一种特别的、冷酷的生活：不受管束，个性强烈）。不过这一丛书的伟大之处，杜哈梅尔的出版理念，仍是最近出版的一些作品的推动力，这个理念就是：相对警察和罪犯，对每一个诚实的人心中抱持的对世界的看法进行改写。

---

d. 《总统先生》（*M. le Président*），巴黎，Flammarion 出版社，再版，1987 年。

很明显,一种新型的现实主义不足以产生好的文学作品。在坏的文学作品中,如此这般的现实正是俗套、幼稚表现与廉价幻想的对象,这比任何富于想象力的白痴所能想象到的还要糟糕。比现实和想象都重要得多的是戏拟(Parody)。《祸不单行》丛书或许已不堪其过量的生产,但它始终保持着某种统一性、某种倾向,这种倾向时不时地会在某些特别优秀的作品中表现出来(詹姆斯·邦德当前的成功——并没有收录到《祸不单行》丛书中——似乎代表了一种严重的文学倒退,确实,这在电影中得到补偿,不过它仍是一种向秘密神探的肤浅幻想的回归)。

《祸不单行》丛书中最出色的作品是那些现实在里面找到其恰当的戏拟的作品,而反过来,仿拟又为我们指示单凭自己我们无法在现实中找到的方向。沙斯的《施展魔法的舒薇小姐》(*Miss Shumway jette un sort*)、威廉姆斯的《乡野欢庆》(*Fantasia chez les ploucs*)或是伊梅斯(Himes)那些总是充满了非凡时刻的黑人小说:它们都是伟大的戏拟作品,尽管其方式不同。仿拟是超越于现实与想象之上的范畴。对了,还有《祸不单行》丛书的第 50 号作品:詹姆斯·古恩的《温柔母性》(*Tendre femelle*)。

曾经,美式风格最为流行:据说,一些作者以美式笔名来写作。《温柔母性》是一部令人叹赏的作品:处于最高点的造假的力量,凭气味追踪谋杀者的老妇,在沙丘中的谋杀尝试。伟大的仿拟,值得一读再读。不过,詹姆斯·古恩又是谁呢?在《祸不单行》丛书中只有这一部作品出自其名下。现在,《祸不单行》丛书正庆祝它的第 1000 号作品出版,并再版了许多过去的作品,作为向马塞尔·杜哈梅尔的致敬,我谦卑地请求再版我最喜欢的作品:第 50 号。

(胡新宇　译)

12. 评西蒙东的《个体及其物理学-生物学的发生》*

个体化原则是受人尊敬的、甚至被认为是令人敬仰的，然而直到现在，现代哲学似乎都避免为自己重拾这一问题。物理学、生物学与心理学的知识促使我们相对化、弱化这一原则，而不是重新阐释这一原则。不过吉尔贝·西蒙东（Gilbert Simondon）的力量就在于阐述一种极具原创性的、蕴含着整个哲学的个体化理论。西蒙东从两种批判性的评论着手：1. 传统上，个体化原则被归之于一个现成的、已然构成的个体。被问及的问题只是由什么构成这种存在的个体性，也就是说由什么显示一个已经个体化的存在的特征。而且正因为人们"置放"个体于个体化之后，所以人们同时"置放"个体化原则先于个体化的运作，超出了个体化本身。2. 从此，人们到处"置放"个体化；人们使之成为一种与存在、至少是与具体存在（即便它是神圣的）同外延的特征。人们使之成为整个存在，并使之成为存在的、除概念之外的第一个时刻。这种错误与前面的错误是相关的。其实，个体只能

---

* Revue philosophique de la France et de l'étranger, vol. CLVI, no 1 - 3, Janvier-mars 1966, pp. 115 - 118. 西蒙东（1924—1989）的著作 1964 年由法国大学出版社出版，收录于 Epiméthée 丛书。这里讨论的是西蒙东于 1958 年提交的国家博士论文《基于形式与信息之观念的个体化》（L'individualition à la lumière des notions de forme et d'information）第一部分的内容。该论文的第二部分直到 1989 年才由 Aubier 出版社以《精神与集体的个体化》（L'individualition psychique et collective）的题目出版。

与其个体化是同时发生的,而个体化只能与个体化原则是同时发生的:个体化原则确实应该是发生学的,而不应该是简单的反思原则(principe de réflexion)。个体不仅是个体化的结果,而且是个体化的介质(milieu)。但是,恰恰从这一视角看,个体化与存在不再是同外延的;个体化必须表征这样一个时刻,即这个时刻既不是整个存在,也不是存在的第一个时刻。与存在相比,个体化必须在一种运动中可定位、可规定,而这一运动使我们从前个体过渡到个体。

根据西蒙东的观点,个体化的前提条件就是要存在一个亚稳系统(système métastable)。恰恰由于没有辨识出这类系统的存在,哲学才陷入我们刚刚提到的两种悖谬之中。但是,本质上对亚稳系统进行界定的,就是存在一种"歧异化"(disparation),至少存在量的两种秩序、实在性的两种歧异的标度,在这两者之间尚未存在相互作用的沟通。因此,亚稳系统蕴含着一种根本的差异,就像一种非对称的状态一样。不过即便它是一种系统,那么这在下述的情况下才会成为可能,即差异在这种系统之中就像潜在的能量(énergie potentielle)一样、就像分布在不同极限之中的潜在的差异(différence de potentiel)一样。在这一点上,西蒙东的构想在我看来接近一种有关诸强度量的理论;因为每种强度量本身就是差异。强度量包括本己的差异,包含那些趋向无限的 E - E' 型的诸因素,并且强度量首先确立自身于歧异的诸层面之间、异质的诸秩序之间,而这些层面、秩序只有在稍后,也就是当它们延展时才会进行沟通。像亚稳系统一样,强度量是异质者的结构(还不是综合)。

西蒙东的博士论文的重要性已经显现出来了。通过发现个体化的前提条件,他严格区分了奇异性(singularité)与个体性(individualité)。因为被界定为前个体的亚稳状态所

121

以具有与潜在的实存和分布相一致的诸奇异性（在微分方程理论中，"诸奇异性"的实存和分布具有一种不同于它们邻域［voisinage］内的诸积分曲线"个体的"形式的本性，难道这与西蒙东描述的情况不一样吗？）。奇异的（singulier）而非个体的（individuel），这就是前个体存在的状态。它就是差异、歧异性（disparité）、"歧异化"。在这本著作最精彩的段落中间，西蒙东指出歧异性如何像存在的第一个时刻（奇异的时刻）一样确实被所有的其他状态所预设，不管这些状态是源自统一、整合、张力、对立还是源自各种对立的分解……西蒙东尤其反对库尔特·勒温（Lewin）与格式塔理论，他坚信歧异化的观念比对立的观念更深刻，潜在的能量的观念比力场的观念更深刻："先于矢端空间（l'espace hodologique），不同视角的这种重叠是存在的，它不允许我们抓住被规定的障碍，因为不存在这样一些维度，独特的整体（ensemble）可以相对于这些维度而被赋序；心灵波动（fluctuatio animi）先于被分解的行动，它不是几个对象之间、甚至几条路线之间的踌躇不决，而是不相容的、近乎相似的但仍是歧异的诸整体的动态遮盖。"（第233页）因为离散的诸奇异性尚未进行沟通或尚未在个体性中被接受，所以离散的诸奇异性的重叠世界才是更加重叠的：这就是存在的第一个时刻。

那么个体化将如何始源于这种条件？的确也可以说个体化在歧异的量或实在性的诸秩序之间确立一种相互作用的沟通；个体化使潜在的能量现实化，或者整合种种奇异性；诸歧异者提出问题，个体化通过构造一种新维度——这些歧异者得以在这种新维度中形成一种高级的独特的整体——解决这一问题（正如深度之于诸视网膜影像）。在"问题架构"的范畴具有一种客观的意义的情况下，这一范畴就在西蒙东的思想中具有一种重要性：它实际上不再指我们的认识的临时状态、未被规定的主观概念,而是指存在的时刻,也就是前个体的第一个时刻。而且,在西蒙东的辩证法之中,问题架构取代否定者。因此,个体化就是为客观上存在问题的系统构造一种解决方案(solution)、一种"分解"(résolution)。这种"分解"必须以两种互补的方式被构想。一方面作为内部共振(résonance interne),它是"介于差异秩序的不同实在性之间的最原始的沟通样式"(而且我认为西蒙东已经成功地把"内部共振"变成一个极为丰富的哲学概念,这个概念可以进行各种应用,尤其可应用于心理学,可应用于感受性领域)。另一方面作为信息,它依次在两种歧异的层面之间确立一种沟通,一种层面是由已被包含于感受器之中的形式所界定,另一种层面是由从外部带来的信号所界定(我们在这一点上重新发现了西蒙东对控制论的种种关注,以及重新发现了与个体相关的整个"意指"理论)。不管怎样,个体化的确表现为与自身相耦合的存在的新时刻——同相的存在(l'être phasé)的时刻——的来临:"正是个体化创造诸相,因为诸相只是存在在其自身的两个方面的这种展开……前个体的存在是没有诸相的存在,而个体化之后的存在就是同相的存在。这种构想辨认或至少连接了存在的个体化与生成。"(第 276 页)

到目前为止,我还只是指出了这本著作极其一般的原理。在其详细的论述中,西蒙东围绕两个中心来组织他的分析。首先是一种有关个体化的不同领域的研究;尤其是物理的个体化与生命的个体化之间的种种差异成为深入阐述的对象。内部共振的状况看来在这两种情形中是不同的;物理的个体仅限于一次性地接收信息,而且重申一种初始的奇异性,而生物连续地接收信息的多个供给,并记录多种奇异性;尤其是物理的个体化发生并延展到物体的范围内,例如晶

123

体;而生物从内部与外部增强自身,尽管其内部空间的全部内容"在拓扑学的意义上"与内部空间的内容相联系(关于这一点,西蒙东撰写了令人赞叹不已的一章《拓扑学与个体发生》[topologie et ontogenèse])。令人感到惊讶的是,西蒙东并没更多地使用"蔡尔德学派"(l'école de Child)* 在生物学领域所取得的研究成果——这一学派研究了卵的发育过程中的梯度与分解系统[a];因为这些研究成果提出了借助于强度进行个体化(也就是个体化的强度场域的)的思想,而这一思想在一些要点上证实了西蒙东的各个论点。不过,这无疑

124 是因为西蒙东并不想局限于一种生物学意义上的个体化的规定性,而是想明确指出越来越复杂的各个层面:由此存在着一种精神特有的个体化,只有当种种生命功能再不足以解决各种针对生物所提出的问题时,当前个体的实在性的新负荷在一种新的问题构架、一种新的分解过程之中被发动起来时,这种个体化才会突然出现(参见一种极其令人感兴趣的感受性理论)。并且精神现象依次向一种"跨个体的集体"(collectif transindividuel)敞开。

我们看看西蒙东分析的第二个中心是什么。在一定意义上,这个中心关乎他对世界所持有的道德观。因为他的基本观念就是前个体——"未来的亚稳状态的来源"——保持且必须保持与个体的联系。唯美论从此被谴责为个体与前个体的实在性断绝关系所经由的行为,在这种前个体的实在性中,个体俯冲而下,被封闭在一种奇异性之上,拒绝进行沟通,并在某种意义上导致信息的丧失。"在信息存在的情况

---

* 查尔斯·曼宁·蔡尔德(Charles Manning Child, 1869—1954),美国动物学家,曾提出生理梯度理论。——中译者注。

a. 关于这一问题,德勒兹总是参考达尔克(Dalcq)的著作, L' Œuf et son dynamisme organisateur, Paris, Albin Michel, 1941。

《荒岛》及其他文本:文本与访谈(1953—1974)
128

下才存在着伦理学,也就是说意指超越诸存在要素的歧异化,并由此造成那内部的东西也就是外部的。"(第297页)因此,伦理学遍历一种经由个体化从前个体走向跨个体的运动。(尽管如此,读者还会问,西蒙东在他的伦理学中是否恢复自我的形式,不过他曾在其歧异性的理论或者被构想为去相与多相的个体的理论中避免这种自我的形式。)

　　总之,很少有著作能让读者感受到这一点:究竟在何种程度上哲学家既在科学的现实性中获得了灵感,又通过改造、更新伟大的经典问题来重新激活这些问题。西蒙东所确立的新概念在我看来是极为重要的;这些概念的丰富性与原创性打动或影响了读者。并且西蒙东所构思的,就是整个本体论,根据这一本体论,存在(Etre)从不是"一"(UN):作为前个体的,存在比"一"更多,而"一"是亚稳的、重叠的、与自身同时发生的;作为个体化的,存在仍是"多",因为"多"是"多相的",是"导致种种新运作的生成之相"。

(董树宝　译)

13. 人，可疑的存在 *

福柯的这本著作以对委拉斯凯兹《宫中侍女》的细致描述开始，或者不如说，这是对其图画空间的描述：我们看到了画家，不过画家也在看向我们；他正要作画，不过我们只能看到画布的背面；画中人物聚向画作前景中的一点，而画作真正的模特国王则被映照在后方的镜子里，他和画中的其他人物互相注视，形成巨大的空缺和作品外在的中心。在阅读这些特别优美的文字的同时，福柯所谓"表象"（représentation）的元素和契机也展现在我们的面前：由差异和同一性、重复和反射构成的体系，它的独特空间以及固有的空缺，这一空缺指定了表象为之存在的人，后者在表象中呈现，却从不以本人的面目出现——"国王的位置"。

借助表象概念，福柯定义了文艺复兴与我们的现代之间存在的古典时代以及这一时代的知识形式。文艺复兴时代仍将知识视为"对符号的阐释"，而符号与其意指物之间的关系则被"相似性"的广阔领域覆盖。即便在这里，在书的开头部分，福柯的分析也如此有力，语调如此新颖，以至于读者在这一表面上对历史的反思中也能感受到某种新的思想方式

---

* *Le Nouvel Observateur*，1st juin 1966，pp. 32 - 34. 此文是对福柯《词与物》（巴黎，伽里马出版社，1966 年）一书的评论。

的到来。在福柯那里，所有的知识都在一个独特的"空间"中展开。不过在十七世纪，符号空间(*l'espace des signes*)倾向于消解并让位于表象空间，后者对意指关系加以反思并瓦解了相似性，以便使某种同一性和差异的新秩序得以出现(《堂吉诃德》正是符号崩溃而表象世界诞生的第一个伟大证明)。这种新秩序即表象形式被建立在经验主义序列之上的实证秩序占据："自然史"、"货币和价值理论"、"普通语法"。在这三种实证秩序之间存在着各种各样的共振，而共振正是因为三者对表象空间的共同隶属而生："特性"是对自然个体的表象，"货币"是对欲望对象的表象，而"词"则是语言自身的表象。

的到来。在福柯那里，所有的知识都在一个独特的"空间"中展开。不过在十七世纪，符号空间(*l'espace des signes*)倾向于消解并让位于表象空间，后者对意指关系加以反思并瓦解了相似性，以便使某种同一性和差异的新秩序得以出现(《堂吉诃德》正是符号崩溃而表象世界诞生的第一个伟大证明)。这种新秩序即表象形式被建立在经验主义序列之上的实证秩序占据："自然史"、"货币和价值理论"、"普通语法"。在这三种实证秩序之间存在着各种各样的共振，而共振正是因为三者对表象空间的共同隶属而生："特性"是对自然个体的表象，"货币"是对欲望对象的表象，而"词"则是语言自身的表象。

人们对十八世纪以来建立的人文科学(*sciences de l'homme*)已经说了很多，不过，前述分析带来的结论却恰好相反，在表象的古典主义空间中，人并不存在，并且也不可能存在(*l'homme n'existe pas et ne peut pas exister*)。有的只是国王的位置："人性"的确被表象，不过这种表象却是双重的，它把人性和自然联系起来，而就其独特的存在或其前表象领域来说，此时人还没有出现。"作为初始的和有深度的实在，作为所有可能的认识之难弄的课题和独立自主的主体"，人并不存在。[a] 正是在这种意义上福柯为他的著作选定了"人文科学考古学"的副标题。在什么条件下人文科学才能在知识形式中成为可能呢？或者说，什么时候才是人真正的诞生日期呢？

答案很明确：只有当表象的"古典"世界在不可表象事物和非表象性事物的打击下崩塌时，人才能在知识空间中存

---

a.　*MC*，p. 321.（中译文参考《词与物》，莫伟民译，上海三联书店，2001年，第404页。——中译注）

在。这代表的正是晦涩事物的涌现，或者深度这一维度的出现。这首先需要生物学、政治经济学和语文学的产生：我们要到生命本身中寻找生物的可能性条件（居维埃），到劳动的深度中寻找交换和利润的条件（里卡多），到语言的历史深度、到屈折变化的体系、到词尾序列和词根的变化中寻找话语和语法的可能性（格里姆、博普）。"当抛弃了表象的空间，生物处于生命的特殊深度，财富处于生产形式之逐渐推进中，词处于语言的变化中。"[b] 由此，自然史让位于生物学，货币理论让位于政治经济学，而普通语法则让位于语文学。

同时，人也以两种方式暴露出来。一方面，作为劳动、生命和语言的对象，也就是说，作为新的实证科学的对象，后者以生物学、政治经济学和语文学作为自己的典范。另一方面，人也将这种新的实证性建立在他自己的有限性范畴上：对有限性的分析取代了无限性之形而上学，这种分析在生命、劳动和语言中找到了它的"超验"结构。由此，人拥有了双重存在。在这个过程中瓦解的，是表象中同一性的主权。人被一种根本的差异穿越，如同一种权利上的异化（*aliénation de droit*），并在词语、劳动和欲望中脱离自身。而在这一使表象分裂的革命中，差异也发生了变化，它不再隶属于同的统治：尼采的革命。

对福柯来说，重要的是为人文科学奠基。不过，这却是一种被腐蚀的基础，一种破坏自身偶像的考古学。恶意的礼物。让我们试图简要概括福柯的思想：当人被把握为表象的对象时，人文科学还根本没有建立起来，当人发现自身的历史时，情况同样如此。相反，只有当人被"非历史化"（dehistoricisé），只有当事物（词语、生物、生产）获得一种历史

---

b.　*MC*，p. 356.（中译文参考同上，第 451 页。——中译注）

性,而后者使之摆脱人以及人的表象时,人文科学才被建立起来。因此,人文科学是仿照着(*mimant*)生物学、政治经济学和语文学等新的实证科学建立起来的。为了确证其独特性,人文科学重建了表象秩序,不过却为其注入无意识的元素。

这种虚假的平衡状态已经证明人文科学并不是科学。它们只是想占据表象空缺的位置(*place vide*)。不过国王的位置不能也不必被占据:人类学只是一个骗局。从古典时代到现代,我们只是从人还并不存在的状态过渡到人已消失的状态。"在我们今天,我们只有在由人的消失所产生的空档内才能思考。因为这个空档并不挖掘缺陷;它并不规定一个将被填满的空隙。它正是一个空间的展开:在这个空间中,它最终再次能思考。"c事实上,对有限性的分析要我们做的,并不是建立人文科学,而是建立一种新的"思想图景"(*image de la pensée*):思想与外部不再互相对立,而外部也不再是不可思的事物或者非思,相反,思想使外部居于自身,并和它处在一种本质性的关系中(欲望是"在思想深处始终没有被思考的事物");同样,思想自身和晦涩之物保持着关联,并被某种裂隙贯穿,而如果没有这条裂隙,思想将无法展开。裂隙不能被填满,因为它正是思想的最高对象:人也并没有填满或粘合这条裂隙,相反,裂隙是人的终结或思想的源点。解体了的自我的我思……而在涉及人的知识中,只有人种学、精神分析和语言学能够有效地超越人,并形成有限性分析的三个伟大维度。

现在我们能更好地理解福柯的这本著作如何延续了他对疯狂、对疯狂概念从古典时期到现代的转变进行的反思。

---

c. *MC*, p. 353.(中译文参考同上,第 446 页。——中译注)

看上去,福柯的三部伟大著作《古典时代疯狂史》《临床医学的诞生》《词与物》相互关联,以便实现无论对于哲学还是科学史来说都如此新颖的一项计划。福柯自己将他采用的方法定义为考古学方法。我们应该将这个词理解为对"地下"(sous-sol)、对"土壤"(sol)的探索,思想正是在这一土壤之上展开,并深入其中以便形成新的概念。在这一土壤中存在着不同的地层,同样也存在着拓扑学的转换、混乱,存在着新型空间的组织,而这正是福柯为我们展示的事物:比如,使思想的古典图景得以可能或为其现代图景做好准备的转换。当然,我们也可以赋予这种"历史"以社会学或甚至心理学的因果关系,但实际上因果关系只能在某一空间中展开,而后者已经预设了某种思想的图景。我们必须构想那些属于纯粹思想的事件,正是这些激进或超验的事件为每个时代规定了独特的知识空间。

与对意见(这个视角仍然主导着对哲学史的传统理解)的历史性研究相反,(在福柯的著作中)显露出来的是一种对知识及其条件的共时性研究:这里所谓的条件并不是一般意义上使知识得以可能的条件,而是使某一时刻知识成为现实并对之加以规定的条件。

考古学方法至少为我们带来两个互相矛盾的后果:它让概念乃至作者的重要性都发生了迁移。由此,对古典时代加以定义的并不是机械论或数学,而是符号领域中的混乱,也就是说,符号不再是世界的形象,它转向表象:使"智力训练"(*mathesis*)和机械论得以可能的正是表象。同样,重要的也不是弄清居维埃是否是物种不变论者,相反,问题在于探讨居维埃如何在与自然史观点(拉马克仍是这一观点的囚徒)的对抗中创造了一种新的生物学,而正是这种生物学使进化论以及围绕进化论的争论得以可能。通常来说,意见之间的广泛讨论远没有使这些意见得以可能的知识空间来得重要，而对此，福柯的这部著作充满了相关的决定性例证：同样，在更为可见的历史层面上和考古学层面上涌现出来的也并不一定是相同的一些伟大作家。福柯大可以做出如下论断："相比康德或黑格尔，居维埃、博普和里卡多给我的启示要更多"，而福柯之所以是一位真正的哲学家，正因为他回避了那些伟大的体系，并让那些地下的、更为隐秘的谱系浮出水面。

一种新的思想图景，一种对思想之意涵的崭新的构想，这正是当前哲学的任务所在。正是在这里哲学能够展示出相比科学或艺术来说毫不逊色的转换能力和创造新"空间"的能力。对"哲学中的新事物何在"这个问题，福柯的著作为我们带来最有生机、最具说服力的深刻答案。在我看来，《词与物》是一部关于新思想的伟大著作。

130

（胡新宇　译）

14. 戏剧化方法 *

吉尔·德勒兹在里昂大学文学与人文科学院承担教学，他将在法国哲学学会成员的面前论证如下主张：

为发现理念或是本质，我们不能确定"什么是？"（qu'est-ce que?）这样的问题是不是好问题。或许，"谁？"（qui?）、"多少？"（combien?）、"怎样？"（comment?）、"哪？"（où?）、"何时？"（quand?）等类型的问题更为恰当，无论是为了发现本质还是确定关于理念的一些最为重要的事情。

时空动力机制（Les dynamismes spatio-remporels）具有几个特征：1. 它们创建了许多独特空间与时间；2. 它们为概念提供了规定原则，而如果没有动力机制，概念将无法逻辑性地展开；3. 它们决定了分化（différenciation）的两个方面：质量与数量（质量与广延，种类与部分）；4. 它们包含或指

* 法国哲学学会公报（Bulletin de la Société française de Philosophie），第 61 年度，第 3 号，1967 年 7 月—9 月，89—118 页。（法国哲学学会[Société Française de Philosophie]，1967 年 1 月 28 日；与会讨论者包括费迪南德·阿尔吉耶[Ferdinand Alquié]、让·波弗雷[Jean Beaufret]、乔治·布里冈[Georges Bouligand]、斯坦尼拉斯·布勒东[Stanislas Breton]、莫里斯·冈迪亚克[Maurice de Gandillac]、雅克·梅洛-庞蒂[Jacques Merleau-Ponty]、诺伊埃尔·穆鲁[Noël Mouloud]、亚历克西·皮里恩科[Alexis Philonenko]、吕西·佩南[Lucy Prenant]、皮埃尔-马克西姆·舒尔[Pierre-Maxime Shuhl]、米歇尔·苏里奥[Michel Souriau]、让·于尔默[Jean Ullmo]和让·华尔[Jean Wahl]。）这份通报重复了德勒兹当时在冈迪亚克指导下写作的国家博士论文《差异与重复》（Différence et répétition，法国大学出版社，1969 年，巴黎）中提出的论题，德勒兹将于 1969 年初就该论文进行答辩。尤其可参考其中第四章、第五章。

定了一个主体,但这是一种"萌芽的"主体(sujet «larvaire»)或"胚胎的"主体(«embroyonné»);5. 它们构建一种特别的剧场;6. 它们表达理念。正是通过所有这些方面时空动力机制表现了戏剧化运动。

通过戏剧化,理念得以具体化或现实化,它被分化(se différencie)。不过,理念必须已在其固有内容中呈现与分化这两个方面相对应的那些特征。实际上,它自身就是微分关系(rapports différentiels)系统,并且是由微分关系衍生的特异点或奇异点(points remarquables ou singuliers)(理念事件)之分布。这也就是说,理念在现实中被分化之前就已经完全是微分了的(différentiée)。理念的这种地位说明它的逻辑价值并不是清晰—判明的(clair-et-distinct),而是如莱布尼茨所呈现,是判明—模糊的(distinct-obsur)。* 作为整体而言,戏剧化方法是通过微分/分化(différent/ciation)这个复合概念表现出来的,而正是这个概念使我们在上面提出的问题具有了意义。

会议记录

在法国哲学学会主席让·华尔的主持下,会议于 16 点 30 分在索邦大学米什莱演讲厅开始。

让·华尔:我就不向大家介绍德勒兹了——你们都很熟悉他关于休谟、尼采或者普鲁斯特的著作,你们也都知道他巨大的天分。我马上就让他来发言。

---

* 笛卡尔用语,采陈文秀译法(clear and distinct ideas,清晰判明的观念),见《人类理智新论》,陈修斋译,商务印书馆,1982 年,"译名对照表"转引,第 671 页。另可参考笛卡尔《探求真理的指导原则》,管震湖译,商务印书馆。——中译注。

德勒兹：理念，理念的发现，与某种特定类型的问题是分不开的。理念首先是一种"对象性"，并且如其所是，与某种提问方式相对。它只对某些特定问题做出回应。正是在柏拉图主义中理念问题被"什么是……?"这种形式决定。这个尊贵的问题被认为与本质息息相关，并与那些仅仅考虑实例或者偶然性的粗俗问题相对立。于是，人们不再询问什么事物是美的（ce qui）、哪里以及何时有正义、"二"是如何获得的、以及多少等等，相反，他们想知道什么是美、什么是正义、什么是二元、什么是……如此一来，整个柏拉图主义看上去将一个主要问题与在意见中存在的那些次要问题对立起来，前者作为本质或理念的问题在苏格拉底那里被反复提出，而后者则只是混乱的思想方式，在老人、孩子或智者派、修辞学家那里被或笨拙或熟练地运用着。

不过，"什么是……?"的优先性自身就是混乱可疑的，即使在柏拉图和柏拉图主义传统中也是如此。因为"什么是?"最终来说只激发了所谓疑难（aporétiques）的对话。那么，或许本质问题就是矛盾问题，并且自身就把我们抛入其错综复杂的对立之中吗？我们看到，一旦柏拉图主义的辩证法变成某种严肃而又积极的事物，它立刻会采取其它提问形式：在《政治家篇》中是"谁?"；而在《斐多篇》中，则是"多少?"；在《智者派》中，是"哪?"或者"何时?"；而在《巴门尼德篇》中，则是"在哪种情况下?"。这就好像理念只有依照某种超验的类型学（typologie）、拓扑学（topologie）、剂量学（posologie）和辩难法（casusitique）才能被肯定地规定。由此，智者派受指责的地方并不在于使用这些次等问题形式，而是在于他们并没有确定次等问题获得理念价值和意涵的条件。如果考察哲学史的整体，我们会发现，寻找一位以"什么是?"作为致思路径的哲学家完全是徒劳的。亚里士多德？肯定不是亚里士多德。或许是黑格尔，或许除了黑格尔就没有其他人了，而这正是因为他的辩证法、空洞和抽象本质的辩证法与矛盾运动是不可分离的。"什么是？"预先将理念规定为本质的单一性；由此，单一本质被迫将非本质包容于自身，而且这种包容将是本质性的（en essence），如此以至于自相矛盾。一种全然不同的方法应与矛盾完全区分开来（我们在莱布尼茨哲学中能找到对这一方法的简单概述）：这一次将是非本质包容本质，而这种包容将是随机性的（en cas）。"视具体情况而定"（La subsomption sous « le cas »）构成一种关于属性和事件的原创性语言。我们将把这种与矛盾对立完全不同的方法称为"次-辩证"（vice-diction）。这种方法在于穿越作为多样性（mulplicité）的理念。问题将不再是确定理念是一还是多，或同时是两者；作为实体（substantif）使用的"多样性"将指定这样一种领域，其中相比抽象本质，理念借助自身与偶然性更为接近，并且除非用"谁？"、"如何？"、"多少？"、"在哪以及何时？"、"在哪种情况下？"等问题就无法被规定，所有这些问题形式都在理念中描绘出真实的时空坐标。

134

　　首先我想问的是：一般来说，事物特有的或区分性的特点是什么呢？这种特点将是双重的：它据有的一个或数个质量（la ou les qualités），它占据的空间（étendue）。而即便我们无法区别现实存在的可分部分，我们仍能区别出值得注意（remarquables）的区块和点；此外，我们不仅应该考察内部空间，我们还要考察事物规定并区分出一整个外部空间（espace）的方式，就像在追逐动物的狩猎场中一样。* 简言之，任何

---

　　* "由于智者是一种非常难以猎取的动物，让我们先来练习一下追踪智者的方法，捕捉某些比较容易捉到的猎物……通过给他下定义，我们可以获得如何探讨事物的路线。"见柏拉图《智者篇》218d—219a，《柏拉图全集》，王晓朝译，第三卷，第5—6页。——中译注。

事物都处在双重综合的交叉处：质量化（qualification）或特征化（spécification），分割、组合或组织（organisation）。质量离不开空间，质量以空间为基础并且散布于空间中，而种类（espèce）也离不开有机部分或有机点。部分是种类之数，就像种类是部分之质量一样。这些就是分化两个互相联系的方面：种类与部分，特征化与组织。它们构成了表象一般意义上的事物之条件。

但如果说分化具有互补的两种形式，那么这种区分和互补性的运作因子（agent）是什么呢？在组织和特征化中，我们只能找到时空动力机制，这就是说，空间的迸发，时间的塌陷，速度、方向与节奏的纯粹综合。从分类（embranchement）、秩序和等级的最一般特点直到种属特征，都依赖于这些动力机制或这些发展方向。与此同时，在细胞分裂的部分现象（phénomène partitif）中，我们也能发现动力结构、细胞迁移、褶皱、内陷、伸展，所有这些都构成一种"蛋的动力学"。从这一角度看，整个世界就是一只蛋。没有任何一个概念能从表象中接受逻辑区分，如果这一区分不是已经被亚—表象（sub-représentatif）动力机制决定的话：我们可以在柏拉图主义的区分过程中观察到这一点，柏拉图的区分依照左右两个方向进行，并且，就像钓鱼的例子所证明的，还借助于"围捕—击打"、"从上往下打—从下往上打"等类型的规定性。*

动力机制总是预设了一种它们在其中发生的场，在此场外它们不会出现。场是强度性的，也就是说，它意味着对强度性差异在深度（la profondeur）上的一种分配。诚然，在经验中我们所面对的强度总是已经在广延中展开，总是已经被质量包裹，但我们应该知道，正是作为经验之条件，纯粹强度

---

* 参考柏拉图《智者篇》218e—221d，同上注，第6—9页。——中译注。

被包容在深度,包容在一种强度性空间(*spatium*)内,而后者先于任何质量、任何广延。深度是非广延纯粹空间之力量(puissance);* 强度则是差异或自在不等性(l'inégal)之力量,并且,每一强度已是 E－E' 类型的差异,而 E 又在其自身内包容着 e－e' 类型的差异,同样 e 又包容着 ε－ε' 等等。这样一种强度场构成个体化(individuation)的环境。这也就是为什么仅仅想到个体化既不通过可延展的特征化(*species infima*)也不通过部分的组合或分割(*pars ultima*)来进行,这是远远不够的。同样,在个体化与特征化或部分化两者之间确认一种本质差异,这也是不够的。因为,个体化是特征化和分割或组合在一系统中运作的先决条件。个体化是强度性的,并且被所有质量和种类、所有在其后填充或展开系统的广延和部分所预设。

此外,既然强度是差异,那么强度的差异就必须进入交通(communication)之中。** 由此一来,我们就需要某种差异的"差异因子(différenciant)",以便将差异与差异联系起来。承担这一角色的是我们所谓"隐匿的先行者"(précurseur sombre)。闪电在不同的强度之间迸射而出,但在它之前还有隐匿的先行者,后者既不可见,也不可感知,但正是隐匿的先行者事先规定了被翻转的、空洞中的(en creux)轨迹,因为隐匿的先行者首先正是差异系列之交通的运作因子。如果

---

  * 参考莱布尼茨《新系统初稿》2:"而所谓'力'(force)或'力量'(puissance),我不认为就是能力(le pouvoir)或单纯的机能(la faculté),后者只是一种能够活动的直接可能性,并且跟死的东西一样决不能不受外来的刺激而产生行动;而我是认为力是介于能力与行动之间的东西,它包含着一种努力,一种作为,一种'隐德莱希',因为'力'只要不受什么阻碍,本身就会过渡到行动。这就说明了为什么我会认为力既然是行动的原则,那么也就是实体的构成要素,因为行动是实体的特性。"见《新系统及其说明》,陈修斋译,商务出版社,1999 年,第 25 页。——中译注。

  ** 这里的"交通"(communication)采用的是莱布尼茨《新系统及其说明》中的译法,参考该书第 13 页。——中译注。

我们承认所有系统都是个体化的强度场，并建构在具有异质或不调和界限的系列上，那么，在隐匿先行者的作用下，各系列的互相交通将在系列之间引发联结（*couplage*），在系统中引发内部共振（*résonance interne*），并以超越基本系列自身的幅度这种形式引发强迫运动（*mouvement forcé*）。正是在所有这些条件下，系统才被质量充满并展开在广延之中。因为质量永远是一种从深度中来的符号或事件，它闪烁在不同强度之间，而它持续的时间只是它的构成性差异被取消的必要时间。首先来说，正是这些条件的整体规定了时空动力机制，而后者本身则是质量与广延的发生器。

时空动力机制并不必然没有主体，但它们所具有的主体只是初具轮廓，还没有被定性（质量化，qualifié）或被组合起来（composé）。这些主体与其说是运作因子还不如说是承受因子（patients），它们只具有能够承受内部共振与强迫运动之幅度的压强。一旦被定性或被组合起来，一个成体也将由此消亡。胚胎学的真理正在于存在着只有胚胎才能承受的运动：在这儿，萌芽主体（sujet larvaire）是唯一的主体。或许，梦魇本身正是这样一种只有那无梦的、最深沉的睡眠者才能承受的运动，而无论是醒着的人，甚至是做梦的人（*ni même le rêveur*），都无法承受这种运动。同样，或许思想，作为哲学系统本身的动力论来考虑的思想，也只是这样一种无法与某一成形的、定性的、被组合起来的主体——如我们在表象之我思中能找到的那样——相调和的恐怖运动。如果不能在其中看到一种萌芽—主体的活跃，那么我们就无法正确理解"退化（régression）"这一概念，而萌芽—主体正是唯一能够支撑系统动力机制之苛求的承受因子。

个体化之场、强度差异的系列、隐匿的先行者、联结、共振与强迫运动、萌芽—主体、时空动力机制，正是这些规定性的整体确定了对应于"多少?"、"谁?"、"怎样?"、"哪?"和"何时?"等问题的复合参数,并赋予这些问题以经验事例之外的超验意义。实际上,这一规定性的整体完全没有束缚于从物理或生物系统中假借而来的这种或那种实例,相反,它表达了一般意义上所有系统的范畴。与某一物理实验相比,普鲁斯特式的心灵经验同样包含着不调和系列的交通、隐匿先行者的介入以及由此导致的共振与强迫运动。* 我们经常可以看到在某一领域中以某种特定方式被定性的动力机制又在另一领域中以另一方式发生。岛屿的地理学动力机制(通过与大陆断裂形成的岛屿和从海底涌现而出的岛屿)在人们关于荒岛生存的神话学动力机制中(衍发性的决裂和原发性的重生)再次上演,而费伦齐(Ferenczi)则向我们展示了在性生活中细胞元素之物理性的动力机制是如何在器官的生物学动力机制乃至个体的心灵动力机制中重复发生的。

这些动力机制及其伴发物运作在表象所有定性了的形式与广延之下,并且构成了与其说是一幅图画,不如说是从无延展、无形式的深度中衍发而出的抽象线的集合。纯粹规定性构成奇异的剧场,激发着空间与时间,直接作用在灵魂之上,并以萌芽主体(larve)为演员:阿尔托已经选定"残酷"这个词来描述这一剧场。这些抽象线构成了一幕戏剧,对应于这个或那个概念,并同时主导了其特征化和划分。科学认知在戏剧化,梦在戏剧化,同样,事物本身也在戏剧化。概念一旦给定,我们总是能够在其中找到戏剧的上演,并且,概念在表象世界中的划分和规定永远伴随着在某一物质系统中规定它的戏剧动力机制,这一物质系统在任何可能的表象之

---

* 此处可参考德勒兹,《普鲁斯特与符号》,姜宇辉译,上海译文出版社,2008年。——中译注。

下存在。比如真理/真相(vérité)这个概念*：提出"什么是真理/真相是什么？"这样的抽象问题已经远远不够了，而一旦我们问到"谁想要真理/真相？什么时候？在哪？如何（获得真理/得到真相）以及（想知道）多少？"，我们的任务就已经是确定某些萌芽主体（比如，嫉妒者），某些纯粹的时空动力机制（或者，在某一特定时刻和某一特定环境中，使某"物"现身；或者，收集迹象与符号，一刻又一刻，并遵循一条没有终结的轨迹）。因而，如果我们接下来理解了表象中的真理/真相概念在两个方向上划分——在一个方向上真相/真理自身在一种直观中显露出来，而在另一方向上真理/真相总是从另一事物中推导出来、从迹象中归结出来，就像它本来并不在那儿——我们也就会毫不费劲地在关于直观与归纳的传统理论之下发现质询或供认、控告或调查等动力机制，后者在静默中戏剧化地运作着，以便规定概念的理论区分。

138

　　我所谓的戏剧化与康德的图式特别相似，因为在康德那里，图式正是对应于概念对空间与时间的先天(a priori)规定：（两点之间）最短的(le plus court)是直线的戏剧、梦或不如说梦魇。这种图式正是将概念按照直和曲来划分的动力机制，不仅如此，在对极限的阿基米德式构想中，正是这种动力机制使得按照直来衡量曲成为可能。不过，处在与概念之关联中的图式以何种方式具有这种力量，这仍然完全不为人知。以某种特别方式，所有的后康德主义哲学都在尝试阐明这种被隐藏的艺术，依据这种艺术，时空动力规定性真正说来才拥有使概念戏剧化的力量，尽管它们与概念具有完全不

――――――――――――

　　* 法文中 vérité 兼有"真理"、"真相"等含义，参考本书中《〈祸不单行〉丛书的哲学》一文。——中译注。

同的性质。

答案或许就在某些后康德主义哲学家所指示的方向上：纯粹的时空动力机制具有戏剧化概念的能力，因为首先来说，它们实现了理念，并使之具体化。从这一点出发我们可以来证明以下假设：如果说动力机制主导着分化两个不可分离的方面——特征化与分割、某一种类的定性与某一广延的组织，那么在理念一方也必然呈现两个方面，以便分化能以某种特定方式衍生。因此，接下来我要做的就是探询理念的本质，探讨它和概念在本质上的差异所在。

理念具有两个主要特点。一方面，它由无可感形象、无功能的元素之间的微分关系整体构成，这些元素仅存在于其相互规定中。这是一些具有 dx/dy 形式的关系（尽管无限小的问题在这里还不会出现）。在最为多变的情况下，我们可以询问自己是否真正处于理念元素（*éléments idéaux*），亦即无形象、无功能而又在微分关系网络中可相互规定的元素之前：音素属于这种情况吗？这些或那些物理粒子？生物基因？在各种情况中，我们都必须继续我们的追寻，直到得到这些微分元素，后者只有在其相互关系中才能存在并被规定。由此，我援用这种相互规定原则作为充足理性（la raison suffisante）的首要层面。另一方面，与微分关系相对应的是"奇点"（singularités）的分配，是特异点（points remarquables）与普通点（points ordinaires）的分布，以至于某一特异点在所有普通点上衍生了直到另一奇点之邻域（voisinage）的可延序列。这些奇点是理念事件（*événements idéaux*）。对哲学来说，也许奇异的与规则的、特异的与普通的等观念比真或假要具有远为重要的本体论与认识论意义；因为意义（*sens*）正依赖于理念中这些非凡的点的区别与分配。如此，我们看到理念或理念中事物的完全规定是如何实现的，而这构成了

139

充足理性的第二个层面。由此，理念就显现为应该从两个方向上贯穿的多元体（multiplicité）：微分关系的变量（variation）以及对应于这些关系特定值的奇点之分布。我们前面所谓次—辩证方法就等同于如上两种穿越或双重规定——相互规定与完全规定。

由此带来几个后果。首先，如此定义的理念不具有任何现实性（actualité）。它是潜在的（virtuelle），它是纯粹的潜在性（pure virtualité）。所有遵从相互规定的微分关系以及所有遵从完全规定的奇点之分布，都共存于理念潜在的多元体中。理念仅在其微分关系具体化在个别种类或质量，及其伴随奇点具体化在对应于该质量的广延这一严格范围内现实化（s'actualise）。种形成于基因间的微分关系，就像有机部分形成于具体化了的奇点（参考"位点"［loci］）。不过，我们应该强调非—相似性（non-ressemblance）这一绝对条件：微分关系与其具体化的结果——种与质量绝不相似，同样，特异点和它在其中现实化的有组织广延也并不相似。

如果说质量化与分割确实构成分化的两个方面，那么理念就是通过分化实现（现实化）的。对理念来说，现实化就是分化。由此，就其自身来说，在其潜在性中的理念是完全未分化的（indifférenciée）。但它绝不是未被规定的。对我们来说，微分（différentier）与分化（différencier）这两种操作之间的差异是最重要的，这种差异由区分符 t/c（trait distinctif t/c）标示出来。自在理念或理念中的事物是完全未分化的（différenciée），因为它缺少必要的质量与部分。但它是充分而又完全微分化（différentiée），因为它拥有那些将在质量与部分中以非类似的方式实现的关系与奇点。这就像所有事物都具有不成对的两"半"，既不相似也不对称，而其中每一半自身又划分为二：在潜在性中延展、由微分关系和伴生奇点构成的理念性的一半（*une moitié idéelle*）；由具体化这些关系的质量、具体化这些奇点的部分构成的现实的一半（*une moitié actuelle*）。*L'ens omni modo determinatum*（译按"完全被规定的存在"）这个问题必须以这种方式提出：理念中的事物也许是完全被规定的（微分的），但它却缺少组建起现实存在的规定性（它是未分化的）。如果我们将理念这种充分微分的状态称为判明的（*distinct*），将理念现实化了的即其分化状态称为清晰的（*clair*），那么，我们就要打乱清晰与判明之间的比例规则：理念就自身来说并不是清晰而又判明的，恰恰相反，它是判明而又模糊的（*distincte et obscure*）。也正是在这种意义上，在其自身保持着的模糊的区分中、在这丝毫不减其被规定性的未分化中，理念是狄奥尼索斯主义的：理念的醉境。

最后，我要明确一下在什么条件下可以严格地使用"潜在"这个词（比如，不久前柏格森在区分潜在的与现实的两种多样性时，或者现在儒耶先生对它的使用，就为我们提供了范例[a]）。潜在并不与真实（réel）相对，与真实相对的是可能（possible）。潜在与现实（actuel）相对，并且就此来说，具有充分的实在性（réalité）。我们已经看到潜在的这种实在性是由微分关系和奇点的分配构成的。在所有这些方面，潜在都对应于普鲁斯特在定义他的经验状态时提出的公式："现实而非现时，理想而不抽象。"（réels sans être actuels, idéaux sans être abstraits）[b] 潜在与可能以几种方式对立：一方面，可能是使真实在其相似性中得以构成的一种状态。甚至，这

----

a. 在《差异与重复》中，德勒兹参考了儒耶的著作《精神生物学基础》（*Eléments de psycho-biologie*）（巴黎大学出版社，巴黎，1946，第四章）。

b. 《追忆逝水年华》，《重现的时光》，第四章，巴黎，伽利马出版社，1989，七星文库版，第 451 页。

也正是为什么由于这种原始缺陷,我们永远无法打消对可能状态之回顾性(rétrospectif)与追溯性(rétroactif)的猜忌,也就是说,可能性是按照与真实的类似后来组建的,而我们却都认为它是在真实性之前的。同样,这也是为什么一旦我们渴求真实中存在的更多的什么(ce qu'il y a *de plus*),除了被置于表象之外的"同一个"事物外,我们就再也找不到别的什么了。可能性作为概念只是事物的表象原则,后者由两个范畴组成:表象物的同一和被表象物的相似。与之相反,潜在则属于理念,它既不与现实相似,现实也不与它相似。理念是无相似物的像;潜在并不是通过相似性,而是通过发散、分化实现的。相比它们使之具体化的那些事物,分化或现实化永远是创造性的,而(可能性之)实现则永远是再生性的或限制性的。潜在与现实的差异不是**同**(Même)之差异,就好像同一事物这一次在表象之中呈现,而下一次则在表象之外呈现,相反,这是一种**异**(Autre)之差异,这就如同同一事物这一次在理念中出现,而下一次则以完全不同的方式在理念的现实化过程中出现。

142 　　莱布尼茨的超凡世界将我们放置在理念性的连续统(*continuum idéel*)中。在莱布尼茨那里,连续性绝不是通过同质性定义的,相反,它是通过所有微分关系和与之对应的奇点之分布的共存定义的。这种世界的状态在嘈杂声、海、水磨、昏厥乃至醉等形象中得到了很好的表达,后者在莱布尼茨哲学阿波罗式的外观下,为其隆隆作响的、狄奥尼索斯式的根基做出了见证。人们经常思忖"共存性(compossible)"、"不可共存性(incompossible)"这些概念的内容是什么,以及它们与可能的和不可能的之间的区别究竟何在。答案也许很难给出,因为莱布尼茨的整个哲学体系都呈现出在对可能性的清晰构想和对潜在性的模糊构想之间存在的某种犹疑不定。

确实,不可共存性与可共存性和矛盾与非矛盾完全没有关系。它涉及的是完全不同的事物:发散与收敛。定义世界之可共存性的,是系列的收敛,这些系列中的每一个都组建在某一奇点的邻域之内并一直延伸到另一奇点的邻域。与之相反,世界的不可共存性出现在如此得到的系列发散之时。因此,世界之中最好的那一个也就是包容了最多数量关系与奇点的那一个,而这以连续性为条件,换句话说,以系列间最大限度的收敛为条件。由此,我们也就理解了在一特定世界中,个体本质或单子是如何形成的。莱布尼茨认为世界不能在表达它的单子之外存在,同时,他又认为上帝与其说创造了单子,不如说创造了世界(上帝并没有创造作为罪人的亚当,而是创造了亚当在其中犯罪的世界)。正是世界中的奇点充当个体的构成原则:每一个体都包含一定数量的奇点,并且在其与自己身体的关系中清晰地表达了这些点之间的微分关系。如果说从潜在方面看,被表达的世界存在于表达性的个体之前,那么从现实方面看,它并不存在于这些一步步地表达了它的个体之外。并且,正是这种个体化程序规定了理念世界的关系与奇点在质量与广延中的具体化,而后者 143 则有效地填充了个体之间的空隙。对由关系与奇点占据着的“根基”的穿越(parcours),由此导致的个体本质之构成,紧随其后的质量与广延之规定,所有这些构成次—辩证方法的整体,正是这一整体构成多样性理论,并且,它总是通过归入“某一情况之下(sous le cas)”来运作。

微分/分化这一观念表达的不只是某种数学—生物学复合体,作为客体的两半,它表达的是所有宇宙论的条件本身。微分(différentiation)表达了前个体的根基之本质,后者绝不能还原为某一抽象普遍性,相反,它包含了潜在多样性或理念特有的关系与奇点。分化（différen ciation）表达了这些关系和奇点在质量与广延、种类与部分之中的现实化，后者是表象的对象。因此，分化的两个方面与微分的两个方面对应起来，但两者却毫不相似：这就需要一个第三者来规定理念的现实化、具体化。我已经尝试说明个体化的强度场实际上履行了这一功能，连同使其活跃起来的先行者，在奇点周围组织起来的萌芽—主体以及充满这一系统的动力机制。由此，完整的概念是：个体—微分/分化（indi-différent/ciation）。规定了理念现实化在客体两个已分化层面的，正是强度场内部的时空动力机制。在表象中概念一旦被给出，我们对它就没有什么进一步的认知了。只有当我们发现在概念之下运作的理念，发现个体化的场（单数或复数），发现包容理念的系统（单数或复数），发现决定理念之具体化的动力机制，我们才能理解这个概念；只有通过这些发现，我们才能穿透概念区分的神秘性。正是它们定义了戏剧化方法以及作为其伴随物的那些问题：在那种情况下？谁？如何？多少？最短的是直线这一概念的图式，但这只是因为它首先是直线这一理念的戏剧，是直与短之微分，是在静默中运作的动力机制。清晰而又判明是表象之阿波罗世界中概念的奢望，不过在表象之下，却始终存在着理念及其判明—模糊的根基，一种在所有逻辑之下上演的"戏剧"。

144

讨论记录

让·华尔[c]：我向你对我们所说的表示热烈的感谢。我

---

c. 让·华尔（Jean Wahl, 1888—1974），哲学家、诗人，以对美国哲学、笛卡尔、柏拉图以及存在主义哲学（克尔凯郭尔、萨特）的研究闻名。

们很少能面对如此一种尝试——我不想说是一个系统——通过一种双重书写的分化来看这个也许是被四重描绘的世界。但我得打住了,作为执行主席,我应该保持沉默,让其他人发言。

皮埃尔-马克西姆·舒尔^d:我想向德勒兹提一个问题。我想知道以他这种看事物的方式,自然与人工之间的区分将如何呈现呢?这种区分不是自发地动力性的,不过我们可以通过自动调节(auto-régulation)使之具有动力性。

G.德勒兹:这不正是因为人工物暗示了一种在自然中没有等价物的独有的动力机制?您经常指出自然与人工这些范畴的重要性,尤其是在希腊思想中。准确说来,这些范畴不正是按照动力机制——按照路线、场所、方向——分化的?而且,在人工物中如同在自然系统中,同样存在着强度组织,存在着先行者、刚刚显露的主体(sujets-ébauches),这完全是一种生机,一种生命特征,尽管是以另外一种方式……

P. - M. 舒尔:这有点太奈瓦尔主义(nervalien)了……

G.德勒兹:我倒是希望如此。

P. - M. 舒尔:在《斐莱布篇》的 64b,苏格拉底谈到如果一种抽象秩序能够自身获得活力,我们就已经完成对它的创造。^e 在精神领域内,这完全是独立发生的,而剩下的则是

145

---

d.　皮埃尔-马克西姆·舒尔(Pierre-Maxime Schuhl, 1902—1984),古代哲学专家,尤其致力于对柏拉图思想的研究。

e.　这里的语境是:"苏格拉底:但还有一样东西是我们必须拥有的,没有它,世上就没有任何东西可以产生。普罗塔库:什么东西? 苏格拉底:实在,对一样事物来说,如果我们说它不与实在想混合,它就决不会真的产生,即使产生了也不会继续存在。普罗塔库:不会,当然不会。苏格拉底:确实不会。如果现在还需要有任何附加的成分,你和斐莱布可以告诉我。在我看来,在当前的讨论中我们已经创造出一个有序的体系,可以称作无形体的有序的体系,用来正确地控制灵魂居于其中的那个有形体的东西。普罗塔库:苏格拉底,你可以放心,我的结论与你相同。苏格拉底:那么现在我们也许可以或多或少正确地说,我们现在已经站在善的门槛上了,那里居住的是善,是吗? 普罗塔库:至少我是这样想的。"《斐莱布篇》64a-64c. 参考《柏拉图全集》,王晓朝译,第三卷,第258—259 页。——中译注。

广阔的物质领域……

G.德勒兹：我们应该区分不同的强度系统。从这一视角看，您刚刚提到的调节程序就具有了决定性的重要意义。

P. – M. 舒尔：有关德勒兹提到的《智者篇》中对不同捕鱼方式的区分，我想补充一个细节：几年前勒鲁瓦·古尔汗（Leroi-Gourhan）先生出版了一本技术理论著作，正好涵盖了柏拉图主义的区分过程。我问他是否参考了《智者篇》，他对我说他从未考虑过这篇对话。这确证了特定区分方式的恒定性，而关于这一点，您已经强调过了。

诺伊埃尔·穆鲁 [f]：我不会讨论德勒兹先生对理念的构想所具有的本体论深度。以这种方式来理解问题，这超出了我思维习惯的限度。在德勒兹先生的报告中让我很感兴趣的，是对艺术的理解；毋庸置疑，艺术家总是能把握一种非线性的、更不具组织的时间性，或者一种体验中、前范畴的空间性或空间性的复多。此外，通过他的艺术技巧，艺术家总是赋予时间性与空间性以一种特定的语言与句法。他的风格或他个性化的再创造就在于，作为目标，实现这种从非客观阶段假借来的结构。最后，在这里艺术的动力机制也占据了重要位置。

我想提几个让我感到有点困惑的问题。比如说，如何将这种对时间性或空间性先决权的构想应用到科学中去呢？以某种特定方式，我们可以援用空间、时间与动力机制作为概念的对立面，也就是说，前者可以将可变性引入趋向于稳定的概念。但事情还有其反面，空间与时间趋向于某种稳定性、恒定性，至少就其能为我们的直观所感知而言。最初的

146

---

f.　诺伊埃尔·穆鲁(Noël Mouloud, 1914—1984)，哲学家，对认识论中的结构主义方法做出了推动。

物理学或化学是以牢固建立在空间连续性观念或合成物中元素化合观念上的力学为其开端的。或者,最初的生物学开始于对绵延、流变与连续性展开的直观,而后者将可见形式联系在一起,并且超越了这些可见形式的区分。而在我看来,数学化在它那一方面引入了第二种戏剧化。在这种情况下,戏剧化不是来自于直观,而是来自于概念。因此,当化学达到其电子分析的阶段,对它来说就没有了真正意义上的(化学)物质或(化学)价,有的只是(化学)链合公式(fonctions de liaison),这些公式会随着其(化学)过程的发展而被创建,并逐次构成。在这儿,我们遇到了一种只能通过电子的数学来分析的化学过程。并且,随着化学变得量子化或波动化(ondulatoire),化合绝不能再被设想为一种简单而必然的物质转换。作为可能性,它来自一种能量基础上的演算,在这种演算中,我们必须考虑到比如电子的自旋性对称或不对称,或者两种波的场之交迭会产生的一种独特能量,等等。能量清单只能由代数学家而不是几何学家来编写。以有点类似的方式,现代生物学开始于基因组合分析的引入,或者,开始于我们对于能够对基因发育产生影响并引起其突变的化学或放射性反应所做出的探讨。因此,生物学家的第一直观——对连续性演变的确信,已经被摧毁并被某种方式被更为数学化、运算性更强的科学取代。我只是想强调,我感觉最戏剧化的层面,或者无论在何种情况下概念构想中最辩证的层面,是由理性化操作而不是通过想象产生的。

总体来说,我不太理解数学科学中概念的演绎如何能够与生物发展、与"蛋的发育"相提并论。很清楚,(概念的)演绎是辩证的:系统以一种协调的方式被构建起来,而且确实必须时不时打破以便重建它。但我不想再过多讨论自己的

147

观点了。

G.德勒兹：我同意您的意见。我们的分歧更多的只是术语上的。在我看来，与其说概念带来戏剧化，不如说它承受着戏剧化。概念的区分是通过严格来说非概念性的程序完成的，后者指向理念。像您所引用的"非定向性链合"（liaison non-localisable）等概念超越了表象场以及这一场中概念的定位。它们是"理念性的"链合。

N.穆鲁：说实话，我不想对"概念"加以捍卫，它模棱两可，并且因哲学传统变得过于饱和：亚里士多德的一个概念就如同一个稳定性模型。我是通过一种本质上是数学思维的操作来定义科学概念的，而正是这种数学思维不断地打破了我们直观预设的秩序。从另一方面说，我也想到了对理念这个术语的含糊应用，如果我们像柏格森那样太过依赖它的话。在柏格森那里，组织化图式这种理念在一种深刻的、在某种意义上说是生物学的直观中有其根基。科学甚至是生命科学不是在这样的图式方向上发展起来的。或者，即使科学在那儿发端，数学和实验模型也会对这些图式提出质疑。

J.华尔：在这儿我又看到了可能的一致性，分歧与其说是观念上的，不如说是术语上的。

费迪南德·阿尔吉耶[g]：我很赞赏我们的朋友德勒兹的报告。我想提的问题很简单，并且和他报告的开头部分有关。一开始，德勒兹对"什么是？"这个问题提出了谴责，不过之后他就没怎么回到这个问题上来了。我接受他的报告后面所说的东西，并且我意识到他所提出的其他那些问题具有的非常丰富的内容。但我对于他对"什么是？"这个问题略显

---

g.　费迪南德·阿尔吉耶（Ferdinand Alquié, 1906—1985），哲学家，笛卡尔与康德专家，德勒兹在索邦的导师之一。

仓促的拒绝感到遗憾，而且，我不会接受他在一开始提出并让我们觉得有点不安的观点，也就是除了黑格尔之外没有一位哲学家曾提出（"什么是？"）这个问题。我要说，这让我有

点意外；我知道很多哲学家都曾提出"什么是？"这个问题。莱布尼茨问道"什么是主体？"或"什么是单子？"，贝克莱则询问"什么是存在？"、"存在一词的本质和意义是什么？"。康德也对"什么是客体？"提出质疑。我相信，人们还可以举出更多例子来证明我所言非虚。因此，在我看来，德勒兹希望将哲学转到其它一些问题上来，或许，这些问题已经不只属于他了，或者不如说，德勒兹谴责——无论如何，这不是没有理由的——古典哲学不能为我们提供足够精确的概念以适应科学、心理分析或甚至历史分析。这在我看来完全正确，并且，在这种意义上，我很赞赏他向我们讲述的内容。不过，让我特别留意到的是，他所举的所有例子都不是严格意义上的哲学例子。他举了直线为例，但这是一个数学例证，蛋是一个生理学例子，基因则是生物学例证。当他讲到真理时，我想：终于，这是一个哲学例证。可这个例子马上就转移了方向，因为德勒兹认为我们应该询问：谁想要真理？为什么要真理？难道不是嫉妒者在找寻真理吗？等等。毫无疑问，这些问题都很有趣，不过它们完全没有触及真理的本质，因此它们也就不是严格意义上的哲学问题了。或者不如说，这是一种转向心理学、精神分析学等的哲学会提出的问题。因此，从我这方面说，我想简单地提出以下问题：我很理解，德勒兹先生谴责哲学使理念成为一种不再适应于科学、心理学或历史问题的观念，这是他不想看到的。但我想，在这些问题之外还存在着那些经典的哲学问题，也就是说关于本质的问题。无论如何，我都不认为像德勒兹所说的那样，伟大的哲学家从未提出类似的问题。

G.德勒兹：您说的很对，很多哲学家都曾提出"什么是？"这个问题。但对他们来说，这不正是一种表达思想的方便途径？康德确曾问道"什么是客体？"，但他是在一个更深刻的问题框架下来提问的，这就是"如何？"，他使"如何？"这个问题具有了新的意义："这是如何可能的？"我认为最重要的，正是康德诠释"如何？"这个问题的崭新方式。而莱布尼茨，当他满足于询问"什么是？"，他不也获得与他所谓字面（nominales）定义不同的其他事物？相反，他之所以能获得（对事物的）实在性（réelles）定义，不正是借助于"如何？"、"从哪一角度上？"、"在何种情况下？"等问题？在莱布尼茨那里存在着一整套拓扑学与辩难论，后者尤其表现在他对权力的兴趣上。不过，在所有这些方面，我（的表述）确实太仓促了。

您的另一个问题对我触动更深。因为我完全认同哲学的独特性，而且，我的这种信念正是从您那得来的。可是您说，我描述的方法有点到处援引不同的应用，涉及不同的学科，但在哲学中却很少。而且，我提出的唯一一个哲学例证亦即真理，不如说是误入歧途，因为这个例子将真理消解在心理学或精神分析学的规定性中。如果果真如此，那么这就是我的失败。因为理念，作为潜在的—实在的（virtuelle-réelle），不能只用科学术语来描述，即使科学必然会参与到其现实化过程中。同样，概念作为奇异的与规则的、特异的与普通的，也不能只通过数学得到详尽的规定。我想提出洛特曼（Lautman）的论题作为说明：系统理论应该说明科学概念的运动如何参与到超越其上的辩证法中。* 此外，动力机制更不能被还原到心理学规定性之上（当我引证嫉妒者作为

---

　　* 指阿尔伯特·洛特曼（Albert Lautman）（1908—1944），德勒兹颇为倚重的一位法国数理哲学家，参考《差异与重复》及《千高原》等著作。——中译注。

寻找真理的一种"类型"[type]时，这不是以心理角色的名义，而是作为空间与时间的一种综合，作为属于真理这个观念[notion]本身的一个"人物"[figure]）。*在我看来，系统理论不仅是哲学性的，而且它本身还构成一种特别的系统——哲学系统，它拥有自己的动力机制、先行者、萌芽主体和哲学家，所有这些都完全是独特的。至少，只有在这些条件下（我所描述的）方法才有意义。

150

莫里斯·德·冈迪亚克[h]：像往常一样，在您暗示性的、诗意的语言中，我预感到一种坚实而又深刻的思想。但我要承认，我希望（您能提供）有关您题目中包含的戏剧化主题更多补充性的说明，（或许）您并不认为有必要去定义（这个主题），就好像这个概念已经被普遍接受、不必细说。日常生活中当我们谈到戏剧化时，这或多或少带有贬义，用来责备我们的交谈者在琐事上表现得过于戏剧化（就像我们用最通俗的话说："不要再演戏了！"）。从词源学上说，戏剧是一种动作，这种动作被排演出来（mise en scène）、经过风格化处理后展示给公众。不过，基于您所描述的那些幽灵般的主体——胚胎、萌芽主体（larves）、未微分的分化因子（différenciés indifférentiés），这些主体同时也是动力图式——我很难想象这样一幅场景，因为您对这些术语的使用太过模糊，可以说，它们只属于您的哲学，并且只在语境中才有意义。更确切地说，您拒绝了 *ti*（译按古希腊语，意为"某人"、"某物"）这个问

---

* 关于这一点，参考德勒兹与加塔利合著《什么是哲学?》中对"概念性人物"的论述。——中译注。

h. 莫里斯·德·冈迪亚克（M. de Gandillac），生于 1906 年（中译注：2006 年去世），哲学家，中世纪思想专家，18—19 世纪德国哲学的翻译者。参考德勒兹在《内在性诸平面》一文中对他的致敬，收录于《疯狂的两种体制》(DRF)（中译者注：指德勒兹《疯狂的两种体制：1975 年至 1995 年论文和访谈》[*Deux Régimes de Fous：Texts et Entretiens 1975—1995*]一书，参考该书第 244—246 页）。

《荒岛》及其他文本：文本与访谈（1953—1974）
157

题(鉴于它关系着 *ousia*)，您似乎将 *tis* 接纳为一种"做"（*faire*）的主体(*tis poiei ti*)。但我们能够谈论一种在萌芽状态中行动的主体吗？

我的第二个问题涉及戏剧性与悲剧性之间的关系。您所思考的戏剧是不是像悲剧一样，指向一种自身无法消解的冲突，其中不对称的两半会遭遇另一对不对称的两半，而所有这一切都处于一种非常微妙的不和谐的和谐（harmonie dysharmonique）中？您对阿尔托和残酷戏剧的引用充分说明您不是一位乐观的哲学家，或者，如果您是的话，这也是以类似于莱布尼茨的方式：我们所处的世界最终来说是能够设想的世界中最残酷的一个。您的戏剧化是否就是《神正论》（Théodicée）中呈现的戏剧化呢？只不过这次不是发生在 Sextus 那个著名寓言故事所指涉的天上宫殿中，而是处在《浮士德》第二部所描述的幽灵们（lémuriens）的层面上？

G.德勒兹：让我来尝试更严格地定义戏剧化方法：它指的是那些动力机制、那些动力性时空规定；它们是前—质量性的（préqualitatives）与前—延展性的（pré-extensives），"发生"在强度系统中，而差异也在强度系统的深度中分配，它们以刚刚显露的主体作为"承受因子"，以实现理念为其"职能"（fonction）……

M.德·冈迪亚克：那么，为了对这些事物加以说明（我对它们的理解有点含糊），为什么要用戏剧化这个术语呢？

G.德勒兹：在我看来，当您将如此一种时空规定性的系统与概念相对应，您就将逻辑替换为一种"戏剧"，您构建了这个逻辑的戏剧。比如您说，我们在家里会演戏。确实，在日常生活中充满戏剧场景。我认为，一些精神分析学家采用这个词正是为了定义一种运动，通过这种运动逻辑思维自我消解在纯粹的时空规定性中，比如睡眠就是如此。这离符兹

堡(Wurtzbourg)学派的著名实验也不远了。以强迫性神经
症为例,在这种病例中对象会不断变小:手帕和毛巾总是被
剪短,先是剪成两半,每一半又被剪短,餐室中的拉铃绳有规
则地被缩短,铃越来越靠近天花板,所有事物都被截短、缩
小、放在盒子里。病人组织、激活了某一空间,同时在这一空
间内表达无意识理念,在这种意义上这就是一种戏剧。愤怒
就是萌芽主体上演的一出戏剧。您问我这种一般意义上的
戏剧化是否与悲剧性联系在一起。我觉得这里不存在任何
优先的参照物。悲剧或喜剧仍然只是表象中的范畴。不如
说在戏剧化与某种特别的恐怖世界之间存在着一种根本关
联,后者能够包容最大限度的滑稽与荒诞⋯⋯您自己也说
过,莱布尼茨的世界说到底,正是所有世界中最残酷的一个。

　　M.德·冈迪亚克:在我看来,滑稽、荒诞与讽刺是属于
悲剧领域的。您的结论让我们想起了尼采的那些论题,最终
说来它们是狄奥尼索斯式的而不是阿波罗式的。

　　J.华尔:我觉得德勒兹可以用"什么时候?"(*quand?*)这
个问题来回答您,因为某些时刻所有这一切都变成悲剧性的
而在其他时刻它们会变成⋯⋯

　　G.德勒兹:确实,完全如此。

　　米歇尔·苏里奥[i]:我想就一个引证得到德勒兹先生的
澄清。德勒兹先生引用了一些哲学家,不是很多,却是特定
的几个。我想(在报告中)我听到了一位哲学家的声音,但德
勒兹却没有引用,这就是马勒布朗士。对您来说,马勒布朗
士的某些思想或许是不相干的,比如对神的观念(vision en
Dieu):在您那里所涉及的毋宁说是一种"梅菲斯特之观念"

---

　　i.　米歇尔·苏里奥(Michel Souriau),哲学家,致力于康德哲学研究和时间问
题研究。

（vision en Méphistophélès）。但在马勒布朗士那里同样存在一种智性广延（*étendue intelligible*）；当您谈到理念首先是模糊的但无论如何是动力性的生成、谈到完全不是空间却倾向于变成空间的广延时，这正是马勒布朗士的智性广延所关涉的东西。

G.德勒兹：我没有考虑过这种比较。但在智性广延中，确实存在着某种前—延展性的纯粹空间（*spatium*）。莱布尼茨在空间（*spatium*）与延展（*extensio*）间所做的区分也同样如此。

吕西·佩南[j]：我的问题与苏里奥先生的问题是联系在一起的。您称之为模糊而判明的（obscur et distinct），不正是莱布尼茨所谓理性而非想象的（intelligible et non-imaginable）？非想象的对应于模糊的，对应于您所谓模糊的。对莱布尼茨来说，模糊的意味着思想不能规定它的客体——比如在《沉思录》中对图像捉摸不定的回忆。与之相反，冶金工人对金所拥有的知识以一系列特性为法则，这种知识是不可感的，并且也不具有图像形式。因此，我认为莱布尼茨并没有将这种知识定义为模糊的，他不喜欢这个词，相反，他将之定义为非想象的，与判明的相对立。这甚至对他所谓盲目的思想（la pensée aveugle）也是适用的；当然，不是在任何情况下都适用，因为盲目的思想可能导致空洞的言辞与谬误，正如他在对本体论证明的批评中所说的那样。不过，这种知识可以对应于盲目思想的一些特定形式，比如，对应于其特性——对应于其严格呈现的形式。

但准确地说，莱布尼茨这些"判明而又盲目的"（distinctes et aveugles）理念最终不是必须建立在"清晰的视

---

j. 吕西·佩南（Lucy Prenant，1891—1978），哲学家，莱布尼茨专家。

觉"（visions distinctes）之上吗？莱布尼茨认识到一条直线应该无限延伸，因为他在其中看到了理性：线段之相似性。因此，不管怎样，我们还是要回到那些"自身即是自身之特有标记"的"原始观念"，接近人类思想的字母表。换句话说，我不相信思想在其发展的整个过程中都完全是"模糊"的——在德勒兹先生使用这个词的意义上来说。至少，思想需要"看到理性"（voir une raison），掌握一种法则。

G.德勒兹：您对莱布尼茨术语的严格性所做的评论让我印象深刻。但女士，在莱布尼茨那里，"判明的"不是具有很多意义吗？关于海的那些文本正强调了这一点：在微知觉中有很多区分性元素（éléments distingués），也就是说一些特异点，它们通过与我们身体中特异点的结合决定了意识和有意识知觉的阈限。这种有意识的知觉就自身来说是清晰而又混杂的（非判明的）[claire et confuse（non-distincte）]，但它所现实化了的那些分化元素本身则是判明而又模糊的（distincts et obscurs）。确实，在这种情况下，问题在于一种深度，在于以某种特定方式超越充足理性本身……

L.佩南：此外，我认为当简单实体（译按，即单子）表达宇宙的时候，它并不总是通过图像来表达；当然，它必定是借助某一质量来表达——有意识或无意识的（对于被创造实体的有限活动来说，至多是部分有意识的），而按照某一"视角"，质量对应于一个可变关系的系统。只有神能够通过一种完美的区分思考这些潜在性的整体，这一区分使他免除了任何计算可能性的必要……

但我还想向您提出第二个问题。对于一位面对这些"混杂的"样本（«sales» échantillons）、想要寻找一种分类方法并有责任重整其各种类别的学者来说，这种声称对应于存在的潜在性不是束缚很大吗？换句话说，潜在性除了作为一种渐

154

进的、不确定的表达之外，不能是其他什么吗？

G.德勒兹：我觉得潜在永远不能以本质与存在相对应的方式与现实（l'actuel）相对应，这将把潜在性与可能性混淆起来。无论如何，潜在与现实是对应着的，但它们并不相似。这也是为什么对现实概念的追寻或许永远没有终结，因为总是存在着激活现实概念的潜在理念之过量。

让·于尔默[k]：德勒兹的报告纯粹是哲学性的，我可能有点应付不了；我非常赞赏这份报告，当然，这首先是因为它的形式和它的诗意价值，同时，这也是出于在听这份报告时我不断感受到的一种情感——不过这能算是一种情感吗？——就是，相比您采用的那些概念、方法和引证，无论我在哲学上多么无知，多么幼稚，我认为我还是能够理解您的，或者不如说，我每时每刻都在尝试将您的思想转译为一种更浅显的语言，这就是认识论语言，通过这种语言我能得到一种科学反思，而到现在为止，我进行这种反思已经很多年了，也做过很多实验。当然，这两个领域不能严格地互相包含，有时我也确实迷失了思路。不过通过大家提出的问题我同时也明白了为什么自己会迷失思路，这是因为我并不熟悉（您报告中）一些确切说来对哲学领域的参考。不过，在这样说之后，我还是认为，几乎您陈述的所有内容都可以转译为现代认识论的语言，并且事实上，我认为您所从事的这种研究——赋予哲学概念一种遗传学扩展、一种进化论扩展，内部分化将确保这些概念适用于科学与历史领域，同样也适用于生物学领域，只要我们承认，后者比直到目前为止还主宰着我们的物质科学要进化得多——是非常有趣的，并且我确信您已经取得了很大进展。

---

k.　让·于尔默（Jean Ullmo，1906—1980）：哲学家，认识论专家。

乔治·布里冈[l]：我想简单地就佩南女士提到的"混杂样本"做些评论；我联想到，对数学家来说，以上所说的样本正是反例（contre-exemples）。出于诚意，验证一个论题的研究者从中得出一种未来视角，后者符合那些能"导向"某一所谓"公理 θ"（«théorème θ»）的实验例证。不过他请教的某位朋友会马上将这个公理置入"反例"的检验中。对研究者来说，（这就构成）一种有时会很严重的"心理冲击"，当然，这种"心理冲击"很快会让位于最终来说会衡量这种情况之意义的事物。对于后者，研究者起初是"出于实际"不予考虑的，并认为它"无关紧要"。此外，这种现象还会经常发生：比如，让我们尝试在平面 S 上取一点 h——连同 h 点上之垂线——以便用"所有垂线与 S 相交于一点"这个假设来证明 h 点上的"最小值坐标"（«minimum de cote»）；对平面 S 上任何一条直线来说，只要它是通过包含 h 点上垂线的任意垂直平面与平面 S 之相交得到的，我们就能得到 h 点上的最小值坐标。回到对事物的清晰视角通常是困难的：从或多或少主观性的印象出发，我们必须重新找到与逻辑严格性的一致。

雅克·梅洛-庞蒂[m]：在报告中您数次提到时空动力机制，很明显，它们起了很重要的作用，而我想我已经对之取得部分理解。不过，我认为有必要区分这些机制中的空间层面与时间层面，或许这也是可行的。您使用的两种形象的对比让我想到，明确这一点可能是重要的。您用到闪电这个形象；我不知道这是您在莱布尼茨那里找到的还是自己发现的，这不重要。很清楚，在这个形象中我们面对的是您称之

---

l. 乔治·布里冈（Georges Bouligand, 1899—1979），哲学家、数学家。

m. 雅克·梅洛-庞蒂（Jacques Merleau-Ponty），生于 1916 年，哲学家、认识论专家，尤其致力于宇宙论研究。（中译注：雅克·梅洛-庞蒂是比莫里斯·梅洛-庞蒂小八岁的堂弟。）

为强度性的东西,在这种情况下即是潜在性的东西。我们接触到一种瞬时的、纯粹空间性的散播,比如电荷运动、声波等等。接下来您又使用了胚胎这个形象;很明显在这种情况下

时间层面与空间层面是紧紧联系在一起的,分化在时间中的发展方式与其在空间中的发展方式同样严格。因此,我想知道您是否能对这一点做出进一步说明,因为最终说来,我是这么想的:我发现——而这并没让我感到吃惊,虽然我不能准确指出您报告中柏格森主义的回响,不过确切说来——闪电,这绝对不是柏格森主义的,因为在柏格森那里没有时间的断裂,或者至少我没看到过。

G.德勒兹:您提的这个问题非常重要。确实,应该在动力机制中区分出空间层面和时间层面,以及在每种情况下独特的时空组合。每当理念现实化的时候,总是有其现实化的一个空间和一段时间,它们的组合当然是充满变数的。一方面,如果说理念确实具有两个层次,即微分关系与奇点,那么现实化的时间就对应于前者、现实化的空间对应于后者。另一方面,如果我们考虑现实的两个层面,即质量和广延,那么质量首先是从现实化的时间中产生的:质量的特性在于持存,而其持存的时间正是强度系统维持并使其构成性差异交通的时间。至于广延,从它那一方面说,则是产生于现实化的空间或奇点具体化的运动。我们可以在生物学中很清楚地看到分化节奏是如何决定身体的组织及其时间性规定的。

J.梅洛-庞蒂:关于这个问题,我想到您在报告中没有采用的另一个形象,即世系(la lignée)。在几年前您组织的关于普鲁斯特的一次研讨会中,您曾谈到世系,比如从那巨大的两性体中发源的两个世系等。这个形象不也适用于今天这个研讨会吗?

G.德勒兹:确实,在这里动力机制同样也决定了"世系"

(«lignées»)。今天我已经提到抽象线（lignes abstraites）以及这些线从中发源的深度。

让·波弗雷[n]：我想提个问题，但不是关于报告本身，而是关于德勒兹对冈迪亚克先生的一个答复，最后一个。在你们对话的最后提到阿波罗与狄奥尼索斯，而对话以两者之间的对立不可克服作为结论。我没听错吧？

G.德勒兹：我相信没错。

J.波弗雷：那么我的问题是：通过谁？在何种程度上？如何？在哪里？何时？通过谁这种对立能被克服呢？我想，我觉得……

G.德勒兹：通过谁能被克服？肯定不是通过狄奥尼索斯自己，他没有任何兴趣这样做。狄奥尼索斯坚持判明的应保持为模糊的。他没有任何理由也没有任何优势，他不能容忍克服观念。他无法容忍那清晰的—判明的。他将那判明的承担起来并坚持这判明的永远是模糊的。我想，这就是他的意志……那么，谁想要克服这种对立？我很明确，清晰的与判明的之和解的梦想只能在清晰的这一面得到说明。是阿波罗想要克服这种对立。正是他引发了清晰的与判明的之和解，并且正是他激发着从这一和解中产生的艺术家：悲剧艺术家。让我再次回到冈迪亚克先生刚才提出的主题。悲剧是和解的努力，它必然从阿波罗那来。而在狄奥尼索斯那里，总有什么事物在逃避、在拒绝，总有什么事物要保持那判明而模糊的……

J.波弗雷：我觉得我们太容易满足于狄奥尼索斯—阿波罗之间的这种对立了，而在《悲剧的诞生》中，这种对立也显

---

n. 让·波弗雷（Jean Beaufret, 1907—1982）：哲学家，著有多部关于海德格尔思想（为其在法国的引介做出了很大贡献）和希腊思想的著作。

得特别明确。不过,我越来越感觉到在尼采那里还有第三个角色,如果可以这么说的话,并且尼采越来越倾向于将其称为翠鸟(Alcyon)。我不知道它是做什么的,但给我留下深刻印象的正是这个 Alkyonische,如尼采所说,尼斯的天空逐渐变成翠鸟般的,它是一个新的层面,既不等同于狄奥尼索斯也不等同于阿波罗。而在《超善恶》的结尾,尼采提到他与狄奥尼索斯的重遇,并且提到这位神以其"翠鸟式的微笑"作为对他的回应。我想知道狄奥尼索斯的"翠鸟式的微笑"到底意味着什么呢? 这也是为什么,无论如何,我认为尼采可能要比您更有所保留。我想这会是一个迟来的发现。

158

G.德勒兹:确实,在尼采的晚期文稿中翠鸟的意涵仍是一个重大的问题。

斯坦尼拉斯·布勒东º:"什么是?"这个问题确实没有让我们在对本质或理念的发现中取得多少进展。但在我看来,这个问题具有一种不可或缺的调控功能(*fonction régulatrice*)。它开启了一个探索的空间,而只有那些具有启发性功能(*fonction heuristique*)的问题比如"谁?"、"如何?"等等才能填满这个空间。在我看来,后面这些问题远不能替换"什么是?",它们需要这个问题。对"什么是?"来说,这些问题构成一种不可缺少的中介。正是为了回答"什么是?",我才会提出其他那些问题。所以,两种类型的问题是异质的、互补的。

此外,在我看来,另外那些问题是建立在"事物"的先决理念之上的。以一种总体方式,这个理念已经回答了"什么是?"。这些问题预设了萌芽主体,后者在现实化间隔(*intervalle de réalisation*)中展开,后者使时空动力机制具

---

o.　斯坦尼拉斯·布勒东(Stanislas Breton),生于 1912 年,神甫,哲学家,神学家。

体化。

由此，依据我们所谓从实体向主体的转换，本质不再是已经在那儿的什么（*ce qui est*），而是 *to ti ev einai*（ce qui est à être，将是的什么）。在这方面，黑格尔曾谈到一种将成为规定（*Bestimmung*）的规定性（*Bestimmtheit*）。对事物的规定将是它的"戏剧化"的过去。Esse sequitur operari（而不是 operari sequitur esse）*。传统本体论只是对本体发生（ontogénie）的逻辑趋近，而后者的核心将是自因（*causa sui*）或者如普罗科洛斯（Proclus）所说，authupostaton（译按"自我设定"、"自我组建"）。

将您的思考放置在这种本体论视域中，我不是要削弱它们的意义和范围。我在寻求更好地理解它们。不过还是有一个先决问题。确切说来，您的这种戏剧化方法应用在什么上呢？您是在现实的哪一确定领域中提出"谁?"（*quis*?）、"以何方式?（*quomodo*?）"等这些"典型（topique）"问题的呢？它们只在人的世界中才有意义吗？还是它们也可以应用在共同经验或科学实验等"事物"上？时空动力机制是动力心理学和微观物理学的研究对象。那么，在如此不同的时空动力机制间存在着什么样的类比关系呢？为了将它们联系起来，我们是否能够想象一种区分过程呢？

G.德勒兹：我不确定两种类型的问题能如此调和起来。您认为"什么是?"这个问题在其他问题之先并引导着它们，而后者反过来允许我们回答前者。然而，我们不是有理由担心，一旦由"什么是?"这个问题开始，我们就再也回不到其它那些问题了吗？"什么是?"这个问题预先决定了探索的结

159

---

* Esse sequitur operari 意为"行动先于存在"，operari sequitur esse 意思则相反。——中译注。

果，它预先规定答案只能在本质的单一性中给出，即使这个简单本质会自我分化、自我矛盾等等。我们将处在抽象运动中，并且再也不能和真实的运动联系在一起，而正是后者穿越如其所是的多元体。在我看来，两种类型的问题意味着两种绝不可能调和起来的方法。比如，当尼采问到"谁？"或"从哪一视角？"而不是"什么"，他并没有打算对"什么是？"这个问题进行补充，相反，他否定了这个问题形式以及对这个问题所有可能的回答。一旦我问"什么是？"，我就预设了在现象背后存在着某种本质，或者至少，在面具之后最终存在着什么。与之相反，另一种类型的问题总是在一个面具之后发现另外的面具、在所有位置（place）之外发现各种错位（déplacements）、在某一情况中发现包裹其中的其他"情况"。

您对 *to ti ev einai* 中存在着一种时间性操作的评论非常深刻。但我认为在亚里士多德那里，这种操作并不是建立在"什么是？"这个问题上的，相反，它建立在"谁？"这个问题上，而亚里士多德正是通过后者来阐述他的反柏拉图主义思想。To ti a，意为"谁是"（«qui est»）（或者不如说，"谁，存在？"［«qui, l'étant ?»］）。

最后，您想知道这种戏剧化的范围。它只是心理学或人类学的吗？我认为，人在这里不具有任何优先性。无论如何，是无意识在戏剧化。在物理的、生物的与心理的动力机制之间，存在着各种各样的重复与共振。或许，这些动力机制之间的差异首先来自它们现实化的理念之秩序（ordre），而我们要规定的，正是不同理念的不同秩序。

亚历克西·皮里恩科P：我想请教德勒兹先生一个细节。

---

p.　亚历克西·皮里恩科（Alexis Philonenko），生于 1932 年，哲学家，康德与费希特专家。

您向我们肯定，在现实化运动中微分元素没有任何可感形象，没有任何功能，没有任何概念意涵（此外，在我看来，这严格来说是反莱布尼茨主义的，如果可以这样说的话。因为莱布尼茨赋予微分元素以概念意涵，而这恰是因为后者不具有任何"形象"；不过最终说来这不是我感兴趣的问题）。为了证明您的论题您引证了后康德派哲学家，而且不止一位。这意味着其中不仅包括黑格尔，还包括迈蒙（Salomon Maïmon）、费希特、谢林、叔本华。或许还有尼采，如果您同意的话……我希望您能向我们明确指出，您特别参考的是哪一位后康德主义哲学家。

G.德勒兹：您问我特别参考的是谁：毫无疑问，迈蒙，以及在一些特定层面上，诺瓦利斯。

A.皮里恩科：关于意识的微分元素（la différentielle de conscience）？

G.德勒兹：是的……

A.皮里恩科：确实，在我看来，您的报告中有些部分受到迈蒙著作的启发。这个澄清是重要的，因为在迈蒙那里，意识的区分元素这个概念是根本性的，并且，在很多方面上，您描述的时空动力机制出乎意料地使人想到迈蒙的这个概念。换句话说，可以说在表象层面上我们拥有整合；而如您尝试说明的那样，这里还存在一个次—表象层面，正是在这个层面上微分元素具有一种衍生意涵，至少迈蒙是这样看的。因此，我需要明确上面那个细节以便讨论能更好地进行下去。不过，在迈蒙那里，与超验想象的衍生操作相联系，微分元素这种观念只是一种怀疑论原则（*la notion de différentielle，qui se rattache à l'opération génétique de l'imagination transcendantale，est un principe sceptique*），一种引导我们将真实判断为虚幻（juger le réel illusoire）的原则。在我看来,这正是有趣的地方。迈蒙认为,在时空动力机制的根源是次—表象的这种情况下,我们没有任何准则(可依循)。这意味着两件事:首先(en premier lieu),我们无法区辨由我们产生的事物和由客体产生的事物;其次(en second lieu),我们无法区辨逻辑地产生的事物和非逻辑地产生的事物。剩下的只是超验想象次—表象衍生的产物。因此,在迈蒙看来,我们应该发展一种超验想象的辩证法,或者,如果可以这么说,一种综合的辩证法(une dialectique de la synthèse)。正是这一点可以和莱布尼茨联系起来,当然要强调的是,这种关联不是那么紧密。因此,这也正是我想请教你的:在微分元素的运动中,幻觉(或虚幻)占据着什么地位呢?

G. 德勒兹:对我来说,完全没有地位。

A. 皮里恩科:您这么说的出发点是什么?

G. 德勒兹:您认为,对迈蒙来说存在着一种幻觉。我非常理解您的意思,但我的目标不是阐述迈蒙的思想。如果您确实想问我,在您刚刚描述的方案中幻觉占据什么地位,那么我将回答:完全没有地位。因为在我看来我们完全能够深入到次—表象之中,能够达到时空动力机制的根源、达到在两个方向上自我实现的理念:理念元素与理念事件,微分关系与奇点都是完全能被规定的。幻觉只是后来才出现的,出现在被构建的广延和占据这些广延的质量之中。

A. 皮里恩科:所以幻觉只出现在已被构建的事物之中?

G. 德勒兹:是的。总而言之,我对无意识的构想和莱布尼茨或迈蒙并不一致。弗洛伊德已经走了那条路。因此,存在着一种幻觉的移置……

A. 皮里恩科:不过,我要停留在逻辑方案甚至超验逻辑方案上,不想进入心理学之中——如果您将所有幻觉都推到被构建物这一边，没有任何幻觉被放在起源中，放在构建过程中，那么，事实上您（而您却避免这样做）不是又回到柏拉图那里？因为对柏拉图来说，正是构建过程被理解为从理念开始，而就其能被理解而言，这一过程永远是真实的、可信的。

G. 德勒兹：是的，可能。

A. 皮里恩科：因而，最终说来在涉及规定和多样性时，我们将获得与柏拉图那里相同的真理，并且具有相同的真的理念，也就是说，在生产的总体性中，永远与其自身等同的真的单一性？

G. 德勒兹：这不是我想到的那个柏拉图了。如果我们想到的是后期辩证法中的柏拉图，其中理念有点像是必须由"如何？""多少？""在哪种情况下？"等问题穿越的多样性，那么答案是肯定的，我所说的一切看来都是柏拉图主义的。如果与之相反，我们想到的是那个作为本质单一性或理念自我性（ipséité）之拥护者的柏拉图，那么答案将是否定的。

J. 华尔：如果没人再要求讨论，那么我想留待我去做的就只是向德勒兹先生以及所有参加了这次讨论的人致以诚挚的谢意。

（胡新宇　译）

15. 关于权力意志和永恒回归的结论[*]

在这次研讨会中，^a 我们学习到的，首先是在尼采那里有多少事物被隐藏、被遮蔽，而这出于多种原因。

首先是因为尼采作品的版本（*d'édition*）问题。这更多地不是说存在着篡改、伪造：（尼采的）妹妹的确是位过分的亲属，她可以被归入被诅咒的思想者行列，不过她的主要错误并不在于伪造文本。现存的版本因为糟糕的解读或文本顺序上的错位，尤其因为对尼采去世后留下的大量笔记随意的编排而不堪信任。《权力意志》是其中的著名例子。同样，我们可以说没有任何一种现存版本能够满足批评性和科学性上的规范要求，即使最新的版本也是如此。这也是为什么在我们看来，科利（Colli）先生和蒙蒂纳里（Montinari）先生的计划如此重要：最终，依据尽可能严格的时间顺序，按照与尼采本人出版的著作相对应的不同时段完整地出版其去世后留下的笔记。因此，尼采 1872 年和 1884 年两段思想的延续就得以完成了。科利和蒙蒂纳里先生善意地告知我们他们的工作目前的状态及其完成的程度，而我们也很高兴，他们

---

* *Cahiers de Royaumont* n° VI : *Nietzsche*，Paris，Editions de Minuit，1967，pp. 275 – 287.

a. 关于尼采的研讨会由 G.德勒兹组织，于 1964 年 7 月 4 日至 8 日在 l'Abbaye de Royaumont 举行。这是德勒兹组织的唯一一次此类活动。依照惯例，感谢与会者和综合阐述与会者所提论题的工作由德勒兹完成。

的版本同样将会以法文出版。

不过，事 物 被 隐 藏 还 有 其 他 原 因，还 出 于 病 理
（*pathologiques*）原因。著作因精神失常没有完成、戛然而
止。我们不应该忘记，永恒回归和权力意志这两个基本概念
很难说是由尼采引入的，它们不是尼采的著述或其计划中进
一步扩展的对象。尤其是我们还要想到，永恒回归不能被视
为查拉图斯特拉所说或所提出的事物；不如说，它隐藏在《查
拉图斯特拉如是说》的四卷之中。被明确表达出的一点点内
容，不是由查拉图斯特拉本人完成的，而是或者由"侏儒"，或
者由鹰和蛇完成的。① 所以，这里涉及的只是简单的介绍及
其可能包含的有意隐瞒。在这方面，尼采的笔记也无法使我
们预见他将以何种方式组织未来的著述。我们有权利认为，
尼采的著作因为精神疾病戛然而止，这使得尼采无法写出对
他来说是本质性的事物——在何种意义上，疯狂构成著作的
一部分，这是一个复杂的问题。在《看这个人！》中我们可以
看到一点点疯狂的痕迹，但同时在这本书里我们也能看到尼
采最高超的技艺，而前者只能以后者为条件。我们感觉到
1888 年或 1889 年尼采失去理智时期所写的信件仍是他著作
的一部分，不过同时，它们也中断、中止了这一著述（给布克
哈特的重要信件仍然令人难忘）。

克洛索夫斯基先生说上帝之死、死去的上帝剥夺了自我
同一性的唯一保证，剥夺了它普遍性的实体基础：上帝已死，
自我被消解或消失，不过，以某种特定方式，自我向着所有其
他自我开放，向着不同的角色或人物开放，而通过后者，一个
系列得以被贯穿，如同众多的偶然事件。"我是 Chambige，
我是 Badinguet，我是 Prado，总之历史上所有的名字，都是

---

① 参见 *Zarathoustra*，Ⅲ，« De la vision et de l'énigme » 与 « Le convalescent »。

我。"不过，华尔先生已经绘制了疾病之前这种天才式的挥霍的图表，这种流动性、多样性和变形的力量，它们构成了尼采的多元主义。因为尼采整个的心理学（psychologie）是面具之心理学，是面具的类型学，其中不仅包括他个人的心理特点还包括他发现的心理状态；而在每一个面具之后，都是另一个面具。

165　　　不过，在尼采和他的著作中之所以有这么多事物被隐藏，最普遍的原因是方法论上的。事物永远不只拥有一种意义。每一事物都拥有多重意义，意义表达了活跃在事物中的力量和力量的流变。更进一步说，没有"事物"，只有阐释和意义的复多。如同嵌套的面具，如同互相包含的不同语言，不同的阐释彼此掩盖。福柯先生向我们指出：尼采创造了对阐释的新构想，他发明了新的阐释方法。首先这是通过改变符号的分配空间，发掘出一种新的"深度"，相比后者，此前的深度被敉平，并失去了存在的地位。不过，这尤其是通过用意义的复合体取代符号和意义之间的简单关系，以致所有的阐释都已经是阐释之阐释，由此以至无限。因此，并非所有阐释都具有同样的价值，处在同一个平面上。相反，它们层叠或嵌套在新的深度之中。并且，它们不再以真或假作为标准。高贵与卑劣、高等与低等成为阐释和评价的内在原则。一种拓扑学和类型学取代了逻辑：某些阐释预设一种低级或卑劣的思考、感觉甚至是存在方式，而另一些阐释则为高贵、慷慨和创造性提供了证明……由此以至于阐释预先为阐释者的"类型"下了判断，并抛弃了"什么是？"这个问题，以便提升"谁？"这个问题的重要性。

　　在这里，可以说价值观念使得我们可以"遏制"真理，并在真与假的背后发现某一更为深刻的权威。价值观念标志着尼采仍属于柏拉图-笛卡尔形而上学的框架吗？或者，它开启了一种新的哲学甚至是新的本体论？这是波弗雷先生所提的问题。这也构成本次研讨会的第二个主题。因为我们可以问：如果一切都是面具，一切都是阐释和评价，那么最终还有什么呢？因为我们将没有可以阐释或评价的事物，也没有要掩盖的事物。最终来说，什么都没有，只有权力意志，而权力意志则是变形的力量，是制作面具的力量，是阐释和评价的力量。瓦蒂莫（Vattimo）先生向我们指出一条路径：在他看来，尼采哲学的两个首要方面，亦即对所有既存价值的批判和新价值的创造，祛魅和价值转换，如果我们不把它们与一种原初的、本体论的深度——"所有洞穴背后的洞穴"、"在所有根基之下的深渊"——联系在一起的话，就无法得到理解，并将恢复到意识命题的简单状态。

166

这种原初深度、查拉图斯特拉那里著名的深度—高度，我们必须将其称为权力意志。不过，比罗（Birault）先生对我们应该如何理解"权力意志"做了规定。"权力意志"关涉的不是想要—生存（vouloir-vivre），因为生命这种事物怎么可能想要生存呢？同样，它关涉的也不是支配的欲望，因为支配者怎么可能想要去支配呢？查拉图斯特拉说："支配的欲望，不过谁还会把它称为欲望啊？"①因此，权力意志就不是渴望权力的意志或者想要支配的意志。

实际上，这样一种阐释具有两个缺点。如果权力意志意味着渴望权力，那么很明显，它将依赖于既定价值，依赖于名誉、金钱、社会权力，因为正是这些价值规定了权力作为欲望和意志对象的分配和确认，而意志渴望的这种权力只能通过投入斗争或战斗才能获得。此外，我们还要问：谁渴望权力，

---

① *Zarathoustra*，Ⅲ，« Des trois maux ».

以何种方式？谁想要支配？这恰恰就是尼采所谓的奴隶和衰弱者。渴望权力，这是虚弱者对权力意志的构想。在斗争和战斗中，尼采所看到的永远都是一种选择方法，不过这种方法总是反向运作，它转而对奴隶和畜群有利。"我们总是要捍卫强者，以应对弱者"，这是尼采最重要的论述之一。或许，在支配的欲望中，在虚弱者对权力意志的构想中，我们仍能找到一种权力意志；不过，这是最低程度的权力意志。在其强烈或强化形式中最高程度的权力意志并不在于觊觎或窃取权力，而是赠与和创造。如查拉图斯特拉所说，权力意志真正的名字是赠与的美德。① 同样，面具是最美的礼物，它为作为造型力量、作为艺术最高力量的权力意志提供了证明。权力不是意志所渴望的事物，相反，它是在意志中渴望着的事物，亦即狄奥尼索斯。

在比罗先生看来，这也是为什么依据我们看待事物的不同方法——从高处向下看或者从低处向上看——尼采的透视主义的意义会完全不同。因为从高处向下看，权力意志就是肯定，对差异的肯定，是游戏，是愉悦和礼物，是对距离的创造。而从低处向上看，一切都会翻转，肯定映照在否定中，差异则映照在对立中：只有低处的事物才首先需要和非它的事物相对立。在这里，比罗先生和福柯先生的观点取得了一致，因为福柯指出，在尼采那里所有美好的运动都是从高处向下发生的，这其中首要的就是阐释运动。所有美好、尊贵的事物都属于鹰的飞翔：突起和下坠。此外，只有当它被发掘，亦即被从高处而来的运动穿越、偏转和重启时，低处——根基才能得到正确的阐释。

---

① *Ibid.*

这将我们带到本次研讨会的第三个主题,这个主题在讨论中经常出现,它关涉的是尼采那里肯定与否定的关系。在一篇杰出的、为我们整个这次研讨会打上烙印的文章中,洛维特(Löwith)先生分析了虚无主义的本质,并展示了尼采那里对虚无主义的超越如何引发对世界真正的回收,并促成一种新的联合以及对大地和身体的肯定。洛维特将他所有对尼采主义的阐释都归结到"世界的回收(récupération)"这一观念上来。他的论述尤其建立在《快乐的知识》中的一段话上:"克制你的遵从,或者克制你自己!"[①]对于我们所有人来说,听到加布里埃尔·马塞尔(Gabriel Marcel)先生援引同一段话确实让人印象深刻,他通过这段话明确了自己相对于虚无主义、尼采及其可能的门徒的位置。

实际上,尼采那里是与否、肯定和否定各自的角色构成众多问题。华尔先生估量并向我们指出,是与否具有如此多含义,以至于它们只能以张力为代价,以体验到的、思想中的甚至是不可思考的矛盾为代价才能够共存。此外,华尔先生提出更多相关问题,并熟练地运用着他从尼采那里得来并且知道如何更新的透视方法。

举例来说,在《查拉图斯特拉如是说》中,驴子就是一个说"是",说"是呀是呀"的动物。但它的"是"不是查拉图斯特拉那里的"是"。并且,还有驴子说的"不",后者更不是查拉图斯特拉那里的"不"。这是因为,当驴子说"是"的时候,当它在肯定或认为自己在肯定时,它所做的只是承载。在它看来,肯定就是承载;它用自己承载的重量估定自己的肯定的价值。从这次研讨会的一开始,戈胡(Gueroult)先生就提示我们注意:驴子(或骆驼)承载的首先是基督教价值的重量;

168

----

① *Gai Savoir*,Ⅴ,p.346.

随后，当上帝已死，它承载的是人性价值，人性的，太人性的；最终，当一切都失去价值，它承载的是真实之重量。在这里我们又看到了尼采式的虚无主义的三个阶段：上帝、人、最终之人——他人放在我们背上的重量，我们自己放在自己背上的重量，最终，当我们已经没有什么可承载，我们疲乏的肌肉的重量。[1] 因此，在驴子那里也存在着"不"，因为它对之说"是"的，正是虚无主义的所有产物，同时，它也贯穿了虚无主义的所有阶段，以至于这里的肯定只是肯定的幻影，而否定则是唯一的现实。

查拉图斯特拉的"是"完全不同。查拉图斯特拉知道肯定并不意味着承载、负载。只有小丑、查拉图斯特拉的模仿者让自己承载。与此相反，查拉图斯特拉知道肯定意味着减轻负担，放下那经历过的事情，舞蹈，创造。[2] 这也是为什么在查拉图斯特拉那里，肯定是首位的，否定只不过是为肯定服务的后果，如同快感添加的部分。尼采-查拉图斯特拉将他们结构复杂的小圆耳朵和驴子尖尖的长耳朵对立起来：查拉图斯特拉的"是"是舞蹈者的"是"，而驴子的"是"则是承载者的"是"；查拉图斯特拉的"否"是侵略性的"否"，而驴子的"否"则是怨恨的"否"。在这里，我们又找到了某种类型学甚至是拓扑学的特权，后者就存在于查拉图斯特拉从高处向下的运动中，存在于驴子翻转深度、颠倒是与否次序的运动中。

不过，狄奥尼索斯式的"是"的根本含义，只有我们这次研讨会的第四个主题才能使之突显出来，这是在永恒回归的

---

[1]　参见《善恶之彼岸》，第 213 节："'思想'和'严肃对待'一件事情，'艰苦对待'一件事物（en assumer le poids）——这在他们那里彼此从属，惟独如此他们才有了'经历'。"（中译参考《善恶之彼岸》，宋祖良，刘桂环译，漓江出版社，2000 年，第 271 页。——中译注。）

[2]　*Zarathoustra*，Ⅱ，« Des hommes sublimes ».

层面上完成的。在这一点上同样有很多问题涌现。首先：如何解释永恒回归既是最古老的观念，在前苏格拉底派那里有其根基，同时又是一种非凡的创新，并且尼采视之为自己的发现？如何解释在完全没有什么新内容的观念中却有创新？毋庸置疑，永恒回归不是对时间的否定和废止，不是超越时间的永恒。那么，我们又该如何解释它既是循环又是此刻？永恒回归一方面是延续，另一方面又是重复；一方面是生成进程——亦即世界——的延续性，另一方面则是这一生成或进程的重演、闪现，是对这一生成或进程的神秘观点；它一方面是曾是事物持续的再次开启，另一方面又是向着某种激烈的源头、向着意志的"零"点即时的回转。该如何解释这一切呢？此外，我们又该如何解释：永恒回归既是激起"大厌倦"的最令人不快的思想，同时又是激发起超人的最令人快慰的、关于康复的伟大思想？所有这些问题都经常出现在我们的讨论中，而一点点地，不同的划分、差别的不同平面也展现出来。

古人那里的永恒回归并不具有我们有时所断言的那种单一性或独断性，它也完全不是古代心灵中的一个常数，这是我们首先确定的事情。并且，在这里我们还要想到，古人那里的永恒回归从不是纯粹的，相反，它和其他主题如轮回混合在一起；同样，古人对永恒回归的构想方式也不是统一的，相反，它依据不同的文明和学派而发生改变；最后，回归或许不是总体性的或永恒的，相反，它以不可通约的部分循环的方式完成。在最大限度下，我们甚至无法断然肯定永恒回归是某种古代学说，而伟大年代（Grande Année）的主题也太过复杂，以至于我们的阐述不可能是审慎的。① 尼采很清

170

---

① 参见 Charles Mugler 的著作，《希腊宇宙论的两个主题：循环流变与世界的多重性》（*Deux thèmes de la cosmologie grecque ： devenir cyclique et pluralité des mondes*），Klincksieck 出版社，1953 年。

楚这一点,恰恰在这方面,他不承认有什么先驱,赫拉克利特不是,真正的琐罗亚斯德(Zoroastre)也不是。即便我们假设古人明确地公开主张某种永恒回归,我们还是要认识到,这涉及的或者是"质量上的"(« qualitatif »)永恒回归,或者是"延展性上的"(« extensif »)永恒回归;或者,情况是质量元素彼此的循环转换决定了所有事物的回归,其中包括天体的回归;或者相反,天体的局部循环运动规定了质量和事物在月下世界的回归。我们在物理学阐释和天文学阐释之间摇摆不定。

不过,以上两种阐释都不符合尼采的思想。如果说尼采认为他的观念完全是新的,这绝非出于对古人认知的缺乏。他很清楚,他所谓的永恒回归将我们引到某种完全没有被探索过的维度中来。既不是延展性的质量或局部运动,也不是物理质量,而是纯粹的强度领域。在这一点上,施洛策(Schloezer)先生已经做出非常重要的评论:在一次和百次或千次之间,确实存在着可确定的差异,不过在一次和无限次之间,却没有这种差异。这意味着,无限在这里就如同 1 的"无限次"方,或者如同与 1 相对应的展开了的强度。在另一方面,波弗雷先生提出了一个根本问题:存在是谓项吗?它难道不是更多和更少的某物吗?尤其是,它难道不本身就是*更多和更少*(*un plus et un moins*)?这个更多和更少是尼采那里一个根本问题的对象,而我们必须将其理解为存在之中的强度差异,存在之强度的差异,理解为层面上的差异。我们有时会惊讶于尼采对物理科学和能量论的喜爱。事实上,尼采感兴趣的物理学是强度量的科学,并且最终来说,他的权力意志以成为"强度性"(« intensif »)原则,成为纯粹强度的原则为目标,因为权力意志说的不是渴望权力,而是相反,无论人们渴望什么,都要将渴望的事物提升到最终次方,提升到"无限次"方。简言之，凸显一切事物的高级形式（*la forme supérieure*）（强度形式）。

正是在这种意义上，克洛索夫斯基先生向我们指出，在权力意志中存在着一个强度波动的世界，其中同一性消弭净尽，而每个人只有在同时渴望所有其他可能性、变成不可计数的"他者"并将自己理解为偶然契机的条件下，才能渴望自身，在这里偶然本身就意味着一个完整系列的必要性。这就是在克洛索夫斯基那里符号和意义的世界，因为符号就建立在强度差异之中，并且只有在指向包含在第一个强度之中的其他差异、贯穿其他差异回返自身的情况下，才能成为"意义"。克洛索夫斯基有力地指出在尼采那里上帝之死、自我的消解和个人同一性的丧失之间存在的联系。上帝是自我的唯一担保：上帝只有在自我同时消失的情况下才会死去。作为这些波动或这些流动着的、彼此贯穿的强度的原则，权力意志就是由上帝之死或自我的消失而来。同样，作为这些波动或这些穿越其所有变化回返、回流的强度的原则，永恒回归也是由上帝之死或自我的消失而来。简言之，永恒回归的世界是强度中的世界，是差异的世界，这个世界并不预设一或同，相反，它就建立在唯一的上帝坠落之处或者同一的自我的废墟之上。永恒回归本身就是这个除了"回返"之外空无一物的世界的唯一整体，是这个只有通过重复才能拥有"同"的世界的唯一同一性。

在尼采本人出版的著作中，永恒回归不是任何一篇正式或"决定性"文章的探讨对象。带着恐惧或狂喜，它只是被宣示、被预感。如果我们考虑到《查拉图斯特拉如是说》中关涉这一主题的两篇主要文章，《幻觉与谜团》《痊愈者》，我们就可以看到，这种宣示和预感从来都是在戏剧情景下实现的，并且没有表达关于这一"最高思想"的任何深入内容。实际

172

上,在第一篇文章中,查拉图斯特拉对侏儒,对小丑——他自己的漫画形象——提出了挑战。不过,查拉图斯特拉关于永恒回归所说的事物已足以使他生病,并衍生出某种不可忍受的幻象,在这一幻象中摊开着的蛇从牧羊人的嘴里蜿蜒而出,就好像查拉图斯特拉一谈及永恒回归,永恒回归就摧毁自身。在第二篇文章中,永恒回归是鹰与蛇之间动物们的对话而不是查拉图斯特拉自己谈论的对象,而这一次,动物们的谈话足以使痊愈的查拉图斯特拉沉入梦乡。不过,他还是来得及对它们说:"你们已经使永恒回归变成陈词滥调!"你们让永恒回归变成"陈词滥调",这就是说变成机械重复或自然重复,而实际上永恒回归是全然不同的事物……(同样,在第一篇文章中,面对向他提出"所有真理都是弯曲的,时间本身就是一个圆圈"的侏儒,查拉图斯特拉答道:"你这重力的精灵,你不要太简单从事!")

我们有权利认为,在其出版的著作中,尼采只是为永恒回归这一新发现做了准备,但他没有也没来得及给予我们这个新发现本身。一切迹象都表明,在1888年精神崩溃前夕,尼采计划中的著作离这个目标还很远。不过,一方面《查拉图斯特拉如是说》中的文章,另一方面1881年到1882年的笔记已经至少向我们指出在尼采那里永恒回归不是什么。永恒回归不是循环。它并不以一、同、平等或平衡为前提。永恒回归不是大全(Tout)的回归。它不是同的回归,也不是向着同的回返。因此,它和我们预设的古人的思想、和使大全回返的循环思想毫无相同之处,后者借助平衡状态回返,将大全带回到一,并返回到同。这就是"陈词滥调"或"简化":作为物理转换或天文运动的永恒回归——体验中作为动物自然确定性的永恒回归(这就是小丑或查拉图斯特拉的动物们所看到的永恒回归)。我们都很清楚尼采在其全部著作中对一、同、平等和大全等普遍观念提出的批评。更确切地说,1881 年到 1882 年的笔记明确地和循环假设相对立,这些笔记排除了任何对平衡状态的假设。这些笔记向我们宣告,大全并不回返,因为永恒回归本质上是选择性的,它尤其是选择性的(sélectif par excellence)。更进一步说,在属于查拉图斯特拉的两个时刻之间、在他生病和痊愈之间发生了什么呢? 为什么永恒回归一开始对查拉图斯特拉来说只激起了厌恶和无法忍受的恐惧,而当他痊愈时,两种感觉都消失了呢? 我们是不是可以认为,查拉图斯特拉迫使自己忍受那此前无法忍受的事物呢? 很显然情况不是如此;变化不只是心理上的。这涉及的是对永恒回归本身的理解中一种“戏剧性”的进展。让查拉图斯特拉生病的是无论怎样永恒回归都与循环联系在一起的观念,如此构想的永恒回归让一切回返,一切都会回返,甚至人,“渺小的人”也会回返……“对于人类的大厌倦——它使我窒息,爬进我的喉咙里了。而且这是预言家所预言的:‘一切都一样……’还有最渺小者的永恒轮回! ——这就是我对于一切存在厌倦的原因。”① 如果说查拉图斯特拉又痊愈了,那么这是因为他理解了永恒回归并不是如此。他终于理解了永恒回归中的不平等和选择。

实际上,不等性、差异是永恒回归的真正原因。这是因为没有任何事物是平等的,或是相同的,以至于“它”能够回返。换句话说,永恒回归只关涉生成、多样性。它是没有存在、没有统一体、没有同一性的世界之法则。永恒回归根本没有预设(supposer)一或同,相反,它构成如其所是的多样性的唯一整体,构成差异事物的唯一同一性:回返是生成的唯一“存在”。以至于作为存在的永恒回归其功能绝不是辨

---

① *Zarathoustra*,Ⅲ,« Le convalescent ».

别(identifier),而是证实(anthentifier)。也正是因此,洛维特,华尔和克洛索夫斯基先生才会以各种方式让我们预感到永恒回归的选择性含义。

这一含义似乎是双重的。永恒回归的选择性首先体现在思想中,因为它消除了那些"半心半意(demi-vouloirs)"。规则在善与恶之外才会有效。永恒回归为我们提供了对康德规则的戏仿。无论你渴望什么,都要以这样一种方式渴望,亦即渴望它的永恒回归……由此,坠落、破灭的就是我们所感、所做或所欲的一切事物,只要我们说"一次,只有一次"。让我们想象,慵懒也要它自身的永恒回归,并且不再说"明天我就会工作",或者,怯懦、卑劣也要它自身的永恒回归:很明显,我们在这里面对的是此前还不为人知、未被探索的形式。它们将不再是我们惯常所谓的慵懒或怯懦。我们也不知道它们会是什么样子,这仅仅意味着在永恒回归的考验之前,事物的极端形式并不存在,因为永恒回归正是隶属于考验的范畴。我们必须如此理解事件本身,或者所有发生的事情。不幸、疾病、疯狂,甚至死亡的临近都有两个层面:依据其中一个层面这些事物会剥夺我们的力量,不过依据另一层面,它们会赋予我们一种奇特的力量,如同一种危险的探索手段,而这种力量同样也是一个恐怖的探索领域。永恒回归的职能就是在一切事物中区分出高级形式和普通形式,区分出酷热或严寒区域和温和区域,区分出极端力量和一般状态。甚至"区分"或"提取"也并不确切,因为永恒回归创造高级形式。正是在这种意义上,永恒回归成为权力意志的手段及其表达:它将所有事物都提升到其高级形式,即无限次方。

如此一种创造性的选择并不只发生在永恒回归的思想之中。它同样发生在存在之中,存在是选择性的,存在即选

174

择。永恒回归怎么可能使一切回返并回返到同？因为它抹除了所有无法经受考验的事物，这不仅包括思想中的半心半意，还包括存在的半心半力（demi-puissances）。"渺小的人"不会回返……否认永恒回归的一切事物都不可能回返。如果我们仍然坚持将永恒回归设想为转轮运动，那么我们必须赋予它一种离心运动，借助这种离心运动，永恒回归将排除一切太过虚弱、太过普通以至于无法经受考验的事物。永恒回归所创造并使之与权力意志对应的，正是超人，而后者是通过"一切事物的高级形式"得到定义的。如此，超人就如同兰波那里的诗人：他"对全人类负责，甚至动物……"，他在一切事物中只保留其高级形式和极端力量。永恒回归无处不在证实：不是对同做出辨别，而是对意愿、面具和角色、形式和力量加以证实。

175

因此，比罗先生提示我们在尼采那里的高级形式和普通形式之间存在着一种本质差异，这是完全正确的。尼采在新价值的创造和既存价值的确认之间所做的区分情况也同样如此。如果我们仅在某种历史相对主义视角中对这种区分加以阐释，那么它就完全失去了意义。所谓历史相对主义视角，意即：人们熟悉的既存价值在属于它的历史阶段曾是新价值，而反过来，新价值也必将成为既存价值。这种阐释忽略了本质要素。在权力意志层面上我们已经看到，在"使现存价值归于自己"和"创造新价值"之间，存在着一种本质差异。这种差异也正是永恒回归的差异，并构成永恒回归的本质，这就是："新"价值正是一切存在（est）事物的高级形式。因此，存在着产生时即已陈旧的价值，这种价值的出现总会激发某种辨别秩序，即使它要等到合适的历史条件才会得到人们有效的认同。相反，有些价值永远是新的，永远是不适

《荒岛》及其他文本：文本与访谈（1953—1974）

185

时的，永远与其创造同时代，并且，即使它似乎得到社会的认可、表面上被同化，这种价值事实上也总是指向其他力量（forces），并在同一个社会中激发具有另一种性质的无政府力量（puissances）。只有这些新价值才是永恒的（trans-historiques），超历史的（supra-historiques），并为天才的混沌、为无法还原为任何一种秩序的创造性的无序提供了证明。在尼采看来，这种混沌并非永恒回归的反面，而是永恒回归本身。伟大的创造正是从这一超历史的根基，从这一"不适时"的混沌中来，并在可忍受事物的极限处存在。

176   也正是因此，波弗雷先生对价值观念提出了质疑，他想探询的正是在何种程度上价值观念适于展现这一根基，而没有这一根基的话，将不会有本体论存在。同样，这也是为什么瓦蒂莫先生对尼采那里混沌似的深度的存在做出了强调，没有这一混沌似的深度，价值的创造也失去了意义。不过，我们还必须为之提供具体证明，并指出艺术家或思想家如何可能在这一维度相遇。这正是本次研讨会的第五个主题。或许，在尼采与其他作者的遭遇中也会有相互的影响存在。不过，这种遭遇总是关涉其他事物。因此，在任何可能的影响之外，当福柯将尼采和弗洛伊德、马克思并置在一起时，他很小心地避开了对无意识的"确认"这一主题，人们曾假定这一无意识是三位思想家那里的共同元素；相反，福柯认为，无意识的发现取决于某种更为深刻的事物，取决于阐释要求的根本性变革，而这一变革本身就意味着对世界和人的"疯狂"的某种特定评价。施洛策先生谈到了尼采和陀思妥耶夫斯基（的关系），盖德先生谈到了法国文学，莱谢特（Reichert）先生对赫曼·黑塞以及德国文学展开了论述，格里克（Grlic）先生则就艺术和思想发表了自己的见解。无论是否存在着影响，这些论述向我们指出的，正是一位思想家如何可能在一个绝非年代学也不是历史的维度中与另一位思想家相遇、会合(确实,这更不是永恒的维度;如尼采所说,这是不适时的维度)。

我们要特别感谢戈德贝克(Goldbeck)先生以及和戈德贝克先生一起演奏《曼弗莱德》(*Manfred*)乐谱的萨布朗(Sabran)小姐,特别感谢让我们听到尼采的旋律的 ORTF,他们使我们接触到在法国还鲜为人知的尼采的另一侧面:音乐家尼采。以各自不同方式,戈德贝克先生、加布里埃尔·马塞尔先生和鲍里斯·德·施洛策(Boris de Schloezer)先生向我们指出在他们看来(尼采的)音乐中动人或有趣的地方。这带来了另一个问题:"音乐家尼采",这又是哪种类型的面具呢? 在这里,我们或许可以提出最后一个假设:尼采是一位深深热爱戏剧的人。他不仅创造了一种戏剧哲学(狄奥尼索斯),他还将戏剧引入哲学本身。借助于戏剧,尼采也为我们带来使哲学得以被改造的新的表达方式。有多少尼采的格言应被视为舞台导演(*metteur en scène*)的原则及其评价? 尼采完全是在哲学中构想查拉斯图特拉的,不过,这种构想也完全是为了舞台上演。带着对瓦格纳戏剧的嘲弄,尼采梦想着查拉斯图特拉能够和比才的音乐融为一体。他梦想着某种戏剧音乐、梦想着适合于"他的"哲学戏剧的面具,而这已经是残酷戏剧,是权力意志和永恒回归的戏剧。

(胡新宇 译)

177

16. 尼采的大笑 *

【《尼采哲学全集》的出版是如何安排的呢?】[a]

吉尔·德勒兹:问题在于将(尼采的)去世后留下来的笔记——"遗著"(*nachlass*)——按照尼采撰写它们的时间顺序重新归类,并把它们放在同时期著作的后面。这里面相当数量的笔记在尼采死后已被用来、滥用来编成《权力意志》。由此,重要的是重建确切的时间顺序。这也是为什么第一卷《快乐的知识》有超过一半的篇幅是由此前未出版过的写于1881—1882年间的笔记构成的。借此,我们对尼采的思想及其创造方法的认识也会得到很大改变。这次全集将同时在意大利、德国和法国出版。不过,文本本身我们还是要感谢两个意大利人:科利先生和蒙蒂纳里先生。

——这项工作是由意大利人而不是德国人完成的,对此该如何解释呢?

吉尔·德勒兹:或许德国人不便完成此项工作。他们已

---

* 与居伊·迪穆尔(Guy Dumur)的访谈,载 *Le Nouvel Observateur*,5 avril,1967,pp. 40 - 41.

a. 第一个问题原本所无,这里补上。

这里涉及的是尼采的《哲学全集》(*Œuvres philosophique complètes de Nietzsche*,巴黎,伽里马出版社,1967年),德勒兹和福柯为之在《快乐的知识:遗著摘录(1881—1882年)》(*Gai Savoir. Fragments posthumes（1881—1882）*)合写了一篇导言,第五卷,第1—4页。

经有众多尼采作品的版本，他们倾向于依赖这些版本，尽管其中对笔记的排列是随意的。另一方面，尼采的手稿存放于魏玛，也就是东德；相比西德人，意大利人在那要更受欢迎。最后，或许，就他们已经接受尼采姐姐编辑的《权力意志》而言，德国人同样受到了束缚。伊丽莎白·福斯特-尼采支持所有对尼采作品的纳粹主义诠释，在这一点上，她做了一件非常有害的工作。她并没有篡改文本，不过我们知道，还有另外的方法可以用来歪曲作者的思想，只要在作者的文章中做出任意的挑选就够了。像"力量"或"主人"等尼采的概念都太复杂了，伊丽莎白式的剪裁只会违背这些概念真正的含义。

——翻译是新的吗？

吉尔·德勒兹：完全是新的。对尼采后期的著作来说，这尤为关键（伊丽莎白·尼采和彼得·加斯特［Peter Gast］应为对这部分作品的糟糕解读负责）。马上要出版的前两卷《快乐的知识》和《人性的，太人性的》是由皮埃尔·克罗索夫斯基和罗贝尔·罗维尼（Robert Rovini）翻译的。这不是说此前亨利·阿尔贝（Henri Albert）和热纳维埃夫·比扬基（Geneviève Bianquis）的翻译糟糕；不过，如果最终决定将尼采的笔记和其作品一起出版，我们必须重头做起、统一术语。在这一点上，有趣的是尼采并不是由"右翼"而是由夏尔·昂德勒（Charles Andler）和亨利·阿尔贝介绍到法国来的，他们代表了一整个社会主义的传统，包含其无政府主义的侧面。

——您是否认为当前在法国有一种"向尼采的回归"，如果有，原因何在？

吉尔·德勒兹：情况很复杂。或许，相对解放时期以来人们已熟稔的思想方式而言，某种转变已经发生或将要发生。一直以来我们的思考方式都是辩证主义的、历史主义

179

《荒岛》及其他文本：文本与访谈（1953—1974）
189

的。目前，似乎辩证主义思想已经退潮而比如说结构主义则方兴未艾，当然还有其他的思想体系存在。

福柯一直在强调阐释技艺的重要性。很可能，在当前的阐释观念中某种事物已经超越了"认识"和"改变"世界之间的辩证对立。举例来说，弗洛伊德就是一位阐释者，不过以另外一种方式，尼采也是一位阐释者。尼采的观点是，事物和行动已经是阐释。由此，阐释就是对已有的阐释进行阐释，而借此，阐释已经改变了事物，"改变人生"。对尼采来说很明确的是，社会不可能是最终的权威。最终权威是创造和艺术，或者不如说，艺术代表了最终权威的缺席和不可能。从其著作的一开始，尼采就提出存在着比国家和社会等"更高一点"的目的。在其全部著作中，尼采都将这一目的放置在一个既不是历史——即便是辩证的历史——也不是永恒的维度中。这个新维度既处在时间中又逆时而动，尼采将之称为"不适时的"（l'intempestif）。正是在这里，作为阐释的生活找到其源头。"向尼采的回归"理由或许就在于重新发现了这种"不适时"，它和处于其"永恒"事业中的经典哲学和辩证主义历史观对历史的理解完全不同：它是动乱的独特元素。

——那么，可以说这是一种向个人主义的回归？

吉尔·德勒兹：这是一种奇特的个人主义。或许，现代艺术在这种个人主义中能够隐约地认出自己。因为在尼采那里，这种个人主义伴随着对"自我"和"我"等观念充满活力的批判。对尼采来说，存在着某种自我的消解。对他来说，对压迫结构的反抗不能以"自我"或"我"的名义展开，"自我"和"我"反倒像是压迫结构的帮凶。

那么，是不是说向尼采的回归意味着某种审美主义，某种对政治的否定以及某种既非个人化也去政治化的"个人主

义"呢？或许也不是。政治同样事关阐释。我们刚刚提到的
"不适时"决不能被还原为某种政治—历史元素。不过在那
些伟大的时刻，两者有时会重合。当人们在印度因饥饿而死
时，这是一个历史—政治灾难。不过，当人民为自身的解放
而斗争时，总是存在着诗意举动与历史事件或政治行动的重
合，这是崇高或不适时事物的辉煌体现。比如，国有化苏伊
士运河的纳赛尔（Nasser）发出的大笑就是这种重合的例子，
或者卡斯特罗那些充满灵感的姿势尤其如此，此外，另一个
大笑的例子是接受电视采访时吉阿普（Giap）发出的笑声。
这些例子会让我们想到兰波和尼采提出的律令，两者还可以
和马克思叠合起来——艺术愉悦与历史斗争重合在一起。
在政治领域同样存在着创造者，存在着创造性的运动，它们
存在于历史中的某一时刻。与此相反，尼采元素正是希特勒
所缺乏的事物。希特勒不是查斯特拉图拉，特鲁希略
（Trujillo）也不是。不如说，他们代表了尼采所谓"查斯特拉
图拉的模仿者"。如尼采所说，掌握权力并不就是"主人"。
通常来说反倒是"奴隶"掌握、掌管着权力，而在掌管之中他
们仍是奴隶。

181

　　尼采那里的主人正是不适时的人（*Intempestifs*），是创
造者，是破坏以便创造而不是保存的人。尼采曾说道，在嘈
杂的大事件下存在着沉默着的小事件，它们就如同新世界的
形成：在这里，同样是诗意元素在历史中的存在。在法国我
们已经没有什么大事件了。事件在远处，并且令人震惊：越
南。不过，我们还拥有那些难以感知的小事件，或许，它们宣
示着某种走出目前荒漠状态的出路。或许，"向尼采的回归"
就是这些"小事件"之一，并且已经是一种对世界的重
新阐释。

（胡新宇　译）

17. 神秘主义与受虐狂 *

——您对萨克·莫索克的兴趣是从哪来的呢?

吉尔·德勒兹:在我看来,莫索克是一位伟大的小说家。我对这种不公感到很震惊:大家读了很多萨德,而不是莫索克。莫索克就像是萨德微不足道的翻转面……

——所以对莫索克的翻译也很少……

吉尔·德勒兹:也不是,19 世纪末的时候翻译还是很多的。他很有名,不过却是因为政治和民俗原因而不是因为性。人们将他的作品与中欧的政治和民族主义运动、与泛斯拉夫主义联系在一起。莫索克和 1848 年奥地利帝国的革命运动同样不可分离,这就如同萨德和法国革命的关系。他想象的性的弱势群体以一种非常复杂的方式指向奥地利帝国的民族主义弱势群体——就好像在萨德那里,由不信教者组成的弱势群体指向革命前期的共济会和各种不同教派。

——所以人们说你用莫索克来回应萨德……

吉尔·德勒兹:确实,因为对我来说问题在于拆解他们的伪统一体! 莫索克具有自己独特的价值,这不仅仅体现在

---

* 与玛德莱娜·夏普萨尔(Madeleine Chapsal)的访谈,《文学半月刊》(*La Quinzaine littéraire*),1967 年 4 月 1—15 日,第 13 页。访谈主题是《萨克·莫索克介绍》(*Présentation de Sacher Masoch*),后者随附利奥纳德·萨克·莫索克的小说《穿裘皮大衣的维纳斯》一起出版,午夜出版社,1967 年。

文学手法层面上。受虐狂具有自己独特的进程，它和虐待狂的转换或翻转完全无关。不过，很奇怪，施虐—受虐的统一体就好像是不言而喻的，而在我看来，两者涉及完全不同的美学和病理机制。在这一点上，就是弗洛伊德也没做出什么新发现：他将自己的全部天赋都用在发明两者之间的转换过程，却没有对这种统一体本身提出质疑。不管怎样说，在精神病学中，性反常是人们研究最少的领域：它不是一个治疗概念。

——为什么在性反常领域中，主导者是萨德和莫索克这样的作家而不是精神病科医生呢？

吉尔·德勒兹：或许存在着三种不同的医学实践：症状学（la symptomatologie）或对症候的研究；病原学（l'étiologie）或对病因的研究；治疗学（la thérapeutique）或对治疗方法的研究和应用。如果说病原学和治疗学是医学中不可或缺的部分，那么症状学却是某种中立点、极限点，它是前医学或亚医学的，既属于艺术也属于医学；重要的是绘制一幅"图表"。与身体或灵魂一样，艺术作品也具有症状，即使方式完全不同。在这种意义上，艺术家、作家可以像最优秀的医生一样，成为伟大的症状学者：比如萨德或莫索克。

——为什么只有这两人？

吉尔·德勒兹：当然还有别的作家，只不过他们作品中症状学式的创造性一面还未被公认，就好像莫索克一开始的情况。塞缪尔·贝克特的作品就对应于一幅异乎寻常的症状图：重要的不只是识别出某种疾病，而且视世界为症状，视艺术家为症状学者。

——说起这个的话，卡夫卡或玛格丽特·杜拉斯作品的情况或许也同样如此……

吉尔·德勒兹：那当然。

——此外，雅克·拉康对《劳尔之劫》(*Le Ravissement de Lol V. Stein*)也非常赞赏，并对杜拉斯说他在这本书里看到对他在诊所中经常遇到的某些谵妄病例精准而又令人不安的描写……不过，这肯定不适合于所有作家吧？

吉尔·德勒兹：当然不是。萨德、莫索克以及另几位作家（比如说罗伯-格里耶、克洛索夫斯基）的独特之处在于，他们将幻觉(le fantasme)本身视为创作的对象，而通常来说，幻觉只是作品的源头。事实上，在文学创作和症状的形成之间有着共同的基础，这就是幻觉。莫索克将之称为"形象"(la figure)，并且明确指出："我们必须从活生生的形象出发走向问题……"如果对大部分作家来说幻觉只是作品的源泉，那么对这些我们感兴趣的作家来说，幻觉则成为作品的赌注本身，并拥有对作品的最终决定权，就好像整部作品都映照着其源头。

——或许，就像虐待狂(sadisme，字面意为"萨德主义")和受虐狂(masochisme，字面意为"莫索克主义")，有一天我们会谈到某种卡夫卡主义和贝克特主义？

吉尔·德勒兹：我是这样想……不过，如同萨德和莫索克，就是如此，这些作家也不会丧失任何审美上的"普遍性"。

——在《萨克·莫索克介绍》中，您认为您做的是何种类型的工作呢？或者换种说法：您的目标是什么？文学批评？精神病学？

吉尔·德勒兹：我喜欢研究的（此书只不过是第一个例子），是在文学与精神病临床实践之间存在的某种可以得到表达的关系。对临床实践来说，迫切的是借助"反转"或"转换"排除那些宏大的整体：虐待—受虐狂就是这样一个偏见（在受虐狂中存在着某种虐待元素，不过后者只存在于受虐狂的内部，并且也不是真正的虐待狂；对虐待狂中的受虐元素来说情况也同样如此)。偏见由仓促的症状学而来,它让我们不再探讨事情的真相,反而致力于证明已有的判断。弗洛伊德清楚地意识到各种困难,令人赞叹的文章《被打的孩子》(*Un enfant est battu*)就是证明,但他还是没有对虐待—受虐狂的整体这一主题提出质疑。[a] 可能作家在症状学研究中走得更远,艺术作品为其提供了新的方法,或许这也是因为相比精神病科医生,他对病因更不关心。

——不过,弗洛伊德对作家的诊断天分非常敬重,他常常引用文学作品证明自己的精神分析理论……

吉尔·德勒兹:确实,不过他对萨德和莫索克并没有这么做。通常人们认为作家只是为临床实践提供了新的例证,不过重要的是作为创作者,作家本身赋予临床实践的新事物。文学与临床实践之间的区别,或者说使疾病和艺术作品区分开来的,是在幻觉之上展开的工作(*travail*)的类别。在这两种情况中,源泉—幻觉——是相同的,但基于其上的艺术工作与病理工作,却全然不同并且没有任何可比性。作家经常比临床医生走得更远,甚至比病人还远。举例来说,莫索克就是第一个也是唯一一个提出并证明如下事物的人:在虐待狂中最重要的是契约,是一种非常独特的契约关系。

——唯一一个?

吉尔·德勒兹:我从没见过这种症状——建立契约的需要——被视为受虐狂的元素。在这一点上,莫索克比临床医生走得更远,而后者接下来却没有重视他的发现。实际上,我们可以从三种角度来理解受虐狂:作为一种愉悦和痛苦的结合,作为一种羞辱和奴隶的表现方式,此外,作为奴隶制度建立在契约关系内部这一事实。第三个特点或许是最深刻

---

a. S. Freud, *Œuvres complètes*, vol. ⅩⅤ, Paris, PUF, 1996.

的,其他特点应该从它出发得到分析。

——您不是精神分析家,您是哲学家,对于闯入精神分析领域您不会有什么顾虑吗?

吉尔·德勒兹:当然,情况很复杂。如果不是精神分析和精神病学涉及症状问题,我绝不会来谈论它们。不过,症状学几乎处于医学的外部,它停留在中立点、零点之上,而艺术家、哲学家、医生和病人可以在这里相遇。

——您的著作为什么会以《穿裘皮大衣的维纳斯》(*La Vénus à la fourrure*)为中心呢?

吉尔·德勒兹:莫索克写了三部特别优美的小说:《上帝之母》(*La Mère de Dieu*)、《灵魂捕手》(*Pêcheuse d'âmes*)和《穿裘皮大衣的维纳斯》。我必须进行选择,我认为最适合用来介绍莫索克作品的正是《穿裘皮大衣的维纳斯》:莫索克的主题在该书中表现得最纯粹,也最简单。在另外两本书中,受虐行为和神秘主义团体结合在一起;这些小说的再版非常值得期待。[b]

——就莫索克的作品,你曾说到所有伟大的文学作品其根底处都是喜剧性的,被悲剧性的外表所蒙蔽是读者的错误。这一观点同样出现在您此前关于另一位作家的研究中:《普鲁斯特与符号》。更准确地说,就卡夫卡的作品,您曾写道:"悲剧的虚假意义让我们变成傻瓜。激励作家的是思想中一种积极的、喜剧性的力量,而我们却用一种幼稚的悲剧情感来替代它,这使得我们误解了多少作家。"

吉尔·德勒兹:艺术的本质是一种快乐,它的意图也在于此。我们看不到悲剧性的作品是因为创作必定是快乐的:艺术必定是一种解放,它粉碎一切,首先是悲剧性。不,不存

---

b.　《上帝之母》和《灵魂捕手》于 1991 年在 Champ Vallon 出版社再版。

在悲伤的创作,永远是一种喜剧的力量(*vis comica*)。尼采曾说过:"悲剧主人公是快乐的。"以其独特的方式,受虐的主人公同样是快乐的,而这和莫索克的文学手法密不可分。

(胡新宇　译)

18. 尼采与思想之图 *

——伽里马出版社的尼采全集就要出版了。第一卷是在您和福柯的"负责"之下出版的。[a] 确切地说您的职责是什么呢？

吉尔·德勒兹：其实我起的作用很小。你知道这次出版的意义在于按照年代顺序出版尼采去世后留下来的数量庞大的笔记，其中很多都是从未出版过的。我们要做的就是依照尼采自己出版的著作对这些笔记进行重新编排。因此，由克洛索夫斯基翻译的《快乐的知识》就包括从 1881 年到 1882 年间遗留下的笔记。不过，这个版本的责任人一方面是科利和蒙蒂纳里，文本从他们那来，另一方面则是翻译者（尼采的风格与手法都对翻译提出了很大问题）。我们只是负责对笔记进行分类。

——在《尼采与哲学》中您曾写道，尼采总的想法是将意义和价值概念引入（到哲学中），而"很明显，现代哲学在很大程度上来自于尼采，并仍然处在尼采的影响下"。该如何理解这些宣言？

---

   * 题目为编者所拟。« Entretien avec Gilbert Deleuze » . Propos recueillis par Jean-Noël Vuarnet, *Les Lettres françaises*，n° 1223，28 février-5 mars 1968，p. 5, 7, 9.

   a. 参考《尼采的大笑》一文注释②。

吉尔·德勒兹：应该以两种方式来理解：消极的和积极的。

首先，尼采对真理概念提出质疑，他否认真理能够成为语言的要素，这是一个事实。他对之提出异议的，正是真和假这些观念。问题并不在于尼采像一般的怀疑论者那样想把这些观念"相对化"。尼采用意义和价值等严格的概念取代了真和假：我们所说的事物的意义，对说话者的评价。依照所说事物的意义，按照所表达（*fait parler*）的价值，我们总是拥有那些我们应得的真理。这预示了一种对思想和语言全新的构想，因为意义和价值、意指和评价首先介入的正是无意识机制。因此，毫无疑问，尼采将哲学和一般意义上的思想引入到一个新的场域之中。此外，这个新场域不只意味着新的思想和"判断"方式，它同时也意味着新的书写以及或许，新的行动方式。

就这一点来说，确实，现代哲学是且仍是尼采主义的，因为现代哲学不断谈论着意义和价值。当然，我们必须要考虑到存在着其他非常不同的影响来源，后者同样重要：马克思对价值的思考，弗洛伊德对意义的构想，这些都对一切重新提出了质疑。不过，如果说现代哲学在尼采—马克思—弗洛伊德这三位一体中找到自己更新的源泉，这个事实本身却是模棱两可含糊不清的。因为我们既要积极地也要消极地阐释这一事实。比如，战后各种价值哲学兴盛起来。人们对价值谈了很多，人们希望用"价值论"（l'axiologie）取代本体论和意识理论……不过，这完全不是以尼采或马克思的方式。相反，人们根本不谈尼采或马克思，他们不了解也不愿意了解尼采或马克思。由此，"价值"就成为最抽象、最传统的唯灵论的复兴之地：人们提到价值是为了激发一种新的因循守旧以更好适应现代世界，对价值的尊崇等等。对于尼采，同样,对于马克思来说也是如此,价值观念和以下元素是密不可分的:1) 对世界和社会完全彻底的批判,马克思的"拜物教"主题或尼采的"偶像"主题其意义就在于此;2) 一种同样彻底的创造,在尼采那里是价值转换,在马克思那里则是革命行动。不可避免地,在战后时期我们又采用了价值概念,不过,这个概念被完全剥夺了效力,完全丧失了其批判或创造意义。价值成为固有价值的工具。这正是纯粹状态下的反尼采主义,比反尼采主义还要糟糕,这是对尼采的曲解、摧毁和压制,这是把尼采带到泥潭之中。

不过,曲解不可能长远存在,因为在尼采的价值观念中存在着可以炸毁一切固有、公认价值的事物,存在着创造新事物的东西,这是一种连续的创造,而创造出的新事物则可以脱离一切认识(recognition),一切建制(établissemeat)。这就是对尼采积极的再发现,用锤子锻造出的哲学:绝不是已知的任何事物(connu),而是对公认事物(reconnu)的大摧毁,以便创造未知的事物(inconnu)。

——您从总体上提到意义和价值的概念来自于尼采、马克思和弗洛伊德,但这些概念有被曲解并为唯灵论的复兴服务的危险,而它们本应是用来摧毁这一唯灵论的。您谈到通过激发起那些批判性和创造性不可分离地共存的工作,如今这些观念又被人们发现并恢复了自身的活力。这正是您刚刚就价值概念所谈的内容。那么,对于意义来说情况也同样如此吗?

吉尔·德勒兹:完全正确,或许更是如此。意义概念能够成为复兴的唯灵论的避难所:我们有时候所谓的"解释学"(阐释)接替了战后所谓的"价值论"(评价)。尼采的意义概念,或者不如说现在是弗洛伊德的意义概念有可能遭受到和价值概念一样严重的误解。我们谈到原初"意义",被遗忘的意义，被划掉的意义，被遮蔽的意义，被再次采用的意义等等：在意义这一范畴下，古老的幻觉再次得到了洗礼，本质又复活了，各种宗教和神圣价值再次浮现。在尼采和弗洛伊德那里，情况则正好相反：意义是一种绝对质疑的工具，是一种绝对批判的工具；同样，它也是一种坚决的创造的工具：意义绝不是一个仓库，它也不是原则或源头；意义更不是目的：意义是一种"效果"（effet），一种被生产出的（produit）效果，而我们必须再次找到其生产法则。您可以参考 J.-P.奥西耶（J.-P. Osier）最近为他翻译的一本费尔巴哈的书所写的序言：他很清楚地指出意义的这两种含义，并从哲学角度在两者之间确立了一条真实的界限。[b] 这同样也是结构主义的核心观念，结构主义联合列维-斯特劳斯、拉康、福柯、阿尔都塞等众多非常不同的作家，其中意义被理解为由某种特定机器生产的效果，物理效果、视觉效果、听觉效果等等（这绝不意味着效果是一种表象）。确实，尼采的格言就是在思想这一特定秩序中生产意义的机器。当然，还有其他秩序、其他机器——比如弗洛伊德所有的那些发现以及其他实践性和政治性的秩序和机器等等。我们必定是操作工，某物的"操作者"。

190

——那么，您对当代哲学的问题是如何定义的？

吉尔·德勒兹：或许就是以刚刚提到的方式，用意义和价值等概念。现在很多事情都在发生，这是一个非常混乱和丰富的时代。一方面，人们再也不相信"我"、"自我"，他们不相信个人、不相信人。这在文学中表现得很明显。不过事情要更为深刻：我是说很多人自发地不再用"我"或"自我"这些词语来思考。哲学一直以来都为我们提出特定的选项：上帝

---

b.　Feuerbach, *L'Essence du christianisme*, Paris, F. Maspero, 1968.

或人——用学术术语来说，即无限质料或有限主体。这已经没那么重要了：上帝之死，用人来代替上帝的可能性，所有这些上帝—人之间的转换情况都差不多。正如福柯所说，我们既不是人，也不是上帝，两者一起都已经死去。我们不可能再坚守纯粹普遍性与包含在人、个体或自我中的独特性之间的对立。我们不可能再坚守这一对立，即便并且尤其是在我们试图调和两者、用一项补足另一项的时候。在我看来，此刻我们正在发现的，是一个由非个人的个体化过程（d'individuations impersonnelles），或者不如说前—个体的奇异体（singularités pré-individuelles）组成的异常丰富的世界（这就是尼采提到的"既非上帝，也不是人"，这就是被加冕的无序[l'anarchie couronnée]）。新小说的意义正在于此：它对这些非个人的个体化过程和非个体的奇异体加以表现。

191　　　　不过最重要的是，所有这一切都指向现实世界中的事物。个体化不再被封闭于词语中，奇异体也不再被封闭于个体中。这特别重要，甚至在政治上也是如此：由此，"水中鱼"，革命斗争，争取自由的斗争……在我们这样的富足社会中，非一体化（non-intégration）的方式如此多样，年轻人反抗的不同形式或许也属于同一类别。你知道，压迫力量永远需要可指定的"自我"、可确定的个体以便发挥作用。一旦我们稍微变得具有流动性，一旦我们摆脱对自我的规定，一旦人不再存在以至上帝无法施加其律法或者被人替代，警察就会不知所措。这不只是理论上的。重要的是实际发生的事情。对年轻人面对的困境，我们不能用"哦，他们会长大的"一言带过。当然，这很困难，也很令人焦虑，不过，同时这也很快乐，因为或许，连同一种现实创造带有的所有混乱和痛苦，我们还是正在创造什么。

　　　　哲学也必须创造新的思想方式，创造一种全新的对思想、对"思想何谓"的理解,以便和现实取得一致。哲学自身也必须创造革命,如同那些发生在别处,发生在另外层面上或者正蓄势待发的革命一样。哲学与"批判"密不可分。不过,批判的方式却有两种。或者,我们批判那些"错误的运用":我们对错误的道德、错误的认识、错误的宗教等等提出批判。这正是比如康德对其著名的"批判"的设想:认识的典范、真正的道德、信仰等等都会通过这种批评完整无缺地呈现出来。此外,还存在着另一类哲学家,遵循一种新的思想之图,他们对真正的道德、真正的信仰、理想的认识等等提出彻底的批判,以便创造其他新的事物。只要我们满足于批判"错误",我们就不会对任何人造成困扰(真正的批判是对真实的形式而不是错误的内容的批判。我们不能通过谴责其"错误"来对资本主义或帝国主义提出批判)。这另一类哲学家包括卢克莱修、斯宾诺莎、尼采等等,这是哲学中一条不可思议的谱系,一条断裂的、爆炸性的线,完全是火山式的。

192

——您曾著书专门论述休谟、尼采、康德、柏格森、普鲁斯特和莫索克。您能解释一下这一系列选择的原因吗?它们是否在某一点上汇合?您不是对尼采有一种特别的兴趣吗?

吉尔·德勒兹:确实,而这正是出于我刚刚尝试说明的原因:一方面,尼采完全不是那句著名的格言"上帝已死"的发明者。相反,只要人取代了上帝的位置,那么这句格言就毫无意义,而尼采是第一位如此思考的人。对他来说,重要的是发现某种既非上帝也不是人的事物,让那些非个人的个体化过程和前一个体的奇异体发声……这正是他所谓狄奥尼索斯或超人的意义所在。他的文学和哲学天才正在于发现让这些事物发声的手段。关于超人尼采曾经说过:它是所有事物的高级类型,其中也包括动物在内——这就好像兰波,"他对全人类负责,甚至动物……"c 另一方面(不过这是一回事),他再次发明了那种总体性的批判,后者同时也是创造,一种总体的实证性。

我觉得我写的其他那些书是出于各种不同原因。康德是错误批判的完美化身:因此,他让我着迷。不过,在康德如此富有天才性的著作面前,问题绝不在于我们是否认同作者。我们首先应该学会赞赏:我们需要再次找到他提出的问题,再次发现他独特的机器装备。我们之所以能够再次发现真正的批判,正是出于这种赞赏。今天人们的毛病正在于不知道如何赞赏任何事物,或者不如说他们"反对"一切,用自己的标准衡量一切,而且喋喋不休吹毛求疵。我们不能如此行事:我们应该回到天才作者提出的问题,找出他所说的事物中那些没有被说出的东西,以便汲取某种不管怎样仍然属于他的东西,即使我们同时反对他。我们必须从那些我们自己否定的天才中获取激励和鼓舞。

193　　　于勒·瓦莱(Jules Vallès)曾说革命者必须学会赞赏、学会尊重:事实上,这是一种奇妙的说法。以电影为例,当杰瑞·刘易斯(Jerry Lewis)或塔蒂"批判"现代生活时,他们并不只是随意肤浅地向我们展示那些丑陋的事物。他们将自己批判的事物描述为美的、壮观的,他们热爱自己批判的事物,并赋予它们一种新的美。他们的批判因此更加有力。在所有的现代性中,在所有的新事物中,都存在着墨守成规和创造性;墨守成规或许乏味,不过同样存在着"一小段新音乐";既有迎合时代的事物,不过同时也存在着某种"不适时"(*intempestif*)的事物——将两者分离开来正是那些知道如

---

c. A. Rimbaud, lettre à Paul Demeny du 5 mai 1871, in *Œuvres complètes*, Paris, Gallimard, 1972, coll. « Bibliothèque de la Plèiade », p. 252.

何赞赏的人的任务,他们是真正的破坏者和创造者。没有爱就不会有真正的破坏。

休谟、柏格森和普鲁斯特让我很感兴趣是因为在他们那里存在着一种新的思想之图的深刻要素。在他们向我们诉说的方式中存在着某种超凡事物:思想并不意味着你所相信的事物。我们生活在某种特定的思想之图中,这就是说,在思想之前,我们已经拥有对思想何谓、对思想的方法和目的的模糊认识。正是在这里,这些作者向我们提出一种全新的观点,一种全新的图景。举例来说,在普鲁斯特那里,任何思想都是一种侵犯,它由符号的强制而来,而我们只能以受限、受强迫的方式思考。由此,思想不再由某种有意愿的自我主导,相反,支配思想的是非自愿的力量,是机器"效果"……此外,你还要热爱那些微不足道的事物,热爱那些超越个人和个体的事物,你要向"遭遇"开放,并在那些超越个体的奇异体、在那些超越个人的主体化过程中寻找一种独特的语言。是的,我们要找的正是思想行动的新图景,思想运转及其在自身中起源的新图景。

——关于普鲁斯特,您曾说过:"没有逻各斯,只有象形文字",我们能将这句话视为对您思想的总结吗?另一方面,在对莫索克的论述中,您曾将艺术家定义为"症候学家",并且说道"作为医学之科学或实验部分的病原学应该被症候学取代,而后者是医学的文学和艺术部分"。两者涉及的是同一个问题吗?

吉尔·德勒兹:是的,是同一个问题:象形文字与逻各斯相对,而症候则和本质相对(所谓症候亦即突发、遭遇、事件和侵犯)。艺术家是症候学家。正是在这种意义上莎士比亚的人物说道:"世界怎么(va)了?"这样的问题带有独特的政治和心理意涵。纳粹主义是近来地球上的一种疾病,而美国

194

人在越南的所作所为同样是一种疾病。我们可以将世界视为症候,并从中找寻疾病的符号,生命的符号,痊愈或健康的符号。有时候,激烈反抗正是即将痊愈的符号。尼采将哲学家视为文明的医生。亨利·米勒正是一位了不起的诊断家。一般来说,艺术家应该将世界视为症候,他们创作的作品不是某种治疗,但不管怎样,作品都是一种诊断。我们并没有处于症候之外,不过我们将其创作为作品,后者或者是症候爆发的一部分,或者是其转换的一部分。

——您曾在某处写道:"阐释者是生理学家或医生,他们将现象视为症候,并借助格言来表达。评价者是艺术家,他们构思并创造'透视法',他们借助诗歌来表达。未来的哲学家既是艺术家也是医生,一句话,他们是立法者……"d 不过矛盾的是,激发尼采思想的大部分哲学家都是以一种接近传统的方式写作的,这让人感到震惊。在我看来,出于某种必要性,您某些著作的结构(我们或许可以称之为镶嵌式结构)走上了在当前为哲学发明一种新语言的方向。毫无疑问,您对文学充满兴趣,这种兴趣的意义又是什么?

吉尔·德勒兹:如您自己所熟知,形式创新的问题只有和新内容联系起来才有意义。甚至,内容有时候会先于形式。我们想要说或认为自己想要说什么,正是这一点决定了新的形式。不过,确实,哲学没什么了不起的。哲学完全没有像在科学、绘画、雕塑、音乐或文学中那样发生什么革命,甚至连相似的探讨也没有。对哲学来说,柏拉图、康德等等还是决定性的,这很好。不过,确切地说,非欧几何完全没有妨碍欧几里得在几何领域的决定性,勋伯格也没有让莫扎特过时。同样,新表达形式的探讨(既是新的思想之图也是新

---

d. 载 *Nietzsche*, Paris, PUF, 1965, coll. « Philosophes », p. 17.

的方法）应成为哲学的关键因素。"啊，那陈旧的风格！……"贝克特的抱怨正是在这里获得其意义。我确实感到，很长一段时间以来我们就已经不能再用那种古老的方式来写作哲学著作了，学生们不再感兴趣，甚至写的人也不感兴趣。我觉得，所有人都在寻找某种创新。尼采发明的方法不同寻常，不过，我们不可能再重复他的做法。在《查拉图斯特拉如是说》之后还在写《地粮》这样的书，这只能是一种无耻。

小说已经找到自己的新生。有些人指责新小说是试验室或实验作品，不过这一点也不重要。"反对什么的书"从来都没有任何价值（反对新小说，反对结构主义等等）。只有以另一种创造的名义我们才可能反对什么，而一旦如此，反对什么的问题也就不存在了。如果再拿电影举例的话，戈达尔使电影发生了转变，他将思想引入电影之中。他并没有做什么关于电影的思考，他也没有将某种或多或少有益的思想植入电影之中，他让电影思考——我觉得，这也是电影史上的第一次。最终来说，戈达尔能将康德或斯宾诺莎、《纯粹理性批判》或《伦理学》拍成电影，而后者将既不是什么抽象电影也不是思想在电影拍摄中的应用。他知道如何找到一种新的方法，同时创造一种新的"影像"——不可避免地，这也预示着一种革命性的内容。在哲学中，我们每个人都对形式创新的问题感同身受。创新当然是可能的。创新从来都是从细微事物开始的。比如说，将哲学史视为某种"拼贴画"来使用（这在绘画中已经是很陈旧的手法了），这完全没有削弱历史上伟大哲学家的重要性；这是在哲学特有的绘画内部创作拼贴画。这比"资料选编"要好多了，不过这也需要特别的技法。我们需要哲学中的马克斯·恩斯特（Max Ernst）……此外，哲学的元素是概念（如同声音之于音乐家，色彩之于画家），哲学家创造概念，他在概念的"连续体"（continuum）中

196

进行创造,就像音乐家在声音"连续体"中创造一样。重要的
问题是概念从哪来,什么是概念的创造。概念就如同人物一
样存在着。我觉得我们需要的是概念的大量生产,是概念的
过剩。哲学中概念的呈现应该如同一部优秀的侦探小说:概
念应该具有自己的存在区域,化解局部情势,与"戏剧性"联
系起来,并带有某种特定的残酷性。它应该具有某种一致性
(cohérence),不过这种一致性只能从别处而来。萨姆埃尔·
巴特勒(Samuel Butler)曾创造了一个非常贴切的词来形容
这种由他处而来的叙事:EREWHON,它既是无处存在(no-
where),原初的虚无,同时也是此刻——这里(now-here),被打
乱、错位、掩盖、翻转的此刻——这里。这正是经验主义的非凡
之处,而我们对之很不理解:野性状态下概念的创造,它们以
一种既不属于它自身也不属于上帝或自我的一致性的名义
说话,相反,这是一种永远即将到来的一致性,并与自身处于
一种失衡关系中。哲学需要经验主义。

　　——据说您正在写一部关于重复概念的著作。对人文
科学、文学和哲学来说,这个概念有什么意义呢?

　　吉尔·德勒兹:是的,这本书我已经写完了。重复以及
差异——这是一回事,它们是我们今日思想中的主要范畴。
问题在于重复和不变性,同样也在于重复中的面具、伪装、错
位和变化。如果说哲学家和小说家都围着这些主题打转,那
么它对于我们这个时代来说必定非常重要。人们对这些主
题的思考都是独立的。不过,还有什么比呼吸到时代的气息
更让人欢欣鼓舞的呢? 不由自主地,这也是我的一个主题,
并且让我着迷。我下意识地在所有我热爱的作家那里寻找
这个主题。目前,对于差异和重复这些概念已经有很多深入
的研究。所以为什么不加入进来呢? 为什么不和大家一起
提出这个问题:在哲学中我们怎么做? 我们寻找的是某种

197

"生机、生命力"(vitalité)。即便是精神分析也致力于寻找病人身上已经失去了的某种"生命力",不过精神分析本身也已失去了生命力。我们已经很接近哲学的生机,政治的生机同样已经浮现。很多事情、很多决定性的重复、很多改变已经离我们不远。

(胡新宇 译)

19. 吉尔·德勒兹谈哲学 *

——您刚刚出版了两部著作:《差异与重复》和《斯宾诺莎与表达问题》。最近还有一本著作《意义的逻辑》应该即将出版。在这些著作中,谁在说话?

吉尔·德勒兹:每次我们写作的时候,我们都是让另一个人说话。而且我们首先是让某种形式说话。比如,在古典世界中说话的是不同的个体(individus)。古典世界完全建立在个体性形式之上,在这个世界中,个体与存在是同外延的(这一点可以从上帝作为个体化的至高存在的设定中看得很清楚)。在浪漫主义世界中说话的则是不同的人物、个人(personnages),而这带来很大的不同:在浪漫主义世界中,个人被定义为是与再现同外延的。这些是语言和生命的新价值。时至今日,自发性可能会避开个体和个人,这不仅是因为某些无名的力量。很长时间以来我们都被要求做出这样一种二元选择:或者你们将会是不同的个体、不同的个人,或者你们将重返一种匿名的无区别背景。不过,我们将发现一个由前—个体的、非个人的诸奇异体(singularités pré-individuelles, impersonnelles)构成的世界。这些奇异体既不

---

* 本文系热内特·科隆贝尔(Jeannette Colombel)对德勒兹进行的访谈,载 *La Quinzaine littéraire*,no.68,1 - 15 mars 1969, pp. 18 - 19。

可归结为不同的个体或不同的个人,也不可归结为一种无差异的背景。正是这些流动的、偷窃般的和会飞的奇异体由此及彼地转变,它们四处破坏,构成被加冕的无秩序状态,栖居在一个游牧性的空间之中。按照界石与围墙在固着的不同个体之间分割一个固定的空间,抑或在一个既没有围墙也没有所有权(propriété)的开放空间中分配诸奇异体,在这两者之间存在着巨大的差异。诗人弗林盖蒂(Ferlinghetti)曾谈到单数第四人称,我们想让之说话的正是这个第四人称。

    199

 ——那么,您是否由此将您对之加以阐释的哲学家们视为开放空间中的不同奇异体呢?直到现在,我还是想将您的观点与当代舞台导演对书写文本的阐释进行比较。不过,在《差异与重复》中,这种关系被移位了:您不再是一位阐释者,而是一位创造者。那么,这种比较还有效吗?或者说,哲学史的角色已经发生了改变?它是您所追求的、那种能够改变哲学图景的"拼贴"吗?或者,哲学史仍是融入文本之中的"引用"?

 吉尔·德勒兹:确实,面对哲学史,哲学家经常很头痛。哲学史非常可怕,我们很难从中脱身。如您所说,以一种舞台导演(mise en scène)替代哲学史,这或许是解决问题的一个好办法。所谓舞台导演,也就是说它借助所有其他方面的价值,借助(至少在通常意义上的)非文本价值来阐明书写文本:用哲学戏剧来替代哲学史,这是有可能的。您说,在差异这个问题上,我探寻了另一种技巧,相对戏剧来说,它和拼贴更接近。它是一种如同我们在波普艺术中看到的某种拼贴乃至系列发生(sérigénie)的技巧(在微小变异之上的重复)。不过您认为我在这一点上并没有完全获得成功。我认为我在论意义的逻辑的著作中走得更远。

 ——对于您在书中写到的那些作家,您表现出的友善尤其让我印象深刻。在我看来，您有时予以作家过度的赞许，比如，您闭口不谈柏格森思想中的保守方面。相反，您对黑格尔则毫不宽容。为什么会有这种拒绝呢？

吉尔·德勒兹：如果不是赞赏和热爱某物，我们就没有理由去写它。作为哲学家，斯宾诺莎或尼采的批判和破坏力量是无与伦比的，不过，这种力量永远迸发于一种肯定、一种快乐，永远迸发于一种对肯定和快乐的狂热，迸发于一种对生命的渴求，而反对它所遭受的摧残与折磨。对我来说，这就是哲学本身。您问到另外两位哲学家。正是根据那些前面提到的导演或拼贴的准则，我认为从其保守哲学的整体中释放某些并不保守的奇异体是允许的：对柏格森主义及其生命、自由或精神疾病等图案来说，我的态度正是如此。不过，为什么我不对黑格尔这么做呢？的确某人应当承担背叛者的角色。让生命去"负载"，用各种重负压倒生命，将生命与国家和宗教相调和，将死亡刻写在生命之中，残酷地使生命臣服于否定，让生命承负着内疚和不良意识，所有这些都以哲学的方式体现在黑格尔的思想中。借助于否定和矛盾的辩证法，黑格尔自然而然地激发了背叛的全部言辞，无论对左派还是右派来说情况都是如此（神学，唯灵论，专家政治论，官僚主义等等）。

——这种对否定的憎恨使您视差异与矛盾二者为对立事物。或许，黑格尔辩证法中对立面之间的对称性对立已证明了您的观点，不过，这种关系对马克思而言也是一样的吗？为什么您只是暗示性地谈及这一点呢？您对弗洛伊德那里冲突——差异关系的分析是如此丰富，它揭示出虐待狂与受虐狂、死亡本能和冲动之间虚假的对称——这种分析难道不也适用于马克思吗？

吉尔·德勒兹：您说的对，不过，阿尔都塞不是已经令人赞叹地将马克思从黑格尔那里解放出来并使我们重新理解了马克思？他不是已经发现了马克思那里微分和肯定的机制？无论怎样，在错误的意见、虚假的对立之下，你会发现那些更具爆发性的体系，那些处于不平衡状态下的不对称整体（比如，经济学或精神分析意义上的恋物）。

——最后一个问题（关于马克思那里"未被说出的"内容），我能清楚地看到您的哲学与游戏之间的联系。我也能设想到哲学与抗议的关系。不过，哲学可以具有一种政治维度并为革命实践做出贡献吗？

吉尔·德勒兹：我不知道，这是个很难回答的问题。首先，存在着某些友谊或爱的关系，它们并没有在等待革命，也没有预示它，尽管它们自认是革命性的关系：它们拥有一种诗意生命特有的抗议力量，比如说，垮掉派就是如此。与其说这是马克思主义，不如说这是禅宗，不过，在禅宗中同样存在着很多效力十足而具有爆发性的东西。至于社会关系，让我们假设每一时代的哲学都让这样的功能范畴（instance）发声：古典世界中的个体、浪漫主义世界中的个人或者现代世界中的奇异体。哲学没有使这些功能范畴存在，哲学只是让它们发声。不过，它们确实存在，并在历史中被生产出来，并且本身就依赖于社会关系。这样一来，革命就是这些与这样或那样的功能范畴的发展相对应的社会关系的转换（比如，1789 年"古典"革命中的那些资产阶级个体）。当前革命——摆脱了官僚主义的革命——中所出现的问题，是新社会关系的问题，诸奇异体就出现在新的社会关系中。作为积极的少数分子，诸奇异体就存在于一个既没有所有权也没有围墙的游牧空间中。

（胡新宇　译）

20. 斯宾诺莎与 M.戈胡的一般方法[*]

　　M.戈胡（M.Gueroult）出版了他的《斯宾诺莎》第一卷，涉及的是斯宾诺莎《伦理学》的第一部分。由于出版方面的原因，第二卷虽已完成但没有同时出版，这让人十分遗憾，鉴于第二卷正是为展开第一卷的那些直接推论而写。不过我们已经可以估判该著作之问世的重要性，无论是从戈胡所创立的一般方法来看，还是就斯宾诺莎主义而言。

　　戈胡通过一种结构—发生（structurale-génétique）的方法更新了哲学史，他建立这一方法还要早于结构主义在其他领域的登场。这里，一个结构被界定为一种理由秩序，而诸理由是相应系统微分的和发生的要素，作为真正的哲学论题（philosophèmes），它们只在彼此的关系中实存。而且视乎它们仅仅是认识的理由还是真正的存在理由，换言之，根据它们的秩序是分析的还是综合的，是认识的还是生产的，诸理由又不相同。只有在第二种情形中，系统的发生才同时是诸事物——通过系统并在系统内——的发生。但我们要提防以过于粗略的方式将这两种系统类型对立起来。如果诸理由是认识的理由，发明方法当然本质上是分析的；但还是有

　　* *Revue de métaphysique et de morale*，vol. LXXIV，n° 4，octobre-décembre 1969，pp. 426 - 437. Sur le livre de M. Gueroult，*Spinoza*，Ⅰ，-*Dieu*（*Ethique* Ⅰ），Paris，Aubier-Montaigne，1968.

综合被整合在内了，要么是作为展示的方法，要么更深刻地是由于在理由秩序中遭遇了存在理由，但明确来讲又是在诸认识要素之关系为其所指派的地方（这便是笛卡尔的本体论证明）。相反，在另一类型的系统中，当诸理由被规定为存在理由，综合的方法成了真正的发明方法；不过逆推式分析还是有其意义，凭它我们可以尽快地被带到诸要素之作为存在理由的这一规定，在这一点上，逆推式分析就被进展式综合所替代甚至吸收。因此系统的两种类型是在结构的层面相互区分的，亦即要比一个简单的对立来得深刻。

戈胡在讨论费希特的方法与康德的方法之对立时已经指出过这一点。这一对立不是在一个极端二元论的意义上，而是在于一个特殊的翻转：分析进路没有被费希特忽视或舍弃，但这种进路必须为其自身的取消来服务。"随着原则渐渐将其完全吸收，分析进路具有越来越可观的广度……不管何时（《知识学》）都在肯言，原则应当仅凭自身而有价值/成立，而分析的方法除了以其自身的取消为目的，不该有别的寻求；也就是说，所有效力都应该归在构造的方法这里。"①费希特那里深刻的斯宾诺莎主义使我们有理由认为，一个相似的问题在斯宾诺莎本人的哲学这里提出来了，而这一次是以斯宾诺莎与笛卡尔的对立为背景。因为说斯宾诺莎是从上帝的观念出发，并进入一种假定为现成的综合进路，这是十足的错误。《知性改进论》就已经在促使我们从任意一个真观念尽快将自己提升到上帝的观念，而在上帝之观念这里，一切虚构终止，渐进的发生以某种方式替换和避免了预备性的分析，但并没有将其取消。而《伦理学》则更加不是从

---

① *L'évolution et la structure de la Doctrine de la Science chez Fichte*, Les Belles Lettres, Ⅰ, p. 174.

上帝之观念开始了，从界说的秩序看，是在第六个界说才到达上帝的观念，从命题的秩序来看，是从第九和第十个命题才到达上帝的观念。以至于戈胡这本书的一个根本问题就是：在前八个命题中，究竟发生了什么？

理由的秩序任何情况下都并非隐藏的。它并不诉诸什么潜藏的内容，或者什么未被说出的东西，相反它从不出乎系统的表皮（《沉思集》中认识理由的次序，抑或《伦理学》中存在理由的次序，概莫如是）。正因如此，对戈胡来说，哲学史家从来不是解释者。① 结构，从来不是应当在"既言"背后去发现的"未言"；要发现结构，只能跟随作者明示的秩序。诚然，结构从来是明示和显白的，可它又恰恰是最难于看到的，往往被史家忽视，不管在研究材料还是观念时，结构总不被察觉：因为结构与言说行为相同一，是纯粹的哲学既与（事实，*factum*），却又总是被所言（探讨的材料也好，组成的观念也罢）歪曲（détournée）。因此要看到结构或者理由秩序，就是要跟随这样一条道路，沿着这一道路的诸材料根据这一秩序的诸要求得到离解，诸观念根据它们的微分—发生要素得到分解，同样是沿着这一道路，这些要素或者这些理由组成诸"系列"，诸独立系列又借助诸交会而形成一个"纽带"（*nexus*），作为问题与其解决的交织（entrecroisements）。②

正如他曾经一步步跟随笛卡尔在《沉思集》中的分析的几何秩序，戈胡也同样一步步跟随着斯宾诺莎在《伦理学》中的综合的几何秩序：界说、公理、命题、证明、推论、附释……而这一步骤不再只具有一种教学作用（如同在刘易斯·罗宾

---

① 参见 *Descartes selon l'ordre des raisons*，Aubier，Ⅰ，avant-propos.
② 在笛卡尔那里这样的纽带和交织的例子，参见 *Descartes*，Ⅰ，pp. 237，319.

森的《伦理学》评注中那样[a]）。因为读者会由此期待：1. 斯宾诺莎系统的结构之揭示，亦即诸发生要素的确定，它们之间所维持之关系的诸类型，它们所进入其中的诸系列，以及这些系列之间的诸"纽带"（结构作为精神自动机）；2. 出于哪些理由斯宾诺莎的几何学方法是对这样的结构而言严格充分的，亦即结构如何切实解放了诸界限的几何构造——只要结构适合于一些图形（理性或者想象力的存在物）这些界限就会对其施加影响——并通过指定如此显著的扩展的诸条件而使得几何构造建立在实在的存在物之上；[1]3. 最后，绝非细枝末节的一点是，一个证明是出于哪些理由才突然出现在如是位置，如果需要的话还伴随着其他一些用来辅佐的证明，特别是还要援引如是的一些之前的证明（而心急的读者会认为可以设想其他的一些证明线索/前后联系）。[2] 关乎系统之恰当方法和形式化的这后两个方面，直接来自于结构。

让我们最后再添加一个主题：既然系统的结构由诸理由的秩序或共存空间所界定，我们就要问，系统自身的历史变得怎样，它的内部演进又是如何。如果戈胡经常只是把这份研究置于附录补遗中，绝不是因为这种研究是无关紧要的，也不是因为戈胡的书自呈为"大作"《伦理学》的评注。而是

---

a.　L. Robinson, *Kommentar zu Spinosas Ethik*, Leipzig, F. Meiner, 1928. 该评注在戈胡的著作中被多次引用和提出异议。

①　在《费希特》中，戈胡就已经在指明可构造性如何扩展到了诸先验概念那里，尽管这些先验概念与几何学概念本性上如此不同。

②　这一研究构成戈胡方法的一个至为深刻的方面：比如，第178—185页（命题11的组构：为什么上帝的实存是由它的实体性而得到证明，而非由其构成性属性的必然实存来证明呢？），第300—302页（为什么上帝及其诸属性的永恒性和不变性是在命题19和20中出现的，因而是在论及因果性时而不是在论及神圣本质时出现的呢？），第361—363页（为什么命题32中意志的地位不是直接由命题31中知性的地位推得，而是来自全然另一种路径？）。在戈胡的书中，还有很多其他例子。

因为，除非一个演进是纯粹想象性的，是被观念史家的口味或者直觉所任意确定的，不然它就只能从一个对系统诸结构性状态之严格的比较研究出发来得到演绎。只有根据《伦理学》的结构性状态，我们才能决定比如《简论》是否呈现了另一种结构，或者只是呈现了同一结构的另一个不那么令人服膺的状态，以及从发生要素和它们之间关系的视点来看，这些改动的重要性何在。一般一个系统的演进，是基于如下情形：某些部件改变了位置，以便覆盖比之前更大的一块空间，更为紧凑地部署（quadrillant）这块空间。然而系统也可以包含足够多的不定点，使得许多可能的秩序可以同时在其中共存：戈胡在之前研究马勒布朗士时就已经出色地指出了这一点[b]。但对特别紧凑或饱和/完备的系统而言，则需要一个演进，以使某些理由改变位置并产生一个新的效应。在讨论费希特时，戈胡就已谈及"系统的内部推力"，它们规定了新的分解、移位和关系。[①] 而在戈胡关于斯宾诺莎这本书的附录/补遗中，斯宾诺莎主义中这样一些内部推力的问题又被多次重提：关于上帝的本质，上帝存在的证明，绝对决定论的证明，尤其是关于实体与属性的界定，对最后这一点（戈胡）更是用整整两页进行了密集和详尽的讨论。[②]

实际上《简论》似乎首先关心的是将上帝与自然相同一：诸属性于是可以无条件地同一于一些实体，而诸实体则被界定为诸属性。这里就有了某种自然的价值化，既然上帝将被界定为那唯一呈现所有属性或实体的存在；同时是诸实体或属性的某种去价值化，诸实体或属性还不是自因，而只是由

b.　*Malebranche*, 3 vol., Paris, Aubier-Montaigne, 1955—1959.
① 参见 *Fichte*, Ⅱ, p. 3.
② 补遗2（第426—428页）。另参见补遗6（第471—488页）。与《简论》的比较研究也已然严格地出现在第三章。

自身而得到构想/理解。相反《伦理学》操心的则是将上帝与（中译注：单数）实体本身相同一：由此就有一种（中译注：单数）实体的价值化，这一实体将真正是由所有属性或被定性实体（substances qualifiées）来构成，每个这样的被定性实体都充分享有作为自因之特性，也都作为一个构成性要素，而非仅仅是一个在场；还有自然的某种移位，自然与上帝的同一因而应被奠基，自然也从此更适于表达被生产之自然与生产性自然之间的相互内在性。于是我们看到，这里涉及的与其说是另一个结构，不如说是同一结构的另一状态。因此对内在演进的研究就补全了对恰当方法以及特有之形式化的研究，这三方面研究从对系统结构的规定出发而辐射出来。

207

那么，当斯宾诺莎证明一个属性对应一个实体，于是有多少属性就有多少被定性的实体，并且每个这样的实体都享有"在其类上独一无二"、"自因"以及"无限"的诸特性，在前八个命题中究竟发生了什么呢？我们常常会认为斯宾诺莎在一个不属于他的假设中推理，随后上升到实体的统一性，后者作为一个"非假设"原则取消了作为出发点的那个假设。出于许多理由，这一问题是本质性的。首先因为这一所谓的假设性进路可以凭借《知性改进论》里的一个相关部分而成立：实际上在这一论著中，斯宾诺莎是在一些无论如何的真观念——可能还是浸满虚构的一些几何存在物的观念——那儿取得他的出发点的，以便尽快上升到上帝的观念，到这里所有虚构就停止了。但问题恰恰是要知道《伦理学》是否就没有实现一个与《知性改进论》十分不同的结构性图式。接下来是因为，在《伦理学》本身的视角上，对前八个命题之角色的实践评估对于理论上理解诸属性之本性是决定性的；而大概正是由于给予这前八个命题一个仅仅是假设性的意

义,人们就被引向关于属性的两大误解:要么是一种康德式
义,人们就被引向关于属性的两大误解:要么是一种康德式幻相将诸属性处理成一些知性的形式或概念,要么是新柏拉图主义的眩晕将诸属性变成了一些已然降级/变弱的流溢或者启现。① 最后则是因为在这前八个命题中某些东西当然只是临时的和有条件的;但整个问题在于知道具体哪些是临时和有条件的,是否我们可以说这些命题的全部都是如此呢?

戈胡的回答是,这前八个命题具有一个十分明确的意义。不然,我们就不能理解,这些命题何以赋予每个被定性实体一些肯定/积极的毋庸置疑的特性,尤其是自因的特性(在《简论》中诸被定性实体尚还不具有这样的特性)。如果说相同属性只能对应一个实体,这里的意思是说,诸属性,唯有诸属性,是真正分开的;然而《伦理学》的这个断言没有任何假设性。② 评注者们赋予这前八个命题一种仅仅假设性的意义,是因为他们不知道斯宾诺莎那里实在的区分(distinction réelle)的本性,因而不知道整个区分的逻辑。事实上,这是因为实在的区分不能是数值/数字的,实在地区分开的诸属性或者被定性的诸实体构成了唯一的同一个实体。而且,在最严格的意义上,一(作为数字)对于实体*的充分性并不高于2、3、4等对于诸属性(作为被定性实体**)的充分性;在其整个评注中,戈胡坚持了对一般数字的去价值化,一般意义上的数字甚至不能恰当地表达样式的本性。③ 说诸属性是实在地区分的,就是说它们每一个都是凭自身而得到

---

① 有关这两种误解,参见补遗 3 中的明确说明(特别是对布伦士维格[Brunschvicg]和哈特曼[Eduard von Hartmann]之解释的批评)。

② p.163, p.167.

* 此处"实体"一词使用了单数形式。——中译注。

** 此处"实体"一词使用了复数形式。——中译注。

③ pp.149-150, pp.156-158, 特别是补遗 17(pp.581-582).

认识/设想的，既不需要对另一个的否定，也不需要与另一个对立，所有属性都由同一个实体而显示出来并得到肯定。诸属性的实在区分远不是一个障碍，而是作为一个存在的构成条件，这一存在因它具有诸属性而更其丰富。[①] 实在区分的逻辑是一个纯然肯定性的差异的逻辑，没有否定。诸属性形成一个不可还原的多样性，但整个问题在于知道这一多样性的类型是怎样。当我们将名词/实体性的"多样性"转化为两个相反的形容词（多样的属性与单一的实体），我们也就取消了这一问题。诸属性是一个毫不含混的或者说质性的多样性，"具体的多元性，蕴含着构成这种多元性之诸存在的内禀的差异性和相互的异质性[*]，与数（直接就其字面的意思而言）的多元性没有任何共同之处"。[②] 戈胡两次用了五颜六色/杂色（bigarré）这个词：上帝不是由诸部分组成的，所以它是简单的，但上帝也同样是一个复合的概念，因为它由一些"基本元素"构成，而只有后者才绝对地简单；"上帝因此是一个五颜六色的最实在的存在，而不是一个纯粹的最简单的存在，（后者）难以形容，不可名状，在那里所有的差异消失不见"；"它是五颜六色的，但又是不可拆的，由异质却不可分的诸属性构成。"[③]

考虑到数字语言的不适当性，我们不妨说，诸属性是一个绝对单一的实体的诸实质或实体性形式：是对一个本体地构成为一的实体而言明确不可化约的构成性要素；是实体的

---

① p.153，p.162.

* 法文版原文在冠词单复数上或有误，英译本做了调整，译者在译出此处行文逻辑时，同英译本。——中译注。

② p.158.斯宾诺莎那里的多样性理论是很完善的，戈胡在他分析另一种类型的多样性——这次是纯然样式的，但一样地不可还原为数字——时，为此给出了另一个证据，参见补遗 9，"对关于无限的书信的说明"。

③ 第 234 页，第 447 页（戈胡强调《伦理学》不再将简单、最简单的存在这样的术语运用于上帝）。

系统统一性的多样的结构性要素；是一个实体的微分要素，这一实体对这些要素既不并置也不融合，而是将它们积分/归并。① 也就是说，在斯宾诺莎主义当中，不仅仅有一个诸样式由实体出发的发生，而是有一个实体自身的谱系学，而那前八个命题其意义恰恰是用来建立这一谱系学。诸样式的发生（学）与实体的谱系学诚然是不同的，因为一个是建立在同一实在性的诸规定或者部分之上，而另一个则是由同一存在的种种实在性来支撑；一个涉及一种物理合成，另一个则是涉及一种逻辑构成；如果重拾斯宾诺莎所借鉴的霍布斯那里的表达，一个是"对被产生的东西的描述（*descriptio generati*）"，而另一个则是"对产生/发生本身的描述（*descriptio generationis*）"。② 尽管如此，如果两者仅仅是在同一个意义上被说出的（上帝，自身的原因，这与万物的原因是一个意思），这是因为，诸样式的发生是在诸属性中，但如果诸属性本身不是实体的谱系学要素的话，这种发生就无法以内在的方式进行。整个斯宾诺莎主义作为发生（学）哲学在方法论上的同一性也就由此出现。

　　发生学哲学或者建构性哲学与一种综合方法不可分离，在这一方法中，诸属性被规定为真正的存在理由。这些理由是构成性要素：因而没有任何升华（ascension）*可言，从诸属性到实体，从诸"述词式实体"到绝对无限的实体；后者并不包含任何与前者不同的实在性，尽管后者是前者的积分，不是总和（总和依然假定了数字以及数字式区分）。但我们已经看到，戈胡在另外一些场合指出，综合方法并不与一种分析和回溯的进路简单对立。在《知性改进论》中，我们是从随

---

① 　p.202，p.210.
② 　p.33.
* 　参考耶稣升天的意象：强调一种层级上的跃迁。——中译注。

便的一个真观念出发——即使这一观念尚还浸满了虚构,自然中没有任何东西与之对应——以便尽快地上升至上帝的观念,在上帝之观念这里,一切虚构停止,诸物如同诸观念都是从上帝那里产生。在《伦理学》中,我们当然不是从诸实体—属性上升到绝对无限之实体;但我们通过一个分析回溯的进路抵达作为实在构成要素的诸实体—属性,这一进路使得这些实体—属性就它们自身而言不是一个发生学构造的对象,也不应该是,而只是一个归谬证明的对象(实际上,我们"提出"实体的诸样式就是为了证明每个属性只能指涉一个不可公度的/无限大的实体,这一实体在其类上独一,凭自身而实存且必然无限)。而接下来被取消或超越的不是这一回溯性进路的结果——因为诸属性如同它们被觉察的那样是确实存在/实存的,而是这一进路本身,一旦诸属性被觉察为构成要素,这一进路就让位于发生学建构的进路了。因而后者积分/归并了分析进路及其自我取消。也正是在这个意义上,我们才确保达到作为存在理由而不只是认识理由的这样一些理由,而几何学方法才克服了当它适合于一些简单图形时还只是虚构的东西,而显示出自己对于实在存在的可构造性是适当/充分的。① 概言之,所谓临时性的东西,不是前八个命题的内容是临时性的,不是任何被授予诸实体—属性的特性,而仅仅是这些实体要形成分离的实存所具有的分析的可能性,这一可能性在前八个命题中完全没有被实现。②

211

于是我们看到独一实体的建构仿佛是处在两个系列的交汇处,并恰好形成一个纽带(正是因为无视这一点,评论者

---

① 关于图形(figure)这一概念的歧义性,参见补遗1(第422页)。
② p.161.

们才会以为我们是跟随单单一条假设性系列从诸属性"上升"到实体，或者以为诸属性只是跟随着一条成问题系列的认识理由）。事实上前八个命题代表了一条首要/基础的系列，通过这一系列我们一直上升到微分构成要素；接下来第九、十、十一命题则代表了另一条系列，由此上帝之观念将这些要素积分/归并并让我们看到它（上帝之观念）只能由全部这些要素来构成。这就是为什么斯宾诺莎明确地说，除非我们"同时"考虑上帝的定义，不然最前面这些命题就没有效力：斯宾诺莎从不满足于在同一条线上从诸构成性实体的统一性推得那个被构成之实体的独一性，相反，他援用一个最实在存在的无限地无限着的潜能，以及这一存在作为实体的必然独一性，来推得诸实体的统一性，后面这些实体构成了那独一实体，却并不丢失它们之前的特性。①我们于是区分了实在地区分开的结构性要素，与这些要素组成一个在自己整体中运转之结构所依赖的条件，在后者那里，一切都是以成对的方式进行，而实在的区分则变成形式一致性与本体同一性的抵押品。

212

---

① 第141页："因此，按照斯宾诺莎的观察，'只要您也同时考虑上帝的定义，您就会易于知道他的意思了'。同样，如果我们没有首先也考量三角形所由做成的那些角，并且证明它们的特性，我们就不可能认识三角形的真正本性；尽管要是三角形之本质的真观念没有以独立于那些角之特性的方式同时向我们给出，我们也会无从谈及三角形的本性以及它的本性加诸构成它的诸特性。"

第164页："诸属性具有这样一些特征，这些特征可以归于同一个实体，既然存在这样完满的一个实体以至于这一实体要求我们把诸特性归于它如同归于那独一无二的实体。但要是存在一个这样的实体这点尚未通过上帝之观念而得到证明，我们也就并不必须将这些特征归于这个实体，而这一建构也就无法完成。"

第226—227页："专属于上帝的无限地无限着的本性的独一性，是构成上帝的所有实体在上帝之中的统一性的原则。然而除非是很在行的读者，不然很容易跟随了一个相反的倾向，会认为斯宾诺莎应该通过上帝的统一性来证明它的独一性……伴随一个从未中断的常量，斯宾诺莎跟随的恰恰是另一路径：他不是根据诸实体的本性来证明它们的统一性，而是根据那个神圣实体的必然独一性……由此如下事实再一次得到确认：神圣实体中的诸实体之统一性的发生原则，并不像人们所以为的那样是实体的概念——实体的概念（concept），如它在前八个命题中所被演绎的那般，毋宁会导向多元论——而是上帝的概念（notion）。"

两条系列的"纽带"正好出现在自因这个在发生（问题）中扮演核心角色的概念上。自因（causa sui）首先是每个被定性实体的一个特性。自因本身来自无限但也奠基了无限，这一表面的恶循环，以如下方式得以解决：自因自身是来自作为本质上（d'essence）之完全完满的无限性，但它也奠基了另一种无限性，后者在其真正意义上是作为实存上（d'existence）之绝对肯定的。这在上帝或者独一实体那里亦是同理：上帝或独一实体的实存首先被其本质的无限性（infinité）所证明，接着是被作为实存无限性（infinitude）之发生理由的自因所证明，"这里指的是最实在存在（Ens realissimum）那无限的潜能，凭这种潜能，这一必然地以自身为因的存在，绝对地提出其自身完全广大和充实的实存，没有局限，没有缺乏"。① 我们由此可以推得，一方面，发生学构建的整体与一种诸特性——其中自因乃是主要的——的演绎是不可分的。诸特性的演绎与发生学构建相互交错缠结："如果实际上我们在着手事物本质的发生之后发现该事物是自己造成自己的……那么同样确定的是该事物的发生只能通过对这一给出事物之实存理由的特性的知识才能获得。基于这一事实，一个根本进展也就在对本质的知识中得以完成，因为本质的真理既已得到彻底的证明，本质确确实实是一个本质这一点也就变得彻底明确了。然而对自因来说有效的，在不同程度上，也对所有其他特性有效：永恒性、无限性、不可分割性、独一性，如此等等，因为所有这些其他特性无非就是从不同视点来考量的自因本身。"② 另一方面，

213

---

① p.204（及 p.191 - 193）.
② p.206.

自因刚好出现在两个发生系列的"纽带",因为正是诸属性就原因或者原因行为/原因现实（acte causal）而言的同一性说明了一个凭自身而实存的单一实体之独一性，无论就本质而言诸属性又如何不同：作为多样的、不可公度的诸实在性，诸属性要归并到一个不可分的存在中，"只能通过原因行为的同一性，借此它们才彼此给予了实存，并生产了它们的诸样式"。①

　　自因激起了整个潜能的主题。然而，如果我们不能很好地评估诸概念（notions）的交织，而把一种这一潜能并不具有的独立性赋予它，又把一种诸特性所不具有的独立于本质的自律性赋予它们，我们就难免误读。潜能本身、自因，都只是一个特性；而如果说它确实从诸被定性实体移位到了独一实体那里，这仅仅是由于要是诸实体性属性因为它们的本质而享有如此的一些特征，那么这独一实体依其本质则更加享有这些特征。按照特性和本质之间的差异，该实体没有潜能就无法是独一的了，但实体却又不是通过潜能而成为独一的，而是通过本质："如果通过（诸属性之）潜能的独一性，我们理解了如下事情何以可能：诸属性无论它们自身/特定本质如何多样都不过只是一个存在，那个将它们之统一性奠基在单一实体之上的理由，仅仅是上帝之本质那构成性的无限完满性。"②这就是为什么倒置斯宾诺莎的表述，说什么上帝的本质就是潜能，是如此糟糕的一件事，而斯宾诺莎说的是"上帝的潜能是它的本质本身"。③ 即是说：潜能是本质不可分离的特性，它同时表达了本质如何是实体实存的原因，又是其他来自实体之事物的原因。于是"潜能无非是本质/潜能除

214

---

　　① p.238.（及 p.447）
　　② p.239.
　　③ p.379 - 380.

了是本质并不是任何别的东西"意味着我们要是颠倒了表述就不会再理解的两件事:1. 上帝除它之本质的潜能外并没有其他的潜能,上帝仅仅通过它的本质施动(agir)和生产,并非通过一种知性或者一个意志:因而它在与作为自因相同的意义上也是所有事物的原因,潜能的概念明确表达了所有事物的原因与自因的同一性;2. 上帝的那些产物和效果,是一些来自本质的特性,但这些特性必然地产生于这一本质的诸构成性属性;因而它们是一些样式,这些样式在那些不同属性中的统一性乃是由潜能的主题,即是说由原因行为的同一性而得到说明,原因行为在每个属性那里都会提出这些样式(由此而来诸实在效果=诸特性=诸样式这一同化关系;还有"上帝以无限多样式生产无限多事物"这一表述,这里的事物[chose]关乎同时在所有属性中施动/起作用的那个特异原因,而这里的样式[modes]关乎取决于各自属性的本质[essences])。[①]

本质和潜能之间严格的交织关系否认了如下这一点:诸本质作为一个创世知性当中的一些模型,而潜能作为一个创世意志当中的赤裸力量。构想可能之物,如同实现偶然之物,都是被排除在上帝之外的:知性如同意志,只能作为一种样式,有限的或者无限的。恰恰是这种对知性的去价值化是需要进一步得到重视和赞赏的。因为当我们在上帝之本质中建立知性时,显然知性这个词有一种含混不清的意义,无限知性已不再与我们的那种知性有什么类比关系,适用于上帝一般意义上的那些完满性具有与归之造物的那些完满性不同的形式。相反,如果我们说神圣知性和有限或人的知性

---

①　第237页:"诸样式就它们的本质而言是无限差异的,就它们的原因来说却是同一的,同一的事物在这里意指同一的原因"。(及260页)

在都是一种样式这点上并无二致，我们就不仅奠立了作为部分的人的知性对于作为整全的神圣知性的适当性，而且也奠立了整个知性对于它所包含/理解的那些形式的适当性，因为诸样式在也构成了（独一）实体之本质的那些相同形式下包裹了它们所依赖的那些完满性。样式是一种效果；但如果说效果在本质和实存上都不同于原因，那么它至少与原因分享了共同的形式，这是一些效果仅仅在其本质中所包裹了的形式，却也是构成了独一实体之本质的那些形式。① 因此，对无限知性朝着样式状态的化约，与另两个论题是分不开的，这后两者同时确保了独一实体和它的产物之间本质上和实存上最为严格的区分，以及形式上最完满的共通性/共同体（单义性/univocité）。相反地，对无限知性与独一实体之本质的混淆则招致了对上帝只有以其不可思议的亦即卓绝的方式才具有的那些形式的扭曲，同时还引起（独一）实体与诸造物之间本质上的混淆，因为我们归于上帝的只是人的那些完满性，我们满足于将这样一些完满性提升到无限。②

正是知性的这种形式化地位解释了几何的、综合的和发生的方法的可能性。这里有戈胡对斯宾诺莎式知性之本性以及笛卡尔与斯宾诺莎在这个问题上之对立的坚持，还有如下这个斯宾诺莎主义最极端/根本的论题：奠基于我们的知性对于绝对知识的适当性之上的绝对理性主义。"通过肯

① 参见第 290 页（及第 285 页，戈胡详述："上帝与其知性的不可公度性仅仅意味着上帝作为原因是绝对不同于它那作为效果的知性的，而且，确切地说，作为观念的观念应当绝对不同于它的对象。因此，不可公度性这里绝不意味着认识诸条件与待认识之物之间的极端不兼容性，而仅仅意味着主体与客体、认识者与被认识者之间的分离和对立，也是事物和它的观念间的分离和对立，这种分离和对立非但不是阻碍认识之物，反而正使得认识成为可能……"）。

② 第 281 页："因此，不无悖谬的是，将与我们的知性和意志不可公度的一种知性和一种意志归于上帝，似乎应该在上帝和我们之间建立起了一种极端的不相称，但实则这种做法包裹/掩盖了一种根深蒂固的神人同形论，而且正因为它把自己作为一种至高的否定给出来才更其有害。"

定/断言上帝和事物之本质对于人的完全可理解性,斯宾诺莎完全意识到自己与笛卡尔的对立……绝对的理性主义,强定了上帝的完全可理解性,事物的完全可理解性的钥匙,也就成了斯宾诺莎主义的第一信条。仅仅凭此,灵魂就涤清了把一个不可思议的上帝之概念作为至高收容所的各种各样的迷信,从而完成了这一上帝和人的完美统一,这一统一成为灵魂永福的条件。"[1]如果被产生之物没有以某种方式等同于生产者(因此诸样式既不多于也不少于独一实体),[2]如果生产者本身不是一个奠立了被产生之物之发生(学)的谱系学的对象(因此诸属性作为独一实体的谱系学要素,以及诸样式的发生学原则),就不会有什么综合的和发生学的方法。戈胡巨细靡遗地分析了斯宾诺莎主义的这一结构。而因为一个结构既由其要素、关系、纽带和交织,也同样由其整体效果得到界定,我们时不时目睹一种语气的变化,仿佛戈胡突然就揭示了结构整体上之运转的效果,而这也是他将在随后的几卷中展开的:认识的效果(人是如何得以"处身"于上帝中,即是说在结构中占据了一个对真的认识为他指派的位置,而这个位置也向他确保了这真认识/知识,以及真自由);抑或生命的效果(潜能作为本质是如何构成了上帝的那一传递到人的"生命",并真正奠立了人在上帝中的独立性与人对上帝之依赖性的同一性)。[3]戈胡的这本可敬的书,具有基于双重视点的双重重要性,一个视点是它所落实的发生学方法,另一个则是斯宾诺莎主义,这一斯宾诺莎主义并不代表着对这一方法的诸多应用的一例,相反,它是在对笛卡

---

    ① 第 12 页(及第 9—11 页,与笛卡尔、马勒伯朗士和莱布尼茨的对质,在这三人对于上帝之知性和潜能的设想中,总是保留了一种卓绝性,类比甚至象征主义的视角)。

    ② 参见 p. 267.

    ③ 参见第 347—348、381—386 页的两段。

尔、马勒伯朗士与莱布尼茨的一系列研究之后，构成了这一研究系列的终结或者最适当的对象，最为完备，最为彻底。这本书创立了对斯宾诺莎主义真正科学的研究。

（曹伟嘉　译）

21. 局部的断层与火焰*

在寻找一种行星思想(pensée planétaire)的过程中,埃克塞罗斯(Axelos)为其宗旨做了定义:"'行星的'毫无疑问意味着环绕地球的事物、地球以及地球和其他星球的关系。这就是全球性的(global)。不过,对行星的构想仍在不断的扩展中……所谓'行星的'说的是巡回的、游移不定的事物(itinérant et errant),是在时空轨道中追寻某种不定轨迹的事物,是进行旋转运动的事物。行星意味着规划(planification)时代,其中全球规划的主体和客体、组织和预测意志的主体和客体在固定装置中,依据一条同时超越了主体和客体的路线被捕捉。行星定义了平面性**(platitude)的统治,后者散布开来以便压平一切事物,同样,与其说它是反常的(aberrante),不如说它游移不定(errante)。作为阳性名词并

---

* *Critique*, no. 275, avril 1970, pp. 344-351.本文是对科斯塔斯·埃克塞罗斯 (Kostas Axelos)三部著作的评论,《通向行量思想》(*Vers la pensée planétaire*, Paris, Editions de Minuit, 1964);《关于某种研究的几个论据》(*Arguments d'une recherche*, Paris, Editions de Minuit, 1969);《世界的游戏》(*Le Jeu du monde*, Paris, Editions de Minuit, 1969),在文中分别简写为 V. P. P.,A. R.,J. M.。关于德勒兹与埃克塞罗斯的关系,参考《凭借其荒诞玄学,雅里为现象学开辟了道路》一文原注3。

** "platitude"在词典中意为"平庸,平淡无奇"、"陈词滥调"等,但在这里我们似应将该词与它的词根"plat"(平的、平坦的)联系起来,所以这里我们依据文意将其译为"平面性"。关于德勒兹本人对"平面化/规划"(planification)的思考,参考其《千高原》第十"高原":"1730—生成—强库性的,生成—动物生成—不可感知……"——中译者注。

且依据词典，行星同样也指定了某种技术装置（*mécanisme technique*），一种齿轮结构（*engrenage*）。因此，思想和行星时代的游戏就是全球性的、游移不定的、巡回的、组织性的、规划的以及平面性的，它被掌握在齿轮结构中（*global, errant, itinérant, organisant, planificateur et aplatissant, pris dans l'engrenage*）。"①世界历史中充满了伟大的漂泊者（figures de l'errance）：尤利西斯、堂吉诃德、流浪的犹太人、布瓦尔和佩库歇（Bouvard et Pécuchet）、布鲁姆、马龙（Malone）或无名者（l'Innommable）——用庞德的话来说，他们都是普普通通的感性之人（des homes moyens sensuels），他们所有人都在其艺术家的天职中呼唤"最普遍的一般化"。* 伟大的漂泊者同样也是思想者。布瓦尔和佩库歇是第一对行星组合。确实，我们又进一步完善了自己的漂泊，我们甚至已经没有必要再走动。行星思想首先包括那些普通技师平淡乏味的哲学，后者梦想制造特种炸弹，并在宇宙学上与德日进（Teilhard）展开竞争；其次，行星思想包括那些即将登上月球的人内容贫乏的反思，包括那些记录在将他们送到月球的仪器上的思想；最后，行星思想还包括那些通过电视看到登月者、原地不动地被精神分裂（schizophrénisés）的我们所有人的思想：普普通通的感性之人，"既紧密团结又充满裂痕"（"compact et crevassé"）。② 我们没有任何理由赋予某一方以特权，同样，在规划的与全球性的、漂泊的与平面性的之间，也没有什么先后之分。我们已经实现了预言：没有目标。漂泊已经不再是向源头的回返，它甚至也不是假定

218

---

① V. P. P., p. 46.

* 《布瓦尔和佩库歇》是福楼拜最后一部未完成小说的题目，《马龙》和《无名者》是贝克特两部小说的名字。——中译注。

② A. R., p. 172.

了某一固定点的异常偏差（ab-errance），它和真理或错误都完全无关。它在某种静止和紧张症中征服了自治。

人们的注意力转向埃克塞罗斯为揭示这一应成为行星思想的大杂烩所采用的方法上来，不管怎样，它已是行星思想，不过它提出各种复杂的技术问题：记录、转译、诗化操作（poétisation），层层叠叠，碎片交叉。在柏拉图的这边，通向前苏格拉底派；超越马克思，通向后马克思主义。从幸存的赫拉克利特那里借来的格言式写作，从战斗的马克思那里借来的主题式写作，禅宗类型的轶事，计划，复笔（reprises），传单，社会主义暨乌托邦主义式的规划。不过我们同样感觉到埃克塞罗斯喜爱视听手段，并梦想着赫拉克利特带领一支后马克思主义突击队占领广播台，以便播放简短的格言信息或者关于永恒回归的圆桌会议。在这里，建立在聆听之上的一整套海德格尔术语获得一种新的意义，同时也从乡村的转变为城市的。埃克塞罗斯尝试评估电影的各种可能性，以便表达现代形式中的漂移。① 不过，对前苏格拉底派的刻苦钻研不是向源头的回返，同样，后马克思主义自身也不是目标。不如说，重要的是把握一种"生成世界"（"devenir mondial"），后者既出现在希腊人那里，没有源头，同样也出现在我们面前，并偏离了所有目标。

《世界的游戏》是用格言写成的。格言特有的对象是部分客体（objet partiel）、断片和碎片。我们都很清楚——或者不如说是莫里斯·布朗肖教我们明白断片思想和"断片话语"的条件：我们言说和思考的部分客体没有预设任何已消逝的总体（totalité passée），部分客体也不是从这个总体中产生，同样，它们也没有预设任何将要到来的大全（tout à

219

---

① V. P. P., pp. 100 - 102.

venir），后者能够从部分客体中衍生出来。相反，我们应该允许断片漂移（dérive），既为了它自己也为其他断片漂移，我们应该制造那些将断片分离也将其混合起来的距离、分叉和偏移。这是作为"与外部的新型关系"的肯定，并且不能还原为某个整体。我们应该想象每一条格言都具有一种推进装置，而其投射、内射以及固定、退化和升华等并不仅仅是心理过程，相反，它们是宇宙—人类学机械。以某种方式，人类与命运再一次建立起联系，不过命运应该在群星之间解读。[①] 行星思想不是统一性的：它意味着天空的深邃，意味着宇宙在深度上的扩展，意味着没有共同尺度的接近和远离，意味着无理数，意味着我们的系统本质上的开放。它是一整部哲学—小说。这也是为什么行星与世界不是一回事，即使是海德格尔的世界：海德格尔的世界被拆解，"世界与宇宙世界并不一样"。[②] 行星存在的感受基调也不同于世界存在的感受基调。在探寻现代音乐情感上的表现可能性时，夏尔·凯什兰（Charles Koechlin）曾谈到现代音乐否弃了古典主义音乐中的"肯定"和浪漫主义音乐中的"倾述"，相反，现代音乐很适于表达"某种混乱，某种不安，甚至某种冷漠"，而接下来，就是一种"几近于幸福的奇特的愉悦"。这三个"某种"，混乱、不安和冷漠，正是它们定义了行星音乐，定义了行星思想的激情，这种思想既苦涩又因其奇特而充满愉悦（作为漂移之规定的奇特，而不是异化）。[③]

与这种激情相对，存在着某种逻辑，某种逻各斯。格言的"微结构"与回忆或复古无关，它们也不是大全消逝之后的残存物，相反，它们是探索现存世界及其空白（lacunes）和样

---

① J. M., p. 266.
② J. M., p. 254.
③ J. M., p. 273.

式（constellations）的被改造过的工具。所谓逻辑是一种或然逻辑，它与属性或类别无关，相反，它指向实例（cas）。正是在这里，模糊符号（或/与）的重要性突显出来，它同时表示合取（和）、析取（或）和排除（否）。"形而上学地反形而上学"、"不一致的一致"、"毫不意外地被震惊"、"吞食一只蟹的蟹又被另一只蟹吞食"、"操纵者反被操纵"，当埃克塞罗斯堆积这些公式时，我们看到的不应该是轻巧的辩证转换或单调的对立面的同一，相反，这些公式是随机实例的序列，其中合取和析取、析取或合取取代存在或归属判断，因为后者只会再次成为辩证要素（是，不是）。"如果'有'（il y a）和'是'（est）不再让我们厌烦，如果'没有'（il n'y a）和'不是'（n'est pas）不再只是简单的否定……"①黑格尔、包括马克思甚至海德格尔的辩证法都在存在、非存在和一——全（Un-Tout）的范畴中演进。可是，如果不是将无总体化，并将无连同存在一起虚无化，我们又怎么才能得到全呢？"虚无主义将无（le néant）虚无化，因为它没有对无进行思考（nihil impensé）。"②我们可以对这无（nihil）——同时也是全——感到恐慌、焦虑，为之展开想象，不过在虚无主义中它还是没有被思考。虚无主义确实是现代性的普遍规定，如同平面性是漂移的运动。埃克塞罗斯不断提到并展示"重要的绝不是放慢进程"，与平面性做斗争或战胜虚无主义。③ 相反，没有被思考的正是这虚无主义中的"无"，它就像四处蔓延的漫天大火或世界末日，而也正是这"无"在非—总体化（détotalise），并散播它特有的

221

①　V. P. P.，p. 295. 很奇怪，为了支撑他对功能主义或单向度语言的批判，马尔库塞竟满足于援引完全是传统的存在与归属判断（《单向度的人》，午夜出版社，119 页以下）。我们会看到埃克塞罗斯对马尔库塞术语"单向度"和"多向度"的用法。

②　J. M.，p. 412.

③　V. P. P.，p. 312.

运动,在这里或那里点燃断片局部的火焰,而在这火焰中虚无主义已被自身克服、抑止。正是因此,埃克塞罗斯说道:"不断重新开始。直到最后致命的爆炸——它总是比我们预想中来得晚得多。"行星思想没有其他的逻辑:它表现为、被呈现为一种政治,一种策略。埃克塞罗斯喜欢将他在"论证"丛书中出版的几本书视为他梦想中的行星思想的几个不稳定阶段。[①] 丛书中首批出版的一本正是克劳塞维茨的《战争论》。近来已经有人指出,在克劳塞维茨之后,在热核虚无主义的视野中,政治与策略的现代同一性制造了"非总体化、分散式的战争:战争和/或有限和解"。[②] 美国的世界政治援引某种游戏理论作为理由,对此,革命以四个或五个越南作为回应。作为战略家、战争哲学家的赫拉克利特:赫拉克利特说任何事物都会变成火,不过他想到的恰恰不是宇宙大火。如同虚无主义中的无,他并没有对这种大火做出思考。他展示了在局部的火焰中,虚无主义必定为自身或其"非思"克服,而局部的火焰将地球上的所有生物都联合起来。[③] 在行星思想中将不再有物理学和形而上学,心理学和社会学,只有一种可以普及的策略。

这就是我们与克劳塞维茨的区别,不过,这也是我们与黑格尔、马克思、海德格尔甚至是赫拉克利特的区别。因为我们的思想与起源和终点无涉,差异成为最深邃的思想。不

---

① A. R., p. 160 sq.

② 参考安德烈·格鲁斯曼(André Glucksmann),《战争话语》(Le Discours de la guerre),L'Herne,第235—240 页。

③ 关于"在赫拉克利特那里有宇宙大火吗"这个问题,参考埃克塞罗斯在《赫拉克利特与哲学》中的评论,午夜出版社,1962年,第104—105 页:"被理解为全面、暂时和决定性毁灭的宇宙大火不在赫拉克利特的视野之中。世界不是由火创造的,它也不会消解在火中……火不能征服或毁灭其他元素,因为正义和和谐存在于无序和战争之中。赫拉克利特对荷马欢呼无序的终结亦即宇宙的毁灭加以谴责,他又怎么会如此言行不一地自己毁灭宇宙,或是暂时或是永久? 世界就是火,一切事物与之交换,它交换一切事物,由此,世界又怎会被火烧毁?"

过，我们不能将差异思考为两事物之间（entre）的差异，它也不是起点与终点间的差异，更不是存在与存在物之间的差异。只有在侵蚀了那已不再支撑它的两元素之后，只有在它自身超越可确定的项时，差异才能如其所是地被肯定。差异是真正的逻各斯，不过逻各斯是消除了固定点的漂移，无差异（l'indifférence）是它的激情。差异远离、重返断层（faille），后者吞没了所有事物和存在。差异向何处去？埃克塞罗斯一只眼睛近视，一只眼睛远视。"哪条线区分开可见的视野和不可见的和谐？"节奏在哪里转换？"在包裹着的广大空间中，而不是在某一确定的地点？"埃克塞罗斯将阿那克萨戈拉（Anaxagore）的一条评论标示出来，后者不断重提同一个问题：向哪里去？断层在哪？"一方面是纯粹的、不掺杂任何事物、独立的灵智（Noûs），一方面是所有先存事物的混沌，再一方面是被灵智转换为宇宙的混沌？断层在哪？在混沌中？在混沌和宇宙之间？在宇宙中？在灵智及其观念中？在其行动中？在世界的组成中？在阿那克萨戈拉的论述中？在我们的理解中？……我们被爆炸和扩散击中，而后者与差异携手并行；我们变得忧伤，在无差异的压力之下被击垮；我们将万物混合起来，不过，我们正是从这混合中来……我们——被时代弄得神志恍惚的我们——又怎样才能与远古以及时间的游戏沟通呢？"[1]埃克塞罗斯将自己放置在差异不断沟通的点上——在这里，混合与分离的差异同样也是混合和/或分离之中的差异，而阿那克萨戈拉"那里"的差异同样也是我们"与"阿那克萨戈拉的差异，既是起点又是终点。同样，将埃克塞罗斯视为总体性的批评者、以便只保留一个碎片中的世界，这是不准确的。确实，"全"（le tout）从未被设

---

[1]　A. R., pp. 20 - 22.

想为总体化（totalisation）：既不是以柏拉图的方式，亦即原则

223 性的一对混沌进行组织，也不是以黑格尔—马克思的方式，

亦即汇集并超越其各个契机的生成过程。为了在法国推广
卢卡奇和法兰克福学派的思想，埃克塞罗斯在"论证"杂志
和丛书中做了很多工作，同样，在这里，埃克塞罗斯在对"全"
的构想中也想刻下属于"自己"的印记。[①] 在他看来，包括并
首先以"实践中的社会与历史经验过程"为代表的所有总体
化都是虚无主义，并最终汇聚到在虚无主义中仍未被思考的
"无"中。对埃克塞罗斯来说，总体化就如同官僚主义陈词滥
调（platitude）的运动。不过，如果说在"无"（nihil）被思考了
的意义上，虚无主义被自身克服，那么它必须被设想为一种
全——不过，这种全既不总体化也不进行联合，它不是什么
被其部分所预设的消逝的整体或片段化的总体，此外，它也
不是由部分在逻辑发展或有机演化中构成或预示。全不再
依赖于存在与归属，它在合取与析取、混合或分离中存活，它
只与断层在所有方向上意外的流动合一，这些流将部分客体
带走并改变它们的距离，最终构成如布朗肖所说的与外部的
新型关系，而后者正是今天我们思想的对象。在这种意义
上，埃克塞罗斯可以将他所有的书都视为"碎片总体之生成
中的存在"，并且，因为他以格言方式写作，他可以向我们展
示格言与体系是一回事：这是一种永远外于自身的全——碎
片，它在阿那克萨戈拉的断层中、在赫拉克利特的局部火焰
中迸射而出。[②]

　　《世界的游戏》讲述了行星的历史。劳动与斗争、语言与

---

① 参考埃克塞罗斯为《历史与阶级意识》所写的前言。
② 在 A.R.关于赫拉克利特和阿那克萨戈拉的两篇文章之外，参考 V. P. P.，
《帕斯卡关于总体性的断片思想》(*La pensée framentaire de la totalité chez Pascal*)以
及《兰波与行星世界的诗歌》(*Rimbaud et la poésie du monde planétaire*)。

思想、爱与死等基本力量组构其神话和宗教、思想和艺术、科学和哲学的巨大能量。不过,在所有这些能量中起作用的技术展开一种普遍的规划,后者使能量陷入危机,并提出其行星命运的问题。人们曾同时提出,一方面只有一种编码存在,即技术性,另一方面,任何一种编码都不再具有覆盖整个社会场域的能力。在行星存在中,大地再次变得平坦。不过,这种对此前由能量所占据的维度的敉平,这种使所有事物和存在成为单向度(l'unidimensionnel)的压平(aplatissement),简言之,这种虚无主义为我们带来了最奇特的后果,它在一个在所有方向上展开的野蛮游戏中使基本力量复活,并在一种反——能量中将未被思考的无解放出来,而这种反能量则是多向度游戏的能量。对于最不幸的人来说,我们不能说他被能量异化或操作,相反,我们应该说他被各种力量摆布。即使是在其好战警察角色中的美国的行星政治,也同样通过游戏理论体系化并自我消解。而对此,革命实践只能以本地策略来回应,一次又一次地回击,并不断发明进攻或退守的新方法。在其著作的一开始,埃克塞罗斯就将这种游戏观念发挥到极致。这也使他(连同芬克)成为最早超越传统游戏思想的几位作者之一。在传统思想中,游戏被视为一种独特的、带有局限性的人类活动,它通过与其他能量、其他力量的对立得到定义(现实、效用、劳动、神圣等等)。正是在这一点上,近来雅克·艾尔曼(Jacques Ehrmann)对传统游戏思想的所有预设进行了分析,传统思想试图通过与现实、文化和严肃事物的关系对游戏进行分离性的定义。① 与这种分离

224

① 参考雅克·艾尔曼,《游戏中的人》(L'homme en jeu),《批评》,第 266 期。艾尔曼文章结尾处的五个结论可以和埃克塞罗斯的游戏观一一对应:1) 游戏没有主体;2) 游戏是交流和沟通;3) 游戏是时空螺旋运动;4) 游戏有终结却没有界限,因为它勾画出自己的界限;5) 游戏包含并表达了游戏之外的世界。

相对立,芬克尝试向我们展示游戏在宇宙中展开,它自我干涉,与此同时,我们也超越了贬低、孤立游戏的形而上学阐释,超越了将游戏视为与世界的关系的神话学阐释,并最终获得作为存在、作为世界之大全却没有游戏者的游戏。[①] 或许,埃克塞罗斯也接受了对人的游戏、世界中的游戏与世界游戏的区分。不过,他对这种区分进行了转化,如同他对所有海德格尔的概念所做的那样。在这种转化中,世界让位于行星,"集置(arraisonnement)"让位于策略,存在和真理让位于漂移。埃克塞罗斯与海德格尔的关系就像是禅宗与佛陀的关系。[*] 他不是从人的游戏(现象学的)出发,并将其视为世界游戏(本体论的)的象征。他从一种对话,一种已经与人的游戏、世界的游戏联系在一起的行星游戏出发。他将全部意义赋予这个公式:*游戏,没有游戏者*(*cela joue,sans joueurs*)。在埃克塞罗斯那里,对形而上学的超越再次回到雅里依照词源学为其赋予的意义,"荒诞玄学",这是福斯托尔博士的行星姿态,而正是从这种姿态出发,今日哲学的拯救才有可能到来。

(胡新宇　译)

---

① Eugen Fink, *Le Jeu comme symbole du monde*, Ed. de Minuit.
  * "Arraisonnement"是对海德格尔术语"Gestell"("集置")的法译,在海德格尔看来,技术的本质就是"集置"。——中译注。

22. 休谟 *

经验主义的意义

哲学史或多或少已将经验主义消化、吸收。它把经验主义定义为理性主义的翻转：在概念中是否存在与在感觉或感性中不同的事物呢？哲学史将经验主义视为对天赋性、先天的批判。不过，经验主义一直以来还拥有其他秘密。正是休谟在其极为艰深而微妙的著作中将这些秘密推向顶点，并使之完全展现出来。休谟占据着非常独特的位置。在经验主义这个术语出现之前，休谟的经验哲学已经是某种科幻小说中的宇宙。如同科幻小说，休谟的著作给我们的印象是既奇特又陌生，犹如外星人眼中的虚构世界；不过我们同样预感到，这个世界已经是我们的世界，而那些外星生物正是我们自己。同时，科学或理论也发生了转变：理论变成调查（*enquête*）（这种观念来自培根；当康德把理论设想为法庭时，他只是再次想到这个观念，并将其完全转化、将其理性化）。科学或理论是一种调查，换句话说，一种实践：经验主义所描

---

* 载 François Châtelet 主编，*Histoire de la philosophie t. IV：Les Lumières*，Paris，Hachette，1972，pp. 65 - 78。

述的表面上虚构的世界的实践,对经验主义世界亦即我们的世界中实践的合法性条件的研究。这是一种从理论到实践的伟大转换。哲学史手册误解了它们称之为"联想主义"的事物,在"联想主义"中,它们只看到一种按照该词惯常意义来说的理论,一种翻转的理性主义。休谟提出很多奇特的、但对我们来说却不知为何觉得很熟悉的问题:为了成为一座被遗弃城市的主人,我们是应该向城门投掷标枪还是用手触摸城门?我们对海洋的所有权能延伸到多远?为什么在法律体系中土壤比地面重要,而在另一种情况下,颜料比画布重要?正是在这些问题中联想问题获得了意义。我们所谓的联想理论在关系的疑难论(casuistique),在法律实践、政治、经济中找到其归宿和真理,这完全改变了哲学反思的性质。

关系的本质

休谟的原创性或其原创性之一来自他对如下命题的肯定:关系外在于关系项(*les relations sont extérieures à leurs termes*)。我们只能在与包括理性主义在内所有那些哲学理论的对立中来理解这个命题,这些哲学理论试图简化关系所包含的悖谬:它们或者以某种方式使关系内在于两关系项,或者,确定两关系项中更具包容性、更深刻的那一个,而关系本身则内在于此项。皮埃尔比保罗小:如何使这个关系成为某种内在于皮埃尔或保罗,或者内在于他们的概念、内在于他们的全部组合体或他们分有的理念的事物呢?如何克服关系不可还原的外在性?毫无疑问,经验主义始终为关系的外在性抗争。不过在某种意义上,这种抗争仍被意识或观念的起源问题掩盖:所有事物都在感性、在理智对感性的操作

227

中找到其根源。在这里,休谟完成了某种反转,而后者将经验主义推向其力量的最高点:如果说观念不包含除感性印象之外任何其他更多的事物,那么这正是因为关系外在于关系项,并且两者是异质的,无论是在感性印象还是在观念里。因此,差异并不是观念和(*et*)印象之间的差异,而是两种印象或两种观念之间的差异:印象或观念关系项和(*et*)印象或观念关系。借此,真正的经验主义世界第一次完整地展现出来:这是一个外在性的世界,在这个世界中思想自身处于与外部的根本性关系中,这个世界中的关系项是真正的原子,而关系则是真正的向外部的过渡——在这个世界中,连词"和"取代了动词"是"的内在性。这是哈勒奎(Arlequin)的世界,混杂的世界,它由非总体性的断片组成,在这个世界中,我们通过外在的关系沟通。* 休谟的思想建立在两个领域中:原子主义(*l'atomisme*),它展示了我们的观念或感性印象如何还原为最小的点状刺激,后者创造了时间与空间;联想主义(*l'associationnisme*),它展示了关系如何建立在关系项之间,并总是外在于关系项、依赖于其他的原则。一方面是精神的物理学,一方面是关系逻辑。正是休谟摧毁了归属判断形式,使独立自主的关系逻辑成为可能,并发现了原子与关系连结起来的世界。我们在罗素那里和当代逻辑中发现了休谟论题的发展,因为关系自身就是连结(conjonctions)。

228

人性

什么是关系?关系使我们从给定(donné)的印象或观念

---

* 哈勒奎意为"意大利喜剧中的丑角",转义为"七拼八凑的、混杂的"。——中译注。

过渡到当前没有给定的某事物的观念。比如,我想到"类似的"某物。在看到皮埃尔的画像后,我想到不在这儿的皮埃尔。到给定的项里面去找过渡的理由只会徒劳无功。关系本身是联系原则即接近、相似和因果的效果,而正是这些原则构成人性(*nature humaine*)。人性意谓人类精神中普遍或恒定的事物,但后者绝不是作为项的某种观念,它只是我们从一个特定观念过渡到另一个的方式。在这种意义上,休谟为同时消灭形而上学中的三个宏大概念做了准备:自我,世界和上帝。当然,休谟的论题初看上去令人失望:依据人性原则、联系原则来解释关系有什么优势可言吗? 这些原则难道不只是指定关系的另一个名字吗? 我们失望是因为我们没有正确地理解这个问题。问题不在原因,而在作为原因之效果的关系的功能以及这种功能的实践条件。

在这方面让我们考虑一种非常特别的关系,因果关系。因果关系之所以特别,是因为它不只是让我们从一个给定项过渡到当前没有给定的另外某事物的观念,它让我们从给定的事物过渡到某种永远不可能给定事物的观念,或者,后者的观念在经验中是不可给定的。举例来说,根据一本书包含的符号我相信恺撒确实曾经存在;或者,看到太阳升起,我相信它明天必定照样升起;看到水在100℃沸腾,我认为它必定在100℃沸腾。不过,像"明天"、"永远"或"必定"这样的词语表达的是在经验中不可能给定的事物:明天一旦到来就会变成今天而不是明天,所有的经验都是特别的偶然经验。换句话说,因果关系使我们超越给定,我说出比给定事物(donné)或可给定事物(donnable)更多的事物,简言之,我推断并相信(*j'infère et je crois*)、我期望、我预料……关键的正是休谟带来的这种首要性的移位,它把"信念"(la croyance)放在意识的根底,并使之成为意识的原则。我们可以这样来理解因果关系的运作：被观察到的相似实例（在每一实例中我都看到 a 在 b 之后出现或伴随着 b）建立在想象中，而所有这些实例在理解力中仍然是分离的、彼此区别。想象力的融合特性构成习惯（"我预料……"），同时，理解力中的分离按照被观察实例的积分比例构成"信念"（作为信念度之积分的可能性）。习惯原则是想象力中相似实例的融合，而经验原则则是对理解力中分离实例的观测，两者结合起来构成关系以及依据关系进行的推测（信念），因果关系正是依此发挥作用。

虚构

虚构与自然以某种特定方式被分配在经验主义世界中。就自身来说，精神并没有被剥夺从一个观念过渡到另一个的能力，不过，这种过渡完全是盲目的、听从妄想的指挥。精神的过渡以宇宙为界，并制造了如喷火的龙、长翅膀的马、奇形怪状的巨人等各种怪物。与此相反，人性原则则在妄想之上确立了作为过渡、转移和推断法则的恒定规则，后者与自然本身相一致。不过也正是从这里开始，发生了一场奇特的战争。因为如果说联系原则确实通过在精神上强加一种本性使之固定下来，而这种本性则制服了妄想或想象力的虚构，那么反过来，想象力则利用这些原则生产自己的虚构、幻想，并为这些虚构和幻想提供它们自身并不具备的担保。在这种意义上，虚构就能伪装关系本身，制造虚幻的关系并使我们相信其疯狂。这一点不仅体现在我们每个人的天赋本性中，这种本性幻想用并不存在的其他关系来替代所有既存的关系。幻想首先出现在因果实例中，它伪造虚构的因果链、不合法的规则以及信念的幻影，或者通过混淆偶然性和本质,或者依据语言的特性(超越经验),用能伪装其效果的简单的词语重复替代可实际观察到的相似的实例重复。正是出于这个原因,撒谎者通过不断的重复会相信自己的谎言,而这一点同样发生在教育、迷信、修辞和诗歌之中。我们不再通过由自然本身证明的科学途径超越经验,相反,对经验的超越发生在妄想之中。这种超越具有多个面向,它建立起一种反自然,并确保所有事物都融合起来。幻想利用联系原则来翻转原则本身,并赋予它们不合法的外延。面对这种状况,休谟为我们带来哲学中的第二次伟大转换,他用妄想或幻觉的概念代替了传统的错误概念。这种替换为我们带来并非虚假但却不合法的信念,出现了官能不合法的运用,以及关系不合法的运作。在这里,我们看到休谟对康德的影响是关键性的。我们不再被错误威胁,相反,更糟的是,我们沉浸在妄想之中。

231

此外,如果说幻想的虚构只是就其条件来翻转人类本性原则并使之反对自身,这还根本不算什么,因为条件总是可以修正的。比如,对因果关系来说,对可能性进行更严格的积分运算就能够揭示妄想的超越或伪装的关系。更大的危害源于幻想本身成为人类本性的一部分,因为在这种情况下,不合法的运用或信念是不可修正的,它和合法的信念无法分离,对信念的组织来说,它是不可或缺的。在这种意义上,人类本性原则虚幻的运用本身成为原则。妄想和虚构穿行于人类本性之中。这正是休谟那些最微妙、最艰深的分析所包含的洞见。在其对自我、世界和上帝等观念的分析中,休谟为我们展示了对某一独特与连续的肉体存在的设定、对自我同一性的设定如何产生各种关系尤其是因果关系的虚构运作,运作发生在关系的条件处,以至虚构不可修正,反而将我们推向其他虚构,而所有这些虚构都是人类本性的一部分。《自然宗教对话录》或许是休谟的代表作。在这部其去世后才出版的著作中，休谟应用同样的批评方法不仅对启示宗教进行了分析，同样也对所谓自然宗教以及作为其依据的目的论论证展开了批判。休谟的幽默在这部著作中达到了最高点：信仰之所以成为我们本性的一部分，正是因为从人类本性原则的视角看，它是完全不合法的。毫无疑问，也正是在这里，我们能够理解休谟不断对之加以阐释的复杂的"现代怀疑论"。可以说，古代的怀疑论建立在感性表象及意义的谬误之上，相反，现代怀疑论则取决于关系的地位及其外在性。现代怀疑论首先要做的是在意识的根底处发现信念，这也就是确立信念的自然属性（naturaliser la croyance）（实证主义）。接下来，现代怀疑论要做的是将不合法的信念作为不遵守意识有效生产规则的事物揭示出来（概率论，可能性的积分）。最后，在更为精细的考察中，现代怀疑论使世界、自我和上帝等不合法的信念显现出来，三者如同所有可能的不合法信念的地平线，或者最低程度的信念。因为如果说一切都是信念，那么问题只在于信念度，即便非意识的妄想也同样如此。如果说苏格拉底和柏拉图拥有的古代教条美德是反讽，那么休谟的现代怀疑论美德则是幽默。

想象力

不过，如果说对意识的调查以怀疑论为原则和后果，如果说它总会导致虚构和人类本性无法摆脱的混合，这或许是因为意识只是调查的一部分，甚至不是最重要的部分。实际上，联系原则只有和情感相关才有意义。这不仅是说情感状态会引导观念的联结，关系本身也会根据情感被赋予一种意义、方向、不可逆转性和排他性。简言之,构成人类本性并赋予精神一种本质或恒定性的不只包括创造关系的联系原则,同样也包括构成"倾向"的情感原则。就此来说,我们应该同时考虑两件事:一方面,情感和联系原则固定精神并赋予它一种本性的方式是不同的;另一方面,作为妄想或虚构的精神基底对情感和关系发挥作用的方式也存在差异。

233 我们已经看到联系原则尤其是因果原则如何决定精神跨越给定物,并激发并非全然合法的信念或超越。不过,情感的作用在于限制精神的范围,将其固定在那些具有优先地位的观念或对象上。因为情感的根底不是利己主义,而是偏见(*partialité*),这无疑更糟:我们关心的首先是我们的父母、亲人以及和我们相似的人(因果、接近、有限制的相似)。这比受制于利己主义的后果要严重得多。为了使社会得以可能,我们只要对利己主义加以限制就可以了:正是在这种意义上,从 16 世纪到 18 世纪,著名的契约论如此前的理论一样将社会问题视为对自然权利的限制问题,它们甚至否定了自然权利,由此,契约社会才能够产生。不过,一旦休谟提出人并不天生就是利己主义的,相反,他充满偏见,我们在这里看到的就不应仅是词语的微妙改变,而是社会问题的实践地位发生了根本的变化。问题不再是如何限制利己主义以及与之相关的自然权利,相反,问题在于如何超越偏见,如何从"有限的同情"过渡到"普遍的慷慨",如何理解情感、并赋予它一种它自身并不具备的外延。社会完全不再被设想为法律和契约的限制系统,而是一种机构发明:如何发明人工方法,如何创造机构以迫使情感超越其偏见,同时形成各种道德、法律和政治情感(比如,正义感)? 这正是休谟在契约和惯例或人工方法之间建立的对立。休谟或许是第一个摆脱了仍然统治 18 世纪社会学的法律和契约有限模型的人,与之相对,他建立起人工方法和机构的实证模型。由此,所有有关人性的问题都发生了位移:问题不再是虚构和人性之间的复杂关系,如在意识中那样,相反,问题是人性与人工方法(人作为具有发明天赋的生物)之间的关系。

情感

在意识中,人性法则为自己创立了扩展或跨越法则,而幻想则用这些法则传递信念的幻象:由此,我们总是需要一种积分来修正,并对合法信念和不合法信念进行划分。与此相反,在情感中问题全然不同:我们该如何发明人工扩延以便超越人性的偏见呢? 在这里,幻想或虚构具有了新的意义。如休谟所说,在与情感的关系中,精神或幻想的运作方式如同弦乐器而不是管乐器,在弦乐器中"每次弹过之后,弦的震动仍然保留某种声音,那个声音是不知不觉地逐渐消逝下去的"。[a] 简言之,想象力对情感进行反思,使之发出回响,并超越其偏见和自然实在性的局限。休谟向我们展示了审美和道德情感是如何产生的:情感在想象力中得到反思,由此变成想象力的情感。通过对其进行反思,想象力解放了情感,使之无限延伸,并将其投射到其自然界限之外。当然,至少在这一点上,我们应该对弦乐器的隐喻进行修正。因为在想象力中回响着的情感不只变得越来越没有生机、失去现实性,它还会改变色彩或声调。在某种意义上,这就如同悲剧

---

a.　D. Hume, *Traité de la nature humaine*, trad. Leroy, Paris, Aubier, 1973, p. 552. (中译参考《人性论》,关文运译,商务印书馆,1996年,第479页。在这里,德勒兹的原文是"打击乐器"而不是休谟所举的"弦乐器",或许是德勒兹依据的法文译本有误,现已据休谟原文改正。本书的英译者同样注意到了这个问题。——中译注)

所表现的某种悲伤情感在想象力近乎无限的游戏之愉悦中不断地运动：它们获得了新的性质，伴随着一种新的信念。由此，意志"似乎自在地向任何一方面活动，并且甚至在它所不曾确定下来的那一面上投射自己的一个影子或影像"。[b]

构成人工世界或文化世界的正是这种回响，亦即情感在想象力中的反思，最没有价值的文化和最严肃的文化都是从这里产生。那么，如何避免这些文化构造中隐含的两种缺陷呢？一方面，被放大的情感没有实际的情感那么活跃，因为它拥有了另一种性质；另一方面，它们完全是不确定的，将其被削弱的图像投向各个方向，不遵守任何规则。第一个问题在社会权力机关，在认可、奖赏和处罚机构中找到了答案，后者赋予被放大的情感或被反思的情感一种活跃度和补偿性的信念。这些机构首先包括政府，同时也包括如习俗或品味等更隐蔽、未言明的机构——在这方面，休谟再一次成为第一位通过可信性而非代表性来思考权力和政府问题的哲学家。

就第二点来说，问题同样涉及休谟哲学构建普遍系统的方式。因为如果说情感在想象力或幻想中被反思，这种想象力却不是赤裸的想象力，换句话说，想象力已经被其他原则亦即联系原则固定并自然化。相似、接近、因果，简言之，所有这些意识或积分的对象为被反思情感的确定提供了普遍规则，这超越了那些未被反思情感对这些规则直接而有限的使用。正是因此，审美情感才在联系原则中找到了真正的品味的规则。休谟更为我们详细展示了在想象力中被反思的"拥有"的情感如何在联系原则中找到确定普遍规则的方法，而正是这些普遍规则构成所有权或法律世界的元素。这完

---

b.　*Ibid*., p. 517.（中译参考《人性论》，第 350 页。——中译注）

全是一种对关系变量的研究，一种关系的积分，它让我们在各种情况下都能够回答如下问题：在某人和某物之间存在一种能让我们相信（让想象力相信）后者属于前者的自然关系吗？"一个人如果把一只兔子追得精疲力竭，那么如果有另外一个人跑到他前面，攫取那个猎物，他就会认为那是一种非义的行为。但是同一个人如果前去摘一个他手所能及的苹果，而同时又有一个较他更为敏捷的人，跑在他前面，取到那个苹果，他就没有任何抱怨的理由。这种差别的理由就在于：兔子的僵卧不动不是它的自然状态，而是人的勤劳的结果，因而在那种情形下形成了对猎人的一种强烈的关系，而在另一种情形下则没有这种关系。"[c] 向城门投掷的标枪足够确保我们对某座被遗弃城市的所有权吗？还是我们必须要用手触摸城门，以便建立一种充足关系？为什么在民法中土壤拥有对地面的优先权，但颜料则拥有对画布的优先权，而纸张拥有对文字的优先权？联系原则在一种关系的辩难论中找到了它们真正的意义，这种辩难论决定了文化世界和权力世界的每一个细节。这才是休谟哲学的真正对象：作为活动方式，作为法律、经济和政治实践方式的关系。

一种流行的、科学的哲学

休谟是一位特别早熟的哲学家：在 25 岁之前，他已经写完自己的第二部著作：《人性论》（1739—1740 年间出版）。这是哲学中一种新的声音，一种超凡的简洁和坚定从异常复杂的论证中脱颖而出，后者同时涉及虚构的运用、人性科学

---

c. *Ibid*., p. 625 n. （中译参考《人性论》，第 547 页，注 1。——中译注）

和人工方法的实践。休谟的哲学是一种流行的、科学的哲学，一种波普哲学。休谟为我们提供了明晰的典范，这种决定性的明晰并不是观念的明晰，而是关系和运用的明晰。《人性论》之后的著作越来越多地为我们展示了这种明晰，在这些著作中休谟牺牲了很多复杂的论证，并舍弃了他自认在《人性论》中过于艰深的部分：《道德和政治论集》(*Traité*：*Essais moraux et politiques*，1742 年)，《人类理解研究》(1748 年)，《道德原则研究》(1751 年)，《政治论》(*Discours politiques*，1752 年)。之后休谟转向《英国史》(*Histoire de l'Angle-terre*)(1754—1762 年)的写作。令人叹赏的《自然宗教对话录》在休谟死后出版(1779 年)，在这部著作中我们再次看到休谟哲学中最复杂和最明晰的论证。或许，这是哲学中唯一一部货真价实的对话录：因为书中的人物不是两个而是三个，他们的角色不是单义的(univoque)，并且不断进行暂时的联合、分裂与和解……第美亚是启示宗教的见证人，克里安提斯则是自然宗教的代表，最后，是作为怀疑论者的斐罗。作为方法，休谟—斐罗的幽默不仅能够让所有人就怀疑论——这种怀疑论对(信念)"度"进行分配——的名字达成一致，它已经和十八世纪的主流哲学分道扬镳，并预示了未来的思想。

（胡新宇　译）

23. 如何辨识结构主义?[*]

不久前我们曾问：什么是存在主义？现在我们要问：什么是结构主义（structuralisme）？不过只要这些问题是现实的，只要它们与正在出版的著作有关，它们就会引起人们的浓厚兴趣。今年是 1967 年。因此，我们不能诉之于这些著作的有待完成的特性来避免做出回应，因为只有这种特性才能赋予这种疑问以意义。从此，"什么是结构主义？"这一问题注定要经受某些转变。首先，谁是结构主义者？当下，各种习俗盛行。其中一个习俗就是命名，它不管对错就挑选"样本"：语言学家 R.雅各布森（R.Jakobson）、社会学家列维-斯特劳斯（C.Lévi-Strauss）、精神分析学家雅克·拉康（J. Lacan）、革新认识论的哲学家米歇尔·福柯（M.Foucault）、重启马克思主义解释问题的马克思主义哲学家阿尔都塞（L. Althusser）、文学批评家罗兰·巴尔特（R.Barthes）、"太凯尔"（*Tel Quel*）派作家……其中一些人并不拒绝"结构主义"这个词，并且使用"结构"（structure）、"结构的"（structural）这两个词。其他人喜欢索绪尔的术语"系统"（système）。这是一些迥然不同的思想家，来自几代人，其中一些人对其他

---

* 载 François Châtelet 主编，*Histoire de la philosophie*，t. Ⅷ：le XXe siècle，Paris，Hachette，1972，pp. 299–335。

《荒岛》及其他文本：文本与访谈(1953—1974)
253

人产生了实际的影响。不过,最重要的就是他们所探索的领域的极端杂多性。每个人重新发现了具有相似关系的问题、方法、答案,好像共享了时代的自由氛围、时代精神,不过每个人可以根据他们在各自领域所进行的奇异的发现与创造得到衡量。带有词尾-isme的各种词由此在这种意义上是具有充分依据的。

确定语言学是结构主义的起源是有道理的:这一起源不仅包括索绪尔(Saussure),而且包括莫斯科学派(l'école de Moscou)、布拉格学派(l'école de Prague)。而且,如若结构主义随后向其他领域蔓延,那么这一次问题不在于相似:这不仅仅为了确立与那些首先成功应用于语言分析的方法"等值的"(équivalentes)种种方法。实际上,只有对作为语言的东西而言才有结构,即便这语言是秘传的、甚至是非言语的。只有在无意识进行言说、无意识是语言的情况下,才会有无意识的结构。只有在身体被认为是以一种症状的语言进行言说的情况下,才会有身体的结构。事物本身只就其持有一种缄默的、实为符号语言的话语而言才具有结构。由此,"什么是结构主义?"这一问题就被进一步转换——最好问:我们如何辨识那些被称为结构主义者的人?他们本人又辨识了什么?因为我们真要以可见的方式来辨识这批人,那也只有通过他们以自己的方式所辨识的不可见与不可感的事物。为了辨识关于某种事物的语言、某一领域特有的语言,结构主义者会怎么做?他们会在这一领域重新发现什么?因此,我们只打算理清辨识的某些形式的、最简单的准则,每次通过例举所引用的作者,不管他们的研究和方案的杂多性。

第一条准则：象征

我们习惯于、几乎适应于实在与想象之间的某种区分或关联。我们的全部思想在这两个基本概念之间维持着一种辩证法的运作。即便古典哲学谈及纯粹的智性（intelligence）或纯粹的知性时，所涉及的仍是如下一种官能（faculté）：它由其把握根本上的实在——"真正的"（en vérité）实在，如其所是的实在——的禀赋，与想象力相反，也是与想象力相较而言。让我们列举一些截然不同的创造性运动：浪漫主义、象征主义、超现实主义……有时我们援引实在与想象相互渗透、合二为一的超验点；有时它们之间的鲜明的边界就如同它们的差异的锋刃（tranchant）。不管怎样，我们仍停滞在想象与实在的对立与互补之上——至少在对浪漫主义、象征主义等运动的传统解释之中就是如此。甚至弗洛伊德学说也通过两种原理的视角得到解释：具有失望效力（force de déception）的现实原则；具有引起幻觉的满足力量（puissance de satisfaction）的快乐原则。更何况荣格（Jung）、巴什拉（Bachelard）等人的方法也完全铭刻在实在与想象之中，也就是它们复杂关系的框架之中——超验的统一与起始的张力、交相融合与针锋相对（tranchant）。

240

不过，结构主义的第一条准则就是发现与辨识第三种秩序（ordre）、第三种领域（règne）：象征界。这就是拒绝混淆象征与想象，同样拒绝混淆象征与实在，正是这种拒绝建构了结构主义的第一个维度。在这一点上，一切还是开启于语言学：超越实在之中的语词及其音响部分，超越与语词相关联的种种形象（images）和概念，结构主义语言学家发现了一种具有截然不同的本性的要素——结构性对象（objet structural）。也许《太凯尔》派小说家真希望陶醉于这种象征因素之中，从而革新音响实在以及相关的叙述。超越人类历史与思想史，米歇尔·福柯发现了一片更加深邃的、隐蔽的、可成为所谓思想考古学之对象的"地层"（sol）。在实在的人与他们的实在关系背后，在种种意识形态与它们的想象关系背后，路易·阿尔都塞发现了一个更加深邃的领域来作为科学与哲学的对象。

我们在精神分析中已经有太多的父亲：首先有实在的父亲，而且还有父亲的各种形象。而且，我们的全部悲剧发生在实在与想象的紧张关系之中。拉康发现了第三种更为基本的父亲——象征性父亲或"父之名"（Nom-du-père）。不仅实在与想象，而且它们之间的关系，以及这些关系的纷争必须被视之为过程（procès）的极限，而在这一过程中，这一切从象征开始形成。在拉康的著作中，同样也在其他结构主义者的著作中，作为结构性要素的象征构建了发生的原则：根据可规定的系列，结构体现在实在与形象之中；不仅如此，结构还通过自身的具体化来构建系列，但是它不是源自于系列，因为结构比系列更深邃，它对于实在的整个"地层"以及想象的整个"天空"（ciel）而言就是"次地层"（sous-sol）。反之，结构的象征界所特有的种种灾难说明了实在与想象的表面纷争：由此，在拉康所解释的《狼人》（L'Homme aux loups）的案例中，正因为阉割情结的主题仍然未被做象征化处理（"除权弃绝"[forclusion]），它才以切断手指的幻觉形式重新出现在实在之中。[①]

我们可以将实在、想象与象征编码为1、2、3。不过或许

---

① 参见 J. Lacan, *Ecrits*, Paris, Seuil, 1966, pp. 386 - 389。

这些数字既具有基数价值也具有序数价值。因为实在本身与某种统一化或总体化的理想密不可分：实在趋向于成为"一"，实在的"真相"（vérité）便是"一"。我们一旦在"一"中看到二，我们一旦一分为二，想象就会亲自（en personne）现身，即使它只有在实在中才会发挥作用。例如，实在的父亲是"一"，或者依照自己的法则，他想成为"一"；不过父亲的形象本身按照成双法则（loi de duel）总是双重的、分裂的。这一形象至少被投射到两个人身上，一个是承担游戏功能的父亲的角色，也就是滑稽的父亲的角色，另一个则是承担工作功能的、理想的父亲的角色：这就是莎士比亚笔下的威尔士（Galles）王子，他从父亲的形象变成其他的形象，从福斯塔夫（Falstaff）变成王冠。想象总是以双重的方式经由镜子、复制、翻转的认同与投射之间的游戏加以界定。[1] 不过，接下来，也许象征就是三。它不仅仅是超越实在与想象的第三者。总有一个第三者可以从象征本身来探寻；结构至少是三元组的，否则它就不会"流通"——一个既是非实在的然而又是不可想象的第三者。

我们稍后就会明白为什么；不过第一条准则就已然包含这一点：象征界的设定，不可还原为实在界、想象界，前者要比后两者更深奥。我们还完全不知道这种象征要素由什么构成。我们至少可以说相应的结构与可感形式、想象形态（figure）、智性本质（essence intelligible）没有任何关系。结构与形式毫不相关：因为结构决不被一种整体的自主性、一种整体之于部分的完整倾向、一种应用于实在和知觉的格式塔（Gestalt）所界定；结构反而被某些原子要素的本性所界定，

242

---

[1]　毫无疑问，雅克·拉康在对想象与象征进行区分的原创性分析的道路上走得最远。不过这种区分本身以各种形式到处出现在所有结构主义者的著作中。

这些原子要素既要说明整体的形成,又要解释部分的变异(variation)。结构与想象形态(figure)毫不相关,尽管结构主义完全渗透着对修辞、隐喻与转喻的反思;因为这些形态本身意味着各种既应说明本义又应说明转义的结构性移位。最后结构与本质毫不相关:因为所涉及的是一种针对形式要素的组合分析,而这些形式要素独自不具有形式、意指、再现(représentation)、内容、给定的经验性实在、假定的功能性模型、种种表象(apparences)背后的可理解性;没有任何人会比路易·阿尔都塞更好地规定结构的地位是与"**理论**"(Théorie)本身同一的——并且象征必须被理解为原初的、特定的理论对象的生产。

有时结构主义是具有攻击性的:当它揭露了对这最终的象征范畴——超越想象和实在——的一般性误认时。有时结构主义是解释性的:当它从这一范畴革新了我们对作品的解释,并想发现一个语言产生的、作品构思的、理念与行动连接的原点时。浪漫主义、象征主义,还有弗洛伊德学说、马克思主义也变成了深层再解释的对象。此外,神话著作、诗歌作品、哲学著作,还有各种实验作品本身常常屈从于结构性解释。而这种再解释只有在其激发了今天的新作品的意义上才是有价值的,好像象征是生动解释与鲜活创造的牢不可分的根源。

243

第二条准则:局部的或设定的

结构的象征要素由什么构成?我们觉得有必要放慢速度,首先来反复谈谈象征要素不是什么。不同于实在与想象,象征既不能由其所参照的与所指称的、先在的实在性所界定,也不能通过其所暗示的、想象的或概念的诸内容所界定,这些内容赋予象征以意指。结构的诸要素既没有外在的指称,也没有内在的意指。那么还剩余什么?正如列维-斯特劳斯所严格提醒的那样,它们只有意义,别无他物:一种必然且仅仅是"设定"的意义。[①] 所涉及的不是一个处于实在的广延之中的位置(place),也不是各个处于想象的外延之中的地点(lieux),而是那些处于一个结构性特有的亦即拓扑的空间之中的位置与地点。结构性的东西就是空间,不过这是一个非广延的、前外延的空间,作为邻域秩序的纯粹的空间(spatium),它被一步步地建构起来,其中邻域概念确切地说首先具有一种序数的意义(sens),而非一种处于广延之中的意指(signification)。或以遗传生物学为例:基因就其与"基因座"(loci,能够改变它们在染色体内部的关系的各个位点)的密不可分而言,它是结构的一部分。总之,纯粹结构性的空间之中的诸位置相对于那些要占据这些位置的事物以及实在的存在者(êtres réels)而言是首位的,相对于首先关系到那些总是有点儿想象性的角色与事件而言也是首位的,而这些角色与事件在这些位置被占据时必然会出现。

结构主义的科学雄心不是定量的,而是拓扑的、关系的:列维-斯特劳斯不断地确定这一原则。而且,当阿尔都塞谈及经济结构时,他明确指出真正的"主体"不是那些要在这一经济结构中占据位置的人,即具体的个体或实在的人,同样真正的对象也不是各种在这一经济结构中担任的角色与那些发生的事件,而首先是那些处于生产关系所界定的、拓扑的与结构性的空间之中的位置。[②] 当福柯界定诸如死亡、欲

①　参见 *Esprit*, novembre, 1963。

②　L. Althusser, 载 *Lire le Capital*, 2 vol., Paris, Maspero, 1965, t. II, p.157。

望、工作、游戏等规定性时,他没有将这些规定性视之为经验的人类存在的种种维度,而首先视之为位置或设定的质性,而这些位置或设定将使这样一些人变成必死的、垂死的、或欲望的,或勤勉的,或爱玩的:他们要占据这些位置或设定,不过他们仅仅次要地占据它们,根据一种实为结构本身的邻域秩序来承担他们的角色。因此,福柯可以提出一种关于经验与先验的新分配,而先验可由一种关于位置的秩序加以定义,这些位置独立于那些经验地占据它们的人。① 结构主义与一种新的先验论哲学密不可分,地点在这种哲学中压倒了那些填充它们的人。父亲、母亲等首先是处于结构之中的地点;而且如若我们是必死的,那么这是通过排队、通过达到这样一个地点,根据这种邻域的拓扑秩序标示于结构之中(即便当我们提前我们的轮次时亦是如此)。

"这不仅是这个主体(le sujet),而且是在他们的主体间性中得以把握的各个主体(les sujets),他们排队……并在以意指链遍历他们的时刻来塑造他们的真正的存在……能指的移位在主体的行为、命运、拒绝、盲目、成功与机遇之中规定了主体,不管他们的先天禀赋与社会习得如何,也不考虑性格或性别(sexe)……"② 真正说来,经验心理学(psychologie empirique)不仅被一种先验论的拓扑学所建立,而且也被这种拓扑学所规定。

从这一局部的或设定的准则可以得出几个结论。首先,如若象征要素既不具有外在的指称,也不具有内在的意指,而只具有一种设定的意义,那么我们必须假定意义总是产生于那些本身不意指的诸要素的组合。③ 正如列维-斯特劳斯

---

① M. Foucault, *Les Mots et les choses*, Paris, Gallimard, 1966, p. 329 sq.

② J. Lacan, *Ecrits*, p. 30.

③ C. Lévi-Strauss, 参见 *Esprit*, novembre, 1963。

与保罗·利科(Paul Ricœur)进行讨论时所说的那样,意义总是结果(résultat)、效果(effet):不仅是一种作为产物的效果,而且是一种视觉的效果、语言的效果、设定的效果。在很大
程度上存在着一种关于意义的非意义,而意义本身来自这种非意义。这并不是说我们由此就返回所谓的荒诞哲学。因为对于荒诞哲学而言,意义从本质上说是匮乏的。相反,对于结构主义来说,总是有太多的意义、意义的过剩生产、"过度规定"(surdétermination),这总是由位置在结构中的组合来进行过剩生产。(因此可以看到"过度规定"的概念的重要性,例如在阿尔都塞的著作中)。非意义完全不是荒诞,或意义的反面,而是当它在结构中流通时赋予意义以价值并产生意义的东西。结构主义不应归功于阿尔贝·加缪,而更多地应归功于路易斯·卡洛尔(Lewis Carroll)。

第二个结论是结构主义对某些游戏与某种戏剧、对游戏与戏剧的某些空间的偏好。列维-斯特劳斯经常引证游戏理论,并且很重视各种扑克游戏,这绝不是偶然的。而对拉康来说则是游戏的隐喻,而这种游戏的隐喻超过了一般隐喻的意义:不仅重视那流转于结构之中的传牌游戏,而且重视那流通于桥牌之中的"明手位置"(la place du mort)。国际象棋等最高贵的游戏就是这样一类游戏:它们在一种纯粹空间之中组织了一种有关位置的组合,而这种纯粹空间要比棋盘的实在性广延与每个人物的想象性外延更为深邃。阿尔都塞为了谈论戏剧而中断了他对马克思的评论,但这种戏剧既不是实在的也不是观念的,它是一种关于位置与设定的纯粹戏剧,阿尔都塞在布莱希特的著作中看到了这种戏剧的原则,也许后者如今在阿尔芒·加蒂的戏剧中找到了最有力的表达。总之,结构主义的最佳宣言必须在这样一句极具诗性的、戏剧性的著名格言中加以探寻:思考就是掷骰子。

245

第三个结论是结构主义与一种新唯物主义、一种新无神论和一种新的反人文主义密不可分。因为如若位置相对于占据它的东西而言是首位的，那么以人取代上帝来改变结构肯定是不够的。如若这一位置就是死亡的位置，那么上帝之死肯定意味着人之死，有助于——我们希望——某种即将到来的东西，不过后者只有在结构之中并通过它的嬗变才能到来。于是出现了人的想象性特征（福柯），或人道主义的意识形态特征（阿尔都塞）。

第三条准则：微分与奇异

这些象征要素或设定的单位最终由什么构成？让我们回到语言学模型。那既不同于音响部分也不同于紧密联系的形象与概念的东西被称之为音位。音位是能够区分两个具有不同意指的语词的最小语言单位：例如，$billard$（台球）与$pillard$（抢劫者）。显然音位体现在字母、音节与声音之中，但是音位不能化约为它们。不仅如此，字母、音节与声音还赋予它一种独立性，而就自身而言，音位与那将它和其他音位连接在一起的音位关系密不可分：$\frac{b}{p}$。诸音位不会独立于它们进入其中的音位关系，它们正是通过音位关系得以相互规定。

我们可以区分三种关系。第一种关系被确立于那具有独立性或自主性的诸要素之间：例如 $3+2$，甚至 $\frac{2}{3}$。诸要素是实在的，并且这些关系本身必须说成实在的。第二种关系，例如 $x^2+y^2-R^2=0$，被确立于其值没有被规定的诸项之间,不过这些项必须在每种情况下具有一种规定的值。这类关系可以被称之为想象的。但是第三种关系确立于本身不具有任何规定值、不过相互规定于关系之中的诸要素之间:例如 $ydy+xdx=0$,或 $\dfrac{dy}{dx}=\dfrac{x}{y}$。这类关系是象征的,并且相应的诸要素要在一种微分的关系之中加以把握。dy 相对于 y 是完全不规定的,dx 相对于 x 是完全不规定的:每个要素既不具有实存,也不具有值,还不具有意指。不过 $\dfrac{dy}{dx}$ 的关系是完全规定的,两个要素相互规定于关系之中。正是这种关系内部的相互规定的过程可以界定象征的本性。人们有时会从公理系统来探求结构主义的起源。例如,Bourbaki 学派的确使用过"结构"这个词。不过在我们看来,这是在一种截然不同于结构主义的意义上使用的。因为所涉及的是未规定的、甚至在质性上未规定的诸要素之间的关系,而不是那相互规定于种种关系之中的诸要素。在这种意义上,公理系统大概仍是想象的,确切地说不是象征的。结构主义的数学起源倒应该从微分学的方面来探寻,确切地讲从魏尔斯特拉斯(Weierstrass)与罗素(Russell)所给予的解释——静态的与序列的解释——来探寻,这种解释最终把计算从对无限小的全部参照中解放出来,并把计算整合到一种纯粹的关系逻辑之中。

247

与微分关系的规定性相对应的是不同的奇异性,也就是那些描述曲线或图形的特征的奇异性分布(例如三角形有三个奇点)。由此,一种既定语言所特有的音位关系的规定性分配奇异性到语言的音响与意指所赖以建构的邻域。由此,象征要素之间的相互规定延续到奇异性之间的完全规定(la détermination complète)之中,而这些奇异性构建了一个相应于这些要素的空间。从字面上理解,奇异性这一首要观念似乎属于所有存在结构的领域。"思考就是掷骰子"的概括性格言本身诉之于那些骰子上引人注目的点所代表的奇异性。一切结构都呈现出以下两个方面:一个象征要素所赖以相互规定的微分关系的系统,一个相应于这些关系的、描绘结构空间的奇异性系统。任何结构都是一种多样性。因此,"无论什么领域都有结构吗?"的疑问必须被明确地表达为:人们可以在一个给定的领域得出其所特有的象征要素、微分关系和奇异性吗? 象征要素体现在被思考领域的、实在的存在者与对象之中;微分关系在这些存在之间的实在关系中得以现实化;奇异性是结构之中的诸位置,而这些位置分配了要占据它们的存在者或对象的想象性角色或姿态。

248 　　问题不在于数学的隐喻。必须在每个领域找到要素、关系与点。当列维-斯特劳斯从事有关亲属关系的基本结构研究时,他不仅仅考虑一个社会之中实在的父亲,也不仅仅考虑那些流传于这个社会的神话之中的父亲形象。他想发现亲属关系的真正音位,也就是亲属素(parentèmes),也就是那些不能独立于其所进入的、相互确立的微分关系而存在的设定单位。正是以这种方式,$\frac{兄弟}{姐妹}$、$\frac{丈夫}{妻子}$、$\frac{父亲}{儿子}$、$\frac{舅舅}{外甥}$,这四组关系形成最简单的结构。并且以一种复杂的方式与这种"亲属称谓"(appellations parentales)的组合系统相对应的——不过不具有相似性——是实现诸种在系统之中被规定的奇异性的"亲属间姿态"(attitudes entre parents)。人们还可以反其道而行之:从奇异性开始,以便规定最后的象征要素之间的微分关系。因此,以俄狄浦斯神话为例,列维-斯特劳斯从故事的奇异性开始了他的研究(俄狄浦斯娶了他的母亲、杀了他的父亲,他屠杀了斯芬克斯,被称为"脚肿的"

［pied-enflé］等），以便从这些奇异性中归纳出相互决定的"神话素"（mythèmes）之间的微分关系（过高估计的亲属关系、过低估计的亲属关系、原地性［autochtonie］的否定、原地性的坚持）。[1] 无论如何，象征要素与它们之间形成的关系规定了那些要实现它们的存在者与对象的本性，而不同的奇异性形成了位置的秩序，在存在者占据这些位置的情况下，位置的秩序同时规定了这些存在者的角色或姿态。结构由此在一种有关表达结构之运行的姿态的理论中完成了其规定。

奇异性与象征要素及其要素之间形成的关系相应，但并不相似于它们。更确切地说，奇异性好像与它们一起"进行象征"。奇异性来源于它们，因为微分关系的整个规定性导致了一种奇异点分布。不过，例如微分关系的值体现在种（espèces）之中，而奇异性体现在相应于每个种的有机组成部分之中。前者构建了变量，后者构建了函数/功能。前者在结构中构建了称谓的领域，后者构建了姿态的领域。列维-斯特劳斯曾强调了相对于称谓的姿态的双重方面——派生性与不可化约性。[2] 拉康的信徒塞尔日·勒克莱尔在另一个领域表明了无意识的象征要素如何必然地诉之于身体的"力比多运动"，由此在这样或那样的位置上体现了结构的奇异性。[3] 在这种意义上，每种结构都是心身的，或更确切地说是一种姿态—范畴的情结。

让我们考虑一下阿尔都塞及其合作者对马克思主义所进行的阐释：首先，生产关系在他们的阐释中被规定为微分关系，这些微分关系未被确立于实在的人或具体的个体当

249

---

[1] C. Lévi-Strauss, *Anthropologie structurale*, Paris, Plon, 1958, p.235 sq.

[2] *Ibid.*, p. 343 sq.

[3] S. Leclaire,《Compter avec la psychanalyse》, in *Cahiers pour l'analyse*, n°8.

中,而被确立于首先具有象征价值的对象与施动者(agents)当中(它们包括生产对象、生产工具、劳动力、直接劳动者、直接非劳动者,就像它们被掌控在财产与占有的关系之中一样)。① 因此,每种生产方式都以相应于关系值的奇异性为特征。而且,如若那些具体的人来占据位置、实现结构的要素这一点是确定无疑的话,那么他们也是通过承担结构性位置赋予他们的角色(例如"资本家"),以及给结构性关系充当支撑才能这样:以致"真正的主体不是这些占有者与这些公职人员……而是这些位置与这些功能的界定、分配"。真正的主体就是结构本身:微分与奇异、微分关系与奇异点、相互规定与完全规定。

第四条准则:分化者、分化

依据构成它们的要素、关系和点,结构必然是无意识的。任何结构都是一种下层结构、一种微结构。在某种意义上,结构不是现实的。所谓现实的,就是那结构体现于其中的东西,或更确切地说是结构具体化自身时构建的东西。不过就本身而言,结构既不是现实的,也不是虚构的,既不是实在的,也不是可能的。雅各布森提出了音位的地位问题:音位不可与现实的字母、音节或声音混为一谈,音位也不是一种虚构、一种关联的形象。② 也许潜在性这个词可以确切地指称结构的方式或理论的对象,只须剥去这个词所有的含混

---

① L. Althusser,载 *Lire le Capital*, t. II, p. 157 (cf. aussi E. Balibar, p.205 sq.)。

② R. Jakobson, *Essais de linguistique générale*, vol. I, Paris, Ed. de Minuit, 1963,chap. VI.

性；因为潜在具有一种属于自己的实在性，不过这种实在性不能混淆于任何现实的实在性、任何当下的或过去的现实性；潜在具有一种属于自己的理念性，不过这种理念性不能混淆于任何可能的形象、任何抽象的理念。关于结构，我们会说：实在的而非现实的，理念的而非抽象的。因此，列维－斯特劳斯经常把结构呈现为一种储存库或理想目录，其中一切以潜在方式共存，不过现实化必然根据种种专有的方向发生，同时总是涉及蕴含了局部的组合与无意识的选择。揭示一个领域的结构就是规定那先于这个领域的存在者、对象与作品而存在的整个共存的潜在性。任何结构都是一种潜在共存的多样性。例如，阿尔都塞在这种意义上阐明了马克思的独创性（他的反黑格尔主义）就在于社会系统是通过经济要素与经济关系的共存所界定的，而我们不能根据一种虚假辩证法的幻觉来依次产生这些要素与关系。①

　　什么共存于结构之中？被考虑领域特有的全部要素、关系与关系的值，以及全部奇异性。这种共存绝不意味着混乱、不定性：正是微分的关系与要素共存于一个完美而完整地被规定的整体之中。不过，这个整体本身不会现实化。此时此地被现实化的是这般关系、这般关系的值、这般的奇异性分布；其他的在彼时或彼处被现实化。不存在一种具体化了全部可能的音位与音位关系的总体性语言（langue totale）；不过语言（langage）的潜在总体性会根据那些处于各种语言（langue）之中的专有方向而被现实化，而每种语言都体现了某些关系、某些关系的值与某些奇异性。不存在一个总体性社会（société totale），不过每种社会形式都体现了某些因素、关系与生产价值（例如"资本主义"）。因此我们必须

251

────────────

① L. Althusser, 载 *Lire le Capital*, t. I, p. 82; t. II, p.44。

区分一个作为潜在共存集合的领域的总体性结构（structure totale）以及诸种亚结构，而这些亚结构对应于这一领域之中的各种现实化。就作为潜在性的结构而言，我们必须说它尚未被分化（indifférenciée），尽管它完全而完整地被微分（différentiée）了，对于那些体现在某种现实形式（现在的或过去的）之中的结构，我们必须说它们被分化（se différencient），并且对于它们而言，被现实化恰恰就是被分化（se différencier）。结构与这一双重的方面密不可分，或与这样一种复合体密不可分：此种复合体可以被命名为"$\dfrac{微分}{分化}$"

（différen$\dfrac{t}{c}$iation），在这一复合体中，$\dfrac{t}{c}$ 构建了被普遍规定的音位关系。

　　一切分化、一切现实化都按照两种道路进行：种与部分。微分关系具体化在质性上判然有别的种之中，而相应的奇异性具体化在那些显示每个种的特征的广延的部分与形态之中。由此就有了各语种，以及每个语种邻近于语言结构之奇异性的诸部分；种差上加以界定的社会生产方式，以及相应于每种生产方式的各有机部分；等等。我们将会注意到现实化的过程总是蕴含着一种内在时间性（temporalité interne），它随着被现实化的东西而变化。不仅每种社会生产具有一种整体的内在时间性，而且它的每个有机部分也具有特殊的节奏。因此，结构主义在时间上的立场是很清楚的：时间在

252　结构主义中总是一种现实化的时间，根据这种时间，潜在共存的要素会以不同的节奏得到实现。时间从潜在走向现实，也就是说从结构走向它的现实化，而不是从一种现实的形式走向另一种现实的形式。或者至少，被构想为两种现实形式承继关系的那个时间仅仅抽象地表达了在深度中现实化为

这两种形式的这个或这些结构的诸内在时间，表达了这些不同时间之间的微分关系。而且，正因为结构如若没有在空间与时间中被分化，如若没有由此区分开那些实现它的种与部分，那么它就不会被现实化，所以我们必须在这一意义上说结构生产这些种与部分本身。它将它们生产为分化的种与部分，以至于人们不能把时间与结构对立起来，也同样不能把发生性的东西与结构性的东西对立起来。如同时间一样，发生从潜在走向现实，从结构走向它的现实化；多样的内在时间性与静态的、序列的发生，这两种观念在这种意义上是与结构的运作（jeu des structures）密不可分的。①

我们必须强调这种分化的作用。结构本身是一个由要素与微分关系构成的系统；不过它也分化了使其本身得以实现于其中的种与部分、存在者与功能。结构在本身上是微分的，在效果上是分化的。当让·普永（Jean Pouillon）评论列维-斯特劳斯的著作时，他界定了结构主义的问题：人们可以构思"一个既不会导致差异的简单的并排置列也不会导致差异的人为抹除的差异系统"吗？② 在这一点上，若尔日·杜梅泽尔（Georges Dumézil）的著作是具有典范意义的，即便是从结构主义的视角来看亦是如此：没有人更好地分析了宗教之间的属差与种差，以及同一宗教的诸神之间的部分差异与功能差异。这是因为一种宗教的诸神，例如朱庇特（Jupiter）、马尔斯（Mars）、奎里努斯（Quirinus），体现了要素与微分关系，同时因为这些神在系统的不同奇异性或被考虑

253

---

① 朱尔·维耶尔曼（Jules Vuillemin）的著作《代数哲学》（*Philosophie de l'algèbre*，PUF，1960）对数学中结构的规定进行了探讨。在这方面，他对问题理论（依据数学家阿贝尔）和规定原则（伽罗瓦［Galois］那里的相互、完全与渐进规定）做了强调。在这一意义上，他向我们证明只有结构才是实现一种真正的发生学方法之野心的工具。

② 参见 *Les Temps Modernes*，juillet，1956。

的"社会的组成部分"的邻域内找到了它们的姿态与功能：因此它们本质上是被这样一种结构所分化，这种结构在它们之中被现实化或被实现，并通过被现实化来生产它们。从其独一无二的现实性来考虑的话，它们之中的每个神的确招致、反映了其他神的功能，以致人们可能不会再从这种从潜在到现实地生产它们的源初性分化中去重新发现任何东西。不过，想象与象征之间的界限正存在于这里：想象往往围绕每个项来反映、重组一种集合机制的总体效果，而象征结构确保了诸项的微分（différentiation）与诸效果的分化（différenciation）。由此出现了结构主义对想象方法的敌对态度：拉康对荣格的批评、"新批评派"对巴什拉的批评。想象复制、反映，它投射与识别，迷失于镜像运作之中，不过它所造成的区分就像其产生的同化一样，都是表面的效果，而这些效果隐匿了象征思想微妙的微分机制。当埃德蒙·奥尔蒂格（Edmond Ortigues）评论杜梅泽尔的著作时，他极为精粹地说道："当人们接近具体有形的想象时，微分功能就削弱了，人们倾向于等值关系；当人们接近社会的构成要素时，微分的功能增加了，人们倾向于判然有别的价值。"①

结构是无意识的，它们必然被它们的产物或效果所遮蔽。经济结构从未以纯粹的形式存在，它被法律的、政治的、意识形态的种种关系所遮蔽，而它正具体化在这些关系之中。人们只有从这些效果出发才能解读、发现、重新发现结构。使这些结构现实化的诸项与诸关系、实现这些结构的种与部分，它们既是表达，同样也是干扰。因此，拉康的信徒 J.-A.米勒（J.-A.miller）构想了"转喻的因果关系"（causalité

----

① E. Ortigues, *Le Discours et le symbole*, Paris, Aubier, 1967, p. 197. Ortigues 还指出了想象与象征的第二种差异：想象的"成双"（duel）或"镜像的"（spéculaire）特点，与第三者（Tiers），也就是与属于象征系统的第三项相对立。

métonymique)的概念,或者说阿尔都塞发展了一种结构特有的因果关系的概念,从而解释了结构在其所产生的效果中的极为独特的在场,解释了结构被这些效果同化、整合的同时分化这些效果的方式。① 结构的无意识是一种微分的无意识。人们可能由此会相信结构主义诉诸一个前弗洛伊德的构想:弗洛伊德难道不是以力量冲突或欲望对立的方式来构思无意识吗? 而莱布尼茨的形而上学不是早已提出了一种关于"微觉"的、微分的无意识的观念吗? 不过即便是在弗洛伊德的著作中,也存在着关于无意识的起源及其像"语言"一样的构造的整个问题,而这个问题超越了欲望的层次、相关的形象与对立的关系。相反,微分的无意识不是由实在的微觉与求极限构成的,而恰恰是由微分关系在一种象征系统中依据奇异性的分布所进行的种种变异构成的。列维-斯特劳斯说,无意识既不是由欲望构成的也不是由表象构成的,它是"始终虚空的"(toujours vide),仅仅包括其施加于表象与欲望的结构性法则,他这样说是有道理的。②

因为无意识始终是个问题,不过这不是在它的存在可能令人怀疑的意义上而言的。无意识本身就造成了诸多问题与疑问,而这些问题与疑问只有在相应的结构得以实现的范围内才会被解决,并且总是依据结构得到实现的方式被解决。因为问题会根据其被提出来的方式、依据人们为提出问题而支配的象征场域而获得与其相当的解决办法。阿尔都塞可以把一个社会的经济结构呈现为问题的场域,而社会为自己、不得不为自己提出这些问题,并且社会依据其特有的种种方法——依据结构得以实现所依赖的分化线——来解

① L. Althusser,载 Lire le Capital, t. II, p. 169 sq.
② C. Lévi-Strauss, Anthropologie structurale, p. 224.

决这些问题,同时也要考虑到这些"解决办法"因结构而含纳的荒谬、耻辱与残暴。同样塞尔日·勒克莱尔在拉康之后可以区分精神病与神经症、不同类型的神经症,与其说他根据冲突的类型倒不如说根据疑问方式来进行这些区分,而这些疑问根据其被提出的象征场域总会找到与其相当的答案:对癔症的疑问不是对强迫症的疑问。[1] 在所有这一切中,问题与疑问在我们的知识构思中指称的并不是一个临时的、主观的时刻,反而是一个完全客观的范畴——结构的完完全全的"对象性"(objectités)。结构性无意识同时是微分的、成问题的、产生疑问的,并且正如我们稍后会看到的,它最终是系列的。

第五条准则:系列的

不过,所有这一切似乎仍不能发挥作用,因为我们本来只界定了结构的一半。唯有我们恢复结构的另一半,结构才开始动起来,才会获得活力。实际上,我们先前在其微分关系之中所界定的、所把握的象征要素必然以系列的方式组织起来。不过,这些象征要素也会以这样的方式与另一个被其他象征要素和其他关系所构建的系列有关:如果我们想到奇异性来源于第一系列的诸项与诸关系,不过不限于再生产或反映它们,那么这种对第二系列的参照就很容易被解释了。因此,它们本身在另一个能够自主展开的系列中组织起来,或至少它们必然使第一系列与另一系列联系起来。因此出现了音位与语素,抑或经济系列与其他社会系列,抑或福柯的三重系列——语言的、经济的与生物的,诸如此类等等。

---

[1] S. Leclaire, *La mort dans la vie de l'obsédé*, La Psychanalyse, nº2, 1956.

懂得第一系列是否构成一个基础,并在何种意义上构成一个基础,它是否是意指的,而其他系列只是被意指的,这是一个我们仍不能明确指出其本性的复杂问题。我们只应确认每种结构是系列的、多重系列的,并且没有这一条件就不会发挥作用。

当列维-斯特劳斯重启图腾制度的研究时,他指出了只要现象根据想象来解释,它在何种程度上就是难于理解的。因为想象依据其法则必然把图腾制度构想为人或群体认同于动物所经由的运作。但是从象征上说,这关系到截然不同的事情:不是从一个项到另一个项的想象性认同,而是两种项的系列的结构性同源关系(homologie structurale)。一方面,被把握为微分关系要素的动物物种系列,另一方面,在其特有的关系中被象征地掌握的社会位置(position)本身的系列:对抗就出现"在这两种差异系统之间"、这两种要素与关系的系列之间。①

根据拉康的观点,无意识既不是个人的,也不是集体的,而是主体间的。这就是说无意识意味着一种诸系列上的展开:不仅能指与所指,而且至少两种系列根据被考虑的领域而以极为多变的方式组织起来。在拉康最著名的文本中,其中一个文本评论了爱伦·坡(Edgar Allan Poe)的《失窃的信》(*La lettre volée*),阐明了"结构"如何演绎了其位置被可变的主体所占据的两个系列:国王,他没有看见信——王后,她由于把信置于显眼之处而更好地隐藏了信,为此兴奋不已——大臣,他看到了一切,取走了这封信(第一个系列);警察,他在大臣家中搜寻信,一无所获——大臣,他由于把信置于显眼之处而更好地隐藏了信,为此兴奋不已——杜宾,看

256

---

① C. Lévi-Strauss, *Le Totémisme aujourd'hui*, Paris, PUF, 1962, p. 112.

到了一切,取回了这封信(第二个系列)。① 在此前的一篇文章中,拉康曾在双重系列(父母系列与子女系列)的基础上评价了《鼠人》(*L'Homme aux rats*)的案例,其中每个系列按照一种位置的秩序启动了四个相关的项:债务—朋友、富女人—穷女人。②

当然,构成结构的系列的组织假设了一种真正的"演出"(mise en scène),并在每种情况下要求种种确切的评价与解释。一般性规则是根本没有的;我们在这一点上触及了结构主义在何种程度上时而意味着一种真正的创造,时而意味着一种不得不冒险进行的主动性与发现。结构的规定不仅仅要经由一种对基本的象征要素及对这些要素所进入的微分关系的选择,也不仅仅借助一种符合它们的奇异性的分布,而且还借助至少是第二个系列的构造,后者与第一个系列维持着复杂的关系。而且,如若结构界定了一个问题域,也就是由诸问题构成的场域,那么这是在这样一种意义上进行的,即问题的本性在这种系列的构造中显示了其特有的对象性,而这种系列的构造使结构主义有时似乎接近于一种音乐。菲利普·索莱尔斯(Philippe Sollers)创作了一部以"**问题**"(Problème)与"**缺席的**"(Manqué)的诸种表达为节奏的小说《戏剧》(*Drame*),在小说情节的发展过程中,各种探索的系列被构思出来(航海回忆的线索进入了他的右臂……左腿反而看起来遭受矿物群的折磨)。③ 同样,让-皮埃尔·费耶(Jean-Pierre Faye)在《相似物》(Analogues)中所做的尝试

---

① J. Lacan, *Ecrits*, p. 15.

② J. Lacan, *Le Mythe individuel du névrosé*, CDU, 1953. 修订版载 *Ornicar*, nº 17－18, 1979.

③ P. Sollers, *Drame*, Paris, Seuil, 1965.

也关系到叙述方式的系列性共存。[①]

不过,什么能防止两个系列简单地进行相互映照,从而阻止它们的诸项一一等同起来?不然的话,整个结构可能会陷入想象形态的状态。避免这种危险的理由表面上是异常的。实际上,每种系列的诸项本身与这些项相对于另一系列的诸项而遭受的错位或移位密不可分;因此,它们与微分关系的变异密不可分。对于失窃的信而言,第二个系列中的大臣来到了王后在第一个系列中所占据的位置。在《鼠人》的子女系列中,正是穷女人取代了朋友相对于债务的位置。[②]或者在一个列维-斯特劳斯所引用的、关于鸟与双胞胎的双重系列中,双胞胎相对于处于低位的人来说是"处于高位的人"(personnes d'en haut),它们必然要取代"处于低位的鸟"(oiseaux d'en bas),而不是处于高位的鸟。[③] 这种关于两个系列的相对移位根本不是次要的;它不会从外部、次要地来影响一个项,仿佛给予它一种想象性的伪装。相反,移位是结构特有的或象征特有的:它本质上属于结构空间之中的位置,并由此支配了那些次要地占据这些位置的存在者与对象的全部想象性伪装。因此,结构主义更重视隐喻与转喻。它们绝不是想象的形态,而首先是结构性因素。它们从一个系列到另一个系列、并在同一个系列内部表达移位之自由的两种程度,在这种意义上,它们甚至就是这(les)两种结构性因素。它们远非是想象的,它们防止其所激活的系列来以想象的方式去混淆或复制它们的诸项。不过,假如这些相对的移位绝对地属于结构之中的位置,那么它们又是什么呢?

258

---

① J. -P. Faye, *Analogues*, Paris, Seuil, 1964.

② S. Freud, *Œuvres Complètes*, vol. IX, Paris, PUF, 1998.

③ C. Lévi-Strauss, *Le Totémisme aujourd'hui*, Paris, PUF, 1962, p. 115.

《荒岛》及其他文本:文本与访谈(1953—1974)

第六条准则:空格

　　看来结构包含了一种完全悖论的对象或要素。让我们来考虑拉康所评论的爱伦·坡的故事中信的例子;或者,《鼠人》中债务的例子。显然这种对象尤其是象征性的。不过我们之所以说是"尤其"(éminemment),乃因为这个对象不会单独地属于任何系列:不过,信仍然呈现于爱伦·坡的两个系列之中;债务呈现于《鼠人》的两个系列之中。这种对象总是呈现于相应的系列之中,它穿过了这些系列,并与它们一起运动,它不停地在它们之中流通,由此及彼,轻盈便捷。好像这个对象就是它自己的隐喻与它自己的转喻。系列在每种情况之中都会由象征项与微分关系所建构;不过这种对象似乎具有另一种本性。实际上,恰恰相对于这个对象,纷繁变化的诸项与微分关系的变异每次都是被规定的。一种结构的两个系列总是歧异的(依据分化的法则)。不过这个奇异的对象是歧异系列本身的聚合点。它之所以"尤其"是象征性的,正因为它同时内在于两个系列。如若不是"对象＝x"(Objet＝x),谜语的**对象**(Objet)或伟大的**动因**(Mobile),我们还能称它为什么呢? 尽管如此,我们仍有种种疑问:拉康促使我们在两种情况(信或债务的独特角色)中所发现的东西,只是一种严格适用于这些情况的巧计吗? 或者,对于所有的结构性领域来说,它都是真正普遍的、有价值的方法吗? 对于每种结构来说,都是一种准则,就好像结构如若没有指定那不停地穿过系列的对象＝x就不能界定自身? 例如,文学作品或艺术作品,不过还有其他一般意义上的作品——社会的作品、疾病的作品与生命的作品,都包含了这

259

个极为独特的、支配它们的结构的对象。而且，好像问题总在于寻找谁是 H，或者发现一个包含于作品之中的 x。对于歌曲来说，情况亦是如此：副歌（le refrain）关涉到一个对象＝x，而主歌段落则形成这个对象流通其中的诸种歧异性系列。正是因此，歌曲才真正呈现了一种基本结构。

拉康的信徒安德烈·格林标明了那流通于《奥赛罗》（*Othello*）之中的手帕的实存，而该手帕贯穿了这部剧作的全部系列。[①] 我们也谈及了威尔士王子的两个系列——福斯塔夫或父亲—弄臣、亨利四世或国王父亲，也就是父亲的两种形象。王冠就是那分别与不同的项、在不同的关系下贯穿两个系列的对象 x；在其父亲尚未过世时，王子试戴王冠的时刻标示了从一个系列向另一个系列的过渡、象征项的变化与微分关系的变异。垂垂老矣、行将就木的国王怒不可遏，他认为他的儿子想过早地取代他；不过王子对答如流，以冠冕堂皇的话语表明王冠不是想象性认同的对象，反而尤其是象征性的项，它贯穿了全部系列——福斯塔夫的可耻系列与伟大的国王系列，并可以在同一种结构中进行由此及彼的过渡。如前所述，想象与象征之间存在着第一种差异：象征的分化角色相对于想象的反映的、复制的与迭复的同化角色。不过第二种分界线在这一点上显得更为清晰：反对想象力的成双特性，**第三者**基本上维持在象征界之中，分配系列、相对地移动系列，使它们相互沟通，同时防止一个系列以想象的方式突然转向另一个系列。

债务、信、手帕或王冠，这类对象的本性被拉康加以明确表达：它总是相对于自身进行移位。它的特性在于它不在人们探寻它的地方，反之，它在其所不在的地方被寻到。我们

260

---

① 　A. Green，《L'objet（a）de J. Lacan》，*Cahiers pour l'analyse*，nº3，p. 32.

会说它"不在自己的位置上"（在这一点上它不是某种实在之物）。而且它有违自己的相似性（在这一点上它不是一个形象）——它有违自己的同一性（在这一点上它不是一个概念）。"被隐藏起来的东西只不过是不在其位置上的东西，就像一卷书一时被丢到图书馆的某个角落，只有其索书卡才显示了它的位置。其实这卷书有可能就隐藏在旁边的架子上或格子里，赫然在目，清晰可见。真正说来，只有对那能够改变位置的东西，也就是象征，我们才能说它不在其位置上。因为对于实在而言，无论我们能给它何种动荡，它总是在那里，无论如何都岿然不动，它与其位置形影不离，竟浑然不知什么可以把这一位置驱逐出去。"①之所以对象＝x所贯穿的系列必然呈现出彼此之间的、相对的移位，乃因为系列的诸项在结构之中的相对的位置首先取决于每个项的绝对的位置，而此一位置在每个时刻关系到总是流通的、总是相对于自身而移位的对象＝x。正是在这种意义上，移位以及泛而言之的全部交换形式没有形成一种从外部添加的特征，而形成了这样一种基本特性，后者使得我们可以把结构界定为关系变异之下的位置秩序。整个结构被这源初的**第三者**所驱动，而后者又已不在其起点（的位置）上。当对象＝x在整个结构之中分配差异，使微分关系随着其移位而变化，它构成差异本身的分化者。

各种游戏需要空格，如若没有空格，没有东西会前进或运行。对象＝x与它的位置不可区分，不过它属于这个永远移动的位置，就像它属于不断跳动的空格。拉康援引桥牌的明手位置。福柯曾在《词与物》(*Les Mots et les choses*)中描述委拉斯凯兹(Vélasquez)的画作，在这些令人惊叹不已的段

---

① J. Lacan, *Ecrits*, p. 25.

落中，他提出国王的位置，一切都相对于这个位置而移动、滑动，首先是上帝，随后是人，不过，没有任何事物能填充这个位置。① 如若没有这种零度，就不可能有结构主义。菲利普·索莱尔斯与让－皮埃尔·费耶喜欢引用盲点（tache aveugle），以指称这个总是变化不定的、包含一定盲目性的点，不过书写从这个点开始成为可能，因为系列在这个点上把自己组织成真正的诸文学素（littérème）。J.-A.米勒曾致力于构思一个结构性的或转喻的因果关系的概念，他借用了弗雷格（Frege）的零的设定，零被界定为是有违它自己的同一性的，零规定了数的系列构造。② 在结构主义者中间，列维－斯特劳斯在某些方面最重视实证主义、最少浪漫情怀、最不接纳一个难以捉摸的要素，即便如此，他在"马纳"（mana）或诸等价物中辨识出某种"漂浮的能指"，某种在结构中流通的零度象征价值的存在。③ 他由此认同于雅各布森的零音位，此音位本身既不包含任何微分特征，也不包含语音价值，不过一切音位都相对于这个零音位而被定位于它们特有的微分关系之中。

如若结构批评的目标真的是规定那些先于作品而存在于语言之中的种种"潜在性"，那么作品企图表达其特有的潜在性时，它本身就是结构性的。路易斯·卡洛尔、乔伊斯创造了众多的"混成词"（mots-valises），或更多见的是种种令人费解的词，从而确保词语的口头音响系列的偶合、相关的故事系列的同时性。在《芬尼根的守灵夜》（*Finnegans Wake*）一书中，一个字母就是宇宙（Cosmos），连接了世界的所有系

---

① M. Foucault, *Les Mots et les choses*, chap.I.

② J.-A. Miller,《La suture》, *Cahiers pour l'analyse*, n°1.

③ C.Lévi-Strauss, *Introduction à l'œuvre de Marcel Mauss*, pp.49－59（载 Marcel Mauss, *Sociologie et* anthropologie, Paris, PUF, 1950）.

列。在路易斯·卡洛尔的著作中,混成词至少意味着两个基本的、本身分叉的系列(说与吃、动词系列与食物系列),例如"蛇鲨"(Snark)一词。说这种词具有两种意义是错误的;实际上,在各个具有意义的语词之外,它属于另一种秩序。正是非意义至少激活了两个系列,不过通过穿越这两个系列而向它们提供了意义。非意义无所不在、持续移位,正是非意义在每个系列之中、从一个系列到另一个系列生产了意义,并不断地移动两个系列。在其指称对象=x(成问题的对象)的情况下,它就是语词=x。作为语词=x,它穿越了一个被规定为能指的系列;不过与此同时,作为对象=x,它穿越了一个被规定为所指的系列。它同时不停地挖掘、填充两个系列之间的鸿沟:列维-斯特劳斯曾就"马纳"一词阐明了这一点,他将这个词看作是与语词"东西"(truc)或"玩意"(machin)近似。如前所述,确实以这种方式,非意义才不是意指的缺席,反而是意义的过剩,或者是给所指与能指提供意义的东西。在这一点上,意义在组成结构的系列被激活的过程中表现为结构运行的效果。并且,为了保证这种流通,混成词无疑只是所有这些方法中的一种而已。雷蒙·鲁塞尔(Raymond Roussel)所运用的各种技巧正如福柯所分析的那样,具有另一种本性:这些技巧是以音位的微分关系或更加复杂的关系为基础。[①] 在马拉美(Mallarmé)的著作中,我们发现了系列之间的关系系统以及激活这些关系的运动要素,它们还属于完全不同的类型。我们的目标不是要利用整个地形学、整个"将要到来的书"的排印术来分析使现代文学得以形成、正在形成的全部方法,而只是在一切情形中标出这一具有双重面相(语词与对象)的空格的功效。

---

① 参见 M. Foucault, *Raymond Roussel*.

这个对象＝x 由什么组成？它是且应一直是一种猜谜游戏的永久对象吗，如同"永动机"或者"无穷动"（perpetuum mobile）？这或许令人想起问题域的范畴在结构当中所具有的对象坚实性（consistance objective）。"如何辨识结构主义？"这一疑问导致了某种不可辨识或识别的东西的设定。

让我们考虑拉康的精神分析式的回答：对象＝x 被规定为菲勒斯（phallus）。不过这个菲勒斯既不是实在的器官，也不是关联的或可关联的诸形象的系列：它是象征性的菲勒斯。然而，与在精神分析之中放弃或低估诸种性参照的、虔诚而不断更新的各种尝试相反，问题恰恰在于性征（sexualité），无关其他。但是，菲勒斯看起来不是一种性与料，也不是性别中那一种的经验规定性，而是象征性的器官，它构建出作为系统或结构的整个的性征，而相对于这一器官，男人与女人以不同方式所占据的位置以及形象与实在的系列都被分配了。因此，在把对象＝x 指称为菲勒斯的过程中，问题不在于识别这个对象，给予这个对象以一种与其本性相抵触的同一性；相反，象征性的菲勒斯就是与它自己的同一性相抵触的东西，总是在其不在的地方被寻到，因为它不在人们寻找它的地方，总是相对于自己、在母亲这一边被移位。在这种意义上，它恰恰就是信与债务、手帕或王冠、蛇鲨与"马纳"。父亲、母亲等形象是诸种在微分关系之中被把握的象征性要素，而菲勒斯则是另一种东西，也就是对象＝x，它规定了要素的相对位置与关系的变化价值，并把整体的性征构建为一个结构。根据对象＝x 的移位，关系发生变化，这是作为性征构成物的"部分冲动"之间的关系。

菲勒斯显然不是最后的回答，不如说，它是某种问题、"质疑"域，并描绘了性结构的空格的特征。疑问就像答案一样随着被考虑的结构的变化而变化，不过它们从不取决于我

《荒岛》及其他文本：文本与访谈（1953—1974）

们的偏好，也不取决于一种抽象因果关系的秩序。显然，作为商品交换的经济结构空格必须是以截然不同的方式加以规定：它包括"某种东西"，这种东西既不可化约为交换的诸项，也不化约为交换本身的关系，不过它在持续的移位之中形成了一个极具象征性的第三者，据此关系的变异将被界定。这就是价值，作为一种"广义的劳动"的表达，超越了任何全凭经验方式观察的质性，它是贯穿或席卷作为结构的经济学的质疑域。①

一个更普遍的后果由此产生，这关系到各种不同的"秩序"。从结构主义的角度来看，重新提出这个问题无疑是不合适的：究竟是否存在着一个规定其他所有结构的结构呢？例如，价值或菲勒斯、经济恋物癖或性恋物癖，哪一个是首要的？缘于几个原因，这些疑问没有意义。一切结构都是下层结构。各种结构的秩序——语言的、家庭的、经济的、性的，诸如此类等等，其特点是它们的象征要素的形式、它们的纷繁变化的微分关系、它们的奇异性的种，最终尤其重要的是那支配它们的运行的对象 x 的本性。不过，只有在每种情形中赋予对象＝x 以其基本上与之相抵触的同一性的属，我们才能从一种结构到另一种结构来确立一种线性因果关系的秩序。因果关系在结构之间只可能是一种结构性的因果关系。在结构的每种秩序中，当然对象＝x 绝不是一个不可知之物、一种纯粹的不定性；它完全是可规定的，包括它在它的各种移位之中亦是可规定的，并凭借显示其特点的移位方式来规定。只不过它是不可指定的：它在属或种中不是固定在一个可识别的位置上。这是因为它本身构成结构的最后的

---

① 参见 Lire le Capital, t. I, p. 242 sq。Pierre Macherey 对价值概念的分析，同时阐明了价值总是与其所出现于其中的交换错开。

属,或它的总体的位置:因此它只为了抵触这种同一性才具有同一性,并且它只为了相对于所有位置进行移位才具有位置。因此,对象＝x 对于结构的每种秩序而言都是虚空的或穿孔的地方,而这个地方允许这一秩序与其他秩序相互连接,这发生在一个包含与秩序一样多的方向的空间。结构的秩序没有在同一个地方进行沟通,不过它们都通过其虚空的位置或各自的对象＝x 进行沟通。因此,不管列维-斯特劳斯某些仓促成文的段落如何,人们不会为人种学的社会结构要求特权,而把精神分析的性结构打发到一个多少去社会化的个体的经验规定性上。甚至语言的各种结构也不可被视为最终的象征要素或能指:恰恰因为其他结构并不限于通过类比法来应用那些借自语言学的方法,它们为自身发现了种种真正的语言,即便后者是非言语的,但总是包含着它们的能指、它们的象征要素与微分关系。因此,在提出例如人种学与精神分析之间的关系的问题时,福柯就有理由说:"它们垂直相交;因为个体的独特经验得以建构所经由的意指链垂直于一种文化的意指得以建构所始于的形式系统。在每个时刻,个体经验所特有的结构从社会的诸系统中寻到了某些可能性的选择(与被排斥在外的诸种可能性);相反各种社会结构在其每个选择的点上寻到了某些可能性的个体(与其他并非如此的个体)。"①

265

而且在每种结构中,对象＝x 应当能够说明:1. 它在其自身秩序中使结构的其他秩序都隶属于它的方式,其他这些秩序只作为现实化的维度来进行干预;2. 它自己又在其他秩序中隶属于它们的方式(并只在它们特有的现实化中进行干

---

① M. Foucault, *Les Mots et les choses*, p. 392.

预);3. 结构的全部对象＝x 与全部秩序进行相互沟通的方式,同时每种秩序界定了一种关于空间的维度,而每种秩序在这相应的空间维度中绝对是首要的;4. 诸种条件,在这些条件下,在历史的给定时刻或给定的情形中,相应于结构某种秩序的维度不会自为地展开,而仍然屈从于另一种秩序的现实化(拉康的"除权弃绝"[forclusion]概念可能在此处仍具有一种决定性的重要意义)。

最后两条准则:从主体到实践

在某种意义上,只有在结构被"现实化"的情况下,位置才被实在的存在者所填充或占据。但是,在另一种意义上,我们可以说位置已经在结构本身的层次上被象征要素所填充或占据;而正是这些要素的微分关系通常规定了位置的秩序。因此,存在着一种初级的象征性填充,先于实在的存在者所进行的任何次填充或任何次级的占据。不过我们重新寻到了空格的悖论;因为空格是唯一既不能也不应被填充的位置,即便是象征要素。它必须保留其完美的虚空,以便进行相对于自身的移位,以便流通于关系的诸种要素与诸般变异。作为象征,它对于自身而言必须是它自己的符号(symbole),并永久地缺少自己的一半,这一半可以来占据它。(不过这虚空不是一种"非—存在";或至少这"非—存在"不是否定的存在,这是"问题域"的肯定存在、问题与疑问的客观存在。)因此,福柯可以说:"我们只有在人消失后所留下的虚空中才能进行思考。因为这虚空没有挖凿一种匮乏;它没有规定一个即将填满的裂罅。它正好是一个空间的展开,这里,思考终又成为可能的。"①

不过,即使虚空的位置没有被项所填充,它仍被某一尤其具有象征性的"审级"(instance)所伴随:伴随而不是占据或填充。而且两者——"审级"与位置——永远互相缺席,并以这种方式互相伴随。主体正是追随着虚空的位置而出现的"审级":诚如拉康所言,它与其说是主体,不如说是屈从者——屈从于空格、菲勒斯与它的移位。它轻盈敏捷,无与伦比,或应该如此。此外,主体本质上是主体间性的。宣布上帝的死亡,乃至宣布人的死亡是毫无意义的。关键在于"如何"(comment)。尼采曾指出上帝死于几种方式;并且指出诸神死了,不过是笑死的,因为一个神说它就是**唯一**(le Seul)。结构主义根本不是一种废除主体的思想,而是一种弄碎主体并系统地分布主体的思想,此种思想质疑主体的同一性、消散主体,并使它"从一个位置到另一个位置"(de place en place)移动,一个总是游牧的主体,由个体化构成,不过是不具人格的个体化,或由奇异性构成,不过是尚未个体化的奇异性。正是在这种意义上,福柯谈论"弥散"(dispersion),列维-斯特劳斯只能把一种主观的"审级"界定为是有赖于**对象**的诸种条件的,在这些条件下,真理体系变成可改变的,并因此"同时对几个主体来说变成可接受的"。②

由此,结构的两个重大事故被界定了。要么虚空的、运动的格子不再伴以一个突显其轨迹的游牧主体,并且它的虚空变成一种真正的匮乏、一种裂罅。要么它反而被伴随它的东西所填充、所占据,并且它的运动性迷失于一种固定的或凝结的盈实的效果之中。根据语言学的观点,我们或者可以

267

---

① M. Foucault, *Les Mots et les choses*, p. 353.
② C. Lévi-Strauss, *Le Cru et le cuit*, Paris, Plon, 1964, p. 19.

说"能指"消失了，所指的波纹不再寻到那强调它的意指要素，或者，我们也可以说"所指"消散了，能指链不再寻到那穿越它的所指：精神病的两个病理学层面。① 根据神学——人类学的观点，我们或者可以说上帝使荒漠增加，并在大地之中挖凿了一个罅隙，或者，人类填充了罅隙，占据了位置，并在这种徒劳无功的置换中使我们从一个事故转向另一个事故：这就是为什么人与上帝是大地的两种疾病，也就是结构的两种疾病。

重要的是知道这些事故在什么因素下、在哪些时刻得以在某种秩序的结构之中被规定。让我们重新考虑阿尔都塞与其合作者的种种分析：一方面，他们指出空格（作为对象＝x 的**价值**）的诸多冒险如何在经济秩序中被那些显示资本主义结构之特征的商品、金钱、恋物癖、资本等因素所标示。另一方面他们指出种种矛盾如何由此产生于结构之中。最后，他们指出实在与想象——也就是说，那些要占据位置的、实在的存在者与那些表达实在存在者所制造的影像（image）的意识形态——如何严格地被这些结构性的冒险与那些源自于它们的矛盾之间的运作所规定。这当然不是说矛盾是想象的：它们恰是结构的，并在结构特有的内在时间中定性了结构的诸种效果。因此，关于矛盾，我们不会说它是表面的，而会说它是派生的：它在结构中派生于虚空的位置与它的生成。一般来说，实在、想象以及它们的关系总是次要地被结构的运行所引起，而后者则始于拥有自身的初级效果。因此，我们刚才所谓的"事故"完全不是从外部发生在结构身

---

① S. 勒克莱尔在拉康之后提出的图式，载《A la recherche de principes d'une psychothérapie des psychoses》，*L'Evolution psychiatrique*，1958.

上。问题反而在于内在性的"趋向"。[1] 问题在于理念性事件，这些事件属于结构本身，并以象征的方式影响了结构的空格或主体。我们把它们称之为"事故"所要强调的，不是偶然性或外在性的特征，而是为了更好地标示出事件这一非常独特的特点，它内在于永远不会被化约为简单本质的结构。

由此，我们可以向结构主义提出一系列复杂的问题，这关涉到结构的"嬗变"（福柯）或者从一种结构向另一种结构的"过渡形式"（阿尔都塞）。只有依据空格，微分关系才可能有新价值或新变异，奇异性才能有构成另一种结构的新分布。不过矛盾应该被"解决"，也就是说虚空的位置应该摆脱那些遮蔽它或填充它的象征性事件，这个位置应该归还给主体，而这一主体应该在诸条新路上伴随它，而不会占据它或舍弃它。因此，存在着结构主义的英雄：既不是上帝，也不是人，既不是个人的，也不是普遍的，他不具有同一性，由种种不具人格的个体化与种种尚未个体化的奇异性构建。他确保一种具有剩余的或缺陷的结构的爆裂，他把他自己的理念性事件与我们刚才界定的理念性事件对立起来。[2] 新结构不要重复旧结构类似的冒险，不要使致命的矛盾重生，而这一切都取决于这个英雄抵抗的、创造的力量，取决于其跟随、捍卫移位的敏捷性，取决于其使关系变化并使奇异性进行重新分布的权力，这永远是骰子的再掷。这个嬗变点恰恰界定了一种实践，更确切地说界定了实践应该得以安置的最佳场所。因为结构主义不仅与其所创造的作品密不可分，而且与

269

---

① 关于马克思主义的概念"矛盾"与"趋向"，参见 E. Balibar 的分析，*Lire le Capital*，t. II，p. 296 sq。

② 参见 M. Foucault，*Les Mots et les choses*，p. 230：结构性的嬗变"如若必须被分析，而且细致地被分析，就不能在一种独特的言语中被'阐明'，它们甚至也不能被汇集到这言语中。它是一个分布于知识的整个可见表面上的根本事件，并且我们能够逐步地领会它的种种征兆、振动、效果"。

一种相关于其所阐释的诸产品的实践密不可分。或者是治疗的或者是政治的,这种实践指称着一个持续变革的或持续移情的点。

从主体到实践的最后两条准则是最模糊不清的——未来的准则。通过前面的六条准则,我们本来只想在那些相互极为独立的、探索极为杂多的领域的作者之间获得一个共鸣系统。甚至是探讨这些作者本身就这些共鸣提出的理论。在结构的不同层次上,实在与想象、实在的存在者与意识形态、意义与矛盾都是那些应该在一种"过程"、一种结构特有的分化生产结束时加以理解的"效果":为生产物理的"效果"(视觉的、声音的等等)而出现的、奇特的静态发生。反对结构主义的著作(或反对新小说的著作)在严格意义上不具有任何重要意义;它们不能防止结构主义具有一种属于我们时代的生产力。反对任何东西的任何著作都不具有重要意义;唯有"支持"某种新事物,并且知道如何生产这种新事物的著作才是重要的。

(董树宝　译)

24. 群体的三种问题 *

政治积极分子的身份与精神分析学家的身份碰巧相汇
到同一个人身上，碰巧这两种身份并不处于分离状态，而是
不停地相互融合、相互干涉、相互沟通、相互纠缠。这是一个
自赖希以来相当罕见的事件。皮埃尔-菲利克斯·加塔利
(Piere-Félix Guattari)几乎不会被自我统一的问题所困扰。
更确切地说，自我属于这些应该在政治力量与分析力量的联
合攻击下被解体的东西。加塔利的格言"我们都是小派别"，
恰恰标示出对一种新型主体性——群体主体性——的探索，

---

* 本文系德勒兹为菲利克斯·加塔利的文集《精神分析与横贯性》（Félix
Guattari, *Psychanalyse et transversalité*, Paris, François Maspero, 1972, pp. i-xi）所撰
写的序言。德勒兹与加塔利于 1969 年夏天相识于利穆赞(Limousin)，很快就开启了
共同工作的计划。1972 年，他们出版了《反俄狄浦斯》，这标志着"以二人组的方式
工作"(travail à deux)的开端，并持续了长达 20 年。之后他们于 1975 年出版了《卡
夫卡：为弱势文学而作》(*Kafka：pour une littérature mineure*)，于 1980 年出版了《千
高原》(*Mille plateaux*)，于 1991 年出版了《什么是哲学？》(*Qu'est-ce que la
philosophie ?*)。参见《两种疯癫的政体》《致 Uno 的信：我们如何以二人组的方式工
作？》(Lettre à Uno：comment nous avons travaillé à deux)。加塔利起初是亲近托洛茨
基主义的积极分子（因此他遭到了法国共产党的排挤），他随后积极参加了一些群体
（接连参加了共产主义道路［la Voie communiste］、左翼反对派［l'Opposition de
Gauche］、3 月 22 日运动［le movement du 22 mars］）；与此同时，他自让·乌里博士
(Dr. Jean Oury) 1953 年创立拉博德诊所伊始就加入了该诊所富有活力的工作团队。
正是在这个精神病诊所中、在托斯凯尔博士(Dr. Tosquelle)所开辟的工作方向上，建
制性精神治疗的基础在实践和理论上被界定了（认为精神治疗是与建制的分析密不
可分的）。作为建制性形成与探索研究中心（Centre d'étude de recherche et de
formation institutionnelle，简称 CERFI）成员，他从拉康开设研讨班开始就是拉康的学
生，是巴黎弗洛伊德学会的精神分析师。《精神分析与横贯性》的文章既在理论的平
面上又在实践的平面上描述了这一发展历程。

这种主体性不会被监禁在一个注定转瞬即逝的、重新恢复自我（甚至更糟糕的是超我）的整体之中，而是同时在几个群体上展开，而这些群体是可分开的、可增加的、可沟通的，而且通常是可废除的。一个优秀群体的标准就是它不会把自己想象为独一无二的、不朽的与富有意义的，不像一个捍卫权力或保障安全的工会、一个退休军人的部门，而是连接了一种使群体面对非意义、死亡或爆裂等诸种可能性的外部，"甚至它因此向其他群体敞开"。个体转而也是这样一种群体。加塔利以最自然的方式体现了反自我（anti-Moi）的两个方面：一方面，他一摘下眼镜，就像一块紧张症的砾石，一具弥漫着死亡的、盲目而僵硬的身体；另一方面，他一观看、行动、微笑、思考、攻击，他就精神矍铄，涌动着多重的生命。因此，他取名为皮埃尔（Piere）和菲利克斯（Félix）：精神分裂症的力量。

在这种精神分析学家与积极分子的相遇中，至少表现出了三种不同的问题：1. 以什么样的形式把政治引入精神分析的实践与理论（不管怎样，政治终会处于无意识本身之中）？2. 适合把精神分析引入激进的革命群体吗？如若适合，又该如何引入呢？3. 特殊的治疗群体会影响政治群体，也会影响精神病的结构与精神分析的结构，那么该如何构想和形成这种治疗群体呢？关于这三种问题，加塔利在这本文集中辑录了他从1955年到1970年发表的一些文章，这些文章通过两个重要的标志标出了一种演变：二战解放之后的希望—失望、1968年"五月风暴"之后的希望—失望以及在这两者之间为"五月风暴"的到来而做的鼹鼠般的准备工作。

至于第一种问题，我们将会看到加塔利很早就感觉到，无意识与其说与精神分析传统上所援引的神话、家庭的坐标有关，倒不如说直接关系到社会、经济和政治的全部领域。

这关系到作为欲望与性征之本质的力比多本身：力比多投资与反投资那些流入社会领域的流，它引起了这些流的中断、阻塞、逃逸、滞留。毫无疑问，它不是以一种显而易见的方式运行的，如同意识的对象性关注和历史因果关系的链条所运行的那样；但是，它将潜伏共存的欲望铺展到社会领域，导致了因果关系的断裂、奇异性的出现、停止点以及逃逸点。

1936 年不仅是一个历史意识之中的事件，而且也是一个无意识的情结。我们的爱、我们的性选择与其说是虚构的爸爸—妈妈的衍生物，倒不如说一种社会实在（réel-social）的衍生物——力比多所投资的各种流的干扰与效果。那么我们凭借什么就不会产生爱与死亡？加塔利因此指责精神分析是全面镇压无意识的社会政治内容的方式，不过这些社会政治内容实际上确定了欲望的对象。他说，精神分析始于一种绝对的自恋（"物"［Das Ding］），从而产生一种理想的、精神分析称之为"痊愈"的社会适应；不过这种方法通常使奇异的社会星座（constellation social）晦暗不明，实际上应该探索这一社会星座，而非为了虚构抽象的、象征的无意识而牺牲这一社会星座。"物"不是那种虚幻地构成个体的人的复发性前景，而是作为潜能之基础的社会身体（corps social）（为什么此处有疯子，而彼处有革命者？）。纠缠着那些像我们时代的阶级斗争一样的社会基本问题的各种人物是存在的，他们比父亲、母亲、外祖父更重要。如今横贯共产主义世界的巨大分裂（spaltung）是存在的，它比讲述希腊社会有朝一日如何因俄狄浦斯而发生"完全的改变"（le virage de sa cuti）更重要。如何才会在力比多被捕获、被用以投资那些表达内心微妙情感的家庭形象的全部困境中忽略国家的角色？只要社会赋予阉割情结一种社会压抑与社会调节的无意识角色，那么如何才会相信阉割情结曾找到了令人满意的解决方法？

272

总之，社会关系从未对个人问题或家庭问题构成一种"超越"（au-delà）或一种"附后"（par-après）。甚至令人好奇的是，既然人们面对的是那些作为精神病所表现出的、最去社会化的症状方面，那么力比多的经济与政治的社会内容究竟在何种程度上才会被表现得更加淋漓尽致。"超越了自我，主体觉得自己向历史世界的四面八方爆裂，谵妄者开始说陌生的语言，他使历史产生幻觉，并且阶级冲突或战争变成了他自己的表达的工具……私人生活与社会生活的各种层面不再有
273 区别。"（这一点可与弗洛伊德相比，他从战争中只抓住了一种不确定的死亡本能与一种非定性的打击，以及爆炸所导致的过度躁动。）在焦虑与未知的深处恢复无意识的历史视角，这意味着颠覆精神分析，无疑是在神经症的华丽外衣之下重新发现精神病。因为精神分析与最传统的精神病学同流合污、沆瀣一气，从而遏制了那些向我们主要谈论政治、经济、秩序与革命的疯子的声音。马塞尔·耶热（Marcel Jaeger）在新近发表的一篇文章中指出"疯子所持有的言语如何才不仅仅具有其个体的心理失序的厚度：疯癫的话语连接着另一种关于政治、社会、宗教的历史的话语，这另一种话语在每个人之中进行言说。……在某些情况中，正是政治概念的使用才导致了病人的危机状态，好似这种使用解开了疯子所深陷其中的矛盾的节点。……从工人运动的历史被书写的角度看，没有社会领域是可以豁免的，甚至精神病院也是无从豁免的"。[1] 这些措辞表达了与加塔利自发表第一批文章以来的各项工作的相同定位、重新评价精神病的相同的事业。

我们由此看到了与赖希的差异：力比多经济学通过其他

---

[1] Marcel Jaeger, « L'*Underground* de la folie », in « Folie pour folie », *Partisans*, février 1972.

手段来主观地延续政治经济学，这种力比多经济学是不存在的；性压抑使经济剥削与政治屈从内在化，这种性压抑是不存在的。不过，作为力比多的欲望处处存在，性征流遍整个社会领域，并贴着整个社会领域而行，同时作为力比多的欲望与那些从群体的对象、个人与象征之下经过的各种流重合，并且这些对象、个人与象征在它们的切割与构成本身中取决于各种流。恰恰在这一点上，关于欲望的性征的潜藏特性只因性对象及其象征的选择而变得显而易见（象征在意识层面上是关于性的，这一点是极其明显的）。因此，恰恰是政治经济学本身，即流的经济学，才在无意识层面上是关于力比多的：两种经济学是不存在的，并且欲望或力比多只是关于政治经济学的主体性。"经济毕竟是主体性的真正推动力。"正是建制（institution）概念所表达的含义，才在群体的对象形式中被一种关于流与流的中断的主体性加以界定。关于对象与主体、下层结构与上层结构、生产与意识形态的二元性消失了，从而让位于建制的欲望主体与建制的对象之间的、严密的互补性（应该把加塔利所做的这些建制性分析与卡尔丹[Cardan]同时在《社会主义或野蛮》[*Socialisme ou Barbarie*]中所做的分析加以比较，两者的分析在一种对托洛茨基分子同样的严厉批评之下被认为是相似的[1]）。

274

第二种问题——"适合把精神分析引入激进的革命群体吗？如若适合，又该如何引入呢？"——显然排除了历史现象与社会现象之于精神分析的任何"应用"。在这样一些应用中，精神分析的确累积了各种滑稽可笑的事情，其中俄狄浦斯情结当排第一位。其实，问题是全然不同的：使资本主义成为被革命摧毁的东西的情境，也造就了俄国革命、随之发

---

[1]　*Cahier de la vérité*，série « Sciences humaines et Lutte des classes »，nº 1.

生的历史、共产党组织与全国性工会，以及许多不能实现这种对资本主义摧毁的机构。在这一点上，资本主义的特有属性，被呈现为生产力发展与生产关系之间的矛盾，这种特有属性就包括以下这一点：生产力在政体中所依赖的资本的再生产过程，本身就是一种内含世界性劳动分工的国际现象；然而资本主义在民族国家的框架内发展了生产关系，它无论如何都不能打破民族国家的框架，也不能摧毁作为资本增值的工具的国家。[a] 因此，资本的国际主义经由民族国家的结构形成了，这些结构使资本运行的同时也约束了资本，扮演着具有现实功能的拟古主义（archaïsme）的角色。国家垄断资本主义，远非是一种最终的与料（donnée），而是妥协的结果。在这种"资本家从资本内部进行剥夺"的过程中，资产阶级维持着对国家工具的绝对控制，但同时越来越努力地使工人阶级建制化，并整合工人阶级，以致阶级斗争相对于决定的现实场所与现实因素而言偏离了中心，而这些场所与因素诉求于国际资本主义经济，大大超越了国家。恰恰根据同样的原理，"唯有生产的狭小领域才融入了资本再生产的世界进程"，其余部分在第三世界国家中仍屈从于前资本主义的各种关系（第二种现实存在的拟古主义）。

在这种情境中，我们观察到民族国家的共产党的默契，这些政党为了把无产阶级整合到国家而积极活动，以致"资产阶级的民族排他主义在很大程度上是无产阶级自身的民族排他主义的结果，而资产阶级的内部划分是无产阶级划分的表达。"另一方面，即便革命斗争的必然性在第三世界得以确定，那么这些斗争首先也充当了谈判的筹码，并标志着资

---

a. 德勒兹在注释中补充了一个个人的例子："例如经济政治问题至少在欧洲范围内被决定，而社会政治问题仍需要国家治理。"

本主义国家同样也放弃了国际策略和阶级斗争的发展。难道这归根到底不是来自这样一种要求：工人阶级对国内生产力所进行的捍卫、同垄断所进行的斗争以及对国家机器所进行的征服？

这种情境源于加塔利所谓的 1917 年"列宁主义的巨大中断"（la grande coupure léniniste），这一中断不管好坏地确定了对革命运动的主要态度、基本陈述、主动性与刻板性、幻想与解释。这一中断表现为那造成历史因果关系的真正断裂的可能性，同时把军事的、经济的、政治的与文化的溃败"阐释为"大众的胜利。社会革命的可能性出现了，取代了中左分子（centre gauche）的神圣联盟的必要性。不过这种可能性只有通过创立政党才能被接受，昔日有节制的地下组织在能够操纵一切的国家机器的萌生过程中履行着一项救世主降临的神圣使命，并且取代了大众。两种多少有点儿漫长的结果产生了。就新国家直接面对资本主义国家而言，它与资本主义国家一起进入了各种力量关系，而这些关系把一种现状视为是理想的：那曾是"新经济政策"（NEP）实施时期的列宁主义策略变成了和平共处与经济竞争的意识形态。竞争的观念对革命运动而言是极具毁灭性的。而就新国家承载无产阶级的国际主义而言，它只能根据世界市场的资料和各种与国际资本主义相类似的目标来发展社会主义经济，同时更好地接受本土共产党整合到资本主义的生产关系，总是以工人阶级对国内生产力所进行的捍卫为名义。简而言之，专家治国论者说两种政体和国家随着它们的演变而趋向同一，这样说是不正确的；不过，托洛茨基曾假定一个健全的无产阶级国家，它可能会被官僚主义腐蚀，并可能被一场简单的政治革命加以矫正，这样的假定也是不正确的。正是以政党—国家回应资本主义的城市—国家的方式，甚至在相互敌

276

对与相互冲突的关系之中,一切都已经决定或背叛了。这恰恰证明了自苏维埃过早地肃清了一切,俄国在各个领域的建制性创造就衰弱了(例如,当他们引进全套装配的汽车厂时,他们也引进了各种人际关系、技术功能、智力劳动与体力劳动的分离、与社会主义完全相异的消费方式)。

这种分析根据加塔利在屈从群体(groupesassujettis)与主体群体(groupessujets)之间所提出的区分而获得意义。屈从群体的数量在其所效忠的或所接受的主人中并不会比在大众中少;显示屈从群体特征的等级制度,垂直的或金字塔式的组织被用于消除非意义、死亡或爆裂的一切可能性注册,被用于阻止创造性中断的发展,被用于保证各种以其他群体的排除为基础的自动保存机制;它们的集权制通过结构化、总体化、统一化来运行,同时以一种既断绝于实在又断绝于主体性的、陈词滥调的陈述的装配来取代真正的与集体的"表述"的条件(正是在这一点上,关于俄狄浦斯情结化、超我化和群体的阉割情结的想象性现象产生了)。主体群体反而由横贯性(transversalité)参数来加以界定,而这些参数避免了总体性与等级制度;它们是表述行为的动因、欲望的载体、建制性创造的要素;通过它们的实践,它们不断地符合其特有的非意义的、其特有的死亡或决裂的界限。可是,问题与其说是两种群体,倒不如说是建制的两个侧面,既然主体群体在一种妄想症的收缩中总是冒险使自己屈从,在这种妄想症的收缩中,它想不惜一切代价像主体那样保存自己和永存自己;相反,"一个政党昔日是革命的,现在多少屈从于统治秩序,它仍可以在大众眼中占据着历史主体腾空出来的位置,简直不顾自身地变成了一种不属于自己的话语的代言人,甚至当力量关系的演化导致了向常态的回归时冒着背叛的危险:政党仍然不情愿地保存了一种主体性中断所引发的潜能,而一种语境的转变将会显示这种潜能"(极端的例子:最糟糕的拟古主义如何能够变成革命的,例如巴斯克人[Basque]、爱尔兰天主教徒等)。

确实,如若群体功能的问题一开始就没被提出来,那么这个问题以后再提出来就太迟了。很多小派别仍只是激励着虚幻的大众,它们已经具有一种屈从结构,凭借英明的领导具有了转换机制、基层成员,它们毫无意义地再生产了其所反对的错误与堕落。加塔利经历了托洛茨基主义、"打入内部"(entrisme)策略、左翼反对派(共产主义道路)、3月22日运动。沿着这一道路,问题依然是欲望的问题或无意识主体性的问题:一个群体如何能够携带其特有的欲望,将这一群体的欲望与其他群体的欲望和大众的欲望连接起来,生产相应的创造性陈述,并构建那些不属于其统一的而属于一种有利于断裂的陈述的多样化的条件?对欲望现象的误认与压抑激发了屈从结构与官僚化结构,激进的风格产生了充分仇恨的爱,而这种爱对某些主导性的、排他性的陈述起决定性作用。革命群体背叛其任务的稳定方式是众所周知的。它们通过派遣、抽取与剩余挑选的方式进行:派遣一支假定是专业的先锋队;抽取一个训练有素、组织严密、等级森严的无产阶级;剩余一个表现为被排除的或被再教育的次无产阶级(sous-prolétariat)。不过这种三元的区分恰恰再生产了资产阶级所引入无产阶级之中的区分,并以此种区分为基础,资产阶级在资本主义生产关系的框架中缔造了权力。试图逆转这些区分来反对资产阶级,此种举动早已丧失先机。革命的任务就是对无产阶级本身的废除,也就是说从现在开始废除先锋队与无产阶级、无产阶级与次无产阶级之间的相应区分——有效地反对派遣、抽取与剩余挑选的全部运作,从而得出能够横贯地进行沟通的、主体的和奇异的设定(参见

278

加塔利的文章《大学生、疯子与加丹加人》[L'Etudiant, le fou et le Katangais])。

　　加塔利的力量就在于表明问题绝不是自发主义与集权制之间的抉择问题,也绝不是游击战与广义的战争之间的抉择问题。第一个阶段就勉强地辨认某种自发性的权利是毫无益处的,并冒着为第二阶段收回集权化的要求的危险:阶段论对于整个革命运动而言是毁灭性的。我们从一开始就应该比集权主义者更支持集权制。显然革命机器不能满足于地方的、局部的斗争:它应该既是超欲望的,又是超集权制的。因此,问题关系到统一的本质,这种统一通过多样性而横贯地起作用,而不是垂直地、以消除这种欲望特有的多样性的方式起作用。首先,这意味着统一必须是战争机器的、而非国家机器的统一(就其变成国家机器多少起决定性作用的机构而言,红军不再是一种战争机器)。其次,这意味着统一必须通过分析而产生,相对于群体与大众的欲望来说,统一必须承担一种分析者的角色,而非一种通过理性化、总体化、排斥等过程来进行的综合的角色。什么是战争机器(不同于国家机器),什么是欲望的分析或分析者(对立于伪理性的、科学的综合),这就是加塔利文集给我们描绘的两条主要线索,并且这两条线索为他标示出当前应该承担的理论任务。

　　在这后一种方向上,当然涉及的不是一种群体现象之于精神分析的"应用"。涉及的更不是一种企图"治疗"大众的治疗群体。不过问题在于在群体中建构欲望分析的条件,既为了自己也为了他人;问题在于遵从各种在资本主义社会中所建构的、许多逃逸线的流,并产生了各种断裂,强加各种中断于社会决定论与历史因果关系的最深处;问题在于得出表述的集体动因,这些动因能够形成全新的、关于欲望的陈述;

问题不在于建构一支先锋队，而在于建构毗邻于社会过程的各种群体，它们全力以赴地使真理沿着其通常从未采取的路径前进；总之，问题在于建构一种革命的主体性，相对于这种主体性而言，不适合再问经济、政治、力比多等决定性因素，哪一种是首要的，既然这种主体性横贯了传统上分离的秩序；问题在于抓住这个断裂的点，恰恰在各个点上，政治经济学与力比多经济学不再合二为一。因为无意识不再是别的东西，而是群体主体性的秩序，这种秩序把各种爆炸机器引入了所谓的意指结构以及因果链，并迫使它们敞开，从而解放它们所隐藏的潜能以及在断裂的影响下而即将到来的实在。在这一点上，3 月 22 日运动仍是典范性的；因为即便它是一种不充分的战争机器，那么它至少令人赞叹地作为分析的、欲望的群体起作用，这一群体不仅以真正的自由联想的形式抓住了话语，而且能够"把自己建构为一个由大学生和青年工人构成的、数目可观的大众的分析者"，它没有先锋队的或霸权的抱负，只是容许各种抑制（inhibition）的移情与解除。其中分析与欲望最终走到了同一侧，正是欲望最终引导着分析，这种现实的（en acte）分析充分显示了主体群体的特征，而屈从群体在精神分析之于封闭环境的简单"应用"的法则下继续生存（通过其他方式来使家庭成为国家的继续）。力比多本身的经济与政治的内容、政治经济领域的力比多与性的内容，这整个历史的漂移，只有在开放的环境中、在主体群体中才会暴露出来，一种真理从那儿出现了。因为"真理不是理论、组织"。这不是结构和能指，而是战争机器及其非意义。"真理，只有当它出现的时候，理论与组织才不得不摆脱它。自我批评，总是由理论与组织来加以实行，而不是由欲望来加以实行。"

这种从精神分析向精神分裂分析的转变内含着一种对

280

疯癫的特殊性的评价。而且这是加塔利所强调的要点之一，福柯宣布不是疯癫为了以实证方式加以确定的、治疗的、消毒的精神病的利益消失了，而是精神病为了我们从疯癫中尚未理解的某种东西的利益消失了，[①]此时加塔利就与福柯联合起来。因为真正的问题是在精神病方面（完全不在应用的神经症方面）。这总是一种挑起对实证主义进行嘲弄的愉悦：加塔利不断收回形而上学的或先验的视角的权利，而这种视角在于清除精神病的疯狂，而非疯狂的精神病："这样的时代——我们研究笛卡尔或马勒伯朗士（Malebranche）关于上帝的定义，我们将以同样严肃、严格的方式来研究史瑞伯法官或安托南·阿尔托关于上帝的定义——即将到来吗？我们将继续长时间地保持那种纯粹理论批判的动力与人文科学具体的分析活动之间所作出的区分吗？"（应该理解疯癫的定义实际上比病态—理性的定义更严肃、更严格，通过后一类定义，屈从群体与理性形式的上帝联系起来。）确切地说，加塔利的建制性分析谴责反精神病学不仅拒绝了任何药理学的功能，否定了建制的任何革命可能性，而且尤其在万不得已的情况下混淆了精神异化与社会异化，由此消除了疯癫的特殊性。"凭着关于世界的道德与政治的最好意图，我们最终拒绝了疯子的'是疯子'的权利，'这是社会的错误'，这种托词可以掩饰一种抑制全部异常的方法。因此，对建制的否定大概变成了一种对精神异化的特殊事实的否认。"完全不必假定一种疯癫的一般性，也不必祈求于一种集革命者与疯子为一体的神秘身份。毫无疑问，试图逃避一种不管怎样都会被提出的批评是没用的。恰恰可以说不是疯狂必须被还原为一般的秩序，反而是一般意义上的现代世界或整个

---

① Michel Foucault, *Histoire de la folie*, Paris, Gallimard, 1972, appendice I.

社会领域也必须根据疯子在他自己的主体性设定本身中所出现的奇异性加以解释。革命积极分子不可能不密切地关系到犯罪、异常和疯癫,他们不是作为教育者或改革者,而是作为那些只在这些镜子中才能识读他们特有差异的面部表情的人。以加塔利与让·乌里在这部文集开头所进行的这样对话片段为证:"某种东西是存在的,它必须在精神病学领域中规定一个积极分子组成的群体,这就是介入社会斗争,不过也是相当疯狂的,以便具有与疯子同步的可能性;不过,当然有人是在政治平面上存在的,他们是不可能属于这个群体的……"

加塔利对建制性精神治疗的特有贡献就在于某些观念,我们可以在这部文集中追溯这些观念的形成:两种群体的区分、群体幻想与个体幻想的对立、横贯性的概念。而且这些观念具有一种明确的实践定位:把一种斗争政治的功能引入建制,建构一种"怪物"(monstre):它既不是精神分析,也不是医院实践,更不是群体的动力,并且它自愿到处应用于医院、学校、战斗精神——一台生产和表述欲望的机器。这就是加塔利取名为建制性分析而不是建制性精神治疗的原因所在。在托斯凯尔和让·乌里所领导的建制性运动中,精神病的第三个时代确实开始了:作为模型的建制,超越了法则与契约。如若旧时的精神病院真的由压抑法则所决定,那么就疯子被判定为"无能力的"并甚至由此被排除出诸种连接所谓理性存在物的契约关系而言,弗洛伊德的天才发现表明了资产阶级家庭与精神病院的边界区包含着一个称之为神经症患者的庞大群体,这个群体可以被引入一种特殊的契约,而这种契约会通过独特的方法把神经症患者恢复到传统医学的正常状态(精神分析的契约作为自由医学的契约关系的特殊情况)。放弃催眠就是这条道路上的重要一步。在我们看来，人们还尚未分析精神分析悄悄融入的这种契约模式的作用与效果。其主要后果之一就是作为临床材料的真正来源，精神病仍处于精神分析的范围，但它却被排除在契约领域之外。正如这本文集的一些文章所证明的那样，建制性精神疗法将一种对所谓自由的以及压抑法则的契约的批判纳入了重要命题，而这种精神疗法力争以建制的模式来取代契约，人们对这一点就不必感到惊讶了。这种批判应该向极为不同的方向延展，确实群体的金字塔组织、它们的屈从、它们分等级的劳动分工建立于契约关系之上，同样建立于墨守成规的结构之上。从这本文集第一篇论述医生与护士关系283 的文章起，乌里突然插话说："存在着一种关于社会的理性主义，更确切地说它是一种关于背信弃义、卑鄙行为的理性化。内在的视角就是与疯子在日常的接触中所形成的种种关系，只要某种与传统有关的'契约'中断了。因此我们在某种意义上可以说，了解与疯子的接触是什么样的感觉，这同时就是进步主义的。……显而易见的是医生与护士这一对术语本身属于这种据说应该中断的契约。"圣茹斯特（Saint-Just）曾以大量的建制、少量的法则来界定共和政体（此外还有少量的契约关系），在这个意义上，建制性精神分析具有一种以圣茹斯特的方式存在的精神病学灵感。建制性精神疗法在反精神病学与部门精神病学之间披荆斩棘，开辟新路：一方面反精神病学往往再陷于各种毫无希望的契约形式（参见一篇最近发表的关于莱因［Laing］的访谈），另一方面，通过其分区控制、规划的三角剖分，部门精神病学有可能使我们惋惜昔日封闭的精神病院——啊！美好的时光，古老的风格！

正是在这一点上，加塔利特有的问题才关系到治疗—被治疗的群体的本性，这些群体能够形成主体群体，也就是使建制成为真正创造的对象，其中疯癫与革命不会相互混淆，它们恰恰在欲望主体性的奇异设定中相互反照它们的差异的这副面孔。例如,加塔利的文章《群体的精神疗法从哪里开始?》(Où commence la psychothérapie de groupe?)阐述了对拉博德诊所的基础精神疗法的单位(unités thérapeutiques de base,简称 UTB)的分析。如何避免来自于传统精神分析所促成的屈从群体本身的屈从?并且精神分析的各种协会是处于建制的哪个方面?属于哪种群体?在 1968 年"五月风暴"之前,加塔利工作的重要部分就是"病人自己负责控制自己的疾病,给整个学生运动提供了支持"。某种关于非意义的、虚空的言语(parole vide)的梦想——此种虚空的言语为本身是建制的、以反对充实的言语(parole pleine)的法则或契约。精神分裂症—流(flux-schizo)的某种权利始终激励着加塔利摧毁等级的或虚假功能的区分、隔离——教育者、精神病学家、分析者、积极分子……这本文集的所有文章都是时代的产物。它们具有双重的目的论:一方面是它们起源于建制性治疗的这样一个转折点、激进政治生活的这样一个时刻、弗洛伊德学校(l'Ecole freudienne)与拉康教学的这样一个方面,另一个方面是它们在其他环境中的功能、可能性运行。无论何时何地,这本书都应被视为机器零件与齿轮的拼装或安装。有时齿轮非常小、太微小,不过它们杂乱无序,而且更加必不可少。欲望的机器,也就是战争机器和分析机器。因此,我们可以特别关注两类文本,一类是理论文本,其中机器的原理本身摆脱了结构的假设,脱离了结构的联系(《机器与结构》[Machine et Structure]);一类是精神分裂症的文本,其中"符号—点"(point-signe)和"斑点—符号"的观念摆脱了能指的障碍。

284

(董树宝 译)

25. "犯人期待我们的是……"*

监狱内外正在发生某种新的变化。囚犯们正在决断自
己在监狱环境内应该采取的集体行动的方式(举例来说,从
图勒[Toul]开始,默伦[Melun]监狱的传单—最后警告,尼姆
[Nîmes]监狱里的罢工,南锡[Nancy]监狱中的设备破坏和
占领囚室)。ª 通过这各种各样的方式,一系列明确的请愿开
始出现,它们不再针对监狱管理,而是直接指向权力,并就此
对大众发出呼吁。这些公共请愿本质上是针对审查的:针对
"法庭"和"个人牢房",正是它们对没有任何辩护可能的囚犯
展开野蛮压迫;针对监狱里的劳动剥削;针对有条件释放、拘
留权的剥夺以及犯罪记录;针对独立于权力和管理当局的监

　　* La Nouvel Observateur,31 janvier 1972,p. 24. 1971 年初,德勒兹重新加入由
D.德菲尔和 M.福柯发起的、于 1970 年成立的监狱信息小组(GIP, Groupe
d'information sur les prisons)。1972 年 12 月 GIP 解散后,德勒兹又参与创立了保护
犯人权力联合会(ADDD, Association défense des droits des détenues)(参与者包括达
尼埃尔·德菲尔[Daniel Defert],让-马里·德梅纳克[Jean-Marie Domenach],多尼米
克·艾吕雅[Dominique Eluard],韦科尔[Vercors])。1971 年 6 月,德勒兹已经就若
贝尔事件写了一份简短的公告,发表于《人民的诉讼——我控诉》(La Cause du
Peuple-J'accuse)的附录中。(记者阿兰·若贝尔[Alain Jaubert]在陪送一位示威受
伤者的过程中在警车中被殴打,而此前他已因袭击警官被起诉。)关于这些问题,参
考 P.阿提耶(P. Artières)主编的《监狱信息小组:一场斗争的档案,1971 年—1972
年》(Le Groupe d'information sur les prisons:archives d'une lutte 1971 - 1972),巴黎,
IMEC 出版社,2003 年。
　　a. 1971 年 12 月和 1972 年 1 月,图勒、南锡和里尔等地的监狱发生了三十多
起暴乱。1972 年 1 月 18 日,德勒兹和让-保罗·萨特、克劳德·莫利亚克(Claude
Mauriac)、米歇尔·维扬(Michèle Vian)、阿兰·若贝尔等四十多人一起参加了福柯在
司法部大厅组织的"静坐示威"。

控委员会的成立。

刑罚和监禁的事实本身还没有被质疑；不过，一条政治
斗争的阵线已经在监狱里形成。在监狱里，这种觉悟正在越
来越清晰，即监狱是阶级问题，它首先关涉的是劳动阶级，它
和劳动力市场息息相关（当失业威胁到来，当雇佣市场不需
要他们时，这种压迫要更为严酷，尤其是对年轻人）。默伦监
狱的囚犯明确表达的核心原则即是"囚犯重新融入社会只应
该是囚犯自身的工作"。

只有监狱内部活跃的民众基础是远远不够的，在监狱外
部同样应该有民众支持并传播请愿。监狱信息小组（GIP）并
不是如普列文（Pleven）总理和《时刻》（Minute）杂志共同期
望的那样，只是在外围鼓动囚犯行动的颠覆团体。它也不是
如图勒调查委员会的会长施莫尔克（Schmelck）先生所希望
的那样，只是知识分子梦想家的团体。它意图组织积极的外
部援助，后者首先应由前犯人及犯人家属来带动，接下去集
聚越来越多的工人和民主人士。

在这一方面，某种全新的事物也正在成型。在图勒、里
尔、南锡以及其他地方，出现了一种与"公众检讨（confession
publique）"全然无关、也与传统集会形式不同的新型集会：前囚
犯聚集在之前他们曾服刑的城市，讲述自己的遭遇和见闻，所遭
受的虐待和报复，医疗救助的缺失等等。图勒的罗斯博士的报
告中曾为我们提供了此类个人化批评（critique personnalisée）
的例证，正是这种个人化的批评与犯人的诉讼结合起来。[b]

---

b.　图勒奈伊中心的精神病学家埃迪特·罗斯（Edith Rose）博士已经就犯人的
监禁情况写了一份报告：虐待、自杀、处罚、使用安定剂等等。在 1971 年 12 月 16 日
图勒的记者招待会上，福柯曾宣读报告中的大段文字，并且和朋友一起购买《世界
报》的版面以便在 M.施莫克的官方调查报告发表前让公众了解罗斯报告的内容。以
这份报告为基础，德勒兹曾在 1972 年 1 月 9 日 APL 的通讯中撰写一篇题为《关于监
狱里的精神病学家》的简短概要，并呼吁精神病学家和精神分析学家——监狱中"尴
尬的证人"——谴责"法国的监禁体制"。罗斯博士之后被监狱当局解职。

这就是在南锡发生的事，该地不同寻常的集会有一千多公众参加，而媒体则对之只字不提。

这就是在图勒发生的事，当监狱看守在最后一排大喊大叫，只有那些前囚犯能让他们沉默。这些犯人毫不犹豫地讲述自己为什么进监狱，指认某位看守并提醒后者他曾犯下的暴行。"我认得他"，这曾是看守威胁犯人的话，如今则成为前囚犯让看守闭嘴的话。

这一天正在到来：在监狱看守殴打犯人的第二天或一个月后，看守就会被他曾殴打的人或其他证人公开谴责，而且就在暴行发生的城市。前囚犯以及正在服刑的犯人将不再害怕，也不再羞耻。

面对这样一种运动，权力当局只能以宣告镇压的升级（内政部不断介入到监狱当中）和行政改良（而犯人和前囚犯对此无权表达意见）作为回应。他们将权力重新赋予警察局长；对司法部来说，这是将责任再次推卸给内政部。在普列文 c 的改良和犯人自身最温和的请愿之间存在着一条鸿沟，而后者将阶级、力量和权力间的关系完全清楚地暴露出来。

（胡新宇　译）

---

c.　作为施莫尔克关于图勒监狱暴乱的报告的后续行动，普列文的改良致力于监禁、饮食、放风等条件的改善。

26. 知识分子与权力 *

　　米歇尔·福柯：一个毛派分子对我说："萨特，我很理解萨特为什么和我们站在一起，为什么他会搞政治以及在什么意义上搞政治。在紧要关头，我甚至能理解您为什么搞政治，您一直都在探讨监禁这个问题。不过德勒兹，说实话，我完全不理解他。"这个问题让我很震惊，因为对我来说，答案似乎非常明确。

　　吉尔·德勒兹：这或许是因为，我们正以一种新的方式践行理论和实践之间的关系。人们或者将实践理解为理论的应用，理解为后果，或者相反，人们认为实践在理论之先并激发理论，而对于一种未来的理论来说实践本身就是创造性的。无论怎样，在一种或另一种意义上，人们都是以一种总体化过程的形式来理解理论和实践之间的关系。或许，对我们来说，问题截然不同。理论与实践之间的关系毋宁说是部分性的、片段式的。一方面，理论永远是局部性的，它只相对于一个狭小的领域，此外，它能够在或多或少与其相距遥远的另一个领域中得到应用。应用从来不是类比性的。另一方面，一旦理论沉浸在自己的领域中，它就会遇到各种障碍，

────────────

　　＊　与米歇尔·福柯的对谈，1972 年 3 月 4 日。*L'Arc*，n° 49；*Gilles Deleuze*，1972，pp. 3 - 10.

《荒岛》及其他文本：文本与访谈(1953—1974)
307

就会陷入死胡同,导致各种矛盾,这使得用另一种话语来接替理论变得必要(或许,是这另一种话语使理论延伸到另一领域)。实践就是从一个理论点到另一个理论点的接续(relais)系统,而理论则是从一种实践到另一种实践的接续。任何一种理论都会在其发展的过程中遇到障碍,这时就需要实践来穿越这一障碍。比如您就是这样,一开始,您对 19 世纪资本主义社会中的精神病院这种监禁场所进行了理论上的分析,之后您体会到让被监禁的人为自己说话这种必要性,他们对你来说就构成一种接续(或者与之相反,对他们来说您已经是一种接续),而这些人就处在监狱里,他们就在监狱里。您成立监狱信息小组是出于这种考虑:创造条件以便让犯人自己说话。[a] 像毛派分子可能会说的那样,您通过应用自己的理论而投身实践,这是完全错误的。这里既没有什么应用,也没有什么改良计划,也没有什么传统意义上的所谓调查。情况完全不同:这是一个接续系统,它处在整体之中,处在一个由片段和碎片构成的多元体中,而这些片段和碎片既是理论性的也是实践性的。对我们来说,理论知识分子不再是一个主体,也不是某种良知/觉悟(conscience)的代表或有代表性的良知/觉悟[*]。采取行动和斗争的人们不再被他人代表,无论是政党还是工会,后者反过来只会窃取做某些人良知/觉悟的权力。谁在说话? 谁在行动? 行动和说话的永远是一个多元体,即便对于说话和行动的个人来说,情况也是如此。我们都是集合体(groupuscules)。不再有什么代表,只有行动,只有在接续或网络关系中存在的理论的

---

　　a.　参考《犯人期待我们的是……》一文编注。
　　* 法语中的"conscience"既有"意识、觉悟"的意思(参考"conscience de classe",阶级意识、阶级觉悟),也有"良知、道德心"的意思,以下将视情况分别译出。——中译注。

《荒岛》及其他文本:文本与访谈(1953—1974)
308

行动和实践的行动。

米歇尔·福柯：在我看来，从传统上来说，知识分子的政治化是从以下两点开始的：首先，是他在资产阶级社会、在资本主义生产体系以及后者为他创造或强加于他的意识形态（被剥削，陷于贫困，被排斥，"被社会诅咒"，被谴责为不道德或具有颠覆倾向等等）中拥有的知识分子地位；其次，就他揭示某一真理、就他发现此前人们没有意识到的政治关系而言，属于他自己的独特话语。这两种政治化形式彼此并不排斥，不过它们也并不必定彼此重合。既有"被社会诅咒的人"，也有"社会主义者"，两种类型都存在。当权力一方采取暴力措施应对局面时，这两种形式可以很轻易地合并在一起，比如1848年、巴黎公社以及1940年之后的情况就是如此：知识分子被排斥、被审判，而就在同时，"事情"在其"真理"中显现出来，而知识分子也不能再说皇帝没有穿新衣了。知识分子向那些还看不到真理的人讲真话，并且是以那些不能说出真理的人的名义说话，这也就是良知和口才。

不过，如果说在最近的一些变动中知识分子学到了什么，他们学到的是：群众不需要他们来认清局势；群众完全理解局势，他们看得很清楚，甚至比知识分子还清楚，而他们也很明确地表达出这一点。不过，却存在一种权力系统，它会阻拦、干涉、否认这种表达和认知。权力不仅体现在审查这种最高决断机构中，相反，它以极为深入和微妙的方式渗透到社会网络的各个层面。知识分子本身成为权力体系的一部分，同样，知识分子是"良知"和话语的代表这种观念也是权力体系的一部分。知识分子的角色不应再是"身处前线或偏居一隅"，以便说出所有人那沉默的真理，相反，作为权力体系的对象和工具，他应该"就地"与权力形式展开斗争，而斗争应该发生在"知识"、"真理"、"良知"或"话语"等各种秩序之中。

正是在这种意义上，理论不是实践的表达、转译或应用，理论本身就是一种实践。不过，如您所说，理论是局部性的、区域性的，总而言之，是非总体性的。与权力进行斗争，以便使之在其最隐蔽、最具潜伏性的地方显现、动摇。斗争不是为了某种"觉醒"（prise de conscience）（很长一段时间以来，作为知识的觉悟［conscience］都被群众掌握，不过，作为主体的觉悟却被资产阶级获取、占据），而是为了在一边连同所有为权力进行斗争的人颠覆、获取权力，不是退缩一隅教育他们。所谓"理论"，正是这种斗争的局域性体系。

吉尔·德勒兹：确实，理论正如同工具箱。它和能指没有任何关系……理论必须能被使用，它必须能发挥作用。并且，这也不是为了理论自身。如果没有人来使用理论，其中首先就包括已不再是理论家的理论家本身，那么，理论就将毫无价值，或者，属于它的时刻还没有到来。没有必要回到理论，我们要创造新的理论，我们还有其他事物要去创造。很奇怪，将这一点如此清楚地表达出来的是被认作纯知识分子的作家普鲁斯特：我的书应被视为朝向外部的一副工具，如果不适合，那您就去找其他眼镜，找到属于你自己的工具，而后者必定是战斗工具。理论不会总体化，它不断增殖、自我增殖。就其本质来说，进行总体化操作的是权力，而您，您在这一点上说得很明确：理论本质上是反权力的。一旦理论固定在某一点上，要它发挥什么实际效果而不爆炸就是不可能的，而必要时，爆炸完全发生在另外某处。正是因此，改良的观念才如此愚蠢、虚伪。或者，改良是由那些自诩为代表的人提出的，他们以为他人代言、以他人的名义说话为职业，但这只不过是权力的一种调整和分配，同时也是更大范围内的压迫。或者，呼唤、要求改良的是改良的利益相关者，那么此时这就不再是改良而是一种革命行动了，而因其局部性的特点，革命行动将致力于对权力及其等级架构的整体提出质疑。这在监狱里体现得尤为明显：囚犯即使是最细微、最谦卑的请求也足以戳穿普列文提出的所谓改良的幻景。[b] 如果在幼儿园里儿童们能让人听到自己的抗议，甚至只是疑问，这也足以让教育系统整体发生爆炸。事实上，我们生活其中的体系无法容忍任何事情（*ne peut rien supporter*）：这正是它在每一点上根本的脆弱性所在，不过，它全局性的压迫力量也是由此而来。在我看来，在您的著作和实践中，您是第一位让我们理解这一基本事实的人：为他人代言的可耻。我的意思是：我们嘲笑代言体制，我们说它已经完结，不过，我们还没有看到这种"理论性"转换的结果，也就是说，理论要求那些相关人士最终从实践角度为自己说话。

米歇尔·福柯：而且，当囚犯开始说话的时候，他们对监狱、刑罚制度和正义有一套自己的理论。重要的正是这种反权力话语，这种由囚犯或我们所谓轻罪犯人掌握的反—话语，而不是某种关于犯罪的理论。监狱问题是一个局部性的边缘问题，因为平均来说每年只有不超过 10 万人进监狱。总体来说，今天在法国大约有 30 或 40 万人进过监狱。不过，这个边缘问题却震动了很多人。我很意外地看到，我们可以让这么多没进过监狱的人对监狱问题感兴趣，同时，我也很意外地看到，有这么多根本和监狱话语无缘的人也在回应这种话语，并最终理解了它。对此该如何解释呢？难道这不是因为一般来说，刑罚体系是权力作为权力以最明确方式表明自身的形式吗？把某人投入监狱，监视他，让他处于饥寒状态，禁止他外出、做爱……这就是人们能想象到的最具

292

---

b.　参考《"犯人期待我们的是……"》一文脚注 c。

谵妄性的权力的展示。前几天我和一个曾在监狱里待过的妇女交谈,她说:"您想想,我都四十岁了,有一天在监狱里作为惩罚,他们只让我啃干面包。"这个故事中让人震惊之处不只是权力运作的幼稚,还有作为权力,它在最陈旧、最肤浅的方式中运作得厚颜无耻。监狱让我们只以水和面包为生,就好像我们还是孩子。监狱是权力能以赤裸裸的状态、在其最极端的维度中展示出来的唯一场所,并且,它还能为自己作为道德权力的地位而正名。"我有权力进行惩罚,因为您知道,盗窃、杀人等等是可耻的。"监狱让人着迷的地方正在于此,在监狱里权力终于不再隐藏,不再戴着面具,它作为被推进到最微不足道的细节中的暴权展示出来,它本身就是厚颜无耻的,同时,权力也是纯粹的,并且,因为能够完全在某种道德的内部被表达,它完全可以被"正名"。正是这种道德主导着权力的运作。由此,权力野蛮的暴政就表现为善对恶、秩序对混乱从容的统治。

293　　　吉尔·德勒兹:在这种情况下,反过来说也同样正确。不只是囚犯被作为孩子对待,孩子同样被作为囚犯对待。孩子生活在一种本不属于他们的幼稚化状态中。在这种意义上,学校确实有点像监狱,而工厂就更是监狱了。只要看看雷诺汽车厂的入口就知道了。或者不如说,到处都是如此:白天上厕所你需要三张票。您曾挖掘出 18 世纪杰里米·边沁所写的一篇文章,其中恰好就提到了监狱改革:在崇高的改革的名义下,边沁建立起一种环形体系,其中被翻建的监狱成为模型,同时,我们不知不觉从学校过渡到手工工场,从手工工场过渡到监狱,反之亦然。这正是改革主义、改革了的代表体制的本质。反过来,当人们开始以自己的名义说话和行动时,他们并不是用一种代表体制——即使是翻转了的代表体制——来反对另一种,他们也不是用另一种代表性反

对权力虚假的代表性。比如说,我想起您曾说过不存在一种与法庭相抗衡的人民法庭,事情完全发生在另外的层面上。[c]

米歇尔·福柯:我觉得,在民众对司法部门、法官、审判庭和监狱的不满中,我们不应仅仅看到关于某种更完美、更公正的司法体制的观念,我们首先应该感知到权力以人民为代价运作的那个独特的点。反司法体制的斗争是反对权力的斗争,我不认为这只是一种反对不公、反对法庭的不公,以便让司法机构更有效运作的斗争。同样,令人震惊的是,一旦发生骚乱、反抗和暴动,司法机构就会连同并以相同名义和财政机构、军队以及权力的其他形式一起成为斗争的靶子。我的假设是——不过这只是个假设——比如,人民法庭(大革命时期的人民法庭)只是与大众结盟的小资产阶级控制、驾驭反对司法部门的斗争运动的一种手段而已。为了驾驭运动,人们提出建立人民法庭这种审判体系,后者指向某种本应公正的司法、某位本应公正宣判的法官。法庭的形式本身就属于资产阶级关于正义的意识形态的一部分。

294

吉尔·德勒兹:如果考虑一下实际形势,那么我们看到权力必定具有一种总体性或全局性的视野。我是说,从权力的角度看,实际压迫的任何一种形式都可以轻而易举地融入一个整体,而事实上,压迫的形式是多元的:针对移民的种族主义压迫、工厂里面的压迫、教育体系中的压迫、针对一般年轻人的压迫。我们不应该仅仅在对 1968 年学生运动的应对中来寻找所有这些压迫形式的统一体,我们更应该在(权力)针对不远的未来所做的协调一致的准备和组织中寻找这一

---

c. 参考《关于人民法庭。与毛主义者的辩论》(*Sur la justice populaire. Débat avec des maos*)(1972 年 2 月 5 日),《现代》(*Les Temps modernes*),第 310 期(重),1972 年 6 月,第 355—366 页。收录于《言与文》(*Dits et écrits*),巴黎,伽里马出版社,1994 年,第二卷,第 108 篇文章。

统一体。法国的资本主义体系对失业"储备军"有很大需求，并且抛弃了自己充分就业的温情脉脉的自由主义面具。我们应从这一视角出发寻找各种压迫形式的统一体：限制移民，这应该被理解为我们把那些最困难、最令人不快的工作留给他们；工厂里的压迫，因为我们只要让法国人重新找回对越来越繁重工作的"品味"就够了；针对年轻人的斗争和教育体系中的压迫，因为如今劳动力市场对年轻人的需求越来越少，而警察压迫因此更为猖獗。所有职业阶层都不得不履行起越来越明确的警察职能：教授、心理医生、各行各业的教育者等等。您很久以前曾预言过而人们觉得不会发生的事情如今已经成为现实：所有监禁结构的强化。所以，面对权力的这种全局政治，我们要做的就是进行局部的反击、开火，并展开积极的、预防性的防御。我们不需要总体化，总体化只在权力一边存在，而一旦我们也这样做就会重建中心主义和等级体制的代表形式。相反，我们要做的是建立横向的联合，建立以民众为基础的网络系统。这正是最困难的地方。不管怎样，对我们来说传统意义上由权力竞争和分配建立起来的政治体制并不是现实，比如法国共产党（PC）或法国总工会（CGT）所代表的权力机关。如今，实际发生在工厂、学校、营房、监狱和警察局里的事情才是现实，以致行动传递出的信息与我们在报纸杂志上读到的（比如《解放报》发出的信息）完全不同。

295

　　米歇尔·福柯：这种困难，我们找不到恰当斗争形式的困境，难道不是因为我们仍然无法理解什么是权力吗？毕竟，直到19世纪我们才了解了什么是剥削，不过也许我们一直都还不知道什么是权力。或许，马克思和弗洛伊德也无法帮助我们理解我们所谓权力的这种如此神秘的事物，它既可见又不可见，既明显又隐藏，它无处不在实施。有可能，国家理论和对国家机构的传统分析并没有穷尽权力运作和实施的全部领域。这就是我们今天的未知之谜：谁在实施权力？权力又运作于何处？现在，我们或多或少已经知道谁在剥削，利益流向何处，经谁的手又在哪里投入再生产，不过权力……我们很清楚，执政者并不掌握权力。不过，"领导阶层"这个概念既不十分明确也没有得到很好的发展。"统治"、"领导"、"管理"、"权力阶层"、"国家机构"等等，这整个的概念游戏都需要得到分析。同样，我们应该弄清权力延伸到何处，经过什么样的中继，到达哪一层的决策机关，它总是充满等级架构、控制、检视、干涉和限制的细节。哪里有权力，权力就在运作之中。确切地说，没有人是权力的拥有者，不过权力总是在某一特定方向上运作，一些人在这一边，一些人在另一边。我们并不知道，确切地说谁拥有权力，不过我们很清楚谁没有。如果说阅读您的书（从《尼采》直到我期待着的《资本主义与精神分裂症》）对我来说如此重要，这是因为，在我看来它们在权力这个问题上走得很远：在意义、能指、所指等陈旧的主题下，（您的著作）最终针对的是权力、权力的不平等性以及针对它们的斗争等问题。任何斗争都是围绕着权力某一特别的焦点展开的（比如，一个小领导、低租金住房［HLM］的看门人、监狱长、法官、工会负责人、杂志主编等等，权力焦点数不胜数），而如果说确认一个焦点、揭露它、将之公之于众是一种斗争的话，这并不是因为人们没有意识到它，而是因为就这个问题发言、强行进入机构性信息的网络、为之命名、告诉人们谁做了什么、确定攻击的目标，这正是迈向其他针对权力的斗争的第一步。如果说被拘留者或监狱医生发出的话语是一种斗争的话，这是因为他们至少在一段时间内将谈论监狱的权力据为己有，而后者目前完全掌握在监狱当局及其改良者帮凶手中。斗争话语与无意

296

识并不对立，和它对立的是秘密。这好像把大事化小，不过如果秘密确实那么重要呢？在"隐瞒"、"压抑"和"未言明"之间存在着一个模棱两可的系列，这个系列使廉价的"精神分析"得以可能，而实际上被"精神分析"的本应是某种斗争的对象。秘密也许比无意识还难以阐明。我们至今仍然不断碰到两个主题："写作即被压抑物"、"写作天生就是颠覆性的"，在我看来它们歪曲了我们应对之展开严厉批评的种种操作。

吉尔·德勒兹：关于您提到的这个问题：我们很清楚谁在剥削，谁获得利益，谁在统治，不过权力却是更为分散的其他事物——我想提出下面的假设：即便是马克思主义，或者说正是马克思主义通过利益定义了这个问题（权力落在统治阶级手中，而统治阶级通过其利益得到对其名称的定义）。在这种情况下，我们就会遇到这个问题：为什么那些真正说来并不占有利益的人也会追随权力并与之紧密结合在一起呢？为什么他们也想从权力那里分一杯羹？或许，用投注（*investissements*）这个术语来说——它既是一个经济学术语也是一个无意识术语，利益不是最终的答案，因为还存在着欲望的投注。欲望的投注可以帮助我们解释这种现象，亦即，如果说我们无法违背自己的利益的话——因为利益永远追随欲望并随欲望一起出现——那么必要时，我们能够以一种相对个人利益来说更深切、更分散的方式去欲求。我们必须要聆听赖希（Reich）的呼喊：不，大众并没有被欺骗，在某一时刻，法西斯主义正是他们想要的东西。欲望的投注塑造了权力并将其扩散开来，正是因为欲望的投注，我们在警察和首相那里都能找到权力，而在这两种权力之间也不存在什么绝对的本质上的差异。正是欲望在社会机体上投注的性质使我们可以理解以下问题，亦即，为什么那些此前以阶级利益为名占有或应该占有革命投注的政党或工会会在欲望层面上获得改良主义的或完全是反动的投注。

米歇尔·福柯：如您所说，欲望、权力和利益之间的关系要远比我们通常想象的复杂。实施权力的人并不必定是实施权力就有利可图的人，而实施权力就有利可图的人并没有在实施权力，权力的欲望在权力和利益之间扮演着一个独特的角色。有时，法西斯主义体制中的大众想要某些人实施权力，不过我们不能将两者混淆起来，因为权力就实施在大众身上并以他们的利益为代价，直到其死亡、牺牲和屠杀。但大众仍然想要这种权力，他们想要这种权力得到实施。欲望、权力和利益之间的这种游戏还不为人知。人们花了很长一段时间才理解什么是剥削，而要了解什么是欲望，我们仍然还有很长的一段路要走。有可能，目前正在进行中的斗争以及在这些斗争中展现出来并与之融为一体的局部性、区域性、断裂性的理论，正是发现权力运作方式的开端。

吉尔·德勒兹：那么我们就再次回到这个问题：今天的革命运动拥有多个焦点，但这并不是一种虚弱或不足，因为某种特定的总体性属于权力和反动势力。比如，越南就是局部反击的一个了不起的案例。不过，从一个国家到另一个国家，或者，在同一个国家的内部，我们该如何思考这些不连续的作用点构成的网络及其横断性的联合呢？

米歇尔·福柯：您提到的地理上的不连续性的意义或许在此：如果说斗争的对象是剥削，那么就是无产阶级在引导斗争并定义了它的目标、方法、场所和工具；由此，与无产阶级联合就意味着和他们的立场、意识形态结合，意味着接受无产阶级的斗争动机。这是一种融合。不过，如果斗争的对象是权力，那么所有为权力滥用所苦的人，所有认为权力已无法容忍的人都应该加入到战斗中来，并且在他们所处的地

298

方、从他们特有的积极性(或消极性)出发进行斗争。通过加入这场属于他们自己并且他们也完全知道其目标、能够决定其方法的斗争,他们也就加入了革命进程。当然,他们也是无产阶级的盟友,因为如其所是运作的权力,其目的就是维持资本主义的剥削体制。在压迫降临在自己头上的地方展开斗争,他们实际上是在为无产阶级的革命事业服务。此刻,妇女、囚犯、入伍新兵、医院的病人、同性恋者正投入到一场特别的战斗中,其目标就是实施在他们身上的具有独特形式的权力、压迫和控制。这些斗争属于目前革命行动的一部分,只要斗争是彻底的、既不妥协也不是什么改良,更不尝试仅仅改换名头以便对同一种权力进行调整。就无产阶级和那些处处维系同一种权力的控制和压迫战斗而言,这些运动和无产阶级的革命运动联系在一起。

这也就是说,斗争的普遍性完全不是发生在您刚刚提到的总体化形式中:以"真理"为形式的理论的总体化。构成斗争之普遍性的毋宁说是权力的系统本身,是权力实施和运作的所有形式。

吉尔·德勒兹:并且,如果我们想在(权力的)某一实施点触及任何事物,我们必定就会面对这一分散的集合体,而从任何最微小的改变要求出发,我们因此也必定被驱使着渴望将权力推翻。所有局部性的革命防御或攻击都以这种方式和工人阶级的斗争联合在一起。

(胡新宇 译)

27. 评语 *

利奥塔的书既是发散性的,向每一个方向飞离,同时又像蛋一样是闭合的。文本既布满间隙又紧凑精练,既飘逸不定又有所系泊。《话语,形象》:形象,甚至插图,都是话语必不可少的组成部分;它们钻入话语之中,同时话语也反转来回到那些使其可能的操作。这本书建构在两个异质性领域之上,这两个领域并不互相映照,但却保证了一种写作(或欲望?)能量的自由流通。一只蛋,处在可变的内环境中,在一移动平面之上。一本精神分裂一书籍,通过它复杂的技术,达到相当高程度的清晰。像所有伟大的书一样,难写却不难读。

这本书的重要性来自于它是对能指的首次一般性批评。它开始着手处理能指这个概念。很长时间以来,这个概念在文学中施加了一种恐怖主义,甚至已经染指艺术或我们对艺术的理解了。终于,在那霉朽的地方出现了一缕新鲜空气。这本书展示了能指—所指关系如何在两个方向上被超越。朝向外部,在指定(désignation)这一边,能指—所指关系被形

---

    * 《文学半月刊》(La Quinzaine litteraire),第 140 号,1972 年 5 月 1 日—15 日,第 19 页。[这些评语是针对让-弗朗索瓦·利奥塔的著作《话语,形象》(巴黎: Klinchsieck,1971)做出的。《话语,形象》(Discours,Figure)是利奥塔的国家博士论文,德勒兹是论文答辩委员会的成员之一。]

象—图像(*figures-images*)超越：因为词语本身不是符号，连同它们指定的对象，它们创造符号，它们打碎符号的同一性以便发现隐藏的内容，发现我们没有能力去看的另一面，而作为补偿，这一面将使我们"看到"词语（参考关于作为舞蹈的指定、词语的可见性以及作为可见物的词语的优美章节，词语的可见性与它的可读性和声音截然不同）。能指—所指关系还可以通过另一种方式被超越：朝向话语的内部，通过一种纯粹的形象(*figural pur*)，后者将搅乱能指那些被编码的间距，进入其中，并在间距元素的同一性条件下运作（参考关于梦的运作的章节，梦的运作违背了言语的秩序并使文本崩溃，由此创造了非语言学的新单位，如同象形文字中如此多的画谜）。

利奥塔的书处处致力于一种反—辩证法，后者造成形象—能指关系的完全翻转。并不是形象依赖于能指及其作用，相反，是意指链依赖于形象的作用，后者创造了图像与非具象形象之间各种各样的组合，让线流动并根据不同的奇点切断它们，压挤并扭转能指与所指。并且，利奥塔不是简单地说出这一切，他在展示，他让我们看见这一切，他使一切变得可见、可动：对同一性的摧毁将我们带入一次深邃的旅行。

（胡新宇　译）

28. 德勒兹与加塔利争论……*

莫里斯·纳多：当然，吉尔·德勒兹与菲利克斯·加塔利期望这次圆桌讨论以各种提问来开场。不过，我们还是先请他们简要地阐述一下他们的著作所表达的主题，然后请他们跟我们谈一谈他们进行合作的方式。

菲利克斯·加塔利：这次合作并不是两个个体之间的一次简单相遇的结果。除了外在形势的因缘巧合，这还归功于整个引导我们进入的政治语境。起初涉及的与其说是一种知识的共享，倒不如说是一种对我们的种种不确定因素的并合，甚至是我们面对"五月风暴"后种种事态发展所表现出来的某种惶恐不安。

我们这代人的政治意识萌发于激情澎湃的、天真无邪的解放运动时期（la Libération），与之伴随发生的是法西斯主义的阴谋神话。对我们而言，"五月风暴"这另一场流产的革

---

* 参与此次圆桌讨论的有弗朗索瓦·沙特莱（François Châtelet）、皮埃尔·克拉斯特（Pierre Clastres）、罗歇·达东（Roger Dadoun）、塞尔日·勒克莱尔（Serge Leclaire）、莫里斯·纳多（Maurice Nadeau）、拉斐尔·皮维达尔（Raphaël Pividal）、皮埃尔·罗斯（Pierre Rose）、亨利·托鲁比亚（Henri Torrubia），载《文学半月刊》（La Quinzaine littéraire），第 143 期，1972 年 6 月 16—30 日，第 15—19 页。《文学半月刊》主编莫里斯·纳多与哲学家弗朗索瓦·沙特莱一起组织了这次圆桌讨论，想让《反俄狄浦斯》的作者德勒兹与加塔利来对话人文科学的诸多学科：精神分析（罗歇·达东、塞尔日·勒克莱尔）、精神病学（亨利·托鲁比亚）、社会学（拉斐尔·皮维达尔）、哲学（弗朗索瓦·沙特莱）和人种学（皮埃尔·克拉斯特）。

命所悬而未决的种种疑问根据一种对位法则展开,之所以这种对位法则令人更加不安,乃因为我们与很多其他人一样担心种种为我们准备好的未来,而这种种未来的确可以旧调重弹,来翻唱法西斯主义的赞歌,让我们怀念美好的旧时代的法西斯主义。

　　我们的出发点是思考属于欲望秩序的某种东西在这些关键期是如何在整个社会的范围内表现出来的,然后思考它如何被权力部门镇压、肃清,同样也思考它如何被那些所谓工人的政党与工会镇压、肃清,甚至思考它在一定程度上如何被左派组织本身镇压、肃清。

　　毫无疑问,我们的确应该回溯得更远! 种种被背叛的革命的历史、大众的欲望的背叛史即将混同于工人运动的极为短暂的历史。谁的错误? 是贝利亚(Béria)、斯大林、赫鲁晓夫(Krouchtchev)的错误! 方案不是出色的,组织不是优秀的,联盟不是令人满意的。人们不曾根据文本来充分地重读马克思……这一点是毋容置疑的! 不过,残酷的事实依然是:革命是有可能发生的,社会主义革命即将到来,这场革命确实存在,这不是一种因工业社会的转变而变得不可靠的神话。

　　在某些条件下,大众表达了他们的革命意志,他们的欲望扫除了全部障碍,开启了前所未闻的前景,不过最终意识到大众存在的是那些被认为代表大众的组织和人。领导者背叛了! 这显而易见! 不过,被领导者为什么继续听从领导者呢? 这难道不是无意识共谋、压抑内在化的结果吗? 而这种无意识共谋、这种压抑内在化以连续的分阶段方式起作用——从权力向官僚主义者、从官僚主义者向积极分子、从积极分子向大众自身。我们在"五月风暴"后清楚地看到了这一点。

幸亏操纵与欺骗令成千上万的（或许更多的）人免遭涂炭，这些人目前免受了各种官僚主义的危害，并想反击权力与雇主的压抑性的可耻行径，同样也想反击权力与雇主的商讨、分享、整合的阴谋诡计，而这些阴谋诡计依赖传统工人组织的共谋关系。

应当承认的是，那些革新大众的斗争形式的当前尝试还只是艰难地摆脱了烦闷与革命的天真，退而言之，这种革命的天真不会过度关注欲望的全面解放！"欲望，总是欲望，你们只会把这个词挂在嘴边！"这最终激怒了那些严肃认真的人，也就是那些负责任的积极分子！我们当然不会建议去严肃地对待欲望。问题就在于我们宁愿逐渐地削弱这种严肃精神，以开启理论质疑的领域。历史上的欲望理论不该表现为某种很严肃的东西。并且，从这一观点看，也许《反俄狄浦斯》仍是一本太过于严肃的、太过于唬人的著作。理论工作应不再是专家的事。理论的欲望及其种种"陈述"（énoncés）会必须尽可能地贴近大众的事件与集体"表述"（énonciation）。为了实现这一点，我们将不得不缔造一种新型的知识分子、一种新型的分析师、一种新型的积极分子，各种类型相互混合、相互融合。

我们从这样一种观念出发，那就是欲望不必被视作一种主观的、或隐或现的上层建筑（superstructure）。欲望不停地对历史施加影响，即便是在最糟糕的时期亦是如此。德国大众逐渐地渴求纳粹主义。在威廉·赖希（Wilhelm Reich）之后，我们不可避免地来面对这一事实。在某些条件下，大众的欲望转而反对他们自己的利益。这些条件是什么？这就是全部的疑问。

为了回答这一疑问，我们认为我们不能只限于将弗洛伊德的车厢挂到马列主义的列车上。一边是晦涩难懂的经济基础，一边是被如此构想的社会意识形态的上层建筑，以致这些上层建筑在再现方面潜抑了性与表述的种种疑问，尽可能地远离生产，由此我们首先必须摆脱一种处于这种经济基础与这些上层建筑之间的、刻板乏味的等级制度。生产关系与再生产关系兼具了生产力与反生产结构一样的配对特性。问题在于我们在生产方面移动欲望进入经济基础，而在反生产方面，我们移动家庭、自我和个人。这是避免性与经济完全隔绝的唯一方法。

在我们看来，存在着这样一种欲望生产，那就是它先于一切发生在性别和个人的家庭分工与劳动的社会分工之中的现实化，它投资享乐（jouissance）生产的杂多形式与各就其位的、试图抑制它们的种种结构。在不同的政体下，这种相同的欲望能量正是我们从历史的革命方面所寻到的（连带寻到了工人阶级、科学与各种艺术），正是我们从剥削与国家权力的关系方面所重新寻到的，因为它们相互预设了一种被压迫者的无意识参与。

如若社会革命确实与欲望革命密不可分，那么质疑就发生了移位：革命先锋队在什么条件下将会摆脱它与压抑性结构之间形成的无意识的共谋关系，并通过权力来挫败对大众欲望的种种操纵，以便大众最终"为了反对他们的奴役状态而斗争，仿佛这关系到他们的解救"？如若家庭与家庭至上主义的意识形态正如我们所思考的那样在这种事情当中发挥着一种关键性作用，而精神分析的功能由于首先开启了这些疑问，所以也首先抑制了这些疑问，由此促成了一种具有俄狄浦斯情结和阉割情结的、关于家庭至上主义的压抑的现代神话，那么该如何评价精神分析的这种功能？

为了沿着这一方向前进，我们认为有必要摒弃一种通过神经症与家庭来接近无意识的方式，从而适应这种更为欲望

304

机器的精神分裂症的过程（与精神病院的疯子毫无瓜葛）所特有的方式。

从此，一种积极的斗争不得不反对种种化约论的解释，反对那些基于俄狄浦斯情结的三角关系的、适应性的暗示技巧。这种斗争需要放弃对完整对象的强迫性把握，而这种把握是全部专制主义的象征。它任凭自己滑向实在的多样性，不再把人与机器对立起来，而人与机器的关系反而构成了欲望本身。它需要推行一种截然不同的逻辑，一种实在的欲望的逻辑，而这种逻辑确立了历史之于结构的优先性：一种截然不同的分析，摆脱了符号论（symbolisme）与阐释；一种截然不同的斗争精神，被给予了各种从主导秩序的幻想中解放自己的方法。

吉尔·德勒兹：至于这本书的技术方面，两人合著没有出现特别的问题，反而具有了一种我们逐渐察觉到的确切功能。一种令人对精神病学、甚至对精神分析的著作极为反感的东西就是那弥漫于这些著作中间的二元性，这种二元性处于假定的病人所说的话语与医生对病人所说的话语之间，也就是处于"病例"与对病例的评论或分析之间。这就是逻各斯反对帕索斯（pathos）：病人被假定说了某种东西，医生被假定讲述这在症状或意义的秩序中所蕴含的意义。这允许对病人所说的话语进行彻底的粉碎，完全是一种伪善的选择。

我们根本没打算写一本关于疯子的著作，而是写一本我们不再知道谁在言说的著作：知道谁正在言说是毫无必要的，不管言说者是一个医生、一个患者，还是一个现在的、过去的或将来的病人。

这正是我们援引许多作家、诗人的原因：如若他们作为病人或医生（文明的病人或医生）进行言说，那么我们就要机敏地判断谁在说话。不过，令人觉得奇怪的是，我们之所以试着超越这种传统的二元性，恰恰因为我们以两个人的方式进行写作。我们俩都不是疯子，都不是精神病医生，应该是我们两个人来揭示一个既不会被化约为精神病医生及其疯子也不会化约为疯子及其精神病医生的过程。

过程，就是我们所谓的流。不过还是在这一点上，流就是一个我们所需要的概念，就如同一个任意的、完全不受限制的概念一样。它可能是一种语词的流、一种观念的流、一种粪便的流、一种金钱的流，它可能是一种财政机制，或者是一种精神分裂症的机器：这超越了一切二元性。我们将这本书想象为一部"流一书"（livre-flux）。

莫里斯·纳多：确切地说，从你们著作的第一章开始，就有这个"欲望机器"的概念，它对外行人而言仍旧是晦涩难懂的，而且我们很想看到它的定义。因为它回应了一切，它满足了一切……

吉尔·德勒兹：是的，我们赋予机器这一概念以某种宽泛的外延：机器与流有关系。我们把机器定义为流的中断的任何系统。因此，有时我们在语词的一般意义上谈论技术机器，有时谈论社会机器，有时谈论欲望机器。因为机器在我们看来绝不是与人类对立的，也绝不是与自然对立的（对我们而言，我们的确应该诚心诚意地反驳这种观念，那就是生产形式与生产关系不属于机器）。此外，机器决不可化约为机制（mécanisme）。机制是指某些技术机器的某些程序，或者是有机体的某种组织。不过机器论完全是另一回事：再重申一次，它是中断了流的任一系统，而这种系统既超越了技术的机制，又超越了有机体的组织，不管是在自然、社会之中，还是在人类之中。

例如，欲望机器就是一种非器官性的身体系统，正是在这种意义上，我们才谈论分子机器或微型机器。更确切地讲是针对精神分析：我们对精神分析提出了两种指责，一是精神分析没有理解谵妄是什么，因为它没看到谵妄是在整个广延意义上对社会场域所进行的投资；二是精神分析没有理解欲望是什么，因为它没看到无意识是一座工厂，而不是一种戏剧场景。

如若精神分析既没理解谵妄，又没理解欲望，那么还剩下了什么？这两种指责其实是一回事：让我们感兴趣的是，欲望的机器、分子的微型机器是如何出现在庞大的克分子的社会机器之中——它们如何相互影响、相互作用。

拉斐尔·皮维达尔：如若你们必须根据欲望来界定你们的著作，那么我想问的问题是：这本著作如何回应欲望？回应何种欲望？谁的欲望？

吉尔·德勒兹：并非作为一本著作，它就可以回应欲望，而是根据其周围所存在的东西来回应欲望。一本著作不能由自身来确定价值。总是要涉及流：有许多人在其他领域从事着类似的工作。此外，有更年轻的几代人：令人怀疑的是，他们采用某种话语，时而是认识论的，时而是精神分析的，时而是意识形态的，而所有人都开始拥有相当多的这种话语。

我们想说的是：俄狄浦斯情结与阉割情结，应该充分地加以利用，但这不会持续很久。直到现在，精神分析仍未受侵扰：即便精神学、精神病医院遭到了攻击，精神分析也似乎是不容指责的、毫不妥协的。我们试图指出精神分析比医院更糟糕，只因为它在资本主义社会的所有毛孔之中发挥作用，而不是在监禁的特殊场所之中发挥作用。并且因为它在实践和理论上是极其反动的，不仅仅在意识形态上。还因为它执行不同的确切功能。

菲利克斯说我们的著作针对那些现在 7—15 岁的人。

理想上是如此，因为事实上这本著作还是太难懂了，太文雅了，并出现了太多的妥协。我们本来就不知道如何相当直接地、相当清楚地避免这一点。即便如此，我还要指出的是，据说让许多充满好感的读者难以理解的第一章也不需要任何预先的知识储备。不管怎样，一本著作之所以回应了欲望，是因为早已有许多人厌烦了某种流行的话语，而恰巧这本著作参与了研究的重组，分享着那些萦绕于研究或欲望之间的共鸣。总之，一本著作只有以政治的方式、在著作之外来回应欲望。例如，精神分析的愤怒使用者的联想在开始的时候可能是不无好处的。

弗朗索瓦·沙特莱：在我看来，重要的是这样一个文本突然闯入了哲学著作中间（因为这本书被认为是一本哲学著作）。不过，《反俄狄浦斯》粉碎了一切。首先它以一种外在的方式，并通过文本自身的"形式"来实现这一点：从第二行就开始说"脏话"（gros mots），好像挑衅读者一样。大家以为这不会持续下去，但后面还持续说"脏话"。问题只不过是"耦合机器"的问题，并且这些"耦合机器"是极其淫秽的、粗俗的。再者，这种闯入，我已经感受到它是唯物主义的。我们很久没有遇到这种事情了。我不得不承认方法论开始让我们感到厌烦。研究以及深入研究的工作都被方法论的扩张毁掉了。我深陷这一困境，并且我是在了解情况的基础上来谈论问题的。总之，我之所以谈到唯物主义的闯入，乃因为我想到了卢克莱修（Lucrèce）。我不知道我谈的是否让你们满意。我说的太多了，或者我说的还不够充分。

吉尔·德勒兹：如若真是这样，那就太好了。那可能是令人惊奇的。无论如何，我们著作不存在任何方法论的问题，也没有任何需要解释的问题：因为无意识一无所指，因为机器一无所指，它们只要运行、生产和发生故障就够了，因为我们只想探求某种东西如何在实在中运行。

我们的著作也不再有任何认识论的问题:我们没有任何"回到弗洛伊德"或"回到马克思"的焦虑:即便有人跟我们说我们误解了弗洛伊德,我们也不会在这一点上较真儿,我们会说:"算了,还有那么多事情要做啊!"令人好奇的是认识论总是隐匿着权力的创立、权力的组织、大学或意识形态的专家治国论。在我们看来,我们不相信书写、甚至思想会具有任何的特殊性。

罗歇·达东:直到现在,讨论还是在"克分子的"层次上(即在大的概念集合的层次上)进行的,以便运用一种作为你们解释的基础的二分法。我们还没成功地克服困难,由此把我们引向"分子的"层次,也就是引向微观分析,多亏了这些微观分析,我们才能真正地设想你们"谋划"(machiné)工作的方式。这可能对你们文本的政治构件的分析(对了,是精神分裂分析吗?)来说是尤为珍贵的。我们特别想知道法西斯主义与"五月风暴"、这本书的主导"音调"如何——不是"以克分子的方式",这大概太平常了,而是"以分子的方式"——介入文本的构造。

塞尔日·勒克莱尔:我恰恰觉得这本著作是以某种方式被谋划的,以致"在分子层次上"发生的一切介入被书的机器消解了。

我认为你们刚刚表露的、撰写"一切可能的二元性将被取消的书"的意图已经达到了,甚至超出了你们的期望。这本书把你们的对话者置于这样一种情境:只要他们稍微有一点点洞察力,这种情境就会给他们一种唯一而独特的视角,让他们觉得被你们所说的机器的令人赞叹的运行功能所吸收、消解、束缚,简而言之就这样被机器的令人赞叹的运行功能所取消!

因此，在这一点上，有一个方面让我质疑不已，我乐意就这一方面向你们提问，我问的问题是：既然"书这东西"(livre-machin)从一开始似乎就是极其总体化的、极具吸收力的，适宜于整合、吸收我们试图开启的全部疑问，那么它的功能是什么呢？首先，这似乎是把对话者置于尴尬的境地，只因为他谈论并提出了疑问。

如若你们乐意的话，让我们马上做个试验，看看这将会发生什么事情。

如若我确实理解了你们的意思，那么欲望机器的基本零件之一就是"部分对象"。对于某个尚未完全摆脱精神分析束缚的人来说，"部分对象"令人想起一个精神分析的概念，也就是克莱因的部分对象的概念。即使有人打算像你们不无幽默地声称的那样来"嘲弄各种概念"。

在这种把部分对象作为欲望机器的基本零件的使用过程中，恰恰有某种让我觉得极为重要的东西。况且你们还试图"定义"它；你们说部分对象只有在肯定的意义上才能被界定。这让我很震惊。首先，这种肯定性的说法如何在本质上不同于你们所揭露的否定性责难呢？

尤其是精神分析最细微的体验很清楚地表明部分对象只能"有差异地"、"相对于能指"来加以界定。

在这种情况下，我认为你们的"玩意"只能"缺失"它的对象（瞧！被放逐的缺失重新出现了！）：无论你们写了任何东西，就像一本书那样，它都充当了一种没有能指的文本，是一种就真实论真实的文本，这种文本忠实地反映了一种假定的实在，确实如此。好似没有距离或中介也是可能的。认真地（有意地）删改一切二元性。也好。这种玩意可以发挥功能；我们在使用它的时候将会评判它。不过，这玩意比精神分析更想给社会带来福音，但考虑到欲望这一点，你们的玩意，我重复一次,它只能缺失它的对象。

我认为你们的欲望机器只有出了毛病时,也就是发生故障、无法启动时,才不得不运行,你们自己觉得它会偷偷摸摸地停止运行:多亏了这改良的(positive)对象、所有二元性的缺席与所有的"缺失",欲望机器运行起来才像……一台瑞士时钟!

菲利克斯·加塔利:我认为部分对象既不应在肯定意义上也不应在否定意义上加以确定,而应被确定为具有非总体化的多样性的特点。只不过以错觉的方式,部分对象才作为参照(en référence)注册到完整的对象上,诸如"本己身体"(corps propre),甚至"破碎的身体"(corps morcelé)。当雅克·拉康使部分对象的系列超越了乳房与屁股向声音与凝视敞开时,他就断然拒绝把部分对象禁闭并遏制在身体上。例如,当声音与凝视越来越邻近视听机器时,它们就逃避了身体。

既然菲勒斯的功能超编码了每种部分对象,那么在什么情况下这种菲勒斯的功能在拉康看来会使这些对象恢复某种同一性,并且当这种菲勒斯的功能将一种缺失分配给这些部分对象时又不可称之为另一种总体化的形式,而这一次发生在象征界,我暂时不理这一疑问。不管怎样,我都认为拉康总是努力地使欲望对象摆脱可能威胁到它的、全部总体化的参照:从镜像阶段开始,力比多逃避了"实体论的假设",并且象征性认同在有机体的排他性参照上迈出了一步;因其关联着言语功能与语言场域,所以冲动摧毁了那些自身封闭的拓扑论的框架,而对象 a 理论可能暗含着对能指的极权主义的清除。

当部分对象变成对象 a 的时候,它被去总体化、被解域化了,它永远与个体化的身体性(corporéité)保持距离;它能

够突然转向实在的多样性,并能够向各种对历史施加影响的
分子机器论敞开。

吉尔·德勒兹:是这样的,令人好奇的是勒克莱尔说我
们的机器运行得太好了,我们的机器能够消化一切。因为这
正是我们反对精神分析的方面,令人好奇的是精神分析学家
相继向我们提出了这种指责。我之所以说这一点,乃因为我
们与勒克莱尔有一种特别的关系:他发表过一篇论"欲望的
实在性"的文章,[a] 先于我们探索了机器无意识,发现了无意
识的最终要素,它们既不再是图形性的,也不再是结构性的。

311
似乎我们没有最终达成一致,因为勒克莱尔指责我们没
有理解部分对象是什么。他说肯定或否定地界定部分对象
没有多大意义,因为无论如何它都是截然不同的东西,它是
"差异的"。不过,这完全不属于令我们感兴趣的对象的范
畴,即便是部分对象的范畴。欲望与各种对象、甚至欲望与
各种部分对象的关系是不确定的。我们谈论了机器、流、提
取、拆解、剩余。我们批评部分对象。当然勒克莱尔有理由
说肯定或否定地界定部分对象是无关紧要的。不过他只在
理论上是正确的。因为如若我们考虑部分对象的运行,探问
精神分析将部分对象描述为何种东西,探问精神分析如何使
部分对象运行,那么懂得部分对象是否实现肯定性功能或否
定性功能,这不再是无关紧要的。

精神分析是否利用部分对象来巩固缺失、缺席或缺席的
能指的观念,来奠定阉割情结的运作呢? 即便精神分析援引
差异或差异物(différent)的概念时,它也以一种否定的方式
利用部分对象,从而把欲望与一种基本的缺失连接起来。

---

a. 载 *Sexualité humaine*,Paris,Aubier,1970。

［这就是我们］[b] 对精神分析的责难：精神分析使用缺失与阉割情结形成了一种虔诚的构想，一种诉诸无限屈从的否定神学（法、不可能之物等）。正是为了反对这一点，我们才提出了一种对欲望的肯定性构想：生产的欲望（désir qui produit），而非缺失的欲望（désir qui manque）。不过精神分析学家仍旧是虔诚的。

塞尔日·勒克莱尔：我不否认你们的批评，同样我也承认这种关联性。我只强调这种关联性似乎以一种有点儿……极权的实在的假设为基础：没有能指，没有缺陷、分裂（clivage），也没有阉割情结。大家想知道你们著作第 61 页至 99 页所出现的"真正的差异"到底是来干什么的。你们说，真正的差异并不位于什么与什么之间的，瞧……

吉尔·德勒兹：在想象与象征之间……

塞尔日·勒克莱尔：……在以下两者之间：一方是实在，312
你们可以将其呈现为"地层"、"潜层"（sous-jacence），另一方是类似上层建筑的某种东西，这些上层建筑可能是想象与象征。不过，我认为对"真正的差异"的质疑实际上是就对象的问题所提出的质疑。刚才菲利克斯参照了拉康的教学（正是你刚才谈及的问题），他还根据"自我"、个人等来确定对象 a。

菲利克斯·加塔利：……个人与家庭……

塞尔日·勒克莱尔：不过拉康的对象 a 这一概念属于一种包含至少是双重的（S1［主能指］与 S2［另一个能指］）能指、主体（被划杠的 S）的四重结构。真正的差异，如若想重新采用这种表达，它应被确定于能指与对象 a 两者之间。

我真希望，无论出于虔诚的理由还是亵渎的理由（我不知道），任何时候使用能指这一术语都不是合适的。无论如

---

b.　文本有残缺，此处为补全部分。

何，我都不想在这一点上看到你们摒弃某种二元性，宣扬对象"a"是自给自足的，是对蔑视宗教的上帝的某种取代。我认为如若你们没有在某个地方引入一种二元性以及由此所产生的一切，那么你们就不能支持一个主题、一个计划、一种行动或一个"东西"。

菲利克斯·加塔利：我完全不确信的是，拉康的对象 a 的概念不是别的东西，而是逃逸点，确切地说就是一种对意指链之专制特性的逃离。

塞尔日·勒克莱尔：在更大程度上让我感兴趣的、并且使我以一种不同于你们的简洁明了的方式所试图陈述的，就是想知道欲望如何在社会机器中展开。我认为我们不能不阐明对象的功能。因此，我们应该明确界定对象和其他与机器有关的要素、也就是所谓的"意指的"要素（如若你们愿意的话，也可叫象征的要素与想象的要素）之间的关系。这些关系并不在单一的方向上存在，就是说"意指的"要素反之会影响对象。

如若我们想从欲望的秩序来理解社会机器所发生的某种事情，那么我们不得不穿过对象瞬间所建构的这一狭窄小道。这仍不足以断定一切都是欲望，而应该说这是如何发生的。我最后补充一个问题：你们的"玩意"有什么用？

没有缺陷的机器所散发的魅力与革命计划所激发的真正活力之间具有什么关系？这是我在行动的层面上向你们提出的疑问。

罗歇·达东：不管怎样，你们的"机器"或你们的"玩意"都运行。例如，你们的"机器"在文学领域运行得很不错，以便捕捉阿尔托《埃拉加巴卢斯》（*Héliogabale*）所表现的流或"精神分裂症的"流通；你们的"机器"运行，以便越来越深入两极的运作——就像罗曼·罗兰（Romain Rolland）一样的作者在类精神分裂症患者/类偏执狂患者之间的两极运作；对于梦的精神分析来说——弗洛伊德的梦、所谓的"伊尔玛的注射"(l'injection faite à Irma)的梦，你们的"机器"运行，这个梦几乎在技巧的意义上是戏剧的，因布景、特写等技巧，它又是电影的。还应该从孩子的方面来看一看这一切如何运行……

亨利·托鲁比亚：因为我在精神病医院工作，所以我特别想强调你们关于精神分裂分析主题的一个核心要点。对我来说，你们通过极为清晰的论证肯定了社会投资的优先性与欲望之生产的、革命的本质。这就提出了某些理论的、意识形态的与实践的问题，因此你们应该料想一场真正的、全体一致的抗议(levée de boucliers)。

不管怎样，大家都知道在精神病医院从事心理分析工作，如若"每个人"不能经常地对建制性网络本身提出质疑，那么就是白费劲，即便是在最好的条件下也维持不了多久。在当前的形势下，我们也决不能希望维持得很长久。既然情况如此——每当本质的冲突出现在某个地方，每当某种东西出了毛病——这正好标志着某种有关欲望生产的秩序的东西就能出现了，当然也对社会场域及其建制提出了质疑，那么我们很快就看到惊慌的反应出现了，各种抵抗被组织起来。这些抵抗采取了多种多样的形式：聚集了综合、协调、调整等，并且更微妙的是，经典的精神分析阐释正如你们构想的那样具有镇压欲望的惯常效果。

拉斐尔·皮维达尔：塞尔日·勒克莱尔，您说得不少了，314不过您说的内容有点儿令人感到遗憾，与加塔利所说的内容没多大关系。因为这本书基本上从您的职业意义上提出了分析实践，您片面地理解了问题。您只有将问题淹没在您所阐发的理论的行话之中才能抓住了问题，而且您在这种行话中赋予恋物癖(确切地说就是部分对象)以特权。您躲在这种行话之中,从而使德勒兹与加塔利争辩琐碎问题。《反俄狄浦斯》所有关于国家的诞生、国家的角色、精神分裂症等内容,您只字不谈。您日常的分析实践,您只字不谈。精神分析的真正问题,也就是病人的问题,您也只字不谈。当然,这不是对您,塞尔日·勒克莱尔,进行审判,而是您应就这一点做出回答:精神分析与国家、资本主义、历史、精神分裂症的关系。

塞尔日·勒克莱尔:我赞同您提出的目标。我之所以强调对象这一确定点,是为了通过实例来阐明那被生产出来的玩意的运行类型。

这就是说,我并不完全反对德勒兹与加塔利针对精神分析发现的隐匿功能、镇压功能所提出的批判:确实没有东西或近乎没有东西被用来谈论分析实践或精神分裂症与政治场域或社会场域的关系,但是光表明这么做的意图是不够的。我们应该恰当地做到这一点。我们的两位作者已经尝试这么做了,并且我们在这里所讨论的正是他们的尝试。

我提醒你一下我所说的话,我已简单地说了接近问题的正确方式在我看来就要经过一条极为明确的狭窄小道:对象在社会构成中的位置、冲动在社会构成中的功能。

正好我可以就“这是运行的”(ça marche)这一点发表意见,这一点是作为论证被提出来的,为机器的关联性或正在讨论的著作进行辩护。当然这运行了!我会说,在某种意义上,这对我而言是运行的。据观察,任何理论上被投资的实践一开始都有种种运行的机会。这本身就不是一种准则。

315　　　罗歇·达东:你们著作所提出的主要问题无疑是:这将如何在政治上运行,既然政治也被你们接受为一种主要的“阴谋”(machination)。问题只在于看到了你们用以论述“社会场域"(socius)的广度与细节,尤其是人种学层面、人类学层面的广度与细节。

皮埃尔·克拉斯特:德勒兹与加塔利,前一位是哲学家,后一位是精神分析学家,他们俩一起反思了资本主义。为了思考资本主义,他们一起研究了精神分裂症,从中看到了我们社会的效果与限度。而为了思考精神分裂症,他们一起研究了有关俄狄浦斯情结的精神分析,不过他们就像匈奴王阿提拉(Attila)一样:他们所到之处,不再留有任何东西。在资本主义与精神分裂症之间,在家庭至上主义的描述(俄狄浦斯情结的三角关系)与精神分裂分析的方案之间,是《反俄狄浦斯》篇幅最长的第三章"原始人、野蛮人、文明人"。就本质而言,问题是作为人种学家的常规研究对象的各种社会。人种学在这一方面做了什么研究?

通过给德勒兹与加塔利的论证提供西方之外的支撑点(对原始社会与野蛮帝国的思考),人种学保证了他们的事业具有很强的一致性。如若作者们满足于说:在资本主义社会中,事物以这种方式运行,而在其他类型的社会中,事物以不同的方式运行,那么我们就无法离开最乏味的比较研究(comparatisme)的领域。情况并非如此,因为他们指出了"本我(ça)如何以不同的方式运行"。《反俄狄浦斯》还有一种有关社会与各种社会的一般性理论。换言之,德勒兹与加塔利就原始人和野蛮人撰写了人种学家直到现在还没写的内容。

的确(我们没有写这方面的内容,但我们还是了解的)原始人的世界是流的编码的场所:任何东西都无法逃避原始社会的控制,而且如若失去控制(发生了意外),那么社会总会找到阻止的方法。的确帝国的形成也把一种超编码强加于那些被纳入帝国的原始要素,但未必摧毁在每种要素的局部层次上持续存在的流的编码。印加帝国的例子完美地阐明了德勒兹与加塔利的观点。他们谈到了某些极为优美的事物，它们就残暴系统而言是在原始人的身体上进行的书写，就书写而言是野蛮人的恐惧系统的模式。在我看来，人种学家阅读《反俄狄浦斯》时会感到轻松自在。这不是说一下子就全接受了。可以预见的是，对这样一种理论持有保留性意见（至少可以说），那就是这种理论假定了债务谱系的优先性，由此取代了结构主义的交换理论。我们还可以问地球的观念是不是一点也没有摧毁界域的观念。不过，所有这一切都意味着德勒兹与加塔利没有讥讽人种学家：他们向人种学家提出了真正的疑问，也就是令人反思的疑问。

这是回到一种历史进化论的解释吗？越过摩尔根而回到马克思？根本不是。马克思主义差不多在野蛮人那里找到了头绪（亚细亚生产方式），但从未知道原始人做了什么。为什么？因为，如若从马克思主义的视角可以思考野蛮时代（东方专制主义或封建主义）向文明时代（资本主义）的过渡，那么从这一视角却不能思考蒙昧时代向野蛮时代的过渡。界域机器（原始社会）不存在任何东西，由此可以说这预示了随之而来的东西：没有种族制度、没有阶级、没有剥削，甚至没有劳动（如若劳动本质上是异化的）。那么历史、阶级斗争、解域化等都来自何处呢？

德勒兹与加塔利回答了这一疑问，因为他们恰恰知道原始人做了什么。而且他们的回答在我看来就是《反俄狄浦斯》最具说服力的、最严谨的发现：这涉及"原始国家"（l'Urstaat）的理论，"原始国家"是冷酷的怪兽、噩梦、国家，它到处是相同的，而且它"总是存在过"。是的，国家存在于原始社会中，甚至存在于游牧狩猎者的最小集团中。国家存在，但它不停地被避免存在，有人不停地防止国家成为现实。

原始社会就是一个竭尽全力阻止首领成为首领的社会（这竟然导致了谋杀）。如若历史就是阶级斗争的历史（当然是在有阶级的社会之中），那么可以说无阶级社会的历史就是它们同潜在国家（l'Etat latent）作斗争的历史，就是它们努力编码权力之流的历史。

当然，《反俄狄浦斯》没有告诉我们原始机器为什么没有到处编码权力之流，这一失败的原因不断地从内部表现出来。实际上，国家没有丝毫理由会在原始的社会场域的内部成为现实，部落也没有丝毫理由会使他的首领发挥着首领的作用（我们可以借助人种学的案例来论证这一点）。"原始国家"突然形成了，它来自何处？ 它必然源自于外部，并且我们可以期望《反俄狄浦斯》的续篇将在这一点上给我们提供更多的阐述。

编码、超编码、解编码与流：这些范畴规定了社会理论，而"原始国家"的观念，不管是被避免的还是胜利的，都规定了历史理论。在这一点上，存在着一种全新的思想、一种革新性的反思。

皮埃尔·罗斯：对于我而言，证明德勒兹与加塔利这本著作的实践重要性的就是这本著作回避了评价的道德问题。这是一本引发斗争的著作。这里涉及的是劳动阶级与权力（Pouvoir）的处境。通过对分析建制的批判，德勒兹与加塔利采取了某种迂回的方法，不过质疑是不会被改变的。

"无意识就是政治"，拉康曾在1967年说过。分析由此提出了它对普遍性的要求。这就是分析开始涉足政治的时候，就是分析最坦率地给予压迫合法地位的时候。这是对假定的知识主体的颠覆在一种全新的、先验的三位一体（法、能指与阉割情结）面前转变为屈从的鬼把戏："死亡是精神的生命，让您造反又有什么用？"从科耶夫（Kojève）到拉康，对权

《荒岛》及其他文本：文本与访谈（1953—1974）

力的质疑仍然从右翼被黑格尔主义的保守派讽刺抹去了，而这种讽刺逐渐削弱了对无意识的质疑。

　　这一遗产至少是格调高雅的。更可耻的是，意识形态理论的传统也被终结了，而这一传统自第二国际以来就开始围绕着马克思主义理论，也就是说从朱尔·盖得（Jules Guesde）的思想战胜傅立叶的思想就开始了。

　　马克思主义者最终没有摧毁的理论是反映论，或者是被描绘为反映论的东西。然而，列宁主义者关于"大机器"的"小螺丝钉"（petite vie）的隐喻仍具有启发意义：推翻精神领域的权力就是一种在社会机器的全部齿轮中发生的转变。

　　一是毛泽东的"意识形态革命"（révolution idéologique）概念，一是意识形态与政治经济之间的机械对立，这两者发生决裂的方式肃清了欲望向"政治"（议会与党派斗争）、政治向（领导人的）话语的化约过程，以便恢复各条战线上多样斗争的现实（realité）。这是接近《反俄狄浦斯》关于国家批判的唯一方法。由《反俄狄浦斯》所重新开启的批判事业变成一项大学的运作，也就是"存在与时间"之类的苦行僧式的赚钱活动，这是不可能的。《反俄狄浦斯》重新获得了批判的效果，被用作反对权力的工具，有助于在实在领域发动全部攻击，来反对工厂内外的警察、法院、军队、国家权力。

　　吉尔·德勒兹：皮维达尔刚才所说的，在我看来是完全正确的。对我们来说，本质的问题就是欲望机器与社会机器的相互关系、它们相互之间的工作状态（régime）的差异、它们相互之间的内在性。也就是说，无意识的欲望如何对一个社会、经济与政治的场域进行投资？性征，或者勒克莱尔可能称之为性对象选择，如何仅仅表达了这些投资（实际上是对流的投资）？我们的爱怎么才是普遍的历史的衍生物，而不是爸爸—妈妈的衍生物？通过被爱的女人或男人，整个社会场域才会被投资，并可能以不同的方式被投资。因此，我们试图阐明各种流如何流入不同的社会场域、各种流在什么上面流动、各种流通过什么方式被投资——编码、超编码、解编码。

当精神分析使一切产生于父亲和母亲的形象，或产生于家庭至上主义的、恭恭敬敬的各种能指（如"父之名"［Nom du Père］）时，是否可以说精神分析就粗略地触及了这个领域（例如它那些对法西斯主义的荒谬解释）？塞尔日·勒克莱尔说，即便我们的系统运行，也不足以成为证据，因为无论任何东西都是可以运行的。这的确是真的。我们也谈及了这一点：俄狄浦斯情结、阉割情结运行得很不错。然而，问题要懂得运行的效果是什么？以何种代价运行？精神分析缓解了人的压力，令人感到轻松，它教我们学会那些我们能够承受的顺从，这是可以肯定的。不过，我们认为精神分析窃取了推动甚至参与一场有效解放的声誉。精神分析在家庭场景上消除了欲望的各种现象，在因循守旧的符码中消除了力比多的政治与经济的全部维度。"病人"一开始谈政治，一进入政治谵妄，就应该看看精神分析把政治描绘为什么东西。这便是弗洛伊德就史瑞伯所做的分析。

至于人种学，皮埃尔·克拉斯特都讲过了，不管怎样都对我们大有益处。我们所努力做的事情就是把力比多与"外部"（dehors）联系起来。原始人中间的女人的流与畜群的流、箭的流有关系。一个群体突然过起了游牧生活，士兵突然出现在乡村的广场上；我们读一读卡夫卡的《中国长城建造时》（*La Muraille de Chine*）就明白了。什么是社会的流？什么是能够颠覆社会的流？欲望在所有的这一切之中居于什么样的位置？总会有某种东西降临在力比多身上，从来都是从地平线的深处背景中而来，而不是从什么内部而来。人

319

种学以及精神分析难道不应该与这种外部保持关系吗？

　　莫里斯·纳多：如若我们想在一期《文学半月刊》上发表这篇已经超篇幅的谈话，那么我们可能就该谈到这里了。我感谢吉尔·德勒兹和菲利克斯·加塔利就《反俄狄浦斯》为我们提供的阐释，这本著作无疑革新了各个学科，我觉得这本著作因其完全特殊的方法而更加重要，正是凭借这种方法，两位作者讨论了那些令我们全都关注的疑问。我也感谢弗朗索瓦·沙特莱组织、主持了这次讨论，当然也要感谢各位参加讨论的专家。

（董树宝　译）

29. 埃莱娜·西苏或频闪观察式写作 *

近几年来,埃莱娜·西苏一直在追求某种地下著述,后者不为人知,尽管她曾因其《内部》(*Dedans*)在 1969 年被授予梅迪奇奖。[a] 在她的作品中,虚构、理论与批评结合在一起。就《詹姆斯·乔伊斯的流亡》来说,埃莱娜·西苏创作了一部优美的作品。[b] 初看上去,她所有的作品都可以归属于乔伊斯谱系:叙事自我展开,自我包裹或以自身为对象,作者是"多元的"而主体则是"中性的",中性多元,各种场景同时发生:历史的和政治的,神话的和文化的,心理分析与语言学的。不过,这种再明显不过的视角或许制造了一种误会,如同那种双重印象,即埃莱娜·西苏既难于阅读又可以被归于当前为人熟知的文学流派之中。只有当我们能身处作者自己创作的视角,而依据后者它变得容易阅读并吸引我们的时候,她真正的新颖之处才能展示出来。这也正是神秘所在:所有真正新颖的作品都是单纯的、易读的并充满愉悦。看看卡夫卡或贝克特就知道了。

在其最新的小说《中性》中,我们又看到了那个神秘的埃

---

* *Le Monde*,nº 8567,11 août 1972,p. 10.(论 H.西苏的《中性》[*Neutre*, Paris, Grasset, 1972])

a.　H. Cixous, *Dedans*, Paris, Grasset, 1969.

b.　H. Cixous, *L'exil de James Joyce ou l'art de remplacement*, Paris, Grasset, 1968.

莱娜·西苏：通常来说，困难的作者要求人们慢慢地阅读。但在这里情况则恰恰相反，《中性》要我们快速阅读，即使重读，也要越来越快。考验慢读者的难题随着阅读速度的加快冰消瓦解。正是在这里，我们认为埃莱娜·西苏发明了一种新的原创性写作，后者赋予西苏在现代文学中的独特位置：一种频闪观察式写作，在这种写作中叙事获得了生命，不同的主题互相关联，词语构成可变的形象，追随着由阅读和联系推进的速度。①

人们今天已经不太能理解保罗·莫朗（Paul Morand），而他的极端重要性正在于，在与爵士乐、汽车与飞机的联系中，他在 1925 年左右把速度引入文学，引入风格本身。埃莱娜·西苏则是在与现时代的关联中创造了另外的、偶或疯狂的速度。《中性》不断地告诉我们：将色彩混合起来，以便通过运动创造出未知的色调。按秒、按十分之一秒进行的写作："规则很简单：从一棵树干移动到另一棵，或者通过交换其鲜活的树身，或者是它们的替代项，或者是那些成对运作的替代项的名字。这一切展开得如此迅速以至从外部我们很难看出三种操作中的哪种在进行，或者从一棵树到另一棵树是否有树身或名字的转换。运动的效果在于，借助频闪观察，树木创造某种极点，后者是平滑的，或者几乎没有被深色的垂直影线勾划，繁殖的幽灵：纸……每一个都代替另一个起作用：比如说，'没有任何事物缺乏属于自身的他者：萨姆逊纠缠着它'（'Aucun n'est Sans son Autre：Samson le hante'）。"

那么，埃莱娜·西苏创造的效果究竟如何？《中性》的主

---

① 频闪观察法：一种以不连续光照方式观察某一物理场景的方法。观察效果依赖于闪光频率和场景中的运动。

题材料由各种互相联系的元素组成：欲望构成的虚构元素，字母组成的语音元素，形象构成的语言学元素，引用构成的批评元素，场景组成的活动元素等等。这些元素形成静止的、复合的、难于解读的组合（ensemble），它是"中性的"，只要在其上我们的速度保持为零。对中间状态的速度来说，它们进入不同的链条，链条接合为不同的确定性组合，由此构成不同的故事或故事的不同版本。对那些越来越快的速度来说，它们达到某种无休止的滑移，一种强烈的旋转，后者使得速度无法固定为组合，并使其越来越快地穿越所有故事。简言之，这是一种依照读者联想速度的不同而起作用的阅读。比如，书中去世的孩子那个不平常的场景，后者至少依据三个不同程度变化。或者，在那些喜剧性的片段中，我们可以看到字母 F 感染了邻近的词语并获得了后者的速度。依据埃莱娜·西苏喜爱的那个弗洛伊德式的观念，这是一种从书—麻醉剂得来的快乐，一种令人不安的奇异性：在其所有意义上，我们都应该迅速地、以某种紧张的方式阅读《中性》，如同身处一架精确度极高的现代机器中。

（胡新宇　译）

30. 资本主义与精神分裂症 *

　　问题:《反俄狄浦斯》以"资本主义与精神分裂症"为副标题。为什么? 你们是从什么基本观点出发的?

　　吉尔·德勒兹:我们的基本观点或许是:无意识"生产"。说无意识生产,意味着我们不应再像此前一直所做的那样,将无意识视为某种剧场,其中上演着某出享有特权的戏剧,也就是俄狄浦斯剧。我们认为,无意识不是剧场,而是工厂。在这一点上阿尔托曾有出色的论述。他曾说身体,尤其是患病的身体,就好像是热火朝天的工厂。因此,不是剧场。所谓无意识"生产",这意味着无意识是一种生产其他机制的机制(mécanismc)。这也就是说,在我们看来,无意识和戏剧再现毫无关系,相反,它与我们可以称之为"欲望机器"的某种东西相关。我来解释一下"机制"这个词。像生物学理论一样的"机制"从来不能理解欲望,它从根本上忽略了欲望,因为后者无法被整合到生物学的模型之中。当我们说到欲望机器以及作为欲望机制的无意识时,我们想说的是完全另一回事。欲望以如下方式运作:进行切分,让某些流流动,在流之上做抽取,切分与流贴合的链条。流动着的、切分的、被切

---

　　* 译自意大利文。« Capitalismo e schizophrenia », entretien avec Vittorio Marchetti, no.12, 1972, pp. 47 - 64.

分的无意识或欲望的这一整个系统,这一完全是字面意义上的系统,与传统精神分析所设想的完全不同,它并不意指任何事物,没有意义,也没有需要提供的阐释,无意识什么也不想说。问题在于探讨无意识是如何运作的。问题关涉的是机器的使用和"欲望机器"的运转。

加塔利和我,我们是从以下观点出发的:只有从"生产"范畴出发,欲望才能得到理解。这就是说,要把生产引入欲望本身。欲望并不依赖于某种匮乏,欲望不是缺乏某物,它也不指向任何**律法**,欲望生产。因此,欲望和剧场恰好相反。像俄狄浦斯情结这样的观念和对俄狄浦斯情结的戏剧表现歪曲了无意识,它们完全无法用来解释欲望。俄狄浦斯情结是社会压迫在欲望生产中产生的后果。即使在儿童层面,欲望也不是俄狄浦斯式的,它像机制一样运作,生产小型机器,并在事物之间建立关联。换言之,所有这些或许意味着欲望是革命性的。这不是说欲望渴望革命,情况比这更好。欲望本质上就是革命性的,因为它能够建造机器,而通过嵌入到社会场域中,后者能够让事物发生突变并改变社会结构。与此相反,传统的精神分析在其剧场里把一切都弄颠倒了。这就好像我们用法国喜剧中的表演来说明那属于人、属于工厂、属于生产的事物。与此相反,作为欲望的微型机器或"欲望机器"之生产者的无意识正是我们工作的出发点。

问题:那么,资本主义与精神分裂症又是怎么回事?

菲利克斯·加塔利:为了对极限加以强调。人类实存中的一切事物都被导向最抽象的范畴。资本以及在另一极点,或者不如说,在无意义的另一端,疯狂,确切地说,疯狂之中的精神分裂症。在我们看来,在无意义之共同切线的两个端点之间,存在着某种关系。这不是一种偶然的关系,借此我们可以肯定现代社会让人们陷入疯狂。情况比这要复杂得多：为了分析异化、分析个人在资本主义体系中所遭受的压迫，同样，为了理解攫取剩余价值的政治的真正含义，我们应该使那些我们借之阐释精神分裂症的同样一些概念发挥作用。我们自己采纳了处于极端的两个概念，不过很明显，处在两个极端之间的所有其他概念也必须得到检验，无论涉及的是对神经症的处理方式还是对儿童、原始社会的研究等等。毫无疑问，这关涉到人文科学探讨的所有主题。不过，与其确立所有人文科学的某种共存，其中各学科彼此相关，我们决定把资本主义和精神分裂症联系起来。这是为了试图囊括各种场域的整体，并摆脱从一个场域到另一个场域不停的过渡所提出的限制。

问题：你们的研究是从什么具体经验出发的呢？你们又是如何设想、在哪些领域中设想你们的研究在实践上的发展的呢？

菲利克斯·加塔利：首先，我们是从精神病学实践、精神分析尤其是对精神错乱（la psychose）的研究中出发的。在我们看来，要分析精神疾病中确实发生了什么，语义链、弗洛伊德理论提供的描述和精神病学等相对来说还存在着不足。近来，对精神疾病的某种倾听已成为可能，这使我们能够对以上观点加以确认。

弗洛伊德能够与神经症（névroses）尤其是歇斯底里症保持某种特定的接触，他的概念正是在这一框架中建立起来的，至少一开始是如此。他本人曾在晚年抱怨自己无法掌握另一个领域，没法以另一种方式接触精神错乱症（la psychose）。他只能以一种全然偶然的方式，从外部来接近精神错乱症患者。此外，我们还要想到，在入院治疗这一惩治性的体系框架内，我们根本无法接近精神分裂患者。我们能够接近那些身处体系内部的疯人，但体系让他们无法表达疯狂的实质本身。他们只能表达对惩治的某种对抗,惩治以他们为目标,而他们则不得不经受一切。因此,结果就是就精神错乱病例来说,精神分析实际上是不可能的,而只要精神错乱患者仍被囚禁在医院的惩治体系中,情况就会一直如此。不过,与其转换对神经症的描述(语义)链并把它应用在对精神错乱症的分析上,我们尝试反其道而行之。也就是说,借助从与精神错乱症的接触中获得的启示,我们尝试重新审视有关神经症的描述性概念。

　　吉尔·德勒兹:并不是一切在精神分析中都走得通,而精神分析则成为围绕自身打转的一种没完没了的叙事,我们正是从这种印象——这确实是种印象——和认知出发的。举例来说,精神分析治疗。确实,精神分析治疗变成一个无休无止的过程,其中病人和医生在同一个圆圈里打转,而最终来说,即使有什么修定,这仍是一个俄狄浦斯情结式的恶性循环。就好像"来,说吧……",这涉及的永远是爸爸和妈妈。一切参照物永远停留在俄狄浦斯情结轴上。当然,我们也可以说这里涉及的不是现实中的爸爸和妈妈,而是或许某种更高的结构,或者,这是某种象征结构,我们不能在想象层面上去把握它,但不管怎样,这仍是同一种话语,其中病人在那谈论爸爸和妈妈,而精神分析师则以爸爸、妈妈等词语来倾听、解释。正是在这里隐含着弗洛伊德在其晚年以令人苦恼的方式向自己提出的问题:并不是一切在精神分析中都行得通,有什么东西被阻塞了。在弗洛伊德看来,精神分析正变成一种没完没了的叙事,治疗无休无止,并且最终一无所获。拉康是第一个向我们指出应该在何等程度上重新提出问题的人。他认为问题可以通过向弗洛伊德本人的某种深刻的回归得到解决。与此相反,我们是从以下印象出发的,亦即精神分析在一个可以说是由俄狄浦斯所代表的家庭式圆圈中打转。问题正是在这一点上变得让人非常不安。即便精神分析已改变了自己的分析方法，它最终仍与最古典的精神病学一脉相承。米歇尔·福柯曾以令人信服的方式论证了这一点。正是在十九世纪，精神病学将疯狂与家庭根深蒂固地连结在一起。精神分析对这种联系加以重新阐释，不过让人震惊的是，这种联系仍然延续下来。即使是呈现出如此具有革命性的新方向的反精神病学仍然维系着家庭—疯狂这一基本参照系。每个人都在谈论家庭精神分析治疗，这也就是说我们仍在爸爸—妈妈这种类型的家庭规定中寻找精神失常的基本依据，而即便我们以象征的方式来解释这些规定，也就是说爸爸的象征功能、妈妈的象征功能，问题仍然没有得到很大改变。

不过，我想大家都熟悉史瑞伯法官这个疯子——人们就是这么叫他的——写的那本令人赞叹的书。史瑞伯法官是个妄想狂患者或精神分裂症患者，这无关紧要，他的回忆录为我们提供了某种种族的、种族主义的、历史性的谵妄。史瑞伯对不同的大陆、不同的文化、不同的种族充满妄想。这里让人震惊的是他的谵妄中包含的政治、历史和文化等内容。而如果你阅读弗洛伊德对这一病例的评论，你会发现谵妄的这一方面内容全部消失了，后者因为弗洛伊德对史瑞伯从未谈及的父亲的参照而被抹除。精神分析师会对我们说，正因为史瑞伯从未谈及他的父亲，这一点才如此重要。对此，我们的回应是：从来没有一种精神分裂谵妄不首先是种族的、种族主义的、政治的，从来没有任何一种精神分裂谵妄不是从历史的任一角度出发的，同样，也从来没有任何一种精神分裂谵妄不会投注于文化，并涉及不同的大陆、王国等等。我们认为，谵妄问题不是家庭性的，而即使假定它涉及爸爸、妈妈，也是以一种附带的方式。谵妄的真正问题在于两极点之间不同寻常的转换,其中一个极点是反动的甚至是法西斯主义的,其类型体现于"我属于更高的种族"——这出现在所有的妄想型谵妄之中,而另一极则是革命性的:兰波曾说道,"我是永生永世归于劣等种族了"。[a] 在投注于某种可笑的"爸爸—妈妈"之前,没有任何一种谵妄不是首先投注于历史的。即便是在治疗、疗法层面——假定这确实是种精神疾病,如果我们没有对谵妄的历史参照展开分析的话,如果我们只是满足于在象征性的爸爸和象征性的妈妈之间打转,我们就只会得到某种家庭主义,并停滞在最传统的精神病学框架内。

问题:语言学的研究能用来为精神分裂语言的阐释服务吗?

菲利克斯·加塔利:语言学仍处在全面的发展中,并且在很大程度上仍在寻求对自身的定位。或许,存在着某种对语言学概念有点操之过急的滥用,而这些概念正处于形成过程中。尤其是,有一个概念我们已经拿来用于反思,这就是能指(signifiant)。在我们看来,这个概念在不同的语言学研究中提出了很多问题。或许对于精神分析学家来说这个概念还不太成问题,不过对我们来说,我们认为这个概念还需要进一步的发展。面对当前社会中的各种问题,我们应该致力于对传统文化提出质疑,后者在某种意义上被分割在人文科学、科学、科学主义(用一个近几年流行起来的词来说)和政治责任之间。尤其在 1968 年五月运动之后,对这种分隔的修正就更为重要和必要了。从这种角度来说,直到今天,我们仍然满足于不同学科的某种自治主义,如果可以这么说

---

a. A. Rimbaud, *Une saison en enfer*, « Mauvais sang », in *Œuvres complètes*, Paris, Gallimard, 1972, coll. « Bibliothèque de la Pléiade », p. 95. (中译参考《彩画集》,王道乾译,上海文化出版社,2001 年,第 8 页。——中译注)

的话。精神分析学家有他们的一套手段,政客也同样如此,等等。重新审视这种分割的必要性不是来自于对某种折衷主义的关切,它也并不必定导向某种混淆不清。同样,精神分裂症患者也不是通过某种混淆从一个场域过渡到另一个的,引导他们的是他们所面对的现实。这么说或许没有认识论上的保证,但精神分裂症患者追随着现实,是现实驱使他从一个平面转移到另一个平面,从对语义和句法提出质疑直到对历史、种族等主题加以修正。确实,从这种角度来说,在某种特定意义上,身处人文科学和政治领域的人自身变得"精神分裂"了(见 «schizophréniser»)。这不是让我们去接受被惩治的精神分裂症患者向我们呈现的虚幻图景,在这一图景中,精神分裂症患者是"自闭"的,闭守自身等等。相反,这是为了使我们能够同样把握各个领域的整体。更确切地说,在 1968 年五月运动之后,问题是以如此方式提出的:我们寻求将对不同现象的理解统一起来,一方面是政治组织中的官僚主义化、国家资本主义框架下的官僚主义化,另一方面则是比如强迫症,重复性的无意识动作提供给我们的描述等各种极不协调、缺乏关联的现象;或者,如果我们秉持以下观点,即事物是分隔开的,每个人都是专家且必须在据守自身阵地的同时推进自己的研究,那么,那些完全脱离政治和人类学描述的爆炸性事物就会在世界中得到证实。在这种意义上,对领域的划分以及对精神分析学家、语言学家、人种学家和教育家等的自我满足提出质疑,其目标就不是各学科的消解,而是促进这些学科的拓展,并使之更接近自身研究对象所要求的高度。1968 年之前由一些幸运的小团体开展的研究曾得到人们的广泛讨论,并且,可以说是伴随着机构性的革命在那个春天浮出水面。精神分析学家越来越多地被"卷入"(«interpolés»),他们不得不拓展自己的领域,精神病医师也同样如此。这完全是种新的现象。它意味着什么呢？这只是一时风尚吗？还是要以某种方式改变革命激进分子的目标，如某些政治潮流向我们确证的那样？或者，这难道不是某种召唤吗？即便混乱，这种召唤也总是指向对今天仍在生产着的概念化方式的深入修正。

问题：那么，精神病学能扮演这种角色吗？也就是说，作为新的人文科学，典范性的人文科学？

菲利克斯·加塔利：与精神病学相比，为什么不能是精神分裂症患者，那些疯人本身呢？在我看来，确切地说精神病领域的从业者并没有处在前列，至少目前如此。

吉尔·德勒兹：此外，相比其他学科，精神病学也没有任何理由能够成为典范性的人文科学。"典范性的人文科学"这种观念完全是误导性的。比如，目录学也可以是典范性人文科学，文本批评同样如此。事实上，很多学科都愿意扮演这个角色。问题不在于确认哪一学科是典范性的，相反，问题在于探讨某些赋有革命可能性的"机器"如何能够组合起来。比如说，文学机器，精神分析机器，政治机器。或者，它们会找到一个聚合点，如直到目前它们一直在做的那样，并存在于某种特定的与资本主义体系相协调的系统中；或者，它们会在革命性的应用中成为一个轰隆作响的整体。问题不应在优先性层面上提出，而应该在用途、使用层面提出。那么，是何种应用呢？精神病学发现了它的家庭主义，它的家庭视角，而在我们看来，这种应用必定是反动的，即使这一领域的从业者本身是主张变革的。

问题：列维-斯特劳斯认为，哲学或科学思维是通过提出概念、反驳概念而前进的，而神话思维则借助于从感性世界中提取的形象。在其《精神分裂症阐释》一书中，阿里尔蒂（Arieti）认为精神疾病依赖于某种智性逻辑，某种"严密的逻

330

辑体系"，即使后者与建立在概念之上的逻辑全不相干。阿里尔蒂提到某种"古逻辑"(«paléologique»)并认为以上"严密的逻辑体系"可以和神话思维、所谓原始社会思维联系起来。两者的运作方式相同，都是借助于"感性特质的关联"("association de qualités sensibles")。这种现象该如何解释呢？精神分裂症是不是一种防卫策略，并被一直推进到对我们逻辑体系的否定？如果确实如此，那么就人文科学和对我们社会的研究来说，精神分裂语言的分析难道不会为我们提供某种价值难以估量的工具吗？

吉尔·德勒兹：我很清楚您提出的这个问题，这是个专业性很强的问题。我想听听加塔利是怎么说的。

菲利克斯·加塔利：我一点也不喜欢"古逻辑"这个词，因为它带有"前逻辑思维"以及诸如此类的定义等隐含意义，后者会导向字面意义上的分歧，无论是就儿童还是精神疾病来说都是如此。总之，我不知道该如何理解这种"古逻辑"。

吉尔·德勒兹：并且，我们对"逻辑"这个概念也完全不感兴趣。这个概念太模糊了，什么都是逻辑性的，一切都没有逻辑，等等。不过就这个问题来说，就我所谓它的专业层面来说，我想知道的是在精神分裂症患者、在原始人或儿童那里，确切地说涉及的是不是某种感性特质的逻辑。

就我们正在进行的研究来说，问题完全不在这里。让人震惊的是，我们都忘了感性特质的逻辑本身已经是理论性很强的一个公式了。我们忽略了"纯粹体验"(«pur vécu»)。或许，这里涉及的正是儿童、原始人或精神分裂者患者的体验。不过体验的意思不是感性特质(les qualités sensibles)，而是"强度"(«l'intensif»)。我感觉到……"我感觉"说的是我身上正发生什么变化，我活在强度性体验中，而强度和感性特质完全不同，两者完全是两回事。在精神分裂者患者身上，这种体验不断发生,他会说"我感觉自己变成女人"或"我感觉我变成上帝"。感性特质与此毫不相干。我的印象是阿里尔蒂事实上仍停留在感性特质的逻辑这一层面上,但这和精神分裂症患者所说的完全没法对应起来。那么,当精神分裂者患者说"我感觉我变成女人"、"我感觉我变成上帝"或"我感觉我变成圣女贞德"时,他们实际上是说的什么呢?精神分裂症是一种对强度和强度之流变不由自主、不同寻常且非常非常剧烈的体验。当精神分裂症患者说"我感觉我变成女人,我感觉我变成上帝"时,这就好像他的身体越过了强度的某个阈限。生物学家谈到蛋,而精神分裂症患者的身体就是某种蛋;紧张症患者的身体只是一个蛋。所以,当他说"我变成上帝,我变成女人"时,这就好像他越过了生物学家所谓的某个梯度,他穿越了强度的阈限,他仍在穿越,他升到阈限之上,超越阈限,等等。这正是传统分析无法理解的事物。也

332

正是就这一点来说,与精神分裂症相关的实验性的药物研究才有可能取得如此丰硕的成果,即使今天对这种研究的应用还非常糟糕。因为药物研究和对毒品的研究所提出的问题涉及的正是新陈代谢的强度转换。"我感觉……"必须通过流变体验和强度的等级得到理解。所以,我们的观念和阿里尔蒂观念的区别正在于以下事实,我们是通过强度性经验来阐释精神分裂症的,当然,我们对他的著作同样充满敬意。

问题:那么,精神分裂话语的"智性"(«intelligibilité»)又是怎么回事?

菲利克斯·加塔利:问题在于明确这种一致性是来自话语秩序,来自理性表达或语义学秩序,还是来自我们所谓的机器秩序。毕竟,在表象层面我们都尽其所能,每个人都尽其所能。和精神分裂症患者一样,即使科学工作者也致力于将事物重建于表达秩序中。不过用他手头能采用的方法,用

他能支配的工具,精神分裂症患者无法阐明他试图重建的事物。在这种意义上,可以说精神分析框架内提供给我们的描述,亦即简单地说所谓俄狄浦斯情结式的描述,是镇压式的表象。即便是那些将对精神错乱或儿童的研究推进到最前沿或者发现强度量流变问题的重要研究者,最终也只是以俄狄浦斯情结方式再次复述了一切。一位重要的研究者,我是说一位真的很重要的研究者,谈及微—俄狄浦斯情结,即使在一例精神错乱病例中,他已经在机能层面亦即部分冲动层面观察到存在着一幅如博斯克(Bosch)绘画般的景观,后者由无数多的片段、碎片组成,其中也不再有任何爸爸、妈妈及其圣三位一体的观念。这意味着,至少在这一层面上,表象事实上仍被某种单一的主导意识形态所把握。

333　　　　问题:在精神分裂语言中存在着典型的歪曲和篡改。在属于某些特定社会范畴如军事或政治的语言中,也存在着类似的歪曲和篡改吗?

　　　　菲利克斯·加塔利:当然。甚至,我们可以说在军事语言,或者就目前来说,政治激进分子的语言中,存在着某种"泛-精神分裂化"(paraphrénisation)。不过要这么说的话,我们就得笼统地做概论。精神病学家、精神分析学家和研究者使用的范畴依赖于表象之封闭性的语言。以至于,任何逃脱欲望机器生产的事物总是又被导向有限、排他性的综合,而这通常伴随着对二元论范畴的使用,伴随着平面的分离。这是一种认识论层面上的变革不足以解答的现象。事实上,这里涉及的是一整个力量之间的平衡,即便在阶级斗争层面上也是如此。这意味着仅仅提醒部分精神分析学家或某位特定研究者对此加以注意是没有意义的。这里涉及的不是如冲动秩序等某种被分离开的秩序,相反,是社会机制运作的整体,后者既存在于欲望秩序中也存在于革命斗争秩序中,既存在于科学秩序中也存在于工业秩序中。就此来说,处于整体中的系统需要将其模型、等级以及特定的陈规表达再次传播开来。我们应该自问,军事、政治和科学等领域中的表达事实上是否只是某种反—生产,某种表达层面上的抑止行为,而其目标则是阻止我们的质疑工作,后者无法中断、四处流溢,并消失在事物的真实运动之中。

问题:尼采、阿尔托、凡·高、鲁塞尔、坎帕纳(Campana):在这些例证中精神疾病意味着什么呢?

吉尔·德勒兹:意味着很多事情。在这方面,雅斯贝斯以及近来莱因(Laing)都做出了非常有力的论述,即使直到今天,我们或许仍不太理解这两位作者。要言之,他们认为在大体上(grosso modo)所谓的疯狂之中,存在着两类事物:首先,存在着某种缺口(percée)、裂缝(déchirure),如同某种突如其来的光芒,某堵墙被穿越,而紧接着,还有我们可以称之为崩溃(effondrement)的另一个非常不同的层面。是的,缺口与崩溃。我想起凡·高的一封信,他写道:"我们应该把墙侵蚀掉。"只是,打穿墙是非常非常困难的,而如果我们太过莽撞,我们会被撞翻、跌落、倒下。凡·高补充说:"我们应该用锉刀慢慢地、耐心地来穿透它。"这就是所谓缺口以及可能的崩溃。在谈到精神分裂过程的时候,雅斯贝斯突出了以下两种元素的共存:首先是某种侵入,某种还无法表达的事物的到来,后者如此不同寻常以至很难描述,同时它又被深深埋藏在我们的社会之中,以至于很容易和第二种元素即崩溃重合起来。这里我们可以发现自闭的精神分裂患者,他们不再移动,他们可以在数年时间里保持静止。在尼采、凡·高、阿尔托、鲁塞尔和坎帕纳等例证中,这两种元素或许共同存在:美妙的缺口,墙上的一个洞。凡·高、奈瓦尔(Nerval)——而且我们还可以引用很多很多作家,他们已经

334

打穿了意指之墙,爸爸—妈妈之墙,他们在墙的另一边,并以一种属于未来的声音对我们说话。不过,在这一过程中第二种元素同样存在,这就是崩溃的危险。缺口、裂缝能够和崩溃重合或滑入崩溃之中,这是任何人都无权轻率以待的事。我们应该将这种危险视为根本性的。两种元素紧紧联系在一起。说阿尔托不是精神分裂症患者,这没有意义。更糟的是,这样说是可耻的、愚蠢的。毫无疑问,阿尔托是精神分裂症患者。他实现了那"非凡的突破",他打穿了墙,不过,这是以什么为代价呢? 代价就是可以被视为精神分裂症的崩溃。缺口与崩溃是两个不同的时刻。在突破尝试中忽略崩溃的危险是不负责任的。不过,这些尝试是值得的。

问题:我听说在某座精神病院里,病人们与诊所主任的
335　意愿对抗,经常在某位病人的病室里玩牌,后者多年来一直处于深度紧张症状态中:一个植物人。一言不发、不做任何姿势、一动不动。有一天,当病人们玩牌的时候,这位病人的头被护士转向窗户,他突然喊道:"主任来了!"之后他又陷入沉默,几年后就死了,一句话都没说过。这就是他对世界传递的信息:"主任来了!"

德勒兹:这个故事真好。就建立某种分裂—分析来说——这正是我们所尝试的,我们不应该问"主任来了!"这句话意味着什么,相反,我们应该问发生了什么,以至于这个自闭的、退守于自身的患者能够随着主任的到来,构建一架能为他所用的小机器,即使只是片刻。

加塔利:在我看来,在这个故事里,病人事实上是否看到主任,这还不一定。为了让故事更有趣,如果病人没看到主任就更好了。事实在于,因为年轻病人的存在习惯发生了更改、改变,主任的法令因游戏而被违抗,这足以推动病人再次想到主任庄严呆板的形象,并直截了当地说出对情势的分析

性阐释。在这个故事片段中，这代表了对移情的完美诠释，代表了对分析功能的转译。正在对情势结构做出阐释的不是一个精神分析学家，或者社会心理学家。阐释异化之意义的是字面意义上的呼喊，是某种词语—口误（mot-lapsus），而处在异化之中的并不是精神分裂症患者。对某些人来说，只是在病人之中玩牌就已经是很大一回事了，而处在异化之中的正是这些人。

问题：确实，不过当病人发出呼喊的时候，他就已经自我呈现了，即使他完全没看到主任……

加塔利：自我呈现（Présent à lui-même）！我完全不确定是否如此。他看到的也可能是只走过的猫或其他什么。在集体心理治疗中，迷失心智最严重的精神分裂症患者经常会说出关于你的私生活最难以置信的故事，说出那些你确信没有任何人知道的事，他们会以最直截了当的方式向你说出那些你认为非常隐秘的事实。这一点也不神秘。精神分裂症患者一下子就会得到这些信息，可以说他直接指向那些构建起集体之主体性统一体的隐秘勾连。他就在那儿，用引号来说，在"通灵"状态中，而那些凝聚在其逻辑、句法和自身利益中的个人对此则完全一无所知。

336

（胡新宇　译）

31. 什么是你特有的"欲望机器"？ *

　　《现代》的读者们会在这里发现一个奇特的文档。皮埃尔·贝尼舒(Piere Bénichou)陈述了他对受虐狂患者进行调查所得出的某些结果("真实的"受虐狂患者，他们经常要遭受惨重而血腥的治疗)。不过，就这一调查而言，他没有向受虐狂患者问讯，也没有让他们发言。不过，他们乐意发言。但是，当他们发言时，他们就进入了一种预形构的、预制的循环：他们的虚构与幻想的循环，甚至是一种精神分析的循环，如今所有人对这种精神分析具有一种有几分准确的观念，在这种循环中，每个人都事先隐隐约约地知道人们对他的期望，一旦被问及，他就会回以"俄狄浦斯"或"爸爸—妈妈"。对整个内在性的世界，我们深深地感到厌倦。

　　皮埃尔·贝尼舒以一种全然不同的三位一体(警察—妓女—顾客)来取代精神分析的三位一体(父亲—母亲—我)。他过早地断言这是一回事。而且，并非主体发言，并非精神分析学家可能为科学刊物撰稿，反而是主体不发言，没有权利发言；他只是书写，书写他的愿望和诉求，他悄悄地塞进了一张便条，上面写着他对上一个疗程的批评，对下一个疗程

---

　　* 此文系德勒兹为皮埃尔·贝尼舒的文章所撰写的导言，参见 Sainte Jackie, Comédienne et Bourreau, *les Temps Modernes*，n⁰ 316，novembre 1972，pp. 854 - 856。

的设想。对于这一问题,却是妓女、警察发言。皮埃尔·贝尼舒的调查给如今的精神分析提供了此种如此匮乏的东西:一种与外部的新型关系。

这就是我们对精神分析的关系所期望的一切:一种逆转、一种歪曲、一种极端的紧缩。受虐狂是通过契约形式表现的、典型的倒错,即便它属于这样一种契约,那就是这种契约每次都会被全然强悍的"主人"的反复无常或高傲威望所超越、所改变。(皮埃尔·贝尼舒制定了按月支付的、赋予顾客一定疗程的治疗方案)。在这一点上,就如同在精神分析中一样,契约采取了一种别处没有等价的形式:契约各方与契约所针对的对象之间不再存在可能性的区分。正如皮埃尔·贝尼舒所言,"确切地说,性变态(la déviation sexuelle)是一种直接关系得以建立的唯一领域。妓女不仅仅提供对象,她就是这种对象。鲜活的素材倾听、记录、应和、质询、决定,药品本身确定自己的剂量,轮盘选择自己的盘格——当然总是置于一旁的盘格。她全都看见了、全都听见了……并且一无所解?重要的是她讲述、知道其所谈论的、所'体验'的事情。"至于倒错的关系与精神分析的关系,到底谁歪曲了谁?

长久以来,精神病学是一门规范的学科,它以理性、权威与法的名义,并在一种与避难所和法院的双重关系中进行言说。然后作为解释性学科的精神分析到来了:疯狂、倒错、神经症,人们从内部来探求"本我的意思"是什么。如今我们要求新功能主义的种种权利:不仅探求本我的意思是什么,而且思考本我如何运行,本我如何发挥作用。好似欲望不想说任何东西,它倒是一种关于微型机器(欲望机器)的装配,这些机器总是处于一种与庞大的社会机器和技术机器的特殊关系之中。什么是你特有的"欲望机器"? 在一篇晦涩而优美的文本中,马克思祈求一种思考人类性征的必要性,不仅作为一种人类两性(男性与女性)的关系,而且作为一种"人类的性别与非人类的性别"之间的关系。[a] 他显然不考虑动物,而考虑那存在于人类性征之中的非人性因素:欲望机器。或许精神分析停留在一种有关性征的神人同形同性的观念,甚至处于它的有关幻想与梦的构想之中。像皮埃尔·贝尼舒这样一种典型的研究在呈现实在的受虐狂机器(还有偏执狂的机器、实在的精神分裂症的机器等)的同时开辟了这样一种功能主义的道路,或开辟了一种在人类之中进行"非人类的性别"分析的道路。

(董树宝　译)

339

---

a.　K. Marx, *Critique de la philosophie de l'Etat de Hegel*, in *Œuvres complètes*, IV, Paris, Gallimard, coll.,《Bibliothèque de la Pléiade》, pp. 182 -184.

32. 关于 H.M.的信*

　　监狱大部分被年轻人——"轻罪少年犯"——占据,他们有或者没有工作,失业,在任何意义上都处于社会边缘。如许多官员私下里承认的那样,他们在监狱无事可做:内容仍不为公众所知的阿帕扬(Arpaillanges)报告确认了这一点。[a]复核鉴定人(contre-expert)敢于对 H.M.说:"监狱不是你问题的解决办法。"人们或许会想问复核鉴定人,对于谁、相对什么问题监狱会是"解决办法"呢。在一个初次定罪后就被剥夺了任何逃脱机会的由警察、犯罪记录、监控组成的严密体系中,这些年轻人在被释放后很快就会回到监狱。定罪相继而来,将"不可救药"的标签贴在他们身上。

　　目前对于这些年轻人来说,界线通常存在于持续的自杀诱惑和在监狱中培植起来的某种特别的政治意识之间。对他们来说,重要的不是对社会或命运提出模糊而泛泛的控诉,更不是下定什么坚定的决心,相反,重要的是对那些

---

　　* Suicides dans les prisons en 1972, Paris, Gallimard, coll."Intolérable", 1973, pp. 38–40.这篇文章是德勒兹和达尼埃尔·德菲尔合写的,不过依照监狱信息小组的惯例,文章没有署名。达尼埃尔·德菲尔,社会学家,福柯的伴侣和监狱信息小组的联合创立者。参考《"犯人期待我们的是……"》一文的编者注。

　　a. 皮埃尔·阿帕扬(Pierre Arpaillanges),1969 年 6 月普列文组阁后在司法部担任刑事与赦免事务主任。他在 1972 年 6 月撰写了一份对监狱制度持激烈批评意见的报告(监狱运作的混乱,监室超员等等)。德勒兹和德费尔写作这篇文章时,报告仍未发表。1973 年,报告由法国政府发表。

个人化了的社会机制加以实际分析,后者不断地将他们推

向教养所、医院、兵营以及监狱。向家人、向朋友写信的欲望源于隔绝,它催生了一种新型的政治反思,后者倾向于抹消公共与个人、性与社会、集体情愿和个人生活方式之间的传统区分。在 H. M. 的很多信中,写作持续地发生变化,镇静片(Mandrax),"伟大的镇静片",并为在被拘押者心中涌动的互补或对立个性提供了证明,它们都加入到同一种"反思的努力"中。最终,自杀倾向占了上风;如果监狱医疗不只是监视的简单延续的话,情况或许会有不同。H. M.的信是示范性的,因为通过其心灵和思想的品质,它们直接说出了犯人之所思所想,而这和我们惯于相信的截然不同。

这些信不断重复各种顽念:写信给我,如果你知道你的片言只语对我意味着什么……贴上 30 法郎的邮票,没有必要把我们的钱给 P. 和 T.,我像猪一样写信,我的手受伤了,有人打碎了我的石膏绷带却没给我换上,"或许那些好人对我伤害最大",镇静片,我快疯了……自由(FREEDOM),把书给我,《反精神病学》(*L'Anti-Psychiatrie*),萨特的《圣热内》……这些信谈及各种逃离的渴望,生活的渴望。不是那种不可能的越狱,而是逃离那些将他们带回监狱的警察的圈套。逃到印度,那是在最后一次被捕前他想去的地方。像奎师那(Krisna)一样的精神逃离。或者在监狱里原地逃离,自我逃离,摆脱各种角色,以精神分裂者、反精神病学的方式逃离。以热内的方式逃离,当感觉到自己体内积聚的迫害感并且知道这种感觉是由过于真实的迫害引起时,重要的是"保持冷静(*cool*)"。集体逃离,其中"集体"与那些"只是模仿我们的法西斯社会的嬉皮微观社会"相对立。或者主动的逃

《荒岛》及其他文本:文本与访谈(1953—1974)
364

离,在政治意义上,如同杰克逊[b],其中人们一边逃离一边寻
找武器、一边进攻:"我没有律师,我不知道我会不会找一个,
因为我不想要一个只会哭诉哀求法庭宽恕的律师。我想要
一个会大声抗议和怒骂的律师……""我已经焦虑到了极
点,我不要求法庭的宽容,而要为不公平呐喊,我宣布警察的
腐败……我要离开了因为疯狂在守候着我,他们用这些文字
来压垮我……"如果其他任何选择都不可能,以自杀来逃离,
"我将等待我的判决,除非生活对我来说太过艰难、无法支撑
而我决定不再等待。这是我每时每刻都模糊地预感到的事
情,不过死和生一样难。我要躺下来继续读莱因的旧书,因
为显而易见,我今天没精神"(自杀前夜)。对监狱长和看守
来说,他们有很好的机会说,这只是"要挟、阅读不良读物和
伪装"。

　　H.M.是同性恋者。有人会认为在监狱里同性恋者的处
境会好些,因为所有人在监狱里都会变成同性恋。不过情况
正相反:在监狱里,人们最难"自然而然地"做同性恋者,他们
陷入侮辱、刁难和卖淫体系中,而管理者很乐意参与其中以
便在拘押者中做出划分。不过,H.M.知道如何让自己得到
其他被拘押者们的敬重和喜爱,并且从不隐藏他的同性恋倾
向。但恰恰是因为在一次争吵后监狱看守的密报,H.M.因
"现行犯罪"被投入单人牢房。我们应该自问出于什么权利,
监狱可以审判并惩罚同性恋者。
　　H.M.认为他们从未让他有喘息的机会。确实,严酷的

---

　　b.　乔治·杰克逊,一位美国黑人军人,被关押在圣昆丁州立监狱和索列德监
狱,1971 年 8 月 21 日被谋杀。德勒兹曾与监狱信息小组的成员在《乔治·杰克逊的
谋杀》(L'Assassinat de George Tackson)专号中合作,巴黎,伽里马出版社,"不可容
忍"("Intolérabe")丛书,1971 年。

惩罚接踵而至。即使在监狱中也存在着一个更隐秘、更怪诞也更让人难以忍受的监狱，"单人牢房"，而普列文的"改良"则小心地避开了这个话题。[c] 由此，在因入室盗窃未遂被判的刑期结束后，人们又将他拘押了四十五天（因未交诉讼费用），随后在释放前，H.M.又因监狱看守的控告被抓，后者将H.M.痛打一顿，却证明自己被 H.M.攻击。或者，在服药之后，在开始心理治疗之后，H.M.因其他病因（病毒性肝炎）留在医院。在医院里他被一个教唆者缠上，后者给他打电话，恳求他买几片鸦片，教唆者不断坚持并最终把 H.M.交给警察。为了警察数据和像《曙光》（*Aurore*）那样的反动刊物的评论，人们就这样将一个现或前药物服用者变成一个"可怕的毒贩"！当场逮捕，新的羁押，新的教唆罪，同性恋"现行犯罪"使他被投入单人牢房并在里面自杀。与此有关的不只是普遍意义上的社会体系及其社会排斥和判罚，而是有意识的、人格化了的教唆。社会体系通过这些教唆运作并确保其秩序，并通过它们制造排斥和判罚，后者与权力、警察和监管政治沆瀣一气。某些人士应为 H.M.的死负直接责任和个人责任。

（胡新宇　译）

---

c.　参考《"犯人期待我们的是……"》一文脚注 c。

33. 冷与热 *

　　画家的模型是商品。各种各样的商品：服饰，化妆品，婚礼装饰品，色情用品，食物。画家总是在他的画作中出现，黑色的侧影：看上去他在注视什么。画家与爱情，画家与死亡，画家与食物，画家与汽车：从一个模型到另一个模型，它们都被唯一的商品（Marchandise）模型所调节，后者和画家一起处于循环之中。每一幅画作都建立在一种居主导地位的色调之上，而画作构成一个系列。我们可以认为这个系列从《镉红》（*Rouge de cadmium*）开始，以《韦罗麦斯绿》（*Vert Véromèse*）作结，后者再现同一幅画作，只不过这一次被展示在商铺里，画家与他的画作自身变成了商品。或者，我们也可以想象系列的其它开端与结点。但不管怎么说，从一幅画到另一幅画，不只是画家在不同的商铺间徜徉，交换价值也处在不断的流通中。一次颜色的旅行，在每一幅画中色调的流动。

　　没有什么是中性的或被动的。而画家不想通过他的作品传达任何意味：既没有赞同也没有愤怒。这些颜色也不意

---

　　* 《弗罗芒热，画家与模型》（*Fromanger，le peintre et le modèle*），巴黎，Baudard Alvarez 出版社，1973 年（展览图录）。热拉尔·弗罗芒热（Gérard Fromanger），生于 1939 年，因在 1968 年学生运动中在巴黎的街头展示大幅造型艺术为人所知。不过德勒兹的这篇文章针对的是弗罗芒热从 1970 年代开始进行创作的单色作品。

指任何事物：绿色并不代表希望、黄色也并不代表忧伤、红色更不意味什么快乐或愉悦。只有热或者冷，热和冷。艺术的材料：弗罗芒热在绘画，而这也就是说，他让画作运作起来。艺术家—工程师的绘画—机器。文明之中的艺术家—工程师：他是如何使他的画作发挥功效的呢？

345　　报纸图片在手，画家已经标示出位置：街道，商店，人群。问题不在于捕捉某种艺术氛围，而是确认在交换价值不断流通的无差别系统中，一种不断延搁的急迫性，一种某事会在人们完全意想不到的地方发生的均等的可能性，比如肯尼迪被刺事件。新闻照片已经捕捉很多不具色彩的陈规图式，画家要做的就是选择他喜欢的那个图式。他会基于自己已经做出的另一种选择——从颜料管中流出的那种居主导地位的单一色彩——来挑出某张照片（这是互相激发的两种选择）。画家将照片投射到画布上，开始在投射的照片上画画。这个过程就如同编织挂毯。画家在黑暗中连续工作几个小时，而这种夜间的活动揭示出关于绘画的永恒真理：画家所面对的从来都不是一幅空白的画布，绘画也绝不是复制作为模型的客体。相反，他总是在既存的图像上绘画，后者是幻影（simulacrum），是对象的影子，这使得画布上的操作翻转了模型与摹本之间的关系，以至于既不存在模型也不存在摹本。摹本，摹本的摹本，被推向自己的反转点，由此创造了模型：波普艺术或者"超级现实"绘画。

　　由此，画家选择了某种颜色，它直接从颜料管中挤出，与它混合在一起的只有锌白。相对照片来说，这种色彩可以是热（暖）的，比如在《朱砂红》（*Rouge Chine vermillionné*）或者《贝叶紫》（*Violet de Bayeux*）中；它也可以是冷的，比如在《奥布松绿》（*Vert Aubusson*）或者《埃及紫》（*Violet d'Egypte*）中。画家从色彩最淡的区域（这也是白色调最为集中的区域)开始,在一种绝不允许任何色彩回落、色滴或色彩混融的上升中建构自己的画作。平涂色彩不可逆转的上升系列不断接近从颜料管中挤出的纯色,或者与这种纯色再次结合,这使得画作最终像是又回到那个颜料管中。

不过,这还没有说明绘画是如何运作的。因为一种颜色的热或冷仅仅定义了一种潜在性,而这种潜在性只能通过与其他颜色的关系才能实现。举例来说,某个从属色激发了照片中的一个特别部分,一个行人:从属色相比主导色来说并不仅仅是淡一点或者浓一点,它自身就是热的或者冷的,它能够加热或者冷却主导色。由此在画中,或者从一幅画到另一幅画,一种交换与传导回路被建立起来。我们可以观察一下《贝叶紫》以及它在热度上的上升:背景中的一个孩子被画成冷绿色,由此一来,作为一种对比,它开始加热那种潜在的暖紫色。但这还不足以让画作具有生命力。在前景中,被画成暖黄色的男人将激发或再度激发紫色,并且,在绿色作为某种中介起作用的情况下,它将实现紫色潜在的热度,使其超越并处在绿色之上。但现在绿色就被放在回路之外了,它被孤立起来,好像一下子耗尽了自己的潜能。在作为整体的画作中,它必须被保留,被重新插入到绘画之中,被再次激发并活跃起来。这是通过第三个人物完成的:在黄色之后的冷蓝色。在另外一些情况中,从属性的、循环着的颜色在同一个人物身上组织起来,将其划分成条块或弧形。同样,有时候,照片会在某一点上抵制自身被转化为治人造型(tableau civaut)。它会留下某种残余,比如在《贝叶紫》中,前景人物组合中的后面一个仍是未确定的。正是这个人物被涂成黑色,它具有同时向两个方向现实化的双重潜能;或者说,它既可以向冷蓝色也可以向暖红色"漂移"。如此,残余被再次插入到绘画之中,这使得画作可以通过照片或照片的参与开始运作,通过那些构成绘画的颜色运作。

我们还必须考虑一开始就在所有画作中存在的另一种要素,它从一幅画跳跃到另一幅画:在前景中的黑色画家。在黑暗中作画的画家自身就是黑色的:他的侧像巨大而厚实,身体的轮廓凸出,下颏饱满,扎起的头发就像是绳索。他在观察商品。他等待。但准确说来,黑色并不存在,黑色的画家也不存在。黑色也没有如暖色或冷色一样所具有的潜在性。它的潜在性是隐晦的,因为它既是暖的又是冷的:当被拉向蓝色的时候它是冷的,在被拉向红色的时候它是暖的。具有如此强大少量的黑色在画作中没有实在性,但它却发挥着极其重要的作用。无论是热还是冷,黑色都将成为主导颜色的对立面,或者与这种颜色相同,比如,重新对冷色进行加热。《奥布松绿》就是这样一个例子:黑色的画家注视着、爱着坐着的模特,一个已经死去且冰冷的绿色女人。即使已经死去,她仍是美丽的。但为了让她的死亡变得温暖起来,必须从其绿色中吸取出某种黄色的事物,而要做到这一点,必须添加蓝色以作为黄色的补充色。如此一来,黑色的画家被再次冷却,以便加热绿色的死亡。(同样,我们可以观察在《明镉红》[Rouge de cadmium clair]中,那对作为模特的年轻夫妇是如何被小心翼翼地画成象征死亡的骷髅头,而在《三月紫》[Violet de Mars]中,死去的沐浴的美女被画成高雅的吸血鬼,并与黑色的侧影处在变化的关系中。)总之,黑色的画家在画作中依据两个不同回路履行两种职能:作为偏执的、静止的、厚重的侧影,他使商品固定下来,而商品也固定着他;作为活动着的阴暗的精神分裂者,相对自身他不断地换位,他穿越了画作中热与冷的整个级度范围,加热冷色并冷却暖色:一次原地不动的永不完结的旅行。

画作与它形成的系列并不意指任何事物,它们只是在运作。这一运作至少包含四种要素（当然还有许多别的要素）：主导色不可逆转的上升级度在画作中勾划出一整个的联接（*connexions*）系统，这些联接被白色点标示出来；从属色的网络形成热与冷之间的分离（*disjonctions*），这是一种由变形、回应、倒转、推演、加热与冷却等构成的可逆转游戏；作为全局性的联合（*conjunction*），黑色画家在其自身内包含了分离要素，同时在画作中分配着联接要素；在必要时，照片的残余（*résidu*）会将逃逸的事物重新注入画作。一种奇异的生命循环着，一种生命力。

事实上，在画作中存在两个并存的回路，两者紧紧地纠缠在一起。首先是由一张或几张照片形成的回路，它作为商品——交换价值的流通——的支撑物起作用。因此，重要的是它重新使无区别元素运动起来。无区别发生在绘画的三个层次上——背景中的商品：爱情、死亡或者食物、裸露的或者穿着衣服的静物或者机器，商品对这些都不加区分；行人：他们或者是静止不动，或者只是悄悄走过，比如在《三月紫》中的蓝色男人或者绿色女人，或者是吃着东西在新婚夫妇面前走过的男人；前景中的黑色画家：他对商品或行人都不作任何区分。但或许不同的无差别元素处在互相映射、互相交换的状态中，由此使得这个回路如同某种宣告：这是一种什么事情出了差错的感觉，什么事情在扰乱着回路间表面上的平衡，每一事物都在绘画为它区隔开的深度中保守着某种秘密，商品、行人或画家莫不如此。这是死亡的回路：每一事物都在向坟墓进发，或者已经身处其中。而正是在无处不在的断裂点上，另一个回路被引入绘画之中，它占据并重新组织了画面，它将互不关联的前景或背景转换成盘旋上升的圆环，在这一圆环上，背景被带上前来，而各种元素在一种共时感应的系统之内互相激发。这是一个充满生机力量的回路，

348

与它的黑色太阳、它不断上升的色调和它放射性的热与冷一同出现。死亡的回路始终滋养着生命的回路,而后者则裹挟着前者以便将其克服。

　　向画家提问"您为什么绘画",这或许很难。这个问题毫无意义。我们不如这样来问:您是如何绘画的? 您的画作是如何运作的? 或者,我们突然问他:您想从绘画中得到什么呢? 设想弗罗芒热会这样回答:"我在黑暗中作画,而我所追求的是冷和热,我想从颜色中、通过颜色来获取热和冷。"一位厨师,或者一个吸毒者,同样也会追求冷和热。或许绘画对弗罗芒热来说就是他的食物,他的毒品。 热(*Hot*)和冷(*cool*):* 这正是我们能够从颜色中或其他任何事物中(写作,舞蹈,音乐,或者媒体)提取的事物。反过来,我们也可以从颜色中抽取其它的什么东西,而不管那是什么,抽取都不是一件容易事。所谓提取、抽取,意思是说操作永远无法独自完成。正如麦克卢汉所说[a],当媒介是热的时候,任何事物都是通过冷媒介来循环或传递的,而后者则控制了包括画家与模型、观赏者与画家以及模型与摹本在内每一种积极的互动。重要的事情在于热和冷之间不断的逆转,根据这种逆转热能够冷却冷而冷能加热热:这就像是用雪球来加热烤炉。

　　这种绘画的革命性何在呢? 或许存在于这一事实,即怨恨、悲伤、痛苦等这些陈词滥调的彻底缺席,而人们还在那些据说是其时代见证的所谓伟大画家中寻找这些恼人的破烂。所有那些法西斯主义的、虐待狂式的幻想使得画家看上去像是当代世界的尖锐批评者,而实际上他只是陶醉于自己私底下或那些赞助人的忿恨、抱怨。即使这样的绘画是抽象的,

349

* 原文为英文。——中译注。

　　a. M. McLuhan, *Pour comprendre les médias*, Paris, Mame-Seuil, 1968, pp. 39-50.

它同样陈腐不堪,感伤不已,令人厌倦。就像评论家们对画家所说的:"那些颜料管和波纹铁都太愚蠢了,矫揉造作,它们包含太多的自伤自怜和神经质般的空虚。"* 弗罗芒热则反其道而行之,他的画作中充满了生机和力量。或许这解释了为什么他不被内行看好,也解释了为什么他的作品卖不出去。他的绘画中充满了商店橱窗,他的侧影更是无处不在,可他并没有提供任何镜子以便我们的目光得以投射。弗罗芒热的绘画反抗所有那些肢解生命,将生命交付死亡与过去的幻想,即使后者以现代风格完成。与这些幻想针锋相对,他从死亡和过去的掌控中抽取出一种生命进程。模型的危害性,商品的诡计,行人不可避免的愚蠢,以及画家一旦变得具有政治性就会紧随而来的仇恨,甚至他自己对这些事物的仇恨,弗罗芒热对这一切都非常清楚。不过,他拒绝从那危害、诡计、丑陋与仇恨中创造某种自恋的镜像,就好像通过这种镜像他可以获得某种伪善的普遍和解,可以为他自己和这个世界换取某种同情。面对所有那些丑陋的、令人反感的、可憎而可恶的事物,他知道如何从中提取冷和热,后者创造了属于明天的生命。我们将不得不想象一场冷革命,以便加热这个已经过热的世界。这是超级现实主义(Hyper-réalisme)吗?如果它能从这令人抑郁的、压抑的现实中解放出某种"超—现实(plus de réalité)",如果这能为我们带来快乐,能引发一次爆炸,能引领一场革命,为什么不呢?弗罗芒热热爱那个死去的绿色的女人—商品,并且通过使自己的黑色变得更蓝一些赋予她生命。甚至,他或许同样热爱那个等待着,为了不知哪个主顾而悲痛着的紫色的胖女人。他热爱他画的一切事物。这种爱并没有假设任何抽象,也没有任何

---

* "评论家"原文为 garde-chasse,意为"猎场看护人"。——中译注。

认同而言，它呈现的是更多的提取操作、更强烈的提取力。如果我们想想革命者的行为在多大程度上被他对自己想要摧毁的那个世界的爱所支配，这一点也就不奇怪了。只有快乐的革命者才是真正的革命者，只有那些令人快乐的绘画在审美上和政治上才是革命性的。弗罗芒热实践着并且实现了劳伦斯关于绘画所说的那些话："对我来说，绘画是使人快乐的，否则就不是绘画。皮耶罗·德拉·弗朗切斯卡（Piero della Francesca）、索多马（Sodoma）和戈雅那些最为阴郁的画作散发着只有在真正的绘画中才能找到的那种无法描述的快乐。关于当代绘画作品中的丑陋，批评家们已经说了很多，可我却从没在一幅真正的绘画中发现什么丑陋。题材可以是丑陋的，它可以具有那种令人恐惧的性质，那种绝望的、几乎是令人反感的性质，就像埃尔·格列柯（El Greco）的某些作品。但所有这些都被绘画带来的快乐奇妙地一扫而空。没有任何一位艺术家，甚至是那些最为绝望的艺术家，在绘画时不曾体验形象的创造所带来的那种奇妙的乐趣。"[b] 这也就是说，图像在绘画中经历的变形，以及绘画在图像中引起的改变。

（胡新宇　译）

---

b. D. H. Lawrence, *Eros et les chiens*, Paris, Christian Bourgois éd., 1969, p. 195.

34. 游牧思想 *

　　如果想知道今天尼采意味着什么或正变成什么，我们很清楚应该问谁——那些正开始读尼采、发现尼采的年轻人。我们，我们已经太老了，至少对于在座的大部分人来说是如此。那么，今天的年轻人在尼采那里发现的是什么呢？这种发现和我这一代人以及之前的几代人在尼采那里所发现的肯定不同。如今，年轻的音乐家在他们的创作中感到自己被尼采影响，尽管他们做的完全不是某种尼采式的音乐、某种尼采可能会创作的音乐。为什么呢？为什么年轻的画家、电影制作人会认为自己的创作和尼采相关？发生了什么？也就是说，他们是如何接受了尼采的？从外部来说，必要时我们唯一能解释的就是尼采如何为自己、也为其现在和未来的读者要求某种误解（contresens）的权利。此外，这不是随便一种什么权利，因为它拥有自己隐秘的规则。我马上就会来解释这种特定的误解的权利。这种误解的权利使得问题并不在于对尼采做出评论，如我们会评论笛卡尔或黑格尔那样。我自问：今天谁是年轻的尼采主义者？是那些正准备以

---

　　* 收录于《今日尼采？第一卷：强度》（ *Nietzsche aujourd'hui？Tome 1: Intensités* ），巴黎，UGE 出版社，10/18，1973 年，第 159—174 页讨论（只保留了向德勒兹提出的问题），第 185—187 页以及第 189—190 页。"今日尼采？"研讨会于 1972 年 7 月在瑟里西-拉-萨尔（Cerisy-la-Salle）国际文化中心召开。

尼采为业的研究者吗？有可能。或者，是那些有意或者无意——这并不重要——在其行动、激情和体验中创作出某种独特的尼采式话语的人？这也有可能。据我所知，近来最优秀、最具尼采特色的作品之一是里夏尔·德赛（Richard Deshayes）写的《生存，这不是幸存》（*Vivre，c'est pas survivre*），这恰好是作者在一次示威游行过程中被手榴弹炸伤之前写的。[a] 以上两种情况或许并不互相排斥。或许我们可以先是对尼采做出论述，之后在自己的经验之流中创造那些尼采式的话语。

今天，尼采意味着什么？我们能感觉到，所有窥伺着我们的危险都隐藏在这个问题中。蛊惑性的危险（"和我们在一起的年轻人……"），家长作风的危险（为年轻的尼采读者提出建议……），之后最严重的，是那种可憎的综合之危险。尼采、弗洛伊德、马克思，我们将这三位一体视为现代文化的开端。在这样做的时候，我们事先就消解了这三位一体中每个人的爆炸性，但这无关紧要。马克思和弗洛伊德或许是我们文化的开端，但尼采完全是另一回事，尼采是反—文化的开端。很明显，现代社会并不是从符码（codes）出发开始运转的，它以其他事物为基础。不过，如果考虑到马克思主义或弗洛伊德学说的演变而不是马克思、弗洛伊德的本义，我们就会看到两者自相矛盾地被卷入某种再编码（recodage）的尝试之中：就马克思主义来说是国家的再编码（"国家让你陷入病态，国家治愈了你"，这不会是同一个国家），就弗洛伊德学说来说则是家庭的再编码（"因家庭身陷病态，通过家庭得到治愈"，这也不是同一个家庭）。确切地说，正是这两者在我们的文化初露端倪时将马克思主义和精神分析构建为两

---

a. 极左派高中生，在 1971 年的一次示威游行中被警察打伤。

种基本的官僚机构，其中一个是公共的，一个是私人的，而其目标则是勉强将不断浮现的被解码事物再次编码起来。与此相反，尼采的意义完全不在于此。他的问题存在于别处。对尼采来说，贯穿过去、现在和未来的所有编码，问题在于让某种不允许也不会允许自己被编码的事物流过。在新的身体上流过，发明新的身体以便事物能够在其上流过、流通：这将是我们的身体，大地之身体，写作之身体……

　　我们都很清楚编码所用的那些工具。不同的社会没有那么大的差异，它们可以使用的编码工具也只有那些。我们知道，法律、契约和机构建制（l'institution）就是三个首要工具。比如，我们在人们与书籍保持或曾保持的关系中就能清楚地看到这三种工具。首先，存在着法律关系中的书籍，读者与书的关系因法律而建立、保持；此外，我们还特别地将它们称之为法典，或圣书；其次，还有另一类书建立在契约、建立在资产阶级的契约关系之上。这类书是世俗文学或书籍销售关系的基础：我买你的书，你让我有什么东西可读——这种契约关系将作者、出版社和读者等所有人都囊括在内。最后，还有第三种书，政治书籍，最好具有革命性，它呈现为机构建制性的书籍，或者是当下的机构或者是未来的机构。在这三种书籍之间存在着各种各样的混合：被视为神圣读物的契约类书籍或机构建制类书籍，等等。各种编码都如此呈现出来，或互相掩盖，以至我们能在一种编码中发现另一种编码。或者，我们也可以举另外一个完全不同的例子，即疯狂。对疯狂加以编码的尝试以三种形式表现出来。首先是法律形式，亦即精神病院，疯人院等等——这是一种镇压式的编码，是监禁。作为拯救的最后希望，古老的监禁在未来会再次被采用，而疯人则会说："那些把我们关起来的日子真是好时光，因为现在，情况要糟得多。"其次，精神分析带来的冲击是不可想象的：据说，有些人会逃避存在于医学中的资产阶级契约关系，而这些人则是疯人，因为他们不能成为契约关系的主体，他们在法律上是"无行为能力的"（incapables）。弗洛伊德的天才之处在于让一部分精神病人，也就是说，在该词最广泛的意义上，让神经症患者（les névrosés）进入契约关系，并向我们阐明我们能够和他们建立某种独特的契约（由此就把催眠术［l'hypnose］排除在外）。弗洛伊德是第一个将此前一直被排除在外的资产阶级契约关系引入精神病学的人，最终来说，这也是精神分析的创新之处。最后还有更晚近的一些尝试，后者的政治意涵以及不时出现的政治野心昭然若揭，这就是所谓机构建制尝试。我们在这里再次发现了编码的三重手段：或者是通过法律，如果不是法律的话就是契约关系，最后，还有机构建制。我们的官僚体制正是在这些编码手段之上衍生开来。

面对我们的社会被解码的方式，其中各种编码四处流溢，尼采并没有尝试做再编码。他说道：解码走得还不够远，你们还只是孩子（"欧洲人的均等化是如今不可阻挡的宏大进程：我们应该进一步加速它"）。在其写作和思考中，尼采追求的是一种解码，后者不是相对的，并建立在对过去、现在和未来的编码进行辨读的基础之上，相反，这是一种绝对的解码——释放那无法被编码的事物，搅乱所有编码。即便是在最简单的写作风格层面上、在语言层面上，搅乱所有编码也不是一件易事。在这一点上，我想与尼采相似的只有卡夫卡。因其作为布拉格犹太人所处的语言环境，卡夫卡对德语做出类似的处理：他在德语中安装了一部反对德语的战争机器；借助于不确定性和节制，卡夫卡在德语符号之下释放出某种此前人们闻所未闻的事物。相比德国人，尼采将自己视为或情愿做一个波兰人。他把德语紧握在手，以便安装一部战争机器，后者能够释放某种在德语中无法被编码的事物。这就是所谓"风格即政治"。更一般地说，这样一种思想的努力是由什么构成的呢？因为拒绝，它让自己的流在法律之下通过，因其否认，流在契约关系之下通过，最后，凭借滑稽模仿，流在机构建制之下通过。让我们暂时先回到精神分析的例子上来。为什么如梅兰妮·克莱因（Melanie Klein）这样一位如此具有原创性的精神分析学家却仍停留在精神分析体系之中呢？她自己已经说得很明白：她向我们阐述的部分对象（les objects partiels）及其爆裂、熔流等等，都只是幻觉。病人为我们带来那些真实经历了的体验，那些强烈的体验，而梅兰妮·克莱因却将它们解释为幻觉。在这里就存在着一种契约，一种典型的契约：告诉我你的真实体验，我会把它们还原为幻觉。契约意味着一种金钱和话语的交换。在这一点上，像温尼科特（Winnicott）这样的精神分析学家则确实处在精神分析的极限处，因为他感到这种方法在某一时刻已经不适用。在某一时刻，用幻觉来说明，用能指或所指来解释已经不够了，问题不在于此。在某一时刻，我们不得不去分担，将自己放置在与病人相同的处境之下，深入病人的处境并分享他的体验。这会是某种同情、同感或认同吗？即便如此，情况也要更为复杂。我们感到的毋宁说是一种既非法律，亦非契约，更不是机构建制的关系之必要性。和尼采的关系同样如此。我们阅读尼采的格言或是《查拉斯图特拉》中的一首诗，但无论在内容上还是在形式上，这些文本都不能通过法律的建立或应用，也不能凭借契约关系的商定，更不能借助机构的创立得到理解。我们唯一能够想象到的等同物，或许就是某种"同舟共度"（être embarqué avec）。某种帕斯卡式的事物被翻转来反对帕斯卡。我们上船了：某条美杜莎式的救生筏，炸弹落在船的四周，而船则漂向冰结的地

355

下河道,或者漂向酷热的河流,漂向奥里诺科河,漂向亚马孙河,大家一起划船,而我们也不必互相喜欢,我们会彼此争斗,我们会互相吞食。一起划船,这就是分享、分享什么,在所有法律、契约和机构之外。某种漂流,漂流或"解辖域化"运动:我说的太含糊、太混乱了,因为就尼采著述的原创性来说,这里涉及的只是某种假设或某种模糊的印象。一种新型的书。

那么,尼采格言的特点又是什么呢,以至于让我们产生了这样的印象?第一个特点莫里斯·布朗肖已在其《无限的交谈》(L'Entretien infini)中予以特别的阐明,这就是与外部(le dehors)的关系。[b] 确实,随便翻开尼采的一本著作,这将是我们第一次不再穿行于内在性(intériorité)之中,无论是灵魂或意识的内在性,还是本质或概念的内在性。事实上,这种内在性一直作为哲学的原则发挥作用。塑造哲学之风格的,正是与外部的关系,但这种关系总是已经被某种内在性调解,并消解于内在性中。与此相反,尼采则将思想和写作建立在某种与外部的直接关系之上。一幅特别优美的绘画或素描,这意味着什么?首先存在着某种框架。一条格言同样也处在框架之中。那么,处在框架之中的事物是从什么时候开始变得优美的呢?我们会认识并感觉到运动,感知到被框起来的线来自于别处,它不是从框架的端点处开始的。正是从这一时刻起,一切变得优美起来。线条从框架的上方或侧面而来,并穿越了框架。如同在戈达尔的电影中,我们是借助(avec)墙壁进行绘画的。框架远非对图画表面的界定,情况几乎相反,框架是把事物放置在与外部的直接关系之中。不过,严格地说,使思想朝向外部,这是哲学家从未做到

---

b.　M. Blanchot, *L'Entretien infini*, Paris, Galliamard, 1969, p. 227 et s.

的事情,即便是在他们谈论漫步或纯净的空气时。为了使思想直接、即时地朝向外部,光谈论纯净的空气、谈论外部性是远远不够的。

"他们的出现就像命运一样,没有原因,没有理性,没有顾虑,没有借口;他们的到来如同闪电一般,太可怕,太突然,太使人信服,太'非同寻常',甚至于都不能仇恨他们。"这正是尼采在论及国家的缔造者,"这些目光冷酷的艺术家"时写下的著名段落(《论道德的谱系》,第二章第十七节)。* 或者,这是创作了《中国长城修建时》的卡夫卡?"我不明白,他们怎么能长驱直入,一下子就到了我们这离边界很远的京城。一句话,他们就是来了,而且人数似乎与日俱增。⋯⋯和游牧人交谈是不可能的。他们不懂我们的语言。⋯⋯他们的马也吃肉。"c 好!我的意思是这些文章被来自外部的运动贯穿,这运动不是从书页里或之前的段落而来,它也没有被系牢在书的框架之中,它和表象之想象性的运动或概念的抽象运动完全不同,如这些运动通常会发生在词语之间和读者头脑中的那样。有什么事物跳出书本之外,并与纯粹的外部发生关联。我认为,这就是之前我所说的,就尼采全部著作来说特有的那种误解权。格言是力量的游戏,是永远彼此外在的力量所处的某种状态。格言并不想说出什么,也不意指什么,它既没有能指也没有所指。所有这些只会在文本中重建内在性。格言是力量状态,而其中最终的状态亦即最晚近、最现时同时也是临时的——最后的(la provisoire-ultime)状态永远是最具外在性的(la plus extérieure)。尼采说的很清

---

* 上引文中译参考《论道德的谱系·善恶之彼岸》,谢地坤等译,漓江出版社,2000年,第62页。——中译注。

c. F. Kafka, *La Muraille de Chine et autres récits*, Paris, Gallimard, 1950, coll. «Du Monde entier», pp. 95 – 96.(中译参考《卡夫卡文集》(增订版),第三卷,高年生主编,作家出版社,2011年,第229—230页。——中译注)

楚：如果你想知道我说了什么，那么就去寻找那赋予我所说事物某种意义——必要时，是某种新的意义——的力量吧。将文本导向这种力量。就此来说，问题根本不是对尼采做出阐释，相反，问题仅仅在于机器制造（machination）：将尼采的著作视为机器（machiner），寻找使之能够释放（*fait passer*）什么、释放能量流的实际存在的外部力量。在这方面，我们会遇到所有那些具有某种法西斯主义或反犹主义回响的尼采文本所带来的问题……而既然我们谈的是今日的尼采，我们必须认识到，尼采激发并仍在继续激发那些年轻的法西斯主义者。曾经有段时间，重要的正是去展示尼采是如何被法西斯主义者利用、挪用并完全曲解的。这在《无头》（Acéphale）杂志以及让·华尔、巴塔耶和克洛索夫斯基等人的著述中得到了最好体现。不过现在，这一点已经不成为问题。我们不应该再在文本层面上展开战斗。这当然不是因为我们做不到这一点，而是因为这种战斗已经毫无益处。相反，问题在于发现、确定，并与那些赋予尼采某句话一种解放意义、外部意义的外部力量相融合。尼采的革命性特点这一问题只能在方法层面上提出：正是方法创作出文本，而面对后者，我们不应该再问"这是法西斯主义的吗？这是资产阶级的吗？这是革命性的吗？"等等，因为尼采的文本是一种外部性场域（champ d'extériorité），其中法西斯主义、资产阶级和革命等各种力量互相对峙。而如果我们如此提出问题，那么必定与尼采的方法相一致的答案将是：寻找那些革命性的力量（超人是谁？）。（在尼采的文本中）永远存在着一种对来自外部的新力量的召唤，后者在格言的框架内穿越并对尼采的文本进行了再切割。这就是合法的误解：将格言视为等待着新力量的某种现象，这力量会"吸引"（subjuguer）它，使之运转或者使之爆炸。

格言不仅是与外部的关系，它的第二个特点在于，它是与强度性(l'intensif)的关系。不过这是一回事。克洛索夫斯基和利奥塔已经完美地展示了这一点。我刚刚谈到"体验状态"(états vécus)，在我看来，这些状态不能被转译为表象或幻觉，也不能被转换为法律、契约或机构的编码，我们更不能使之货币化，相反，我们应该将其视为流(flux)，它总是可以带我们走得更远，通向外部。这些"体验状态"就是强度，就是各种各样强度的量。体验状态不是主体性的，或并不必定是主体性的。它同样也不是个体性的。体验状态是流，是对流的切割，因为每个强度的量必定与其他强度的量相关并使某物流过。流处在编码之下并逃避编码，而编码想要转译、转换和货币化的也正是这些流。尼采在其对强度的书写中告诉我们的正是：不要用表象来交换强度。强度既不指向作为事物之表象的能指，也不指向作为词语之表象的所指。那么，作为解码的能动者和对象，它的坚实性在哪里呢？这正是尼采思想中最神秘的部分。强度与专名相关，而后者既不是事物(或人)的表象，也不是词语的表象。或集体或个人，前苏格拉底派，罗马人，犹太人，耶稣基督，反基督，恺撒，波吉亚(Borgia)，查拉图斯特拉，所有这些在尼采文本中反复出现的专名都既不是所指也不是能指，而是对强度的指定，它们就存在于大地、书籍乃至尼采本人感觉不适的身体之上：*历史上所有的名字，都是我……*(tous les noms de l'histoire, c'est moi...)在这里存在着某种游牧主义，存在着由专名指定的强度量不停歇的迁移，强度量会彼此渗透，同时在一具完满的身体之上被体验到。强度量会流动地铭写在身体之上，专名也会具有一种运动着的外部性，只有在与这两者的关联中，强度量才能被我们体验到，而正是因此，专名永远是一副面具，是操作者(opérateur)的面具。

359

第三点,是格言与幽默和反讽的关系。阅读尼采而不发笑,不大笑或经常笑、甚至有时狂笑的人不算是读过尼采。这一点不仅对尼采来说如此,对所有那些确切来说构成我们的反—文化之地平线的作者都千真万确。最能说明我们堕落和颓败的,正是我们觉得需要体验到焦虑、孤独、罪恶感,体验到交流的惨痛,而所有这些都是内在性的悲剧。不过,即便是马克斯·布罗德(Max Brod)也曾向我们讲述,卡夫卡在朗读《审判》时,听众是如何狂笑不止的。同样,阅读贝克特时不发笑也很难,这种阅读就同如从一个愉悦的时刻跳跃到另一个愉悦时刻。笑,而不是意指。伟大的著作传递的正是这种笑—分裂(rire-schizo)或革命性的愉悦,而不是我们可怜的自恋主义的焦虑或可怖的罪恶感。我们可以将之称为“超人的喜剧”或“上帝的小丑”:伟大的著作永远都散发着这种不可描述的愉悦,即便它们谈论的是丑陋的、令人绝望或恐怖的事情。所有伟大的著作都已完成转换,并创造了属于明天的健康。在搅乱编码时不发笑是不可能的。如果你将思想置于与外部的关系中,这些狄奥尼索斯式的笑就会发生,而这正是自由空气中的思想。尼采经常发现自己面对着某种让他厌恶、恶心、无耻的事物,不过,这一切都让他发笑,如果可能,他还想着能不能在此之上再添上点什么。他会说:再加把劲,这还不够恶心,或者,这让人作呕的事物真是太美妙了,这是奇迹,是杰作,是有毒的花,最终,“人终于变得有趣起来”。举例来说,这正是尼采对他所谓“内疚意识”(mauvaise conscience)的思考和处理方式。哎!总是有那些黑格尔主义的评论者,内在性的评论者,他们完全没有幽默感。他们说:你看,尼采完全是严肃认真地对待内疚意识的,他使内疚意识成为精神性生成—本质的一个契机。而关于尼采对精神性的处理,他们则略而不谈,因为他们感到了危险。因此,我们看到尼采赋予我们合法误解的权力,不过同样也存在着完全不合法的误解,后者用严肃精神、沉重的精神,用查拉图斯特拉的模仿者来解释一切。换句话说,就是用对内在性的崇敬解释一切。尼采那里的笑永远指向幽默和反讽的外部运动,而这种运动正是强度、强度量的运动。克洛索夫斯基和利奥塔的著作为我们展示的正是这些强度和强度量的运动:在低强度量和高强度量之间存在着一种游戏,一者在另一者之中,而低强度量能够削减最高的强度量并由此变得比后者更高,反之亦然。正是强度等级之间的这种游戏主导了尼采那里反讽的飞升和幽默的回落,并发展为与外部之关联中体验的坚实性或特质。格言是笑和愉悦的纯粹质料。如果在格言中找不到让人发笑的事物,也不理解幽默和反讽的分布,更对强度的划分一无所知,那我们就什么也没发现。

还有最后一点。回到《论道德的谱系》这部伟大的著作,关于国家以及帝国的创建者,尼采曾写道:"他们的出现就像命运一样,没有原因,没有理性,没有顾虑,没有借口……"d 我们在这里能找到所谓亚洲式的生产者。在原始村落共同体的基础上,独裁者建造了他的帝国机器。连同组织大型工程并攫取剩余劳动的官僚体制和管理体制,这个帝国机器会对一切进行超编码(surcode)("凡是他们出现的地方,就有新东西,就有一个活生生的统治结构,这个结构中的各个部分和功能相互区分却又相互关联……")。不过,我们可以探讨这篇论文是否将两种在其他方面互相区分的力量连为一体——对卡夫卡来说,这两种力量在《中国长城修建时》中是区分开甚至对立的。因为一旦我们开始质询原始的片段式

---

d. *La Généalogie de la morale*,II,§17.

共同体是如何被其他统治形态取代的——这正是尼采在《论
道德的谱系》第二章中提出的问题,那么我们就会看到存在
两种严格相关却完全不同的现象。确实,在其核心处,村落
共同体被独裁者的官僚机器连同其抄写员、教士和官吏等占
据、固定,不过,在边缘地带,这些共同体进入另一种冒险,另
一种游牧性的统一体,进入游牧战争机器之中,并自我解码
而不是被超编码。整个部落出发,游牧:考古学家让我们惯
于相信游牧主义并不是初始状态,而是定居部落之后的一种
冒险,外部的召唤,一种运动。游牧者和他的战争机器对立
于独裁者和他的统治机器,外在的游牧统一体对立于内在的
独裁统一体。不过,两者是如此地彼此相关或互补,以至于
独裁者的问题在于整合游牧战争机器并使之内在化,而游牧
者的问题则在于为被征服的帝国发明一种管理体制。即便
在互相混合的时候,两者也没有停止对立。

哲学话语(discours)诞生于帝国的统一体,后者经历了
众多化身,这些化身把我们从帝国的构建带到希腊的城邦。
即便是在希腊的城邦中,哲学话语仍与独裁者或独裁者的阴
影,与帝国主义,与对事物和人的管理保持着一种本质关联
(我们可以在列奥·施特劳斯与科耶夫关于暴政的书中找到
各种各样的证据[e])。哲学话语始终处于与法律、机构和契约
的本质关系中,后者正是统治者(le Souverain)的问题,并贯
穿从独裁体系到民主体制的定居历史。"能指",这正是独裁
者的最后一个哲学化身。不过,如果说尼采不属于哲学,这
或许正是因为,他是第一位构想另一种作为反—哲学的话语
的人。这也就是说,一种首先是游牧性的话语,其中陈述

---

e.　L. Strauss, *De la tyrannie*, suivi de *Tyrannie et sagesse* par Kojève, Paris, Gallimard, rééd. 1997.

纯粹理性的办事员，相反，陈述是由运动着的战争机器生产的。或许正是在这种意义上，尼采宣示某种新的政治由他而生（这也正是克洛索夫斯基所谓反对自己所属阶级的阴谋）。我们很清楚，在我们的社会体制中游牧者很不幸：我们会采取一切手段使其"安稳"下来，他们活得很艰难。尼采活得也像这些默默无闻的游牧者中的一员，在不同的寄宿处漂泊。不过另一方面，游牧者并不一定就是不断迁徙的人：还存在着原地不动的旅程，强度上的旅行，甚至，即便是在历史上，游牧者也不是如移民那样迁徙的人，相反，他们并不迁徙，他们开始游牧只是为了留在同一个地方，并逃避所有编码。我们都很清楚，今天的革命问题正在于寻找局部斗争的统一体，同时，不要陷入政党或国家机构的独裁和官僚组织之中：一部与国家机构毫无关涉的战争机器，处在与外部（le Dehors）之关联中的游牧性统一体，后者与独裁的内部统一体丝毫无涉。尼采最深刻的意义或许正在于此，如同格言所显示的那样，一种与哲学的断裂：尼采使思想成为一部战争机器，成为一种游牧的力量。而即便旅程是静止的，即使它原地发生，不可感知，出乎意料，不为人知，我们仍要询问：谁是我们今天的游牧者，谁是真正的尼采主义者？

讨论

安德烈·弗莱舍（André Flécheux）：我想知道（德勒兹）是如何对待解构之经济的，也就是说，从经验主义和外部出发，满足于对每条格言都有一种单子式的阅读。我想知道德勒兹对此做何感想。从一种海德格尔主义的视角来看，这似 363

乎很不现实。"已经在那儿"这个问题建构起语言,它是一个既成的结构,如您所说,"独裁者",我想知道这个问题是否允许我们将尼采的写作理解为某种不规律的阅读,后者自身属于一种不规律的写作,而尼采则对自己展开一种他所谓的自动批评。目前的版本将尼采呈现为一位风格的不同寻常的实践者,相对这种风格来说,每一条格言都不是一个封闭的系统,相反,它被包含在一整个参照结构中。您思想中这种摆脱了解构的外部的地位似乎可以和利奥塔那里能量所处的地位联系起来。

我的第二个问题和第一个问题相互衔接:在一个国家组织或资本主义组织时代,或者无论您想叫它什么,存在着某种最终来说海德格尔所谓技术的合理化的挑战,那么,您是否真的相信如您所描述的游牧主义构成了一种严肃的回应?

吉尔·德勒兹:如果我没理解错的话,您的意思是有理由怀疑我对海德格尔视角的忠诚。对此我感到很高兴。至于文本解构方法,我知道那是什么意思,也很钦佩,不过这和我的方法毫不相关。我从不将自己视为文本的评论者。对我来说,文本只是文本外实践的一个小齿轮。问题并不在于借助解构方法或文本实践方法或其他什么方法来评论文本,问题在于弄清后者在文本外实践中能用来做什么,正是这种实践扩展了文本。您问我是否相信游牧者能成为一种回应。是的,我相信。成吉思汗确实是位了不起的人物。那么,他能从过去回返到现在吗?我不知道,无论如何那也会是以另一种形式。独裁者将游牧战争机器内在化,同样,资本主义社会也在不断地将某种革命战争机器内在化。新的游牧者并不是在边缘产生的(因为已经没有边缘)。我想知道的是,我们的社会能造就怎样的游牧者,即便是静止的、原地不动的游牧者也好。

安德烈·弗莱舍:是的,但您在发言中已经排除了你所谓的内在性……

吉尔·德勒兹:您这是在拿"内在性"这个词玩文字游戏……

安德烈·弗莱舍:内心旅行?

吉尔·德勒兹:我说的是"静止的旅行"。这不是内心旅行,这是身体之上的旅行,必要时是集体身体上的旅行。

米克·塔特(Mieke Taat):吉尔·德勒兹,如果我没理解错的话,你把笑、幽默和反讽与内疚意识对立起来。你是否同意,卡夫卡、贝克特和尼采的笑并没有排除这些作家的哭泣,只要他们的泪水不是来自某种内部或内在化了的源头,而只是身体表面之上流的生产……?

吉尔·德勒兹:您这么说当然有道理。

米克·塔特:还有另外一个问题。当您把幽默和反讽与内疚意识对立起来时,您没有区分幽默和反讽本身,如您在《意义的逻辑》(Logigue dusens)中所做的那样。在《意义的逻辑》中,幽默是表面而反讽则是深度。您不担心反讽会很危险地接近内疚意识吗?

吉尔·德勒兹:我的观点已发生改变。我已经完全不再关心表面—深度的对立。现在让我感兴趣的,是完满的身体、没有器官的身体与流经其上的流之间的关系。

米克·塔特:那么,怨恨不会被排除吧?

吉尔·德勒兹:哦,当然会被排除!

(胡新宇　译)

35. 关于资本主义与欲望[*]

　　《现时》：在描述资本主义制度时，你们写道："资本主义机器的精神错乱及其合理性的病理学特征展现在最细微的操作、最微小的工业或金融机械装置中（资本主义机器的合理性完全不是虚假的，相反，它是这种病理、这种精神错乱真正的合理性，因为机器在运转，这点确定无疑）。它根本没有变得疯狂的危险，从一个极限到另一个极限，它从一开始就是疯狂的，而其合理性正是从此而来。"这是否意味着在这个"不正常"社会之后，或者在其外部，能够存在某种"正常"社会？

　　吉尔·德勒兹：我们不用"正常"、"不正常"这样的术语。所有社会都既是理性的，也是非理性的。按照其机械装置、齿轮、接合系统，甚至它为非理性规定的位置，社会必定是理性的。不过所有这些都预设着编码或公理，后者不是偶然的产物，也并不具有某种内在的合理性。这和神学中的情况差不多：如果我们接受了罪、接受了无沾成胎和道成肉身，那么一切就完全是合理的了。理性永远是非理性中裁剪出的一

---

　　* 题目为编者所拟。原文《吉尔·德勒兹，菲利克斯·加塔利》收录于米歇尔-安托万·比尔尼耶（Michel-Antoine Burnier）所编《不早了》（*C'est demain la veille*），巴黎，瑟耶出版社，1973 年，第 139—161 页。这次访谈最初出版于《现时》（*Actuel*）杂志，米歇尔-安托万·比尔尼耶是该杂志发行人之一。

部分。这完全不是说理性受到非理性的庇护,相反,理性领域被非理性穿透,并仅仅通过非理性因素之间的某种特定关系得到定义。在所有理性的深处,我们都能找到谵妄和偏离(la dérive)。除了资本或资本主义之外,一切在资本主义体系中都是合理的。证券交易机制完全是合理的,我们能够理解它、学习它,资本家知道如何利用它,不过它同样也是完全狂热的,它是荒唐的。正是在这种意义上我们说:理性永远是非理性的合理性。在马克思的《资本论》中有一点大家没能很好指出来,亦即马克思在何等程度上为资本主义机制着迷,而这正是因为它既荒唐又运作良好。那么,在一个社会中什么是合理的呢? 利益在社会框架内得以明确之后,合理的就是人们追逐利益、追求其实现的方式。不过即便在这里同样存在着欲望和欲望的投注,后者不能和利益的投注混淆起来,而且,甚至利益的确定和分配也依赖于欲望:构成社会之谵妄的正是这庞大的流,各种各样性欲——无意识的流。真正的历史是欲望的历史,资本家和当前技术官僚的欲望方式和奴隶买卖者或古代中国文员的欲望方式完全不同。在某一社会中人们会欲求针对别人和自己的压迫,同时,永远有人要纠缠别人并且有可能、有"权"这么做,正是这些事例让我们看到性欲望和社会场域之间存在着深刻的关联。对压迫机器"无私的"爱:尼采曾向我们完美地展示了奴隶的这种永久的胜利,展示了乖戾尖刻的人、消沉抑郁的人和愚蠢虚弱的人如何向我们强加他们自己的生活方式。

《现时》:确切地说,在所有这些事物中,什么是资本主义体制特有的呢?

吉尔·德勒兹:或许,是谵妄和利益或欲望和理性在资本主义体制中全新的、特别"不正常的"分配方式? 我认为就是如此。货币,货币——资本,我们只能在精神病学中才能找

366

《荒岛》及其他文本:文本与访谈(1953—1974)

到同等程度的疯狂：这就是所谓最终状态。情况很复杂，不过我们可以揭示一个细节。在其他社会中同样存在着剥削，存在着丑闻和秘密，不过后者是"编码"的一部分，甚至，还有那些明确无疑就是隐秘的编码。在资本主义社会中，情况则完全不同：至少从原则上说并且依据编码，没有任何事物是隐秘的（正是因此，资本主义体制才是"民主的"，并倚仗其"公开性"，甚至是法律意义上的"公开性"）。不过，没有任何事物是可以公开承认的（*avouable*）。合法性本身就是无法公开承认的。与其他社会相反，资本主义制度既公开又不可告人。这是货币制度特有的，这是一种完全独特的谵妄。看看现在我们所谓的丑闻：报纸杂志对之大加鼓噪，每个人都假装为自己辩护或者攻击别人，不过就资本主义制度的本质来说，在这些丑闻中寻找不合法事物完全是徒劳的。沙邦（Chaban）的税单，* 房地产操作，政治压力集团以及更一般地说资本的经济和金融机制，除了一些细微过失之外，所有这些大体上都是合法的；更有甚者，所有这些事物都是公开的，只是没有任何事物可以公开承认（*rien n'est avouable*）。如果说左派"有道理"，他们只满足于对经济和金融机制做庸俗化处理。没有必要把私人事务公开，人们满足于承认那些已经公开的事物。我们身处一种在精神病院中找不到任何对等物的精神错乱之中。取而代之，人们对我们大谈特谈"意识形态"，但意识形态一点也不重要：重要的不是意识形态，甚至也不是"经济—意识形态"之间的区分或对立，而是权力的组织（*l'organisation de pouvoir*），因为正是权力的组

---

* 雅克·沙邦-戴尔马（Jacques Chaban-Delmas）（1915—2000）是法国乔治·蓬皮杜时期的总理（1969—1972）。因其社会政策被视为太"进步"，此外和蓬皮杜总统潜在的冲突，为政敌所指责。讽刺报纸《鸭鸣报》（*Le Canard Enchaîné*）指责他在1972年通过逃税破坏法律。沙邦-戴尔马只好在议会举行信任投票并获得通过，但蓬皮杜总统仍设法迫使他辞职。——中译注。

织使得欲望已经存在于经济之中,其中性欲望投注经济、缠绕着经济,并滋生压迫的政治形式。

《现时》:意识形态是假象?

吉尔·德勒兹:完全不是如此。说"意识形态是假象",这仍是一个传统命题。我们把经济等严肃事物、把底层结构放在一边,之后把上层建筑放在另一边,而意识形态则是上层建筑的一部分,最后我们再把欲望现象驱逐到意识形态之中。正是因为这种处理方式,我们完全看不到欲望如何在底层结构中运作,看不到欲望如何对底层结构投注并成为其一部分,也看不到欲望如何组织权力,看不到压迫体系是如何组织起来的。我们说的并不是"意识形态是假象"(或者说,意识形态概念规定了某些幻觉)。我们说的是:不存在意识形态,这是一个虚假的概念。正因为这一点,意识形态概念才和法国共产党、和正统马克思主义如此合拍。马克思主义非常重视意识形态主题,而这正是为了更好地掩盖在苏联发生的事:压迫权力新的组织。没有意识形态,只有权力的组织,而权力的组织就是欲望和经济底层结构的统一体。我们可以举两个例子来加以说明。首先是教育:1968 年的五月运动中的左派分子想要教授们作为资产阶级意识形态的代理人展开自我批评,这浪费了大把时间。这很愚蠢,并且正好迎合了教授们的受虐冲动。针对考试的斗争被放弃了,以便展开辩论或反意识形态的大规模公开忏悔。在这段时间里,那些最顽固的教授毫不费力地重新组织了自己的权力。教育问题不是意识形态问题,而是权力组织问题:教育权力的独特性展现为某种意识形态,不过这纯粹是幻觉。初等教育中的权力,这意味着什么,它实施在所有儿童的身上。第二个例子:基督教。如果我们将其视为意识形态的话,教会组织完全能够接受。教会可以对之加以讨论,而正是这一点促生基督教全体教会合一运动(l'oecuménisme)。不过基督教从来不是一种意识形态,相反,它是一种非常独特、非常具有原创性的对权力的组织。自罗马帝国和中世纪以来,这一权力组织展现出各种各样的形式,并且能够发明一种国际权力观念。这具有与意识形态完全不一样的重要性。

菲利克斯·加塔利:在传统政治结构中情况也同样如此。陈旧的诡计随处可见:一般集会中的大型意识形态辩论,而(权力)组织问题则留给专门的委员会。后者像是第二位的,并且取决于不同的政治抉择。不过,真正的问题正是组织问题,它没有被明确表达出来,也没有被合理化,它只是随后被投射在意识形态话语中。真正的区分正是在这里产生:对欲望和权力、对投注、对集体中的俄狄浦斯和"超我"、对(性欲)反常现象等等的处理……之后,政治对立被建立起来:个体选择一个选项而不是另一个,因为在组织和权力平面上,他已经做出选择,并憎恨他的对手。

369   《现时》:你们对苏联或资本主义总的分析令人信服,不过在细节上呢?如果说所有的意识形态对立实际上都掩盖了欲望的冲突,那么,你们又如何解释比如三个托洛斯基主义小派别之间的分歧呢?这里涉及的又是何种欲望冲突呢?在政治口角之外,面对其激进分子,每个派别看上去都在履行同样的职能:一种给人以安全感的等级架构,一个社会小环境的构建,对世界的一种确定性阐释……在这里面我看不到什么区别。

菲利克斯·加塔利:如果认识到所有与既存派别的相似性都只是偶然的,我们就能想象,其中一个派别首先是通过对第三国际创建以来共产主义左派牢固立场的忠诚得到定义的。这完全就是一个公理体系,甚至在音位学层面——说特定词的方式,与之伴随的姿势——也是如此,之后是组织结构,对与盟友、中间派、敌手之间保持的关系的设想……这些可以和俄狄浦斯情结化的某种特定形象对应起来,这是一个不可触犯的、使人安心的宇宙,就像那些强迫症患者,一旦我们改变某个熟悉物体的位置,他就会完全丧失行动的参照。通过与复现的这些形象和图像的认同,重要的是达到某种斯大林主义的效力——当然,除意识形态以外。在其他方面,人们守护着方法的普遍框架,不过他们也愿意适应环境:"同志们,我们要看到,如果说敌人还一样,形势已经发生了变化。"由此,这就是一个更为开放的小团体。这是一种妥协:人们是在将其完全保留的情况下划掉了初始图像,并在其中注入其他观念。会议和培训越来越多,外部干预也是如此。在欲望着的意愿中,如扎齐(Zazie)所说,存在着某种骚扰学生的特定方式,而在其他方面则存在一种骚扰激进分子的特定方式。

涉及问题的本质,所有这些团体大体上说的都是同样的事儿。不过,在风格(*style*)上,他们则是根本对立的,这涉及对领袖、对宣传的定义,同时,也涉及对激进分子的纪律、忠诚、谦逊和苦行的构想。不在社会机器的欲望经济中深入钻研的话,我们该如何分析这些两极性呢?从无政府主义者到毛主义者,其差异非常大,无论在政治上还是从分析层面上来说都是如此。在小团体成员缩减了的少数人之外,不算那些不太清楚如何在左派冲动、工会行动的诱惑力、造反、观望或冷漠之间做决定的大部分人……我们应该对这些抹除欲望的机器亦即小团体的作用、对这石磨和筛子的操作做出描述。或者被社会体系摧毁,或者,融入这些小教堂预设的框架,这是一种两难困境。在这种意义上,1968 年五月运动就是一个出人意料的启示。欲望的力量达到如此一种加速,以至于粉碎了这些小团体。后者随即又被恢复,并和其他镇压

370

力量如法国总工会(CGT)、法国共产党(PC)、法国共和国保安队(CRS)或埃德加·富尔(Edgar Faure)等一起加入到秩序的重建中。我说这个不是为了扮演煽动者的角色。当然，激进分子们英勇地和警察对抗。不过，如果我们离开利益斗争范围开始考虑欲望的职能，那么我们就应该认识到，特定小团体的干部是在一种遏制的精神中接近年轻人的：抑制被解放的欲望以便对其加以疏导。

《现时》：什么是被解放的欲望？我能够理解这种欲望如何在个体或小集体层面上表现出来：艺术创造，或者打碎窗户，烧毁一切，或者更简单地，集体淫乱或是在一种无动于衷的怠惰中萎靡不振。但然后呢？在社会团体层面上，被集体解放的欲望又会是什么呢？你们能提供一些明确的例子吗？和"社会整体"(«l'ensemble de la société»)相对，这种欲望又意味着什么？如果你们不像米歇尔·福柯那样拒绝这个概念的话。

菲利克斯·加塔利：我们已经举了在其最关键、最激烈的一种状态中的欲望作为参考，这就是精神分裂症患者。并且，是能够生产什么的精神分裂症患者，区别于(au-déla ou en déça)被药物和社会惩治拘禁、打压的精神分裂症患者……在我们看来，某些精神分裂症患者直接表现出对欲望的自由译码。不过，如何设想欲望经济的集体形式呢？肯定不是局部地来设想。我很难想象一个在弹压式社会的各种流之间维持不变的小的解放团体，就像相继获得自由的个体的叠加。反之，如果欲望构成在其整体中的社会肌理本身、包括其再生产机制，那么，某种解放运动就能够"结晶"在社会整体中。在 1968 年 5 月，局部冲突的闪光、动荡被剧烈地传播遍布社会的整体，其中包括那些或远或近和革命运动毫无关系的群体：医生、律师或是杂货店主。当然，是利益使他们卷入其中，不过，这是在运动爆发的一个月后。我们正接近这种类型的爆发，更为强烈的爆发。

《现时》：在节日、杀戮、战争或革命日等短暂时段之外，历史上曾有过欲望强有力而又持久的解放吗？或者，你们相信历史的终结吗？在几千年的异化之后，社会进化一下子投入一场最后的革命，并将从此解放欲望？

菲利克斯·加塔利：两者都不是。既不是确定的历史的终结，也不是暂时的放纵。各种文明、各个时期都曾认识到历史的终结，它并不必定令人信服，也不必然是解放性的。至于放纵和节庆时刻，这同样并不让人安心。有些忧虑的社会革命激进分子觉得自己有责任，他们说，是的，"在革命的第一阶段"存在着放纵，不过我们还有第二个阶段，还有组织、运作等严肃的事情……不过，在节庆的短暂时刻，不存在被解放的欲望。我们可以看看《现代》杂志关于毛主义者的那一期中福柯和维克多ᵃ的讨论。[①] 维克多赞成放纵，不过只是在"第一阶段"。至于其他的那些严肃事物，维克多倚仗一种新的国家机关，新的规范，倚仗带有审判席的人民法庭，人民大众的外部权威以及适合调解人民矛盾的第三当事人。我们在这里找到的永远是陈旧的套路：能够完成综合、并形成如同国家机关雏形的政党的准先头部队被脱离出来，而受过良好教育和训练的工人阶级则被抽取出来，至于其他的，就是残余物，是值得怀疑的流氓无产阶级（*lumpen proletariat*）（永远是对欲望最陈腐不堪的谴责）。不过这些区分本身就是以某种方式捕获欲望，以便某种官僚架构得以形成。福柯以否定第三当事人作为回应，并且指出，人民法

372

---

a. 皮埃尔·维克多（Pierre Victor）是本尼·莱维（Benny Levy）的化名，当时是无产阶级左派（la Gauche prolétarienne，后被宣布为非法）的领导人。

① 参考《现代》（*Les Temps modernes*），"新的法西斯主义，新的民主"（«Nouveau Fascisme, Nouvelle Démocratie»），第 310 号乙，1972 年 6 月，第 355—366 页。

庭即使存在也不是通过什么派系起作用的。他清楚地说明，
"前卫部队—无产阶级—没有被无产阶级化的游民"这种区
分首先就是由资产阶级引入人民大众之中的，资产阶级利用
这种区分正是为了摧毁欲望现象，为了使欲望边缘化
（marginaliser）。全部问题都在于国家机关。指望政党或国
家机关来解放欲望是难以想象的。要求某种更公平的法庭，
这就如同要求更优秀的法官、警察和雇主，要求更本真的法
国等等。在这一点上别人对我们说：如何能在不借助政党的
前提下将局部斗争联合起来呢？如何在没有国家机关的条
件下让机器运作起来？革命需要战争机器，这是确定无疑
的，不过后者不是国家机关。同样确定的是，革命也需要分
析性的决策机关，需要分析大众的欲望，不过，这不是一种外
部的综合机关。被解放的欲望，它的意思是欲望从个体私人
的幻想中逃离出来：我们不应该调整、社会化或规训欲望，相
反，我们应该引导欲望以至于它的进程不会在社会机体中被
阻断，同时，使它能够生产集体表述。重要的不是专制的联
合，而是某种趋向于无限的分撒：学校中的欲望、工厂中的欲
望、兵营中的欲望、托儿所中的欲望、监狱里的欲望等等。重
要的不是掌管并将欲望总体化，而是将它导向同一个翻转的
平面。只要我们仍然停留在无政府主义无能的自发性和政
党组织的官僚与等级式编码之间，就没有欲望的解放。

《现时》：可不可以说，在其一开始，资本主义还是能够承
担社会欲望的？

吉尔·德勒兹：当然，资本主义曾是并且一直是一部了
不起的欲望机器。货币流、生产方式流、劳动力流、新市场
流，所有这些都是欲望在流动。我们只要考虑一下在资本主
义的起源处所有那些偶然性的集合，就能看到资本主义在何
373　等程度上和欲望相交叉，而它的底层结构、它的经济同样和

欲望现象不可分离。同样还有法西斯主义，法西斯主义也"承担了社会欲望"，其中包括压迫和死亡欲望。人们为希特勒、为运转良好的法西斯主义机器欢欣鼓舞。不过，如果你的问题意思是：资本主义一开始是不是革命性的，工业革命是否曾与某种社会革命重合；那么在我看来，答案就是否定的。从其诞生之日起，资本主义就和一种野蛮的压迫联系起来，它很快就拥有了自己的权力组织和国家机关。确实，资本主义意味着此前符码和权力的解体，不过，在旧体制的缺陷中，它已经建立起自身权力的齿轮，其中包括国家机关。它永远如此：谈不上有什么变革；甚至在某种社会形态建立之前，它的剥削与压迫工具就已经在那，在空洞中运转，不过已经准备好全速运行。第一批资本家就如同等待着的猎鸟，他们在等待与劳动力的相遇，后者从对旧体制的逃离中而来。这就是我们所谓原始积累的全部意义所在。

《现时》：和你们相反，我认为上升资产阶级从启蒙世纪以来就一直在想象并为自己的革命做准备了。从他们自身视角来看，资产阶级是"彻头彻尾革命性"的阶级，因为他们推翻了古代体制，并且走向了权力之巅。无论在农民和工人阶级中发生了什么类似运动，资产阶级革命是由资产阶级发动的革命——这两个词语完全不可区分——而如果以 19 或 20 世纪社会主义乌托邦的名义来评判资产阶级革命，这无异于凭借时代错乱引入一个根本不存在的范畴。

吉尔·德勒兹：在这里你所说的，仍然是某种特定的马克思主义的纲领。在历史上的某一时刻，资产阶级曾是革命性的，甚至这是有必要的，我们有必要经过资本主义阶段，经过资产阶级革命阶段。这是斯大林主义，不过这并不可靠。当某种社会形态被抽空并在各个方向上逃离自身，各种事物都被解码，各种不可控制的流开始流动，比如，封建欧洲农民

374

的流动,各种"解辖域化"现象。资产阶级施加了一种新的经济的和政治的符码,以至于我们可能相信他们曾是革命性的。但事情完全不是如此。关于 1789 年的革命,达尼埃尔·介朗(Daniel Guérin)曾作出深刻的论述。[b] 资产阶级从未弄错它真正的敌人,它真正的敌人并不是旧体系,而是逃离旧体系掌控的事物,而它为自己提出的任务就是再次控制这些事物。就它本身而言,资本主义的力量要归功于古老体制的瓦解,不过,它只能在将所有古老体系的革命者都视为敌人的情况下,才能够施展这种力量。资产阶级从来都不是革命性的。它让革命为自己发生。它操纵、疏导并压制了一种伟大的人民欲望的冲动。人民在瓦尔米(Valmy)走向自身的死亡。

《现时》:毫无疑问,他们在凡尔登(Verdun)也走向了自身的死亡。

菲利克斯·加塔利:正是如此,而这正是我们感兴趣的事物。这些发作(poussées)、这些征募(levées)、这些热情是从哪来的? 我们无法通过社会合理性来解释,而一旦发生,它们就已经偏向并被权力捕获。我们无法通过对实际利益的简单分析来理解革命形势。1903 年,俄国社会民主党就结盟、就无产阶级组织和先锋部队的角色等问题展开讨论。可是突然间,就在社会民主党宣称为革命做准备时,1905 年的事件打乱了它的计划,使它不得不中途加入。这正是在社会层面上欲望的结晶,而其情势的基础则仍然不为人知。1917 年也同样如此。政治家同样再一次中途加入,并最终掌控了局势。不过,没有任何一种革命倾向能够或者愿意承

b.   D. Guérin, *La Révolution française et nous*, Paris, F. Maspero, rééd. 1976. 亦参见 *La Lutte des classes sous la Première République: 1793—1797*, Paris, Gallimard, rééd. 1968.

担某种苏维埃组织的需要,后者将使大众能现实地对自己的利益和欲望负责。人们让机器亦即所谓政治组织流通起来,后者运作在共产国际第七次代表大会上迪米特罗夫(Dimitrov)提出的模型之上——人民阵线和宗派主义倒退之间的交替——并且总是带来同样的镇压后果。我们在 375 1936年、1945年和1968年看到的情况同样如此。据其公理体系本身,这些大众机器就拒绝释放革命能量。不为人知地,这是一种可以和共和国总统或神甫长相提并论的政治,只不过是红旗在手。在我们看来,这与面对欲望的某种特别立场相对应,和一种隐藏着的对自我、个人和家庭的思考方式相对应。这里存在某种非常简单的两难困境:或者,我们达到某种新型结构,后者能够最终导向集体欲望与革命组织的融合;或者,我们沿着现有势头继续前进,从压迫走向压迫,最终通向某种法西斯主义,而和这种法西斯主义相比,希特勒和墨索里尼显得就像是儿戏。

《现时》:那么,这种深刻而又基本的欲望的本质是什么呢?我们看到这种欲望构成了人和社会的人,并且总是被背叛。为什么它总是投注于与它相对立却又相似的主导性机器中呢?是不是说这种欲望注定通向纯粹的、没有未来的爆炸,或者永恒的背叛?我还是坚持己见:被解放欲望的集体和持久表达在历史上某一美好的日子能够出现吗?如果可能,又将如何出现?

吉尔·德勒兹:如果知道答案,我们就不会在这里讨论了,我们会去做。不管怎样,菲利克斯刚才也说了:革命组织应是战争机器而不是国家机关,是对欲望的分析程序而不是外部的综合。在任何社会系统中都有各种逃逸线(lignes de fuite)存在,同样也有阻止逃逸的僵化作用存在,此外(这不是一回事)还有那些只是初具雏形的机关,处于仍在准备中的新体系,它们会整合、偏转、捕捉这些逃逸线。十字军东征就应该这一视角出发进行分析。不过,在所有这些方面,资本主义体系具有某种非常独特的特点:对它来说,逃逸线不只是伴随着它的难题,相反,逃逸线还是它得以运作的条件。资本主义体系建立在所有流的普遍解码之上,财富流、劳动力流、语言流、艺术流等等。它并没有创造某种新的符码,相反,以其经济为基础,它构建了某种共容性,某种被解码流的公理体系。它将逃逸点连接起来,并继续向前出发。它总是拓展自身的极限,并总是处于需要在新的极限处堵塞新的逃逸的局面中。它没有解决任何自身的基本问题,它甚至无法预见一个国家在一年内货币的增量。它不断跨越自己总是出现在更远处的极限。与它特有的生产、它的社会生活、它的人口分布及其第三世界的边缘地带,其内部区域等相比,资本主义体系总是使自己陷入惊慌失措的处境之中。逃逸无处不在,它总是从资本主义被移置了的极限处再生。或许,革命逃逸(这是杰克逊所谈到的积极的逃逸:"我不断逃逸,不过在逃逸过程中,我寻找新的武器……")和其他类型的逃逸如精神分裂逃逸、毒品逃逸等完全不是一回事。[c] 不过,这正是边缘群体所面对的问题:让所有逃逸线都在革命平面上联接起来。因此,在资本主义体系中逃逸线拥有某种新的特点,同样,也存在着新型的革命潜能。所以你看,还是有希望的。

《现时》:你刚才提到了十字军东征。对于你们来说,十字军东征是西方历史上集体精神分裂的最初展现之一……

菲利克斯·加塔利:实际上,十字军东征是一次不同寻常的精神分裂运动。突然之间,在一个已经是教会分立的动

---

c.　关于 G. 杰克逊,参考《关于 H.M.的信》一文脚注 b。

荡时期,成千上万的人受够了自己过的生活,自发的传道者奋起反抗,整个村庄的人们发动起来。只是在后来,惊慌的罗马教廷才尝试赋予运动以目的,并尽力使之与圣地联系起来。这么做具有双重优势:摆脱游荡的团伙并巩固被土耳其人威胁的近东地区的基督教基础。不过这并不总是奏效:威尼斯人的东征最终到达君士坦丁堡,儿童十字军东征则转向法国南部,并很快丧失了号召力。这些十字军儿童"战士"占领并烧毁了整个城市,最终被常规军摧毁;他们像奴隶一样被屠杀、贩卖……

《现时》:这和当代运动能类比起来吗? 那些为了逃离工厂和办公室而自发形成的小团体和旅行? 此外,有什么教皇能领导这些运动吗? 耶稣—革命?

菲利克斯·加塔利:基督教来插手控制是不可设想的。在某种程度上这正是美国的现实,在欧洲或法国则要缓和得多。不过,我们能够逃避生产并构建某一置身事外的小集体,就好像我们没有被资本主义体系打上烙印、牢牢掌控,这种观念已经以自然主义趋向的形式隐隐地再次得到复兴。

《现时》:在像我们一样的国家中,你们又赋予教会什么角色呢? 直到 18 世纪,教会在西方社会中一直处于权力的中心,直到民族国家的兴盛,它一直构成社会机器的纽带和结构。如今在被技术官僚主义剥夺了这种本质职能之后,看上去教会同样被导向偏离,丧失了锚点并处于分裂之中。我们可以询问,相比某些特定政治组织,被天主教激进主义潮流裹挟的教会是否变得更不具有教派主义倾向。

菲利克斯·加塔利:那么,基督教全体教会合一运动又是怎么回事? 这难道不是以某种方式顺利地摆脱其困境吗? 教会从未如此有影响力。我们没有任何理由将教会和技术官僚主义对立起来,因为还有教会的技术官僚主义。从历史上说,基督教和实证主义永远都是和睦相处。实证科学的发展有其基督教的动力。我们不能说精神病科医生已经取代了神甫,我们也不能说警察取代了神甫。永远有人想要我们所有人都陷入压迫之中。基督教中过时的是它的意识形态,而不是它的权力组织。

《现时》:就此,我们正好来到你们著作的另一方面:对精神病学的批判。能不能说在地方上法国已经被精神病学实行分区控制,此外,这种控制又延伸到何种程度?

378　　菲利克斯·加塔利:精神病医院的结构本质上是国家的,而精神病科医生则是公务员。国家长期以来一直满足于强制政策,并且在差不多一个世纪里什么也没干。直到二战解放之后才产生了某种担忧:第一次精神病学的革命,医院的开放,免费服务,机构精神病学治疗。所有这些都导向地方政治宏大的乌托邦,后者主要在于限制入院治疗者的数量,并将精神病科医生团队派往大众内部,如同偏僻地区的传教士。因为没有信誉和意愿,改革陷入困境:为官方视察开展的模范服务,或者这里那里在最不发达地区的几处精神病院。我们正迈向一场重大的危机,一场程度堪比大学危机的危机,发生在各个层面上的灾难:装备、人员构成、治疗手段等等。

相反,对儿童的机构性分区控制则更好地开展起来。这方面的创举在于避开了国家框架及其资助,并回归各种类型的联合会,儿童保障或者家长联合会……各种机构蓬勃发展,并得到社会保险的补助。心理学家的网络直接对儿童负责,从三岁起开始登记,并且此后终生受保障。就成人精神病学来说,我们也要期待这样的解决方案。面对目前困局,国家尝试使(精神病)机构非国有化,以便使它们让位于那些受 1901 年法律经管的机构,但毫无疑问,这些机构同样受到政治权力和反动家庭团队的操纵。如果当前的危机没有释放其革命潜能,那么我们确实正迈向对法国的精神病学分区控制。最保守的意识形态到处蔓延,俄狄浦斯主义概念平庸乏味的转换。在为儿童设立的机构中,人们叫主管"爸爸",叫护士"妈妈"。甚至,我曾听到这种类型的区别:游戏集体突出母性原则,而(儿童)作坊则强调父性原则。地方的精神病学具有某种激进气息,因为它开放医院。不过,如果这只是再次实行分区控制,我们很快就会怀念此前关闭着的精神病院。这就如同精神分析:它在自由的空气中运作,不过作为惩治力量,这种运作更加糟糕,也更为危险。

吉尔·德勒兹:这有一个例子。一位妇女来就诊,她解379释自己服用安定药。她想要一瓶水。接着她说:"你知道,我是有文化的,我做过研究,我很喜欢阅读,不过此刻,我却以哭泣度日。我受不了地铁……之后我一读点什么就会哭……我看电视,我看到越南的影像:我受不了……"医生没说什么。这位妇女接着说:"我曾参加抵抗运动……不是全身心投入,我做通信工作。"医生要求妇女解释。"你不理解吗,医生? 我去咖啡馆,然后问道,比如,有要交给勒内(René)的东西吗? 然后就会有人交给我要转达的信……"医生听到了"勒内",他突然像醒过来一样:"为什么你会说勒内?"这是他第一次介入进来,提出问题,而在此之前这位妇女已经谈到地铁、广岛、越南以及所有这些事情在她身体上造成的后果,所有这些都让她想要哭泣。但医生只是简单地问:"哎呀哎呀勒内……勒内会让你想起什么呢?""René,谁重生(re-né)了?"* 重生? 抵抗运动对医生来说没有任何意

---

　　* 这里所谓"重生"(re-né)是医生对女病人所提到人名"勒内"(René)的拆解。——中译注。

义，不过重生……我们陷入到普遍图式之中，原型："您想要重生。"医生终于回归他惯常的论证环路，他强迫病人诉说自己的爸爸和妈妈。

这就是我们这本书的一个本质方面，并且非常具体。精神病科医生和精神分析师从未对谵妄予以关注。其实，只要聆听谵妄的人就足够了：让他忧虑的是俄国人、中国人，我不再分泌唾液了，地铁里有人骚扰我，细菌和精子到处蠢动……这是弗朗哥、犹太人、毛主义者的错：完全是社会场域之谵妄。这怎么会不涉及主体的性欲，涉及他和中国人、白人、黑人等观念之间的关系呢？怎么会不涉及和不同文明、十字军东征、地铁的关系？精神病科医生和精神分析师什么也没听到，他们严阵以待，因为他们根本无法招架。他们用预先制造好的基本陈述抹除了无意识的内容："您向我谈到中国人，你的爸爸是中国人？——不，他不是中国人。——那么，你有一个中国情人？"这就如同安吉拉·戴维斯（Angela Davis）案件中法官的判决，后者向我们担保："她在恋爱，只有这才能解释她的行为。"不过，如果相反，安吉拉·戴维斯的性欲本身是一种社会的、革命的性欲，那又怎么说呢？如果她正是因为革命才恋爱的呢？

这就是我们想要对精神病科医生和精神分析师说的：你们不懂什么是谵妄，你们什么都不理解。如果我们的书有什么意义，这正是因为很多人终于感到精神分析机器运转不起来了，一代人开始厌烦那些万能的图式——俄狄浦斯情结和阉割，想象与象征——它们系统地抹除了所有精神困扰中的社会、政治和文化内容。

《现时》：你们将精神分裂症和资本主义联系起来，这甚至是你们著作的基础。在其他社会中有精神分裂病例吗？

菲利克斯·加塔利：精神分裂症和资本主义体系不可分

割,后者自身就被设想为一种首要的逃逸:一种排他性的疾病。在其他社会,逃逸和边缘性拥有其他层面。在所谓的原始社会,不适应社会生活的人并没有被关起来。监狱和精神病院都是晚近的观念。我们驱赶他们,他们被放逐在村庄的边缘并死在那里,除非他们能融入临近的村庄。此外,每个社会体系都有自己独特的疾病:所谓原始社会中的歇斯底里,宏大帝国中的抑郁躁狂症……资本主义经济通过解码和解辖域化运作:它有自己独特的疾病,这就是精神分裂症,后者被最大限度地解码、解辖域化,不过,资本主义经济也有其极端的后果,这就是革命者。

(胡新宇　译)

　36. 关于精神分析的五个命题[*]

　　我想提出和精神分析相关的五个命题。我的第一个命题如下：今天的精神分析表现出某种特别的它自身独有的政治危害，并和陈旧的精神病院包含的危险区别开来。精神病院构成局部化了的禁闭场所，而精神分析则相反，它运作在自由的空气中。可以说，精神分析师占据着如马克思那里封建社会中商人所占据的地位：他在社会自由的毛孔中发挥职能，不仅是在私人诊所层面上，而且是在学校、机构、分区化等层面上。相对精神分析产业，这种运作使我们陷入某种独特的处境中。事实是，精神分析向我们讲了很多关于无意识的内容，但以某种特定方式，这永远是为了将其还原、摧毁、驱除，无意识被设想为如同意识中的某种寄生物。可以说，对精神分析师来说，欲望永远太多了。弗洛伊德将儿童构想为正在表现出来的多形性性欲倒错者，这为上述说法提供了证明：欲望永远太多了。与此相反，对我们来说，欲望永远都

---

　　* 从意大利语翻译而来。« Relazione di Gilles Deleuze » et discussion *in* Armando Verdiglione, ed., *Psicanalisi e Politica*：*Atti del Convegno di studi tenuto a Milano l'8 -9 maggio 1973*, Milan, Feltrinelli, 1973, pp. 7 - 11, 17 - 21, 37 - 40, 44 - 45, 169 - 172. 出于内容明晰性的考虑，我们对讨论中提出的问题做了重新表达和删节。这次研讨会的文本以一种相当不同的形式重新收录于德勒兹和加塔利主编的《政治与精神分析》（*Politique et psychanalyse*, Alençon, Des mots perdus, 1977），读者可以参考《疯癫的两种政体及其他文本》（*DRF*）中收录的《关于精神分析的四个命题》。

不够。问题并不在于借助一种或另一种方法将无意识还原，对我们来说，问题在于生产无意识：并不存在一个已经在那儿的无意识，无意识必须被生产出来，并且，它必须被政治地、社会地、历史地生产出来。问题是：在什么地方、在什么条件下、借助什么事件能够有无意识的生产？所谓无意识的生产，在我们看来它和历史社会场域中无意识的生产或某种新型的陈述和表述的出现完全是一回事。

我的第二个命题是，精神分析是一架完全制造好的机器，它事先就被构建起来以阻止人们说话，阻止人们生产与自身相对应的陈述，后者也对应于那些人们觉得意气相投的团体。一旦开始被分析，我们就感觉到要说话。不过这完全是枉费言辞，整个分析机器被制造出来就是为了废除某种真正的表述得以产生的条件。无论我们说什么，都会被卷入某种漩涡，卷入阐释机器之中，病人永远无法企及他真正想说的东西。欲望或谵妄（两者完全是一回事），欲望—谵妄本质上是对整个历史场域、整个社会场域的性欲投注。我们所谵妄的，是阶级、人民、种族、大众、种群。不过，精神分析却利用既存的符码力图实现某种抹除。这种符码是由俄狄浦斯情结、阉割和家庭小说组成的；谵妄最隐秘的内容，亦即社会和历史场域的偏移（dérive）被抹除，以致没有任何一种对应于无意识人口密度（peuplement）的谵妄性陈述能够被分析机器接纳。我们认为，精神分裂症患者和家庭、和自己的父母无关，相反，精神分裂症涉及的是不同的人民、人口和部落。我们认为，无意识无关生殖或家庭谱系，相反，它事关世界人口，而正是所有这一切被分析机器毁灭。我只举两个例子：首先是史瑞伯法官的著名病例，其中谵妄完全表现在种族、历史和战争之中，而弗洛伊德对这些事物则不加分析，并将史瑞伯法官的谵妄排他性地约简到他和他父亲的关系上

《荒岛》及其他文本：文本与访谈（1953—1974）

来。另一个例子是狼人（homme aux loups）：在狼人梦到六或七只狼的情况下，这毫无疑问是一个种群，并和某种集体相关，不过弗洛伊德想到的只是削减这个多元体，并使之重新导向唯一一只狼，而后者必定是狼人的父亲。* 狼人的谵妄中包含的所有性欲集体表述都被抹除：狼人不再能维持、更无法形成任何对他来说最为深刻的陈述。

我的第三个命题是，如果说精神分析如此行事，那么这是因为它支配着一部阐释的自动机器。阐释机器或许可以用如下方式概括：无论我们说的是什么，我们所说的事物总是意味着其他事物。这些机器制造的损害还没有被足够地揭示出来。当人们向我解释我所说的事情意味着我所说事情之外的什么，就在这里就已经产生了作为主体的自我的分裂。我们都很熟悉这种分裂：我所说的事物指向作为陈述主体（sujet d'énoncé）的自我，而我想要说的事物则指向（在我与分析师的关系中）作为表述主体（sujet d'énonciation）的自我。精神分析师自己将这种分裂理解为阉割的基础，由此阻止了任何陈述的生产。举例来说，在某些为具有心理障碍、性格障碍以至于患有精神疾病的儿童所设立的学校中，在学习或游戏活动中，孩子和他的老师被放在一块，由此，他被视为陈述主体；而在精神治疗中，他被放置在和精神分析师或治疗师的关系中来考虑，由此，他被视为表述主体。无论在学习或游戏层面他在集体中做了什么，后者总是要请更高权威亦即精神治疗师裁断，只有精神治疗师才是唯一一个负责阐释的人，由此以致孩子自己陷入分裂，他无法再做出任何在其社会关系中或在他所属的集体中与他现实相关的陈述。

————————

* 关于这一病例，参考《狼人的故事：弗洛伊德心理治疗案例三种》，李韵译，上海社会科学院出版社，2007 年。——中译注。

他想要说话,不过关于那些本质上触动他的事物,他说不出一个词来。事实上,在我们每一个人中生产陈述的并不是作为主体的我们,而完全是另外的事物,是多元体,是大众和种群、不同的人民和部落。这些集体装配(les agencements collectifs)穿越了我们,它们在我们内部,但我们意识不到它们,因为它们是我们的无意识本身的一部分。真正的分析、反——精神分析的分析的任务正是发现陈述的这些集体装配,这些集体性的关联,发现各个不同的人民,它们就在我们之中并促使我们说话,正是从它们出发,我们才生产出表述。384 正是在这种意义上,我们将整个实验场域——或个人或集体的实验之场域——和精神分析的阐释活动对立起来。

为抓紧时间,我的第四个命题是,精神分析意味着某种非常独特的力量关系。卡斯特尔(Castel)最近的书《精神分析主义》(*Le Psychanalysme*)[a] 很好地论证了这一点。这种力量关系通过契约这种特别可怕的自由资产阶级形式发挥作用。它通向"移情"(transfert),并以精神分析师的沉默为顶点,因为精神分析师的沉默是最有影响力也是最糟糕的阐释。精神分析中只有很少数量的集体陈述,后者是与阉割、缺失和家庭等相关的资本主义本身的集体陈述,而精神分析则试图将这些资本主义特有的很少数量的集体陈述渗透到病人本身的个体表述之中。在我们看来,我们应该反其道而行之,也就是说从真正的个体陈述出发,为人们创造生产自己的个体表述的条件,其中包括物质条件,以便发现生产这些表述的真正的集体装配。

我的最后一个命题是,从我们这一方面说,我们不想参与任何处于马克思-弗洛伊德视野中的尝试,这有两个原因。

---

a.　R. Castel, *Le psychanalysme*, Paris, F. Maspero, 1973.

《荒岛》及其他文本:文本与访谈(1953—1974)
411

首先,马克思—弗洛伊德主义尝试最终来说一般通过向源头的回返进行,也就是说回到神圣的文本,弗洛伊德神圣的文本,马克思神圣的文本。我们的出发点则完全不同:不是致力于我们或多或少要对其加以诠释的神圣文本,而是投入如其所是的形势本身,马克思主义和精神分析中官僚主义机构的形势,我们试图颠覆这些机构。通过两种不同方式,马克思主义和精神分析以某种记忆、一种记忆文化的名义发声,同样,它们也通过两种不同方式以发展的要求的名义发声。与此相反,我们认为应该凭借遗忘的积极力量发声,应该以每个人特有的落后状态(sous-développement)的名义发声,后者即大卫·库珀(David Cooper)以如此恰当的方式所说的每个人内部的第三世界。[b] 将我们和所有马克思-弗洛伊德主义的尝试区分开来的第二个理由,就是所有这些尝试都特别想要调和两种经济:政治经济与性欲或欲望经济。甚至在赖希(Reich)那里,我们也能找到这种二元性的保留和调和两者的企图。

与此相反,在我们看来,只有唯一一种经济,而真正的反—精神分析的分析所面对的问题是展示无意识欲望如何投注到这种经济的不同形式之中。经济本身就是政治经济和欲望经济。

讨论

一个与会者提出一个关于马克思—弗洛伊德主义中的记忆和遗忘的积极力量的问题。

---

b.　D. Cooper,*Mort de la famille*,Paris,Seuil,coll. « Combats »,1972,p. 25.

尽管我呼吁不要回到文本，不过我却想到尼采两篇特别不同寻常的文本，它们在作为惯性力量的遗忘和作为主动力量的遗忘之间做了区分。[c] 作为主动力量的遗忘是恰如其分地与某事了断的能力。在这种情况下，它就对立于对和我们联系在一起的过去的反复思考，对立于对使我们和过去联系起来的事物的反复思考，即便后者是为了发展，是为了将之带到更远的地方。因此，如果我们对两种遗忘的形式加以区分，其中一种是反动的惯性力量，另一种则是积极的遗忘力量，那么毫无疑问，革命性的遗忘，我谈到的遗忘就是第二种遗忘：正是这种遗忘构成现实活动，或者能够成为现实政治活动的一部分。正是以同一种方式，革命者借助遗忘与过去决裂，并且能够面对经常指向他的反对意见不为所动："已经存在的就将永远存在下去"。

　　革命遗忘或许和另一个惯常主题也很接近，这就是和完全另一种消极的逃跑对立的主动逃逸。比如，杰克逊在监狱里就说道："是的，或许我会逃逸，不过在逃逸途中，我寻找新的武器！"[d] 这就是与资本家的逃跑或个人的逃避等其他逃逸相对立的革命性的主动逃逸。

　　一个与会者要求就马克思主义和弗洛伊德主义之间的关系问题，对遗忘概念做出澄清。

　　某种特别的记忆文化在马克思主义中一开始就已经出现了，即使革命活动也是通过对各种社会形态之记忆的资本化进行的。如果可以这么说的话，这是马克思那里保留下来的黑格尔层面，包括在《资本论》中也同样如此。在精神分析

---

c.　*La Généalogie de la morale*，Ⅱ，§1；*Considérations inactuelles*，Ⅱ，§1.
d.　关于 G.杰克逊，参考《关于 H.M.的信》脚注 b。

中,记忆文化更为明显。另一方面,如同精神分析,马克思主义也被某种特定的发展意识形态贯穿:精神分析视角中的心理发展,马克思主义视角中的社会或甚至是生产的发展。举例来说,此前,19世纪某些特定形式的工人斗争被马克思主义在其一开始时就镇压下来(我想到的不只是乌托邦主义者),相反,对斗争的呼唤从遗忘的必要性发出,从遗忘的主动力量发出:不存在任何记忆文化和过去之文化,相反,存在着作为实验条件的对遗忘的呼唤。如今,在美国的某些小团体中,人们完全不关注向弗洛伊德或马克思的回归;同样,在那里存在某种作为任何崭新实验之条件的遗忘文化。将遗忘用作主动的力量,以便再次回到零点,以便从那如此深入地标志着马克思—弗洛伊德主义的繁重沉闷中摆脱出来,这实际上是非常重要的事情。如果说资产阶级文化无止无休地从其发展的内部并以其发展的名义说话,并且呼吁我们去追求去拓展,那么如今反文化则再次回归以下观念,即如果我们有什么话要说,那么这不是依据我们的无论什么样的发展而言,相反,这是依据并且从我们的落后状态出发。革命完全不是加入发展运动或加入对记忆的资本化,相反,革命在于维系作为特有革命力量的遗忘力量和落后状态的力量。

一个与会者(G.热维斯[G. Jervis])指出这五个命题与《反俄狄浦斯》相比在内容上的某种差异,比如,"分裂—分析"被"反精神分析的分析"取代;此外,他还注意到一种明显的变化:问题不再是批判俄狄浦斯情结,而是批判精神分析。这种变化的原因何在?

热维斯说的完全有道理。加塔利和我,我们都不太热衷于我们所写事物的延续性甚至是连贯性。我们情愿情况相反,我们希望《反俄狄浦斯》的续篇和前篇、和第一卷断裂开来。此外，如果说第一卷里有什么地方说不通，这一点也不重要。我的意思是，我们不是那种认定自己所写著作必须前后连贯的作者；如果我们发生了改变，这很好，因为我们不应该再谈论过去了。不过热维斯提出了两个重要观点：目前相比俄狄浦斯情结，我们对机构、对处于整体中的精神分析机器提出了更多的指责。不言而喻，精神分析机器包含俄狄浦斯情结之外的维度，因此我们有理由认为，俄狄浦斯情结不再是本质问题。热维斯还提出我们目前工作的方向更具政治性，此外，我们今早还宣称不再使用分裂—分析这个术语。在这方面，我想以尽可能节制的方式澄清几件事。当术语被采用并获得最低限度的成功，比如"欲望机器"或"分裂—分析"，或者，我们会不断重复它，而这有害无益，这已经是回收利用，或者，我们放弃它并寻找新的术语，以便搅乱一切。菲利克斯和我，我们感觉弃用某些词语已经刻不容缓：分裂—分析，欲望机器，这太可怕了，一旦使用它们我们就会掉入陷阱。我们不太理解，我们也不相信词语；一旦我们使用某个词，我们就已经想要说：如果您不喜欢这个词，那就去找其他的词，总是有办法解决。词语永远能够被替换。至于我们的书的内容，确实，第一卷《反俄狄浦斯》旨在建立各种二元对立。比如，偏执狂和精神分裂症之间的二元性，而且，我们认为自己发现了妄想体制与精神分裂体制之间存在的体制上的二元性。或者，我们还尝试在摩尔（le molaire）和分子（le moléculaire）之间建立某种二元性。我们不得不走那条路。我不是说我们已经超越了这些，只不过我们对之已经不感兴趣。现在我们试图阐述的，是二元性中的一项如何锚定于另一项，如何和另一项联系起来。这也就是，最终来说，细微的精神分裂逃逸如何在宏大的妄想整体内部成形。在政治领域，通常会有出人意料的例子出现。我举一个近来发生在美

388

国的例子：越战。这场战争规模庞大，它把一整部规模庞大的妄想机器、臭名昭著的军事——工业联合体运作起来，这完全是一种由符号、政治规划和经济计划构成的体制。除了一少部分人之外，大家都在说"了不起"，所有国家都说"很好"。这不会让任何人愤慨，除了被谴责为左派的少数人士。随后，发生了一件小事，不是什么大事，亦即在美国一个政党和另一个政党之间发生的谍报和偷窃活动、安保和精神病学事件。这就是逃逸。所有对越战、对这部巨大的妄想机器表示认可的勇敢人士都开始说：美国总统不再尊重游戏规则了。某种细微的精神分裂逃逸被移植到巨大的妄想体系之上，新闻报纸失去理智，或者看上去正失去理智。证券交易所的上市活动不也是如此？当前让我们感兴趣的，正是体系之中的逃逸线以及这些逃逸线构成或激发革命力量，或者仍然只是偶然现象的条件。革命可能性不是来自于资本主义体系中的矛盾，而是来自于侵蚀这一体系的逃逸运动，后者总是出乎人们的意料，并且不断地更新。就我们使用分裂——分析这个词语来说，人们指责我们将精神分裂症患者和革命者混淆起来。不过我们已经采取了很多预防措施以便将两者区分开来。

389　　像资本主义一样的体系在各个方向上逃逸，它在逃逸，而资本主义则试图堵塞缺口。它制造结点、关联，以使逃逸的数量不至于过多。这里是丑闻，那里是资本的逃逸，等等。此外，还存在着另外一些逃逸：社团、边缘人群、轻罪犯人、吸毒者、吸毒者的逃逸，各种各样的逃逸，精神分裂逃逸，人们以各种方式逃逸。我们的问题是（我们并不愚蠢，我们并没有说这些逃逸就足以制造革命）：某一体系确实在各个方向上逃逸，与此同时，体系又通过各种方法不断阻止、遏制或堵塞逃逸，在这种情况下，如何能够使这些逃逸不只是个人或小团体的尝试,而是确实构成革命机器?此外,截至目前的革命为什么结果又这么糟糕?任何一场革命都拥有一部集中领导的核心战争机器。斗争、战斗不能靠挥舞拳头,我们需要战争机器的组织和整合。不过直到目前,革命领域中还不存在一部不以自己的方式复制其他事物的机器。所谓其他事物,就是国家机关以及镇压机构本身。这就是革命的问题所在:战争机器如何能够容纳在当前体系中产生的所有逃逸而不是将其抹消、清除,同时又不会复制国家机关?热维斯说我们的著述变得越来越具有政治性,我觉得他说得对,因为,如果说在作品的第一部我们坚持宏大的二元性,那么现在我们就以同样的努力寻找新的整合方式。通过这种方式,如精神分裂症话语、吸毒者话语、性反常话语、同性恋话语等所有这些边缘话语就能够继续存在,所有这些逃逸和话语都能够被移植到战争机器上,而后者既不是国家机关也不是政党机构的复制品。正是出于这种原因我们不想再谈论分裂—分析,因为后者相当于支持一种独特的逃逸,精神分裂症逃逸。我们感兴趣的是能够将我们带到直接的政治问题上来的链条,而对我们来说,直接的政治问题或多或少就在于此:直到此刻,革命政党仍建立在利益综合之上,而不是像大众和个体欲望的分析仪那样运作。或者,这是一回事:被建立起的革命政党就如同国家机关的雏形,而不是构成不可约简为国家机关的战争机器。

390

(胡新宇 译)

37. 脸孔与表面 *

斯蒂凡·察金斯基：画家是我。我不是画家。我们不会
创作一篇前言。我们要创作的是一些表面，而不是一篇介
绍。我们会一带而过。由你来进行素描创作，由我来写作一
些片段。我们不会交换职务，我们什么也不交换，没有交换，
一点也不……

吉尔·德勒兹：喔！我带了一些素描作品来，在这儿。ᵃ
它们越是画得糟糕，就越有作用。看，他们是画面上的野兽。
就像紫栗色，和画面上所有的色彩。紫色是怎么发挥
作用的？

斯蒂凡·察金斯基：理论—辖域（thérrorie）是如何发挥
作用的？** 画面上的野兽又如何发挥作用？

吉尔·德勒兹：理论—辖域是紫色的。理论—辖域是同时包
含很多其他事物的绘画—欲望—书写（peinture-désiré-criture），
它在边缘，在角落，在中心，也在其他地方。这是一种震荡运

* 与斯蒂凡·察金斯基（Stefan Czerkinsky）和 J.-J.帕塞阿（J.-J. Passera）合写，
收录于《脸孔与表面》，巴黎，Galerie Karl Flinker 出版社，1973 年。这是一本展览图
册，展览涉及的是一位原籍波兰的年轻艺术家，其单色绘画作品仍然默默无闻（艺术
家在展览之后不久自杀身亡）。

a. 展览包括德勒兹的六幅素描作品，翻印在《幻影》（Chimères）第 21 期。

** Thérrorie 应是作者在 théorie（理论）和 territoire（辖域）两词的基础上生造的一
个词，如下文中的 thérrothérapie。——中译注。

动：激浪派（Flux Flux Klan）在其所谓"思想诈骗"及其器官—成员（membres-organes）——那些"擅自搬用概念的人"——中所把握到的正是这样一种运动。理论—辖域提出：

1. 理论—辖域—治疗（thérrothérapie）不依赖它物的构成与对我们时代性疾病的主动破坏联系在一起：灵魂指引（psychopomps），疑心病（hypocondrioques），分裂吞噬的精神淋病（schyzophages blennophrénies），神经症（névrotoses），神经斑疹伤寒（névrotypies），死亡迷恋（mortèmes），性迷狂（sxose），幻想狂（fantasmologues），粪便狂（scatotonies）。还有我们时代最恶劣的疾病：被歌颂的精神抑郁。

392

2. 命令词（mots d'ordre）和口号的生产，比如：

"永远更多的无意识，再多一点，生产无意识"；

"没有什么需要解释"；

"一切都很好，说真的"；

"所有法国人都要携带居留证和工作卡，并配合警察的常规控制"；

"在两个运动中，解辖域化程度更高的运动主导解辖域化程度更低的运动"；

"在五十个运动中，解辖域化程度最高的运动主导所有其他运动。"

解辖域化程度最高的运动被称为疯狂矢量。它是紫色的。无意识是紫色的，或它将会是紫色的。

斯蒂凡·察金斯基：生产概念要采取的预防措施是什么？

吉尔·德勒兹：放置好闪光信号灯，在后视镜里确认有没有另一个概念超车；一旦采取了这些预防措施，您就生产了概念。① 从一个理论领域到另一个，有哪些预防措施？

---

① 概念从不在头脑中；它们是事物、人群、地带、区域、阈限、梯度、热度、速度。

斯蒂凡·察金斯基:没什么比这更容易了。您配备好人造革概念包。您取出已经去掉底色的画布或者更简单地,取出没涂过底色的画布。您把它夹在两片木框之间,后者已经事先锯开并紧贴于画布。画框在两边都凸出于画布,由此形成两处小小的凹陷。您首先按照选定的方向(矢量)在一边作画,比如,从边角处开始,后者就如同基点。举例来说,您可以按照北—东,北—南,南—东,南—西,北—西等方向画。您使用红色和蓝色颜料,或者分别使用,或者在画布外将它们混合,或者在画布之上混合,而创造出充满变化的紫色或栗色。接着您绕到画布的背面以便观察它的另一边,因为去掉底色(没有吸着)的画布会使颜色扩散。必要时,您可以通过放置在画布后面的镜子来观察颜色的扩散。接着您就可以用另一只画笔沿着不同的方向从不同的角落出发画另一边。您也可以沿着基点方向翻转画布,改变它的位置,将它悬放,在墙上、地上作画等等。

从一边到另一边的扩散,没有间断。每一边都会改变另一边:红色、蓝色,蓝色—红色/红色—蓝色,等等。如上种种产生了充满变化的紫色(以及其反色栗色)。每一边都穿越另一边:紫色,这正是穿越域(le pays du PENETREH)。在那您成为色彩散布者、边侧切换者、时间穿越者:画家或绘画,游牧人。

以这种方式你获得了颜色的解辖域化运动以及很多其他事物,你生产了强度。你已经周游了那没有厚度的事物。

还有一点没有说,您留心购买一幅比画框大得多的画布,它超出画框边缘至少50厘米。它可以发挥数种功能:

1. 过剩生产区域;2. 反生产的诉求;3. 身体—画布的距离;4. 互相沾染,谁是画家?是谁被画?(实际上,画布边缘将会以多种方式被沾染:按照已完成的工作、使用的色彩、画布的位置以及被选择的矢量。身体本身也会被沾染，可以说身体也是一种边缘）；5. 散步与顿足，即对画家、画布和观众来说同样存在的阈限。

有时，画布极小的一部分仍是空白，并且被遗忘。甚至我们会忘记遗忘。这里存在一个洞：我们会想到意大利文艺复兴中的景观画（Vetuda），不过或许我们弄错了。* 我们会想到那些纳瓦霍妇女，她们永远织不完一幅挂毯。她们会留下一个洞，她们把全部心思都放在这项工作中，但她们害怕自己的心被编织进那些完美的针线中。不过我们又弄错了。我们也可以说在画布上流动的洞如同开启在另一种真实之上的某种真实，不过，这是形而上学以及另外的世界了。

吉尔·德勒兹：这是某种内部边缘，它与外部边缘形成共振。两者构成强度上的差异，所有事物都在这种差异中发生、沟通，忽略边缘和遗忘空洞，两者互相回应。忘记绘画，忽略绘画，画布进入内部—外部之间，画布—鼓膜，听起来如同绘画的符号，非意指性的符号。空洞—边界是物理事实。这就是真实（Réalité）。啊，物理学家们如今说到的那些事物是多么美好，那些边界现象（phénomènes de bordures）和空洞本体（noumènes de trous）。只有学者才能理解这些。保利（Pauli）万岁，费米（Fermi）万岁。不过我们无法真正理解。这更好，人们做的是一样的事。空洞—分子，边界—分子：它们在运动。①

斯蒂凡·察金斯基：这还不是终点。在画布上画完之

394

---

* Vetuda（意大利语中的"view"景观）是描绘城市、集镇或地方景色的一种高度写实的绘画形式，画幅通常较大，这种绘画从 16 世纪起即已开始存在。——中译者注。

① 边界—洞和边界—边缘是绘画的两个单元，不过它们同样也是其他事物的单元。其中一个可以被视为另一个的辖域化，而另一个则是前一个的解辖域化。不过一旦我们周游一圈的话，一切都会被翻转。

后，我们会制造一种非常简单的钱币：从物体、动词、姿势、材料等开始。我们随意确定画布和作为货币使用的东西间的任意等价关系。

比如，我将制造一些小物件，一些用具：用木铜做成一个玩具娃娃，用金属线绑上布制的小手，加上被斜切出裂缝的、闪着金属光芒的蓝色塑料，把头发塞进缝隙中，用粘土加以固着：其中一些物件仍然很大，另一些则真的很小。我把它们都放在手提箱、一个铁箱里；我是为公园中的孩子们制作这些物件的，而让他们觉得尤其好玩的是全套（物件）尺寸上的差异，这让他们觉得很好笑。接着我把所有这些小物件——私人货币（objet-coconsouatouses）都和紫色画布联系在一起。对画布—门、画布—帐篷、画布—肖像来说，它们是物神或钥匙。现在，这变成一个很大的环路。有限环路：画框—画布—边缘—空洞；大环路：与其他符号系统（小物件—用具）的等同性。在理想情况下，您可以用这些小物件来购买画布，用画布来制造小物件。您必须盗用两者之一，或者全部。我们可以提出这个问题：我的用具和画布自一开始不就是金钱吗？这才是可怕之处：金钱的虚拟性。

（胡新宇　译）

38.《牧神的五月之后》前言*

　　前言。没有人能逃过前言：书的作者、编辑以及真正的
受害人——前言作者，即使它完全没有必要。这是一本欢快
的书。它也可以被称作：《关于同性恋之存在的疑问是从何
而起的？》或者《没人能说"我是同性恋"》。签名是奥康让。
他是如何走到这一步的呢？一种由书中文本的接续和多样
的语调所标志的个人演变（Evolution）？和团体工作、和
FHAR 的生成联系在一起的集体革命（Révolution）？很明
显，举例来说，并不是因为变成、生成异性恋者奥康让才对其
观念和主张产生疑问。只有永远（*forever*）是同性恋者，保
持为同性恋者，越来越多越来越好地做一个同性恋者，我们
才能说"不过，归结起来，没有人是同性恋"。这比所有人都
是或将是潜意识中潜在的同性恋者这个平淡乏味的命题要
好上千倍。奥康让说的既不是演变也不是革命，相反，他说
的是涡变（volutions）。想象一个极其多变的螺旋体：奥康让
同时处在其多个层面、多条曲线上，时而骑着摩托车，时而使
用迷幻剂，或者鸡奸或者被鸡奸，或者男扮女装。在一个层

---

　　* "Préface" in Guy Hocquenghem, *L'Après-Mai des faunes*, Paris, Grasset, 1974, pp. 7 - 17. 居伊·奥康让，作家，FHAR（Front homosexuel d'action révolutionnaire[革命行动同性恋阵线]，成立于 1970 年）成员，他和德勒兹在后者任教的 Vincennes 大学结识。

面上他能说"是","是的我是同性恋",在另一个层面上则不能,"我不是同性恋",在另一个层面上又是全然不同的其他什么。这本书没有重复奥康让之前的著作:《同性恋欲望》,它以全然不同的方式散播、流通这一欲望并将其改变。[a]

第一种涡变。反对精神分析,反对精神分析学的解释和还原,亦即将同性恋欲望放在与父亲、母亲和俄狄浦斯的情结关系中来看待。实际上奥康让什么都不反对,他甚至给母亲写了封信。不过这没有起作用。精神分析从来无法忍受欲望。它总是将欲望约简并让它诉说其他什么事物。关于"fellatio"的论述或许是弗洛伊德最荒谬的文本之一:如此反常、如此"令人不快"的一种欲望作为自身不可能有价值,我们必须将其与母牛的乳房联系在一起,进而指向母亲的乳房。吸吮母牛的乳房也必定比这快乐得多。解释,压抑,倒退。所有这些都让奥康让发笑。或许确实存在一种俄狄浦斯式同性恋,一种同性恋—妈咪、罪恶感、妄想狂,或者随便其他任何你想要的东西。不过一旦它如铅锤般落下,被它所隐藏的事物填满,后者使之掩盖了接合在一起的家庭和精神分析指导,它就不再与螺旋体有关,它也无法再通过轻盈和流动性的检验。奥康让仅仅提出了同性恋欲望的独特性与不可还原性,这一欲望是既没有目标也没有起源的流,并且事关实验而不是解释。我们从来不是因自己的过去而是因为现在成为同性恋,正如儿童已是现在,并不指向过去。因为欲望从不表象任何事物,并不指向任何倒退的事物,它和家庭或私人戏剧场景也毫无关系。欲望自己装配(agence),它以机器方式运作,它建立起联系。奥康让关于摩托车的优

---

a. *Le Desir homosexuel*, Paris, Editons Universitaires, coll. «Psychothèque», 1972.

美章节:摩托车是一种性别。同性恋者不仅仅是同一种性别,它发现了数不清的我们还不知道的性别? 不过首先,奥康让致力于定义这种独特的、不可还原的同性恋欲望——不过却不是通过一种退行的内在性,相反,通过外部既有的特点,通过与外部的关系:勾引(la drague)的独特运动,相遇的模式,"肛门"结构,角色的互换与流动性,一种特别的背叛(如克洛索夫斯基所说的,针对自己所属阶级的密谋?"人们对我们说,我们曾是男人,我们像女人一样被对待;是的,对我们的敌人来说,我们是叛徒,是阴险的人,我们背信弃义;是的,在所有社会场景中,在任何时刻,我们都能抛弃男人,我们是抛弃者并且以此为荣。")。

第二种涡变:只有同时形成陈述(énoncés)的情况下,同性恋才能是欲望的生产。因为生产欲望和形成新陈述是一回事。显然,奥康让并不像纪德那样说话,也不像普鲁斯特,更不像佩雷菲特(Peyrefitte):不过风格就是政治,以及代际差异和说"我"的不同方式(参考巴勒斯父子的巨大反差,当他们说"我"和谈及药物的时候)。另一种风格,另一种政治:这就是托尼·迪韦(Tony Duvert)在今天的重要性,一种新的语调。从根本上说,如今同性恋以一种新的风格生产陈述,后者不针对、不必针对同性恋本身。如果重要的是说"所有人都是同性恋",这没有任何意义,这个空洞的命题只会让那些愚蠢的人觉得有趣。不过,同性恋者的边缘地位却使得他们对什么不是同性恋发表意见变得必要和可能:"随同性恋运动而来,人类在性上面的其他问题也得以显现。"对奥康让来说,同性恋表述具有互补的两面。首先是一般意义上的性:远非阳具中心主义者,同性恋者谴责在对女性的控制和对同性恋的压抑中发现的同一种现象,正是后者构成阳具中心主义。阳具中心主义以间接方式发展,并且在塑造我们社

《荒岛》及其他文本:文本与访谈(1953—1974)

会中的异性恋模型的同时，将男孩的性欲固置在女孩身上并同时赋予后者诱惑者和被诱惑者的角色。从那时起，无论在喜爱女孩儿的女孩子们、喜爱男孩儿的男孩子们、相对女孩而来说更喜欢摩托车或自行车的男孩子们和女孩子们等之间是否存在一种神秘的同谋关系，重要的是不要在这些密谋和同谋关系中引入象征关系或准一意指关系（"像 FHAR 一样的运动与生态运动等密切相关……尽管这在政治逻辑中难以言表"）。也正是在这里出现了第二种陈述，后者涉及一般意义上的社会场域以及性在这整个场域中的存在：同性恋摆脱了异性恋模型以及后者在特定类型关系中的局部化和在社会各个领域的扩散，由此，同性恋能为我们带来一种欲望的微观政治，并揭示和探测社会用以压抑性欲望的力量关系整体（其中也包括浸透在军事或法西斯男性团体中或多或少潜在的同性恋案例）。确切地说同性恋自我解放，它并没有破坏任何力量关系，因为凭借其边缘性，同性恋没有任何社会效用（*utilité sociale*）："在同性恋中，力量关系不再一开始就由社会铭写，男人—女人，性关系中的主动被动双方，主人—奴隶等角色在任何时刻都是不确定的、可逆转的。"

第三种涡变。我们认为奥康让正停留在边缘地带并深入挖掘。不过这一边缘到底为何？同性恋欲望的独特性以及同性恋的反陈述又是什么？在螺旋体另一个层面上的另一个奥康让曾宣布废除作为词语的同性恋——同性恋的唯名论。事实上，并不存在词语的权力，只有为权力服务的词语：语言不是信息也不是交流，相反，它是规定、法令、命令。你将在边缘。中心创造了边缘。"这种对欲望的抽象切割使得严格控制那些逃离它的事物成为可能，它将法律之外的事物放置在法律之中。有关的范畴和词语本身都是相对晚近的发明。赋予任何无法归类事物以社会地位的越来越庞大的专制主义创造了这种对不安定元素的特别处理……切割以便更严格地管理，精神病学的伪科学思想将野蛮的不宽容转变为文明化的不宽容。"不过正是在这里发生了某种反常之事：同性恋越不被作为一种事物状态来看待，它就越是一个词语，我们就越应该将其作为词语来接受，占据它的特别位置，它不可还原的陈述，我们的行为应该如同……挑战。这几乎是一种职责。必要的辩证时刻。转化和进步。如果你愿意我们就变成傻瓜。我们跳过了您的陷阱。我们按您的字面意思行事："正是通过让耻辱变得更加可耻我们才能进步。我们重申自己的女性特征，那些甚至女人自身也会拒绝的特征，与此同时我们宣布这些角色没有任何意义……我们无法逃避这一斗争的具体形式，亦即通过同性恋而来的转变。"另一个面具，另一次背叛。奥康让突然成为黑格尔主义者：转变的必要时刻；奥康让突然成为马克思主义者：作为情欲无产阶级的同性恋者（"正因为他接受了最独特的处境，他的思想才具有普世价值"）。读者会感到震惊。向辩证法的致敬？向巴黎高师致敬？同性恋—黑格尔主义—马克思主义？不过奥康让已经身处别处，在螺旋的另一个地方，说出头脑中或心里的想法，而后者和一种演变不可分离。我们中又有谁不曾让黑格尔和马克思在自身中消解，连同那可耻的辩证法？

第四种涡变，在背叛之后，目前来说舞蹈的最后一个形象。我们应该追随奥康让的文本，他相对 FHAR 的位置以及作为一个独特的团体，在 FHAR 中奥康让与 MLF 的关系。* 即使团体的分裂这种观念也从来不是悲剧性的。同性恋绝不能在"同一性"上自我闭合，相反，它应该朝向任何

---

* MLF，即"妇女解放运动"（Movement de libération des femmes）。——中译注。

一种可能的新型关系开放，朝向微逻辑和微物理的、本质上可转换的横断性关系开放。有多少种装配（agencement）就有多少种性别，甚至男人和女人间的新型关系我们也不排除：某些特定 SM 关系中的流动性，异装癖的能量，傅立叶那里的三万六千种爱的形式，或者 N 重性别（既不是一种也不是两种性别）。非男非女已经不够了，我们应该发明更多的性别，以致男同性恋者能在女人身上发现那些他从男人身上得到的快乐，反之亦然（普鲁斯特已经将一种固置于"同"之上的排他性同性恋与更多重、更"局部化"的同性恋对立起来，后者包括任何一种跨性别的沟通，其中包括花和自行车）。在关于异装癖的一个优美段落中，奥康让谈到从一种秩序向另一种秩序的转变，如同不同实体的强度性连续体（*continuum*）："不是男人与女人的中间状态，或者普遍的中介者，这是从世界的一部分转移到另一部分，如同我们从一个宇宙过渡到另一个宇宙，后者与前者或平行，或垂直，或倾斜；或者不如说是百万种错置的姿势，被转换的特点，事件……"这种同性恋远没有在性别的同一性上闭锁自身，它向着同一性的丧失开放，向着"多元性、非排他性欲望的活跃的分支系统"开放。在螺旋体的这一点上，我们可以看到语调怎样发生了变化：这完全不是同性恋者要求被承认，并作为丧失权力的主体出现（让我们安静地生活，毕竟，每个人都有点同性恋倾向……同性恋—诉求，同性恋—认同，同一性之同性恋，俄狄浦斯形式，阿卡迪风格[b]）。对于新的同性恋者来说，重要的是申明自己如此这般的存在，以便最终能够说出：没有人是同性恋，同性恋并不存在。您将我们视为同

400

---

b.　阿卡迪俱乐部（Le club Arcadie, 1954—1982）是围绕在安德烈·博德里（André Baudry），它提倡同性恋者应该以谨慎、"勇敢"、"有尊严的"方式集会。因其根深蒂固的右派倾向，博德里的团体与 FHAR"可耻的"宣言公开对立。

性恋,好的,不过我们已经身处别处。不再有同性恋主体,只有欲望的同性恋生产以及生产新陈述的同性恋装配,后者四处扩散,SM 和异装癖,在爱情关系和政治斗争中。不再有分裂的主体—纪德,也不再有罪恶的主体—普鲁斯特,更没有令人哀叹的我—佩雷菲特。我们能够更好地理解为什么奥康让在其螺旋体上无所不在,并能同时说:同性恋欲望是独特的,同性恋陈述存在着,不过同性恋什么也不是,它只是一个词,不过我们应该严肃地把握这个词,我们应该穿越其中,以便展示其中包含的他者——不过这个他者不是精神分析的无意识,而是即将到来的一种性生成的推进。

(胡新宇　译)

39. 栽植者的艺术 *

　　影片的开场长镜头伴随着库普兰的音乐开始。我们从中看到摄影机在移动,在某个布景或某个地方、某座建筑前停下。

　　我们看到导演在笑、在说话、在指出一些事情;摄制组在着手于一系列布置。我们担心,这部影片会不会又只是在介绍某部电影的制作过程。幸好并非如此。开场一点儿也不长。在这部影片中,摄影机的移动方式显得很新颖:这是一种栽植;并非将摄影机固定在脚架上,而是迅速地将它栽植于土壤或地面的表层下,随即将它转移到其他地方再次栽植。水稻艺术(Un art du riz):摄影机刺入土壤,又再次飞速刺入更深处。不是扎根,而仅仅是刺入。在影片中,摄影机、

---

　　* 收录于《德勒兹、法耶、鲁博、图雷纳谈〈他者〉——雨果·桑蒂亚戈(Hugo Santiago)的一部电影,与阿多夫·比约·卡萨雷斯和豪尔赫·路易斯·博尔赫斯合写》,巴黎,克里斯蒂昂·布古阿(Christian Bourgois)出版社,1974年。本文出自拉丁区某影院入口处分发的小册子,它旨在辩护并支持雨果·桑蒂亚戈的电影,后者在1974年的戛纳电影节上掀起了一场风波。《他者》[Les Autres]是阿根廷裔导演雨果·桑蒂亚戈1974年拍摄的法国影片,由阿多夫·比约·卡萨雷斯[Adolfo Bioy Casares]、博尔赫斯和桑蒂亚戈编剧。故事大致情节如下:巴黎书商罗歇·斯宾诺莎[Roger Spinoza]试图调查儿子马蒂奥[Mathieu]自杀的死因。他发现了儿子留下的剧本,并去见了儿子的女友瓦莱丽[Valérie]以及儿子的情敌。当斯宾诺莎与瓦莱丽互相了解后,二人陷入爱河。一系列奇怪的事件在二人身边发生,最终瓦莱丽被谋杀,而斯宾诺莎则因其所作所为而受到谴责。本片的亮点之一在于拍摄中的嵌套设计。在某个场景的末尾,镜头被拉远,观众可以看到演员周围的摄像机以及剧组工作人员,其中包括博尔赫斯。——中译注)

摄制组和导演突然出现在正在做爱的情侣旁边：这不是"文学"效果，也不是在电影中对电影制作本身进行反思；毋宁说，摄影机吸引人们的目光，是因为它被栽植在那里、刺入到那里，而又被立即转移到别处。

影片，影片中的一切，都依照这种方式展开，而没有加以任何处理。影片与其开场是同一个变幻不定的故事的两种模式。儿子自杀了，而精神失常般的父亲将经历一系列蜕变：暴虐的小流氓，烦扰的魔术师，流浪的漫步者，恋爱中的年轻人。扮演父亲的演员帕特里斯·达利（Patrice Dally）表现得相当节制，几近朴实，而这加大了蜕变的力度。他以调查儿子的死亡为借口，而事实上，他飞速完成了一连串断裂的变形，而不是逐步地进行转变。在一个极其优美的场景中，在圣·苏皮斯广场上，魔术师罗歇·普朗雄（Roger Planchon）在年轻女孩身边蹦蹦跳跳地试图说服她。通过这些惊人的举动，普朗雄反复地把自己安插在年轻女孩面前。在另一个极美的场景中，烦躁而暴虐的皮埃尔·朱利安（Pierre Julien）在上下左右前后所有方向上拉扯着演员，如同用刀一般切割着整个空间。

这个故事似乎根植于巴黎，它一点儿也不沉重或沉闷，它的轻刺与摄影机的位置一一对应。故事来自于别处：来自南美，来自桑蒂亚戈-博尔赫斯-比约·卡萨雷斯（Santiago-Borges-Bioy Casares）的整体组合，它带有某种在阿斯图里亚斯的小说中同样可见的变形力量。它发源于其他风景，源于热带草原、南美大草原、水果公司、玉米地或稻田。摄像机插入（或刺入）巴黎的确切地点是在父亲的商铺，即"两个美洲"小书店。不过，故事中并没有任何（文学）应用，没有象征符号，也没有文学游戏，如同在巴黎讲述一个印第安人的故事。更恰当地说，故事正是被两个世界所共有，其中既有城市的碎片也有南美大草原的碎片，两者同样变化不定；一方刺入并吸引另一方。一些碎片中连续的事物在另一些碎片中变得断断续续，反之亦然。桑蒂亚戈拍摄默东天文台内部的方式令人惊叹：这个金属般的、被遗弃的城市根植于森林中。喧嚣声透过库普兰音乐传出，奥东旅馆中的鹦鹉在尖叫，而巴黎书商实际上是个印第安人。

相比戏剧，电影与建筑永远离得更近。建筑与摄影机之间的某种关系将所有内容凝聚于一处。变形与幻想无关：摄影机从一点跳到另一点，围绕着整座建筑，如同普朗雄在喷泉旁的蹦跳。围绕着瓦莱丽，书商从一个角色跳到另一个，而女孩知道该如何摆出建筑般的姿势。时而直立时而俯身，歪着身子或站得笔直，默东天文台的观测员瓦莱丽注视着他的变形，她同时是游戏的受害者和煽动者；她是他蹦跳的重心所在。女演员诺埃尔·沙特莱(Noelle Châtelet)的演技和美貌令人惊叹，巨细靡遗的爱情场景则带有一种奇特的"庄严"。沙特莱同样保持着与另一个世界的关联，而其方式则与书商完全不同：前者通过建筑、目光和姿势表达，后者则通过运动、音乐和摄影机加以呈现。很奇怪，评论家们并不喜欢这部电影，即便它是一种被赋予崭新流动性的电影实验，而桑蒂亚戈之前的影片《入侵》(*Invasion*)已经在这方面有所发展。（附带的一个问题：为什么书商名为斯宾诺莎？或许因为两个美洲、两个世界、城市和南美大草原如同同一个绝对共同实体的两个属性。不过这与哲学毫无关系，这是电影自身的实体。）

（胡新宇 译）

索 引

（索引中的页码为原著页码，检索时请查本书边码）

图书在版编目（CIP）数据

《荒岛》及其他文本：文本与访谈（1953—1974）/（法）
吉尔·德勒兹著；（法）大卫·拉普雅德编；董树宝，
胡新宇，曹伟嘉译.—南京：南京大学出版社，2018.1（2021.6重印）
（当代激进思想家译丛/张一兵主编）
ISBN 978-7-305-18943-2

Ⅰ.①荒…　Ⅱ.①吉…②大…③董…④胡…⑤曹…
Ⅲ.①德勒兹-哲学思想-研究　Ⅳ.①B565.59

中国版本图书馆 CIP 数据核字（2017）第 161624 号

江苏省版权局著作权合同登记　图字：10-2008-244 号

出版发行　南京大学出版社
社　　址　南京市汉口路22号　　　　邮　编 210093
出 版 人　金鑫荣
丛 书 名　当代激进思想家译丛
书　　名　《荒岛》及其他文本：文本与访谈（1953—1974）
著　　者　[法] 吉尔·德勒兹
编　　者　[法] 大卫·拉普雅德
译　　者　董树宝　胡新宇　曹伟嘉
责任编辑　徐　熙　张　静
照　　排　南京紫藤制版印务中心
印　　刷　江苏苏中印刷有限公司
开　　本　635×965　1/16　印张 28.5　字数 322 千
版　　次　2018 年 1 月第 1 版　2021 年 6 月第 3 次印刷
ISBN 978-7-305-18943-2
定　　价　98.00 元

网　　址　http://www.njupco.com
官方微博　http://weibo.com/njupco
官方微信　njupress
销售咨询　(025)83594756